PONS

REISE-SPRACHFÜHRER

NIEDERLÄNDISCH

Mit vertonten Beispielsätzen zum Anhören

PONS GmbH
Stuttgart

PONS Reise-Sprachführer
Niederländisch

Bearbeitet von: Hans Beelen, Anette Dralle

1. Auflage 2015 (1,01 - 2015)

www.pons.de
E-Mail: info@pons.de

Projektleitung: Gabriela Neumann
Redaktion: Barbara Pflüger, Stuttgart
Umschlaggestaltung: Anne Helbich, Stuttgart
Umschlagfotos: Thinkstock/vidalidali; Thinkstock/warrengoldswain
Logoentwurf: Erwin Poell, Heidelberg
Satz: Datagroup int. SRL, Timisoara
Logoüberarbeitung: Sabine Redlin, Ludwigsburg
Druck: L.E.G.O. S.p.A., Lavis (TN)
Printed in Italy

ISBN 978-3-12-518144-1

Liebe Leserin, lieber Leser,

Sie reisen in die Niederlande und Sie freuen sich darauf, in das Land einzutauchen, die Menschen kennenzulernen und die Kultur zu erleben? Mit dem Reise-Sprachführer von PONS haben Sie hierfür immer die richtigen Worte parat.

Ob Sie Konzertkarten besorgen möchten oder eine Reifenpanne haben: In **zehn thematischen Kapiteln** finden Sie den passenden Satz für jede Situation. Und wenn es schnell gehen muss, schlagen Sie einfach im **ausführlichen Wörterbuch** nach.

Sind die nötigsten Dinge geregelt, kann der Genuss beginnen. Schlemmen Sie sich einfach durch das Land – mit der **beiliegenden Speisekarte** finden Sie dafür garantiert die passenden Worte. So erleben Sie das Land noch intensiver.

Als kleines Extra für Sie: Laden Sie die passenden **Sounds** zu den wichtigsten Wörtern und Sätzen von www.pons.de/reise-sprachfuehrer-niederlaendisch runter und trainieren Sie damit Ihre Aussprache.

Ganz egal wie individuell Sie Ihre Reise gestalten: Der Reise-Sprachführer von PONS bietet Ihnen alles, was Sie brauchen, um auch jenseits der Touristenpfade Niederlande zu entdecken.

Eine schöne Reise wünscht Ihnen

Ihre

PONS Redaktion

Inhalt

Aussprache 8
Das niederländische Alphabet 11
Abkürzungen im Reise-Sprachführer 11

Das Allernotwendigste 13

Die Basics 14
Wer? Wie? Was? 15
Zahlen - Maße - Gewichte 15
Zeitangaben 17
Rund ums Jahr 20

Reiseplanung 25

Hotelbuchung per E-Mail 27
Autovermietung per E-Mail 27
Allgemeine Fragen 28

Im Gespräch 31

Begrüßen und Verabschieden 32
Höflichkeit 35
Miteinander reden 38
Smalltalk 41
Meinungen und Gefühle 46
Sich verabreden 49
Flirten 50

Unterwegs 53

Fragen nach dem Weg 54
Einreisen 56
Auf Zwei- und Vierrädern 57
In der Luft 71
Auf Schienen 74
Auf dem Wasser 79
Mit dem Taxi 84

Übernachtung 87

An der Touristeninformation 89
Hotel – Pension – Privatzimmer 89
Ferienhäuser und Ferienwohnungen 96
Camping 99

Essen und Trinken 103

Essen gehen 105
Im Restaurant 105
Bestellen 106
Sich beschweren 109
Bezahlen 110
Chinezen 111
Café 112
Speisekarte 116
Getränkekarte 122
Fisch und Meeresfrüchte 124
Frühstück 125
Gemüse 126
Obst 127

Ausflüge und Kultur 129

An der Touristeninformation 130
Sehenswürdigkeiten – Museen 132
Kultur pur 139
Am Abend 142
Feste feiern 143
Einen Ausflug machen 144

Sport und Wellness 147

Badeurlaub machen 149
Aktiv werden 150
Wellness 158
Kreativ werden 160

Shoppen und Einkaufen 163

Fragen für die Einkaufstour 164
Geschäfte 165
Lebensmittel kaufen 167

Bücher, Zeitschriften und Schreibwaren 176
Drogerieartikel 177
Elektroartikel/Computer 178
Fotoartikel 179
Beim Frisör 180
Das Wichtigste für den Haushalt 181
Etwas zum Anziehen 182
Beim Optiker 185
Souvenirs kaufen 186
Im Tabakladen 187
Uhren und Schmuck 188
Zeigebilder 189

Für alle Fälle 191

In der Apotheke 192
Beim Arzt 194
Im Krankenhaus 198
Beim Zahnarzt 204
Bankgeschäfte tätigen 205
Filmen und Fotografieren 207
Etwas verloren? 208
Im Internetcafé 208
Bei der Polizei 209
Auf der Post 212
Telefonieren 214
Mit dem Handy 216
Toilette und Bad 217
Über das Wetter reden 218

Wörterbuch Niederländisch – Deutsch 220

Wörterbuch Deutsch – Niederländisch 253

Wie spricht man das aus?

Damit Sie jedes Wort und jeden Satz richtig aussprechen, haben wir allen Begriffen und Wendungen eine Lautschrift beigefügt.
Die folgende Übersicht zeigt Ihnen, wie Sie die phonetischen Zeichen richtig aussprechen.

ˈ	vor einer Silbe bedeutet, dass die nachfolgende Silbe betont ist.		
ː	bedeutet, dass der vorhergehende Laut lang zu sprechen ist.		
‿	zwischen zwei Wörtern bedeutet, dass sie „aneinander geklebt" ausgesprochen werden.		
˜	über einem Laut bedeutet, dass dieser durch die Nase ausgesprochen wird (vor allem bei einigen französischen Lehnwörtern).		
[iː]	wie in T**ie**r	dier	[diːr]
[i]	wie in M**i**nute	tien	[tin]
[ɪ]	wie in K**i**nd, etwas offener als [i]	wind	[wɪnt]
[e]	wie in r**e**den, B**ee**t	regen	[ˈreχən]
[eː]	wie in m**eh**r	weer	[weːr]
[ɛ]	wie in B**ä**cker, r**e**tte	kerk rest	[kɛrk] [rɛst]
[ɛi]	wie in B**ä**r, aber kurz, übergehend in [i] wie Leg**i**on	leiden rijden	[ˈlɛidən] [ˈrɛidən]
[a]	wie in h**a**ben, W**aa**ge, K**ah**n	wagen	[ˈwaχən]
[aː]	wie in w**ah**r	aarde	[ˈaːrdə]
[ɑ]	wie in Kl**a**ng, h**a**t	dat	[dɑt]
[yː]	wie in H**ü**te, k**üh**n	uur	[yːr]
[y]	wie in T**ü**te	minuut	[miˈnyt]
[ø]	wie in b**ö**se	sleutel	[ˈsløtəl]
[øː]	wie in **Öh**rchen	euro	[ˈøːro]
[œ]	wie in L**ü**cke	druk	[drœk]
[œy]	wie in F**eu**illeton	huis buiten	[hœys] [ˈbœytən]

[ə]	wie in bitt**e**, nie betont	regen twintig vrolijk	[ˈreχən] [ˈtwɪntəχ] [ˈvrolək]
[ən]	am Ende des Wortes oft ohne **n**	regen vrouwen rijden	[ˈreχə(n)] [ˈvrɑuwə(n)] [ˈrɛidə(n)]
[u:]	wie in K**u**r, **Uh**r	boer	[bu:r]
[u]	wie in B**u**rg	boek	[buk]
[w]	wie in **W**asser, aber kaum stimmhaft am Ende des Wortes wie **u**	wind eeuw	[wɪnt] [e:w]
[o]	wie in **O**fen, B**oo**t	olie school	[ˈoli] [sχol]
[o:]	wie in **Oh**r	toren	[to:rən]
[ɔ]	wie in **o**ffen, S**o**nne	zon	[zɔn]
[ɑu]	wie in **Au**to, R**au**ch, k**au**m	gouden auto	[ˈχɑudən] [ˈɑuto:]
[p]	wie in **P**ol, aber schwächer	papier	[paˈpi:r]
[b]	wie in **B**ohne	boer	[bu:r]
[t]	wie in **T**eller, aber nicht so kräftig	tien	[tin]
[d]	wie in **D**elle	dier	[di:r]
[k]	wie in **K**ahn, aber schwächer	kerk	[kɛrk]
[g]	wie in **G**ans	migraine melkboer	[miˈgrɛ:nə] [ˈmɛlgbu:r]
[f]	wie in **f**allen	fles	[flɛs]
[v]	wie in **V**ater, oft auch stimmlos	vet	[vɛt]
[s]	wie in rei**ß**en, la**ss**en, aber weniger scharf	smaak	[smak]
[z]	wie in rei**s**en, le**s**en, oft auch stimmlos	zon	[zɔn]
[ʃ]	wie in Ti**sch**	meisje	[ˈmɛiʃə]
[ʒ]	wie in Gara**g**e, Lo**g**e	garage	[χaˈraʒə]
[j]	wie in **J**ahr	jaar	[ja:r]
[χ]	wie in a**ch**, no**ch**	lucht school regen	[lœχt] [sχol] [ˈreχən]
[h]	wie in **H**aus	huis	[hœys]

[l]	wie in **L**uft	lucht	[lœχt]
[r]	wie in **R**egen, auf der Zungenspitze leicht rollend, oder wie das „amerikanische“ r in Ca**r**d	regen	[ˈreχən]
[m]	wie in **M**arkt	markt	[mɑrkt]
[n]	wie in **N**ummer	nummer	[ˈnœmər]
[ŋ]	wie in A**ng**st, si**ng**en	angst bank	[ɑŋst] [bɑŋk]

Sprache

Niederländisch ist die gemeinsame Sprache von über 16 Millionen Menschen in den Niederlanden und über 5 Millionen Menschen in Flandern. Brüssel, die Hauptstadt Belgiens, ist eine zweisprachige Enklave im niederländischsprachigen Teil Belgiens, unweit der Sprachgrenze, die Flandern vom französischsprachigen Wallonien trennt. Niederländisch ist auch die offizielle Amtssprache (und größtenteils die Unterrichtssprache) der Republik Surinam, einer ehemaligen Kolonie, und der autonomen Gebiete in Übersee Aruba und der niederländischen Antillen. Insgesamt sprechen etwa 25 Millionen Menschen Niederländisch als Mutter- und Alltagssprache. Viele Niederländer und Flamen sprechen etwas Deutsch und Englisch, freuen sich jedoch, wenn Sie dem Gespräch ein paar Brocken Niederländisch beisteuern. Zwischen dem „niederländischen“ Niederländisch und dem „belgischen“ Niederländisch gibt es nur geringfügige Unterschiede, z. B. im Bereich der Aussprache. Typisch für Flandern (und für die südlichen Niederlande) ist etwa das weiche „ch“, typisch für den Norden sind die deutlich ausgesprochenen „n's“ am Wortende.

In den Niederlanden gibt es neben dem Niederländischen noch eine weitere offizielle Amtssprache: Friesisch. Sie wird in der Provinz Friesland (auf Friesisch: Fryslân) von etwa 400.0000 Menschen gesprochen. Auffällig sind hier die zweisprachigen Ortsschilder, z.B. Leeuwarden/Ljouwert (so heißt die sehenswerte Hauptstadt der Provinz). In Deutschland ist die Sprache Friesisch nur noch als kleine „Sprachinsel“ im niedersächsischen Rheiderland vorhanden (1.500 Sprecher).

Können Sie mir das buchstabieren?

In manchen Situationen, z. B. am Telefon, hilft meist nur das Buchstabieren. Damit es dabei zu keinen Missverständnissen kommt, anbei für Sie das Alphabet mit der richtigen Aussprache.

A a	[a:]	IJ ij	[si]	R r	[sr]
B b	[be:]	J j	[je:]	S s	[ss]
C c	[se:]	K k	[ka:]	T t	[te:]
D d	[de:]	L l	[sl]	U u	[y:]
E e	[e:]	M m	[sm]	V v	[ve:]
F f	[sf]	N n	[sn]	W w	[we:]
G g	[χe:]	O o	[o:]	X x	[ɪks]
H h	[ha:]	P p	[pe:]	Y y	[si]
I i	[i:]	Q q	[ky:]	Z z	[zst]

„Was bedeutet ...?“

Mit dieser Liste finden Sie sich im PONS Reise-Sprachführer Niederländisch schnell zurecht.

ABKÜRZUNGEN IM REISE-SPRACHFÜHRER

B	Belgien, belgisch	België, Belgisch
el	Elektrizität	elektriciteit
etw	etwas	iets
f	Femininum, weiblich	vrouwelijk
jdm	jemandem	iemand
jdn	jemanden	iemand
m	Maskulinum, männlich	mannelijk
nt	Neutrum, sächlich	onzijdig
NL	Niederlande, niederländisch	Nederland, Nederlands
pl	Plural, Mehrzahl	meervoud
rel	kirchlich, geistlich	kerkelijk
s.	sich	zich
sing	Singular, Einzahl	enkelvoud
tele	Telefon	telefoon
verb	Verb, Zeitwort	werkwoord

Das Allernotwendigste

Morgen um 16.00 Uhr an der Bar.

Manche Verabredungen beschränken sich auf das Notwendigste. Dennoch können schon kleinste sprachliche Missverständnisse großes persönliches Unverständnis nach sich ziehen.

Für den leichten Einstieg: Hier finden Sie die nützlichsten Wörter und Ausdrücke auf einen Blick.

Verwandtschaft?

Ja en nee! Niederländisch ist nah verwandt mit seinen Schwestersprachen **Duits** (*Deutsch*) und Englisch, ist also eine leicht verständliche Nachbarsprache, die auch mit den niederdeutschen Dialekten eng verwandt ist. Aber mit der Sprache ist es wie mit Land und Leuten: Manchmal täuscht das Gefühl der Ähnlichkeit; so heißt **tafel** nicht *Tafel*, sondern *Tisch*; **schoon** heißt nicht *schön*, sondern *sauber*; **klaar** heißt nicht *klar*, sondern *fertig* (**De koffie is klaar.**); **verzoeken** heißt nicht *versuchen*, sondern *bitten*; **mist** heißt nicht *Mist*, sondern *Nebel* …

Ja.
Ja. [ja]

Nein.
Nee. [ˈne]

Bitte. *(Sie)*
Alstublieft. [ɑlstyˈblift] *(Du)*
Alsjeblieft. [ɑʃəˈblift]

Danke!
Dank u wel. [dɑŋk‿y ˈwɛl]

Bitte!/Gern geschehen!
Tot uw dienst!/Graag gedaan!
[tɔt y dinst/χraχəˈdan]

Nichts zu danken!
Niets te danken! [nits tə ˈdɑŋkə]

Wie bitte?
Wat zegt u? [ˈwɑt ˈzɛχt‿yˈ]

Selbstverständlich!
Vanzelfsprekend!
[vɑnzɛlfˈsprekənt]

Einverstanden!
Akkoord! [ɑˈkoːrt]

Okay!
Oké! [oˈke]

In Ordnung!
In orde! [ɪn ˈɔrdə]

Entschuldigung!/Verzeihung!
Neemt u me niet kwalijk!
[nemt‿y mə nit ˈkwalək]

Einen Augenblick, bitte!
Een ogenblikje graag!
[ən oχənˈblɪkjə χraχ]

Das reicht jetzt!
Zo is het genoeg!
[zo ɪs‿ət χəˈnuχ]

Hilfe!
Help! [ˈhɛləp]

Ich hätte gern …
Ik had graag …
[ɪk hɑt χraχ]

Gibt es …?
Is er … ? *(sing)* [ˈɪz‿ər]
Zijn er … ? *(pl)* [ˈzɛin‿ər]

WER? WIE? WAS?

Wer?
Wie? [wi]

Was?
Wat? [wɑt]

Welcher?/Welche?/Welches?
Welk?/Welke?
[ˈwɛl(ə)k/ˈwɛl(ə)kə]

Wem?
Aan wie? [an wi]

Wen?
Wie? [wi]

Wo?
Waar? [wa:r]

Wo ist ...?/Wo sind ...?
Waar is [wa:r ɪs]/
Waar zijn ...? [wa:r zɛin]

Warum?/Weshalb?/Wozu?
Waarom? [wa:ˈrɔm]/
Hoezo? [huˈzo]

Wie?
Hoe? [hu]

Wie viel?
Hoeveel? [ˈhuvel, huˈvel]

Wie lange?
Hoe lang? [huˈlɑŋ]

Wann?
Wanneer? [wɑˈne:r, ˈwɑne:r]

Um wie viel Uhr?
Hoe laat? [hu lat]

ZAHLEN – MASSE – GEWICHTE

0
nul [nœl]

1
één [en]

2
twee [twe]

3
drie [dri]

4
vier [vi:r]

5
vijf [vɛif]

6
zes [zɛs]

7
zeven [ˈzevən/ˈzøvən]

8
acht [ɑχt]

9
negen [ˈneχən]

10
tien [tin]

11
elf [ˈɛl(ə)f]

12
twaalf [ˈtwal(ə)f]

13
dertien [ˈdɛrtin]

14
veertien [ˈve:rtin]

15
vijftien [ˈvɛiftin]

16
zestien [ˈzɛstin]

17
zeventien [ˈzevətin]

18
achttien [ˈɑχtin]

19
negentien [ˈneχətin]

20
twintig [ˈtwɪntəχ]

21
eenentwintig [ˈenənˈtwɪntəχ]

22
tweeëntwintig [ˈtweənˈtwɪntəχ]

23
drieëntwintig [ˈdriːənˈtwɪntəχ]

24
vierentwintig [ˈviːrənˈtwɪntəχ]

25
vijfentwintig [ˈvɛifənˈtwɪntəχ]

26
zesentwintig [ˈzɛsənˈtwɪntəχ]

27
zevenentwintig
[ˈzevənənˈtwɪntəχ]

28
achtentwintig [ˈɑχtənˈtwɪntəχ]

29
negenentwintig
[ˈneχənənˈtwɪntəχ]

30
dertig [ˈdɛrtəχ]

31
eenendertig [ˈenənˈdɛrtəχ]

32
tweeëndertig [ˈtweənˈdɛrtəχ]

40
veertig [ˈfeːrtəχ]

50
vijftig [ˈfɛiftəχ]

60
zestig [ˈsɛstəχ]

70
zeventig [ˈseventəχ]

80
tachtig [ˈtɑχtəχ]

90
negentig [ˈneχəntəχ]

100
honderd [ˈhɔndərt]

101
honderdeen [ˈhɔndərtˈen]

200
tweehonderd [ˈtwehɔndərt]

300
driehonderd [ˈdrihɔndərt]

1000
duizend [ˈdœyzənt]

2 000
tweeduizend [ˈtwedœyzənt]

10 000
tienduizend [ˈtindœyzənt]

100 000
honderdduizend
[ˈhɔndərdœyzənt]

1 000 000
een miljoen [en mɪlˈjun]

1.
eerste [ˈeːrste]

2.
tweede [ˈtwede]

3.
derde [ˈdɛrdə]

4.
vierde [ˈviːrdə]

5.
vijfde [ˈvɛifdə]

6.
zesde [ˈzɛsdə]

7.
zevende [ˈzevəndə]

8.
achtste [ˈɑχstə]

9.
negende [ˈneχəndə]

10.
tiende [ˈtində]

1/2
een half [ən ˈhɑl(ə)f]

1/3
een derde [ən ˈdɛrdə]

1/4
een kwart [ən ˈkwɑrt]

3/4
driekwart [ˈdriˈkwɑrt]

3,5 %
drie en een half procent
[ˈdri ɛn‿ən hɑlf proˈsɛnt]

27° C
zevenentwintig graden Celcius
[ˈzevənəntwɪntəχ ˈχradə ˈsɛlsijœs]

-5° C
vijf graden Celcius onder nul
[ˈvɛif ˈχradən ˈsɛlsijœs ˈɔndər nœl]

2015
tweeduizendvijftien
[twedœyzəntˈvɛiftin]

2016
tweeduizendzestien
[twedœyzəntˈzɛstin]

Millimeter
millimeter [ˈmilimetər]

Zentimeter
centimeter [ˈsɛntimetər]

Meter
meter [ˈmetər]

Kilometer
kilometer [ˈkilometər]

Quadratmeter
vierkante meter
[ˈviːrkɑntə ˈmetər]

Liter
liter [ˈlitər]

Gramm
gram *nt* [χrɑm]

100 Gramm
ons *nt* [ɔns]

Pfund
pond *nt* [pɔnt]

Kilogramm
kilogram *nt* [ˈkiloχrɑm]

ZEITANGABEN

Uhrzeit und Tageszeiten

Wie viel Uhr ist es bitte?
Kunt u me zeggen hoe laat het is? [ˈkœnt‿y mə ˈzɛχə hu ˈlat‿ət‿ɪs]

Es ist (genau/ungefähr) ...
Het is (precies/ongeveer) ... [əˈt‿ɪs (prəˈsis/ɔŋχəˈveːr)]

- *3 Uhr.*
  drie uur. [dri yːr]
- *5 nach 3.*
  vijf over drie. [vɛif ˈovər dri]

- *3 Uhr 10.*
  tien over drie. [tin ˈovər dri]
- *Viertel nach 3.*
  kwart over drie. [kwɑrt ˈovər dri]
- *halb 4.*
  half vier. [ˈhɑl(ə)f viːr]
- *Viertel vor 4.*
  kwart voor vier. [kwɑrt voːr viːr]
- *5 vor 4.*
  vijf voor vier. [vɛif voːr viːr]
- *12 Uhr Mittag/Mitternacht.*
  twaalf uur ’s middags/’s nachts. [ˈtwal(ə)f ˈyːr ˈsmɪdɑχs/snɑχs]

Um wie viel Uhr?/Wann?
Hoe laat?/Wanneer? [hu lat/wɑˈneːr]

Um 1 Uhr.
Om één uur. [ɔm en yːr]

Gegen 4 Uhr.
Tegen vieren. [ˈteχə ˈviːrə]

In einer Stunde.
Over een uur. [ˈovər en yːr]

Nicht vor 9 Uhr morgens.
Niet voor negen uur ’s morgens. [nit voːr neχən yːr ˈsmɔrχəns]

Nach 8 Uhr abends.
Na acht uur ’s avonds. [na ˈɑχt‿yːr ˈsavɔns]

Zwischen 3 und 4.
Tussen drie en vier. [tœsən ˈdriə ɛn ˈviːr]

Wie lange?
Hoe lang? [hu lɑŋ]

Zwei Stunden (lang).
Twee uur (lang). [twe yːr (lɑŋ)]

Von 10 bis 11.
Van tien tot elf. [vɑn tin tɔt ɛl(ə)f]

Bis 5 Uhr.
Tot vijf uur. [tɔt ˈvɛif ˈyːr]

Seit wann?
Sinds wanneer? [sɪnts wɑˈneːr]

Seit 8 Uhr morgens.
Sinds acht uur ’s morgens. [sɪn(t)s ˈɑχt‿yːr ˈsmɔrχəns]

Seit einer halben Stunde.
Sinds een half uur. [sɪn(t)s‿ən ˈhɑl(ə)f yːr]

Seit acht Tagen.
Sinds acht dagen. [sɪn(t)s ˈɑχt dɑχə]

ab und zu	af en toe [ɑv‿ɛn ˈtu]
abends	’s avonds [ˈsavɔns]
am Sonntag	zondags [ˈzɔndɑχs]
am Wochenende	in het weekend [ɪn‿ət ˈwikɛnt]
bald	binnenkort, gauw [bɪnəˈkɔrt, χɑu]
diese Woche	deze week [dezə ˈwek]
früh	vroeg [vruχ]
früher	vroeger [ˈvruχər]
gegen Mittag	tegen twaalven [teχə ˈtwal(ə)və]
gestern	gisteren [ˈχɪstərə]
heute	vandaag [vɑnˈdaχ]
heute Morgen/heute Abend	vanmorgen/vanavond [vɑˈmɔrχən, vɑˈnavɔnt]
in einer Woche	over een week [ˈovər en ˈwek]
jeden Tag	iedere dag [ˈidərə ˈdɑχ]
jetzt	nu [ny]
kürzlich	kort geleden [kɔrt χəˈledən]
letzten Montag	afgelopen maandag [ˈɑfχəlopə ˈmandɑχ]
manchmal	soms [sɔms]
mittags	tussen de middag [ˈtœsə də ˈmɪdɑχ]
morgen	morgen [ˈmɔr(ə)χə]
morgen früh/morgen Abend	morgen vroeg/morgenavond [mɔrχəˈvruχ/mɔrχəˈnavɔnt]
morgens	’s morgens [ˈsmɔrχəns]
nachmittags	’s middags [ˈsmɪdɑχs]
nächstes Jahr	volgend jaar [ˈvɔlχənt jaːr]
nachts	’s nachts [snɑχ(t)s]
spät	laat [lat]
später	later [ˈlatər]
stündlich	ieder uur [ˈidər yːr]
täglich	dagelijks [ˈdaχələks]
tagsüber	overdag [ovərˈdɑχ]
übermorgen	overmorgen [ˈovərmɔrχən]
um diese Zeit	om deze tijd [ɔm ˈdezə tɛit]
vor zehn Minuten	tien minuten geleden [ˈti(n) miˈnytə χəˈledə]
vorgestern	eergisteren [eːrˈχɪstərə]
vormittags	’s morgens [ˈsmɔrχəns]
am Vormittag	’s ochtends [ˈsɔχəns]

Wochentage

Montag	maandag [ˈmandaχ]
Dienstag	dinsdag [ˈdɪnzdaχ]
Mittwoch	woensdag [ˈwunzdaχ]
Donnerstag	donderdag [ˈdɔndərdaχ]
Freitag	vrijdag [ˈvrɛidaχ]
Samstag	zaterdag [ˈzatərdaχ]
Sonntag	zondag [ˈzɔndaχ]

Monate

Januar	januari [ˈjanywa:ri]
Februar	februari [ˈfebrywa:ri]
März	maart [ma:rt]
April	april [aˈprɪl]
Mai	mei [mɛi]
Juni	juni [ˈjyni]
Juli	juli [ˈjyli]
August	augustus [ɑuˈχœstəs]
September	september [sɛpˈtɛmbər]
Oktober	oktober [ɔkˈtobər]
November	november [noˈvɛmbər]
Dezember	december [deˈzɛmbər]

Jahreszeiten

der Frühling	het voorjaar, de lente [ət ˈvo:rja:r, də ˈlɛntə]
der Sommer	de zomer [də ˈzomər]
der Herbst	de herfst [də hɛrfst]
der Winter	de winter [də ˈwɪntər]

Feiertage

Neujahr
nieuwjaarsdag [niwja:rzˈdaχ]

Ostern
Pasen [ˈpasən]

Ostermontag
paasmaandag [pasˈmandaχ]

Tag des Königs (28.4.)
Koningsdag [ˈkonɪŋsdɑχ]

1. Mai
één mei [en mɛi]

Tag der Befreiung (5.5. NL)
bevrijdingsdag [bəˈvrɛidɪŋʒdɑχ]

Christi Himmelfahrt
Hemelvaart [ˈheməlvaːrt]

Pfingsten
Pinksteren [ˈpɪŋkstərən]

Pfingstmontag
pinkstermaandag [pɪŋkstərˈmandɑχ]

Fronleichnam
Sacramentsdag [sakraˈmɛntzdɑχ]

Fest der Flämischen Gemeinschaft (11.7. B)
Feest van de Vlaamse Gemeenschap *nt*
[fest vɑn də ˈvlamsə χəˈmensχɑp]

Allerheiligen
Allerheiligen [ɑlərˈhɛiləχən]

Nationalfeiertag (21.7. B)
Nationale Feestdag [ˈnaʃonalə ˈfesdɑχ]

Tag der Befreiung (11.11. B)
Wapenstilstand [ˈwapənstɪlstɑnt]

Nikolaus (5.12. abends)
Sint-Nicolaas [sɪntˈnikolas]; Sinterklaas [sɪntərˈklas]

Weihnachten
Kerstmis [ˈkɛrstmɪs, ˈkɛrsməs]

1/2 Weihnachtstag
eerste/tweede kerstdag
[eːrstə/ˈtwedə kɛrsˈdɑχ]

Silvesterabend
oudejaarsavond [ɑudəjaːrsˈavɔnt]; oud en nieuw [ɑud ɛn niw]

Feste und Feiertage

Typisch für die Niederlande sind folgende Feiertage:
Carnaval (Februar): Entweder die Niederländer hassen dieses Fest oder sie lieben es. Besonders in den südlichen Provinzen Noord-Brabant und Limburg wird das Karnevalsfest ähnlich wie im Rheingebiet intensiv gefeiert, während die restlichen Niederlande kopfschüttelnd zugucken. Viele Städte tragen in dieser Zeit einen spöttischen Namen: Nimwegen nennt sich z. B. Knotsenburg, 's-Hertogenbosch Oetelendonk und Eindhoven Lampengat.
Koningsdag (28. April): Der Nationalfeiertag im Königreich der Niederlande wird seit 2014 am 27. April gefeiert, dem Geburtstag des Königs Willem-Alexander. Geschäfte und Banken sind geschlossen, überall gibt es Feste, Veranstaltungen und Märkte, und die Innenstadt Amsterdams verwandelt sich an diesem Tag in einen riesigen Flohmarkt. König Willem und seine Gattin Maxíma besuchen einige ausgewählte Orte; dies wird im Fernsehen live übertragen.
Herdenkingsdag (4. Mai) und **bevrijdingsdag** (5. Mai): Mit diesen Gedenktagen wird an die Kriegsopfer und an das Ende der deutschen Besatzungszeit (1940–1945) erinnert. Am 4. Mai finden abends Umzüge und Kranzniederlegungen statt; um 20.00 Uhr wird eine Schweigeminute eingelegt. Der 5. Mai ist ein Festtag:

Die Geschäfte sind zwar geöffnet, aber viele Menschen haben frei.
Sinterklaas (5. Dezember): Die meisten niederländischen Kinder bekommen ihre Geschenke nicht zu Weihnachten, sondern bereits am 5. Dezember. Der gute Geber ist der Heilige Nikolaus, der bereits Mitte November mit dem Dampfer aus seinem Wohnort Spanien in den Niederlanden eintrifft (ebenfalls live im Fernsehen übertragen) und nachts auf den Dächern der Häuser mit einem weißen Pferd herumreitet, während sein Knecht **Zwarte Piet** die Wunschlisten abholt und die Schuhe der Kinder durch den Schornstein mit typischen Leckereien wie **pepernoten** (*Pfeffernüsse*), **speculaas** (*Spekulatius*) und **taai-taai** (*Lebkuchen*) füllt.
Am 5. Dezember steht dann ein großer Sack voller Geschenke vor der Tür: **pakjesavond**.**Oudejaarsavond** (31. Dezember): Abends werden im Familienkreis **oliebollen** (*Krapfen*) und **appelflappen** (*in Teig ausgebratene Apfelringe*) gegessen. Um Mitternacht trifft man sich draußen zum großen **vuurwerk**.

Datum

Können Sie mir bitte sagen, den Wievielten wir heute haben?
Kunt u me misschien zeggen de hoeveelste het vandaag is?
[kœnt y mə mɪˈsχin ˈʒɛχə də huˈvelstə ət fɑnˈdaχ ɪs]

Heute ist der 4. August.
Vandaag is het vier augustus. [vɑnˈdaχ ɪs‿ɔt viːr ɑuˈχœstəs]

Reiseplanung

Hotel oder Ferienwohnung?

Eine Reise zu planen ist eine organisatorische Meisterleistung. Wenn Ihnen ein Sprachführer zur Seite steht, schmälert das keineswegs Ihre Leistung: es vereinfacht sie.

Wussten Sie, dass ...

- die Niederlande mit 16,8 Millionen Einwohnern und 33.948 Quadratkilometern Landfläche das am dichtesten besiedelte Land der EU ist (487 Menschen pro Quadratkilometer)? Jeden Tag kommen 120 Einwohner dazu. Den Raum teilen sich die Niederländer mit 19 Millionen Fahrrädern, 12 Millionen Schweinen, 101 Millionen Hühnern, 3,6 Millionen Katzen, 2,1 Millionen Hunden und 1 Million Brieftauben.
- 35 % der Oberfläche der Niederlande, auf der 65 % aller Niederländer leben, sich knapp über oder unter dem Meeresspiegel befinden?
- die Küstenlinie zur Nordsee mit 642 Kilometer länger ist als die Grenze zu Belgien (407 Kilometer) oder zu Deutschland (556 Kilometer)?
- die Belgische Nordseeküste mit einer Länge von 67 Kilometer und Sandstränden bis zu 500 Meter sich für einen Badeurlaub lohnt? Dicht an der Küste Flanderns liegen außerdem sehenswürdige Städte wie Oostende, Gent und Brügge.
- Deutschland der wichtigste Handelspartner der Niederlande ist?
- die Niederlande aufgeteilt sind in zwölf Provinzen: Friesland, Groningen, Drenthe, Overijssel, Gelderland, Utrecht, Noord-Holland, Zuid-Holland, Zeeland, Noord-Brabant und Limburg sowie durch Landgewinnung im IJsselmeer im 20. Jahrhundert dazugekommen: Flevoland. Das Kerngebiet der Niederlande im Westen des Landes wird als **de Randstad** bezeichnet. Hier befinden sich Metropolen wie Amsterdam, Den Haag, Utrecht und Rotterdam.
- Amsterdam die Hauptstadt ist und Den Haag der Regierungssitz?
- in den Niederlanden im europäischen Vergleich die meisten Haushalte einen Internetanschluss besitzen (über 94%, EU-Durchschnitt 79%)?
- man sich im Internet schnell und gründlich über die Niederlande informieren kann auf der Website NiederlandeNet (www.uni-muenster.de/NiederlandeNet)?
- die Gesamtlänge der Autobahnen 2.436 Kilometer beträgt, die der Fahrradwege über 35.000 Kilometer?

HOTELBUCHUNG PER E-MAIL

Keine Zeit, in der Fremdsprache auf die Schnelle Mails zu formulieren? Mit diesen fertigen Texten können Sie sichergehen, dass die Buchung klappt.

Sehr geehrte Damen und Herren,

vom 24. bis 26. Juni hätte ich gern für zwei Nächte ein Einzel-/Doppel-/Zweibettzimmer. Bitte teilen Sie mir mit, ob Sie ein Zimmer frei haben und was es pro Nacht, einschließlich Frühstück, kostet.

Mit freundlichen Grüßen

Geachte dames en heren,

Van 24 t/m 26 juni (2 nachten) wil ik graag een eenpersoons/tweepersoons/tweebeddenkamer reserveren. Laat u me weten of u een kamer vrij heeft en wat deze per nacht inclusief ontbijt kost?

Met vriendelijke groet,

Dear Sir or Madam,

I would like to book a single/double/twin-bedded room for 2 nights on the 24th and 25th June. Please let me know if you have any vacancies and the cost per night plus breakfast.

Yours faithfully,

AUTOVERMIETUNG PER E-MAIL

Sehr geehrte Damen und Herren,

für die Zeit vom 20. - 25. Juli möchte ich gern ab Flughafen ... einen Kleinwagen/einen Mittelklassewagen/eine Luxuslimousine/einen Kleinbus mieten. Mein Rückflug geht ab ... und deshalb möchte ich das Auto dort zurückgeben. Bitte teilen Sie mir Ihre Tarife mit und welche Unterlagen ich benötige.

Mit freundlichen Grüßen

Geachte dames en heren,

Van 20 t/m 25 juli wil ik graag vanaf luchthaven ... een kleine auto/een middenklasser/een luxe wagen/ een minivan huren. Ik vertrek vanaf luchthaven ..., daarom zou ik de wagen daar graag willen teruggeven. Kunt u mij zeggen wat uw tarieven zijn en welke documenten zijn vereist?

Met vriendelijke groet,

Dear Sir or Madam,

I would like to hire a small/mid-range/luxury saloon car/minibus from July 20 - 25 from ... Airport. I depart from ... Airport so wish to leave the car there. Please inform me of your rates and what documents I shall require.

Yours faithfully,

ALLGEMEINE FRAGEN

Hotel - Pension - Privatzimmer

Ich suche ein Hotel, jedoch nicht zu teuer - etwas in der mittleren Preislage.
Ik zoek een hotel, maar niet te duur, iets in de middenklasse.
[ık suk ən ho'tɛl ma:r nitə dy:r, its ın dɛ 'mıdəklɑsə]

Ich suche ein Hotel mit Hallenbad/Golfplatz/Tennisplätzen.
Ik zoek een hotel met zwembad/golfbaan/tennisbanen.
[ık suk ən ho'tɛl mɛt 'zwɛmbɑt/'χɔlfban/'tɛnəsbanən]

Können Sie mir ein schönes Fremdenzimmer mit Frühstück empfehlen?
Kunt u mij een mooie kamer bij particulieren met ontbijt aanbevelen?
[kœnt‿y mɛi ən mojə 'kamər bɛi pɑrtiky'li:rə mɛt ɔnd'bɛit 'ambəvelə]

Für wie viele Leute soll es sein?
Voor hoeveel personen? [vo:r 'huvel pɛr'sonən]

Können Sie mir ein kinderfreundliches Hotel empfehlen?
Kunt u me een kindervriendelijk hotel aanbevelen?
[kœnt‿y mə ən 'kındərvrindələk ho'tɛl ambəvelən]

Könnten Sie mir bitte Informationen senden, welche Hotels in ... für Behinderte geeignet sind.
Zou u mij informatie kunnen sturen over hotels in ..., die geschikt zijn voor gehandicapten? [sɑu y mɛi ınfɔr'matsi kœnə sty:rən 'ovər ho'tɛls ın ... di χə'sχıkt sɛin vo:r χə'hɛndikɛptən]

Könnten Sie mir bitte sagen, welche Hotels und Campingplätze behindertengerechte Einrichtungen haben?
Zou u mij kunnen zeggen welke hotels en campings voorzieningen voor mensen met een handicap hebben? [sɑu y mɛi kœnə 'zɛχən 'wɛlkə ho'tɛls ɛn 'kɛmpıŋs vo:r'zinıŋə vo:r mɛnsə mɛt‿ən 'hɛndikɛp hɛbə]

Sind dort Hunde erlaubt?
Zijn honden daar toegestaan? [zɛin 'hɔndɛ da:r 'tuχəstan]

Wie viel kostet das pro Woche?
Hoe duur is dat per week? [hy du:r ıs dɑt pɛr wek]

Ferienhäuser/Ferienwohnungen

Ich suche eine Ferienwohnung oder einen Bungalow.
Ik zoek een vakantiehuisje of een bungalow.
[ɪk suk ən vaˈkansihœyʃə ɔf ən ˈbœŋχalo]

Können Sie mir einen kinderfreundlichen Ferienbauernhof empfehlen?
Kunt u mij een kindvriendelijke vakantieboerderij aanbevelen?
[kœnt‿y mɛi ən ˈkɪntfrindələkə vaˈkansiburdərɛi ˈambəvelə]

Gibt es ...?
Is er ... ? *(sing)* [ˈɪz‿ər]

Zijn er ... ? *(pl)* [ˈzɛin‿ər]

- ***ein Kinderbett***
  een kinderbed [ən ˈkɪndərbɛt]
- ***einen Hochstuhl***
  een kinderstoel [ən ˈkɪndərstul]
- ***einen Fernseher***
  een televisie [ən teləˈvizi]
- ***ein Telefon***
  een telefoon [ən teləˈfon]
- ***eine Waschmaschine***
  een wasmachine [ən ˈwɑsmaʃinə]
- ***eine Spülmaschine***
  een vaatwasser [ən ˈvatwɑsər]

Werden Bettwäsche und Handtücher gestellt?
Zijn beddengoed en handdoeken aanwezig?
[zɛin ˈbɛdəχut ɛn ˈhɑndukən anˈwezəχ]

Wie viel muss ich anzahlen und wann ist die Anzahlung fällig?
Hoe hoog is de aanbetaling, en wanneer moet ik het bedrag overmaken? [hu hoχ ɪzdə ˈambətalɪŋ ɛn ˈwaneːr mut ɪk‿ət bəˈdrɑχ ˈovərmakə]

Wo und wann kann ich die Schlüssel abholen?
Waar en wanneer kan ik de sleutel afhalen?
[waːr ɛn wɑˈneːr kan‿ɪk də ˈsløtəl ˈɑfhalə]

Camping

Könnten Sie mir bitte sagen, ob es in der Nähe einen Campingplatz gibt?
Zou u me kunnen zeggen of er in de buurt een camping is?
[zɑu y mə ˈkœnə ˈzɛχən ɔf‿ər ɪn də ˈbyːrt ən ˈkɛmpɪŋ ɪs]

Im Gespräch

Ich finde Sie sehr sympathisch.

Es gibt Sätze, bei denen es sich absolut lohnt, sie zu verstehen. Und noch viel mehr, sie aktiv einzusetzen.

Händeschütteln und Küsschen?

Bei der allerersten Begegnung können Sie Niederländer mit einem schlichten **meneer** (*Herr*) oder **mevrouw** (*Frau*) anreden. Hat sich Ihr Gegenüber vorgestellt, so antworten Sie **Prettig met u kennis te maken** (*Es freut mich, Sie kennen zu lernen*). Dies wird mit einem Händedruck und einem freundlichen Nicken besiegelt. Ansonsten sind Niederländer mit dem Händeschütteln eher zurückhaltend. Dagegen sind Umarmungen und Küsse häufiger. Allerdings sind es keine aufdringlichen Schmatzer, sondern dezente Luftküsse, meistens drei an der Zahl (links-rechts-links). Männer begrüßen sich selten mit Küssen, eher mit Umarmungen und kräftigem Schulterklopfen. Beim sogenannten **wrijfje** wird nur kurz der Oberarm des Gegenübers gerieben (**wrijven** = *reiben*). Dies wird als kurze Begrüßung benutzt für eine Person, für die man wenig Zeit hat oder die man nicht stören möchte.

BEGRÜSSEN UND VERABSCHIEDEN

Begrüßen

Guten Morgen!
Morgen!/Goedemorgen! [ˈmɔːχə, χujəˈmɔrəχə]

Guten Tag!
Dag!/Goedendag! [ˈdɑχ/χujəˈdɑχ]

Guten Abend!
Goedenavond! [χujəˈn‿avɔnt]

Hallo!/Grüß dich!
Hallo!/Hoi! [hɑˈlo/hɔj]

Wie geht es Ihnen?
Hoe maakt u het? [hu makt‿y‿hɛt]

Wie geht's?
Hoe gaat het? [hu ˈχat‿ət]

Danke. Und Ihnen/dir?
Goed hoor. En met u/met jou? [χut‿hɔr ˈɛmɛt‿y/ ˈɛmɛt ˈjɑu]

Sich vorstellen

Wie ist Ihr Name, bitte?
Wat is uw naam? [wat‿ɪs y nam]

Wie heißt du?
Hoe heet je? [hu het‿jə]

Ich heiße ...
Ik heet ... [ɪk‿het]

Darf ich bekannt machen?
Mag ik even voorstellen? [ˈmɑχ‿ɪk ˈevə ˈvoːrstɛlən]

Das ist ...
Dit is ... [ˈdɪt‿ɪs]

- ***Frau X.***
  mevrouw X. [məˈvrɑu]
- ***Herr X.***
  meneer/mijnheer X. [məˈneːr]
- ***mein Mann./meine Frau.***
  mijn man./mijn vrouw. [mɛin ˈmɑn/mɛin ˈvrɑu]
- ***mein Partner./meine Partnerin.***
  mijn partner. [mɛin ˈpɑrtnər]
- ***mein Freund./meine Freundin.***
  mijn vriend/mijn vriendin. [mɛin ˈvrint/mɛin vrɪnˈdɪn]

Darf ich Ihnen/dir meine Visitenkarte geben?
Mag ik u/je mijn kaartje geven? [mɑχ‿ɪk‿y/jə məŋ ˈkaːrtjə ˈχevən]

Vom Duzen und Siezen

In den Niederlanden und Belgien duzt man sich häufiger als in Deutschland. Auch Arbeitskollegen und Vorgesetzte werden geduzt. Anders als im Deutschen ist die niederländische Du-Form (**je** oder **jij**) jedoch nicht unbedingt ein Zeichen von besonderer Vertrautheit. Dennoch sollten Sie Erwachsene, vor allem ältere, erst einmal mit dem förmlichen **u** (*Sie*) anreden. Wenn das Eis gebrochen ist, kommt das Duzen meist von selbst und wird meistens mit dem Satz: **Zeg maar je en jij hoor!** (*Sag doch einfach du*) eingeleitet.

Verabschieden

Auf Wiedersehen!
Tot ziens! [tɔt ˈsins]

Bis bald!
Tot gauw! [tɔt ˈχau]

Bis später!
Tot straks! [tɔt ˈstraks]

Bis morgen!
Tot morgen! [tɔt ˈmɔrχən]

Mach's gut!
Het beste! [hɛt ˈbɛstə]

Bis bald!
Tot gauw! [tɔt ˈχau]

Gute Nacht!
Welterusten! [wɛlˈtrœstə]

Tschüss!
Dag! [ˈdɑhɑχ]

Gute Reise!
Goede reis! [ˈχujə rɛis]

Es war schön, Sie/dich kennen zu lernen.
Het was leuk kennis met u/je te maken.
[ət wɑs løk ˈkɛnəs mɛt y/jə tə ˈmakən]

HÖFLICHKEIT

Höflichkeit großgeschrieben

Auch bei flüchtigen Kontakten legen die Niederländer Wert auf Höflichkeitswörter. So sollten auch Sie **alstublieft** (*bitte*), **graag** (*gerne*), **dank u wel** (*Danke schön*), **graag gedaan** (*gerne geschehen*) und **sorry** oder **pardon** (*Entschuldigung*) sagen.
Wenn Sie sich nach etwas erkundigen, beispielsweise nach dem Weg, so stellen Sie wie die Niederländer auch ein *Entschuldigen Sie bitte …* (**Neem me niet kwalijk** oder **sorry**) voran. Auf die häufig gestellte Frage **Hoe gaat het?** (*Wie geht es?*) wird eine positive Antwort erwartet, z. B. **goed** (*gut*), **best** (*bestens*) oder **prima** (*prima*). Oder es wird betont, dass man gerade viel zu tun hat: **druk-druk-druk**.

Bitte

Bitte.
Alstublieft. [ɑlstyˈblift] *(Sie)*
Alsjeblieft. [ɑʃəˈblift] *(du)*

Ja, bitte.
Ja, alstublieft. [ˈja ɑlstyˈblift]

Nein, danke!
Nee, dank u wel. [ˈne dɑŋk‿y ˈwɛl]

Gestatten Sie?
Pardon, mag ik even? [pɑrˈdɔn ˈmɑχ‿ɪk evən]

Entschuldigen Sie bitte die Störung.
Sorry dat ik stoor. [ˈsɔri dɑt‿ɪk stoːr]

Entschuldigen Sie bitte, dürfte ich Sie etwas fragen?
Neemt u me niet kwalijk, mag ik u iets vragen?
[nemt‿y mə nit ˈkwalək mɑχ ɪk y its ˈfraχə(n)]

Können Sie mir bitte helfen?
Kunt u mij alstublieft helpen? [ˈkœnt‿y mɛi ɑlstyˈblift ˈhɛlpən]

Darf/Dürfte ich Sie um einen Gefallen bitten?
Zou u iets voor mij kunnen doen? [zɑu y its voːr mɛi ˈkœnə dun]

Dank

Vielen/Tausend Dank, Sie haben mir sehr geholfen.
Hartelijk dank, u heeft me erg geholpen.
[ˈhɑrtələk dɑŋk y heft mə ˈɛr(ə)χ χəˈhɔlpən]

Können Sie mir bitte sagen, …
Zou u me kunnen zeggen … [zɑu y mə ˈkœnə ˈzɛχə]

Können Sie mir bitte … empfehlen?
Kunt u mij misschien … aanbevelen? [ˈkœnt‿y mɛi mɪˈsχin … ˈambəvelən]

Danke!
Dank u wel. [dɑŋk‿y ˈwɛl]

Danke, sehr gern!
Dank u, graag! [ˈdɑŋk‿y χraχ]

Das ist nett, danke!
Dat is heel vriendelijk, dank u! [dɑt‿ɪs hel vrindələk dɑŋk‿y]

Bitte sehr!
Tot uw dienst! [tɔt‿y dinst]

Gern geschehen!
Graag gedaan! [χraχ χɛˈdan]

Entschuldigung

Entschuldigung!
Neemt u mij niet kwalijk. [ˈnemt‿y mɛi nit ˈkwalək]

Das tut mir sehr leid!
Dat spijt me zeer! [dɑt spɛit mə zeːr]

Tut mir leid(, dass ich zu spät komme)!
Het spijt me (dat ik te laat ben)! [ət spɛit mə (dɑt‿ɪk tə lat bɛn)]

Es war nicht so gemeint.
Dat was niet zo bedoeld. [dɑt wɑs nit so bəˈdult]

Keine Ursache!/Macht nichts!
Geeft niets! [χeft nits]

Dat is niet erg! [dɑt‿ɪs nit ɛr(ə)χ]
Das ist leider nicht möglich.
Dat gaat helaas niet. [dɑt χat heˈlas nit]

Wünsche

Herzlichen Glückwunsch!
Van harte! [vɑn ˈhɑrtə]

Alles Gute zum Geburtstag!
Gefeliciteerd met je verjaardag! [χəfelisiˈteːrt mɛt jə vərˈjaːrdɑχ]

Viel Glück!/Viel Erfolg!
Het beste! [ət ˈbɛstə]/
Veel succes! [vel sœkˈsɛs]

Ich drück' dir die Daumen!
Ik duim voor je! [ɪk dœym voːr jə]

Gesundheit! *(nach Niesen)*
Proost! [prost]

Gute Besserung!
Beterschap! [ˈbetərsχɑp]

Hartelijk fefeliciteerd!

Wenn Sie zu einer Geburtstagfeier eingeladen sind, sollten Sie nicht nur dem Geburtstagskind gratulieren, sondern allen direkten Verwandten. Händeschütteln und Küssen (**zoenen**) sind wesentliche Bestandteile des Geburtstagsrituals. Mehr als in Deutschland ist es üblich, bei privaten Feiern das Gespräch allgemein zu halten und so witzig wie möglich zu sein; lange ernsthafte Zweiergespräche sind weniger angesagt.

Angaben zur Person

Wie alt sind Sie/bist du?
Hoe oud bent u/ben je? [hu 'ɑut 'bɛnt‿y/bɛn jə]

Ich bin 39.
Ik ben negenendertig. [ɪk bɛn 'neχənɛn'dɛrtəχ]

Was machen Sie/machst du beruflich?
Wat bent u/ben je van beroep? ['wɑt 'bɛnt‿y/bɛn jə vɑn bə'rup]

Ich bin ...
Ik ben ... [ɪk bɛn]

- ***arbeitslos.***
  werkloos. [wɛrkə'los]
- ***Freiberufler/in.***
  heb een vrij beroep. [hɛp ən frɛi bə'rup]
- ***Rentner/in.***
  met pensioen. [mɛt pɛn'ʃun]
- ***Lehrer/in.***
  leraar. ['le:ra:r]

Ich arbeite bei ...
Ik werk bij ... [ɪk wɛrk bɛi]

Ich gehe noch zur Schule.
Ik zit nog op school. [ɪk 'sɪt nɔχ ɔp 'sχol]

Ich bin Student/in.
Ik ben student/studente. [ɪk bɛn sty'dɛnt(ə)]

Herkunft und Aufenthalt

Holland oder die Niederlande?

Genau genommen verweist die auch in den Niederlanden sehr übliche Bezeichnung **Holland** auf einen Teil der Niederlande, und zwar die Provinzen Nord- und Südholland. Viele Niederländer, die außerhalb dieses Landesteils wohnen, empfinden sich nicht als Holländer, sondern als Groninger, Limburger usw.
Tipp: Benutzen Sie das Wort Holland nur, wenn Ihr Gegenüber es auch tut.

Sind Sie/Bist du von hier?
Komt u/Kom je hiervandaan? [kɔmt‿y/kɔm jə ˈhi:rvɑndan]

Woher kommen Sie/kommst du?
Waar komt u/kom je vandaan? [ˈwɑr kɔmt‿y/kɔm jə vɑnˈdan]

Ich komme aus …
Ik kom uit … [ɪk‿kɔm œyt]

- ***Deutschland.***
  Duitsland. [ˈdœytslɑnt]
- ***der Schweiz.***
  Zwitserland. [ˈzwɪtsərlɑnt]
- ***Österreich.***
  Oostenrijk. [ostərɛik]

Sind Sie/Bist du schon lange in …?
Bent u/ben je al lang in …? [bɛnt‿y/bɛn jə ɑl‿ˈlɑŋ ɪn]

Ich bin seit … hier.
Ik ben hier sinds … [ɪk ˈbɛn hi:r sɪnts]

Wie lange bleiben Sie/bleibst du?
Hoe lang blijft u/blijf je hier? [ˈhulɑŋ blɛift‿y/blɛif jə hi:r]

Sind Sie/Bist du zum ersten Mal hier?
Bent u/Ben je hier voor het eerst? [ˈbɛnt‿y/ˈbɛn jə hi:r vo:r ət‿ˈe:rst]

Gefällt es Ihnen?
Vindt u het fijn? [vɪnt‿y‿ət fɛin]

Hier ist meine …
Hier is mijn … [hi:r ɪs mɛin]

Wie ist Ihre/deine …
Wat is uw/je … [wɑt‿ɪs yw/jə]

- ***Adresse?***
  adres? [aˈdrɛs]
- ***E-Mail-Adresse?***
  mailadres? [ˈmeladrɛs]
- ***Telefonnummer?***
  telefoonnummer? [teləˈfonœmər]
- ***Handynummer?***
  mobiele nummer? [moˈbilə nœmər]

Sind Sie/Bist du auf Facebook?
Bent u/Ben je op Facebook? [bɛnt‿y/bɛn jə ɔp ˈfesbuk]

Falsche Freunde

1: lief/lieb: Falsche Freunde sind Wörter, die aufgrund ihrer täuschenden Ähnlichkeit zu peinlichen deutsch-niederländischen Missverständnissen führen können. Etwa, wenn Sie ihr Gegenüber als **lieve Jan** oder **lieve Thea** ansprechen. **Lieve** entspricht nicht dem deutschen *liebe(r)*, sondern *liebste(r)*!
2. zat/satt: Wenn Sie genug gegessen haben, sollten Sie nie **ik ben zat** sagen. Dieser Satz entspricht nicht dem deutschen *Ich bin satt.*, sondern bedeutet: *Ich bin betrunken.*
3: schlimm/slim: Wundern Sie sich nicht, wenn Sie als **slim** bezeichnet werden. In den Niederlanden ist dies ein Kompliment. **Slim** bedeutet nämlich nicht *schlimm*, sondern *schlau*.
4: bellen: Wenn Sie gefragt werden, wann man Sie **bellen** kann, hat das nichts mit Hunden zu tun. **Bellen** heißt: *telefonieren* oder eben auch: *anrufen*.

Wie bitte?
Wat zegt u? [ˈwɑt ˈzɛχt‿yˈ]

Was bedeutet …?
Wat betekent …? [wɑt bəˈtekənt]

Ich verstehe Sie nicht.
Ik versta u niet. [ɪk vərsta y nit]

Könnten Sie das bitte wiederholen?
Kunt u dat nog een keer zeggen? [kœnt‿y dɑt nɔχ‿ɛŋ keːr zɛχən]

Könnten Sie bitte etwas langsamer sprechen?
Wilt u misschien iets langzamer praten?
[wɪl‿y mɪˈsχin its ˈlɑŋzamər ˈpratən]

Ja, ich verstehe.
Ja, ik begrijp het. [ja ɪk bəχrɛip‿ət]

Sprechen Sie/Sprichst du …
Spreekt u/Spreek je … [ˈsprekt‿y/sprek jə]

- ***Deutsch?***
  Duits? [ˈdœyts]
- ***Englisch?***
  Engels? [ˈɛŋəls]
- ***Französisch?***
  Frans? [ˈfrɑns]
- ***Niederländisch?***
  Nederlands? [ˈnedərlɑnts]

Welche Sprache?

In den Niederlanden können Sie nicht davon ausgehen, dass jeder fließend Deutsch spricht. Obwohl es in den Niederlanden auch Dialekte gibt und Niederländisch gewisse Lautähnlichkeiten mit den niederdeutschen Dialekten hat, ist „Plattdeutsch" in den Niederlanden nur sehr begrenzt einsetzbar. Wenn Sie die niederländische Sprache noch nicht so sicher beherrschen, kann man sich zunächst des Englischen bedienen. Nachdem der erste Kontakt hergestellt wurde, ergibt sich mit etwas Geduld und Freundlichkeit der Rest von selbst.

Ich spreche nur wenig ...
Ik kan maar 'n beetje ... [ɪk kɑn maːr‿ən ˈbetjə]

Gibt es hier jemanden, der Deutsch/Englisch spricht?
Is er hier iemand die Duits/Engels spreekt?
[ɪzər hiːr ˈimɑnt di dœyts/ˈɛŋəls sprekt]

Können Sie das vielleicht aufschreiben?
Kunt u dat misschien opschrijven? [kœnt‿y dɑt mɪˈsχin ˈɔpsχrɛivən]

Bitte lasst uns niederländisch reden.
Laten we Nederlands spreken. [ˈlatən wə ˈnedərlɑnts ˈsprekən]

Ich möchte gern mein Niederländisch verbessern.
Ik wil graag mijn Nederlands oefenen.
[ɪk wɪl χraχ mɛin ˈnedərlɑnts ˈufənən]

SMALLTALK

Mit Witz und Ironie

Kleine Witze oder ironisch-relativierende Bemerkungen gehören in den Niederlanden zum guten Ton, auch wenn der Anlass ernsthaft oder formal ist. Ein wichtiges Ritual, privat wie geschäftlich, ist die gemeinsame Tasse Kaffee. Bei Arbeitstreffen ist es nicht üblich, „mit der Tür ins Haus zu fallen", sondern man plaudert bei einer Tasse Kaffee zuerst einmal über das Wetter oder die Straßenverhältnisse. Erst nach diesem Smalltalk geht es zur Sache. Hektik und Ungeduld sind nicht angebracht. Sie können klar und offen ihre Meinung sagen, sollten Ihre Kritik jedoch freundlich und indirekt formulieren.

Komplimente

Wie schön!
Wat leuk! [wɑt løk]

Das ist wunderbar!
Dat is fantastisch! [dɑt‿ɪs fɑnˈtɑstis]

Das ist sehr nett von Ihnen/dir!
Dat is heel aardig van u/je! [dɑt‿ɪs hel ˈaːrdəχ vɑn‿y/jə]

Ich finde Sie sehr sympathisch/nett.
Ik vind u erg sympathiek/aardig. [ɪk fɪnt‿y ɛr(ə)χ sɪmpaˈtik/ˈaːrdəχ]

Sie sprechen sehr gut Niederländisch/Deutsch
U spreekt heel goed Nederlands/Duits.
[y sprekt hel χut ˈnedərlɑnts/dœyts]

Das Essen hat super geschmeckt!
Het was overheerlijk. [ət ˈwɑs ˈovərheːrlək]

Es ist wirklich traumhaft hier!
Het is hier een klein paradijs! [ət‿ɪs hir əŋ klɛin paraˈdɛis]

Das sieht gut aus.
Dat ziet er goed uit. [dɑt sit‿ər χut œyt]

angenehm	prettig [ˈprɛtəχ]
ausgezeichnet	uitstekend [œytˈstekənt]
beeindruckend	indrukwekkend [ɪndrœkˈwɛkənt]
freundlich	vriendelijk [ˈvrindələk]
gemütlich	*(Ort)* gezellig [χəˈzɛləχ]
herrlich	heerlijk [ˈheːrlək]
hübsch	knap [knɑp]
lecker	lekker [ˈlɛkər]
liebenswürdig	lief [lif]
nett	*(Personen)* aardig [ˈaːrdəχ]; *(Stimmung)* gezellig [χəˈzɛləχ]
schön	mooi [moj]

Heilig

Verabredungen, auch informelle Treffen, werden mit gezücktem **agenda** (*Terminkalender*) getroffen. Pünktliches Erscheinen ist angesagt. Beim ersten Besuch sollten Sie als Gast ein kleines Geschenk mitbringen (meistens ein **bloemetje** (*Blumenstrauß*)), das Sie beim Überreichen aber nicht unbedingt auspacken müssen. Obwohl die Niederländer sehr gastfreundlich sind, werden sie nicht gerne durch unangekündigten Besuch überrascht. Insbesondere das Abendessen (18 Uhr) ist ihnen heilig. Nachmittagseinladungen sind gegen 18 Uhr beendet. Abendeinladungen ohne Zeitangabe fangen zwischen 20 und 20.30 Uhr an und dauern in der Regel bis 23 Uhr. Tagsüber werden Gäste zu **koffie** oder **thee** eingeladen; dazu serviert man meist Kekse, die Sie jedoch nie unaufgefordert nehmen sollten. *Kuchen* (**taart**, **gebak**) gilt als etwas ganz Besonderes und wird z. B. bei Geburtstagsfeiern serviert.

Familie

Sind Sie verheiratet?
Bent u getrouwd? [ˈbɛnt‿y χəˈtraut]

Haben Sie Kinder?
Heeft u kinderen? [heft‿y ˈkɪndərən]

Ja, aber sie sind schon erwachsen.
Ja, maar ze zijn al groot. [ja maːr zə zɛin ɑl χrot]

Wie alt sind Ihre Kinder?
Hoe oud zijn uw kinderen? [hu ɑut zɛin yw ˈkɪndərən]

Meine Tochter ist 8 (Jahre alt) und mein Sohn ist 5 (Jahre alt).
Mijn dochter is 8 (jaar) en mijn zoon is 5 (jaar).
[mɛin ˈdɔχtər ɪs ɑχt (jaːr) ɛn mɛin zon ɪs vɛif (jaːr)]

Freizeit

Haben Sie/Hast du ein Hobby?
Heeft u/Heb je een hobby?
[heft‿y/hɛp jə ɛn ˈhɔbi]

Was machen Sie/Was machst du in der Freizeit?
Wat doet u/doe je in uw/je vrije tijd?
[wɑduty/wɑdujə ɪn yw/jə vrɛiə ˈtɛit]

Mögen Sie/Magst du …?
Houdt u/hou je van …? [hɑuty/hɑujə vɑn]

Hören Sie/Hörst du gerne Musik?
Luistert u/luister je graag naar muziek?
[lœystərt‿y/lœystər jə χraχ na:r my'zik]

Ich arbeite gern im Garten.
Ik werk graag in de tuin. [ɪk wɛrk χraχ ɪn də tœyn]

Ich lese sehr gern.
Ik hou veel van lezen. [ɪk hɑu vel vɑn ˈlezən]

Ich male ein wenig.
Ik schilder een beetje. [ɪk ˈsχɪldər‿ən ˈbetjə]

Ich sammle Antiquitäten/Briefmarken.
Ik verzamel antiek/spaar postzegels.
[ɪk vərˈzaməl ɑnˈtik/spa:r ˈpɔseχəls]

Ich jogge/schwimme/fahre Rad.
Ik loop/zwem/fiets. [ɪk lop/zwɛm/fits]

Ich spiele einmal die Woche Tennis/Volleyball.
Ik tennis/volleybal eens per week. [ɪk ˈtɛnəs/ˈvɔlibɑl ens pɛr wek]

Ich gehe regelmäßig ins Fitnesscenter.
Ik ga regelmatig naar de fitnessclub.
[ɪk χa reχəlˈmatəχ na:r də fɪtnəsklœp]

Treiben Sie Sport?
Doet u ook aan sport? [dut ‿y ok an ˈspɔrt]

Ich spiele ...
Ik speel ... [ɪk ˈspel]

Ich bin ein Fan von ...
Ik ben een supporter van ... [ɪk ˈbɛn‿ən səˈpɔ:rtər vɑn]

Ich gehe gern ...
Ik ga graag ... [ɪk χa χraχ]

Ich verbringe viel Zeit mit ...
Ik ben veel bezig met ... [ɪk bɛn vel ˈbezəχ mɛt]

Wofür interessieren Sie sich so?
Wat vindt u nou interessant? [wɑt fɪnt‿y nɑu ɪntərəˈsɑnt]

Ich interessiere mich für ...
Ik heb belangstelling voor ... [ɪk hɛb‿bəˈlɑŋstɛlɪŋ vo:r]

Ich bin bei ... aktiv.
Ik ben actief in ... [ɪk bɛn ɑkˈtif ɪn]

... ist eine meiner Lieblingsbeschäftigungen.
... doe ik heel graag. [du ik hel χraχ]

am Computer spielen	computeren [kɔmˈpjutərən]
faulenzen	luieren [ˈlœyjərən]
fernsehen	tv kijken [teˈve ˈkɛikən]
Fußball spielen	voetballen [ˈvudbɑlən]
Denkrätsel lösen	puzzelen [ˈpœzələn]
heimwerken	doehetzelven [duhɛtˈzɛlvən]
kochen	koken [ˈkokən]
malen	schilderen [ˈsχɪldərən]
musizieren	muziek maken [myˈzik ˈmɑkən]
reisen	reizen [ˈrɛizən]
Sport treiben	sporten [ˈspɔrtən]
Sprachen lernen	talen leren [ˈtalən ˈleːrən]
zeichnen	tekenen [ˈtekənən]

Wetter

Was für ein herrliches/schreckliches Wetter!
Wat een heerlijk/vreselijk weer! [wɑt‿ən ˈheːrlək/ˈvresələk weːr]

Was sagt der Wetterbericht?
Hoe is het weerbericht? [hu ɪs‿ət ˈweːrbərɪχt]

Wie viel Grad haben wir?
Wat ıs de temperatuur? [wɑt ɪs də tɛmpəraˈtyːr]

Religion und kulturelle Besonderheiten

Welchem Glauben gehören Sie/gehörst du an?
Welke geloofsrichting heeft u/heb je?
[wɛlkə χəˈlofsrɪxtɪŋ hefty/hɛpjə]

Ich bin ...
Ik ben ... [ɪk bɛn]

- *Buddhist/in.*
  boeddhist. [buˈdɪst]
- *Christ/in.*
  christen. [ˈkrɪstən]
- *Katholik/in.*
  katholiek. [kɑtolˈlik]
- *Protestant/in.*
  protestants. [protəˈstɑnts]
- *Jude/Jüdin.*
  jood. [jot]
- *Muslim/Muslima.*
  moslim. [mɔslɪm]

Ich bin nicht religiös.
Ik ben niet gelovig. [ɪk bən nit χə'lovəχ]

Entschuldigung, ich wollte Ihnen/dir nicht zu nahe treten.
Neem me niet kwalijk, zo precies wilde ik het niet weten.
[nemə nit 'kwalək, zo prə'sis wɪldə ɪk‿ət nit 'wetən]

Das ist gegen meine Religion.
Dat druist tegen mijn geloof in. [dɑt drœyst teχə mɛin χə'lof ɪn]

Ich esse kein/e ... Das ist gegen meinen Glauben.
Ik eet geen ... Dat is in strijd met mijn geloof.
[ɪk et χen ... dɑt ɪs ɪn strəit mɛt mɛin χə'lof]

MEINUNGEN UND GEFÜHLE

Zustimmen und Kommentieren

Gut.
Goed. [χut]

Richtig.
Juist. [jœyst]

Einverstanden!/Abgemacht!
Akkoord! [ɑ'ko:rt]/
Afgesproken!
['ɑfχəsprokən]

Geht in Ordnung!
Komt voor elkaar!
[kɔmt fo:r ɛl'ka:r]

Okay!
Oké! [o'ke]

Genau!
Precies! [prə'sis]

Ach!
Jeetje! ['jet‿jə]

Ach, so!
Aha! [a'ha]

Wirklich?
Echt waar? [ɛχt wa:r]

Interessant!
Interessant! [ɪntərə'sɑnt]

Wie schön!
Wat leuk! [wɑt løk]

Ich verstehe.
Ik begrijp het. [ɪk bə'χrɛip‿ət]

So ist es eben.
Zo is het nu eenmaal.
[zo ɪs‿ət ny 'enmal]

Ganz Ihrer Meinung.
Helemaal mee eens.
['heləmal me ens]

Das stimmt.
Dat klopt. [dɑt klɔpt]

Das finde ich (sehr) gut.
Dat vind ik (heel) goed.
[dɑt fɪnt‿ɪk (hel) χut]

Ablehnen

Ich habe keine Zeit.
Ik heb geen tijd. [ɪk hɛp χen tɛit]

Dazu habe ich keine Lust.
Daar heb ik geen zin in. [dɑr hɛp‿ɪk χen zɪn ɪn]

Damit bin ich nicht einverstanden.
Daar ben ik het niet mee eens. [daːr bɛn‿ɪk‿ət nit me ens]

Das kommt gar nicht in Frage!
Dat is uitgesloten! [dat‿ɪs ˈœitχəslotən]

Auf gar keinen Fall!
Niks hoor! [nɪks hoːr]

Ohne mich!
Je doet maar! [jə dut maːr]

Vorlieben

Das gefällt mir./Das gefällt mir nicht.
Dat vind ik leuk./Dat vind ik niet leuk. [dat vɪnt‿ɪk nit/løk]

Ich möchte lieber …
Ik zou liever … [ˈɪk sau ˈlivər]

Am liebsten wäre mir …
Het liefst had ik … [ət lifst hat‿ɪk]

Nichtwissen ausdrücken

Das weiß ich nicht.
Dat weet ik niet. [dat wet ɪk nit]

Keine Ahnung!
Geen idee! [χen iˈde]

Unentschlossenheit

Das ist mir egal.
Dat is mij om het even.
[dat ɪs ˈmɛi ɔm‿ət ˈevən]

Ich weiß noch nicht.
Ik weet het nog niet.
[ɪk ˈwet‿ət nɔχ nit]

Vielleicht.
Misschien.
[mɪˈsχin]

Wahrscheinlich.
Zou kunnen.
[zau ˈkœnə]

Freude – Begeisterung

Großartig!
Geweldig! [χəˈwɛldəχ]

Prima!
Prima! [ˈprima]

Megacool!
Echt vet cool! [ɛχt vɛt kul]

Toll!
Hartstikke leuk!
[hartstɪkə ˈløk]

Super!
Fantastisch!
[fanˈtastis]

Zufriedenheit

Ich bin voll und ganz zufrieden.
Ik ben helemaal tevreden. [ɪk bɛn ˈheləmal təˈvredən]

Ich kann mich nicht beklagen.
Ik mag niet klagen. [ɪk‿mɑχ‿nit ˈklaχən]

Das hat hervorragend geklappt.
Dat ging uitstekend. [dɑt χɪŋ œytˈstekənt]

Langeweile

Wie langweilig!
Wat saai! [wɑt saj]

... ist total öde.
... is oersaai. [ɪs ˈuːrsaj]

Erstaunen – Überraschung

Wirklich?
Echt waar? [ɛχt waːr]

Das ist ja nicht zu fassen!
Onbegrijpelijk! [ˈɔmbəχrɛipələk]

Unglaublich!
Niet te geloven! [nit‿tə χəˈlovən]

Erleichterung

Ein Glück, dass ...
Ik ben blij dat ... [ɪk bɛn blɛi dɑt]

Gott sei Dank!
Gelukkig maar! [χəˈlœkəχ maːr]

Endlich!
Eindelijk! [ˈɛindələk]/
Hèhè! [ˈhɛhɛ]

Gelassenheit

Nur keine Panik/Aufregung!
Geen paniek/Rustig blijven! [χen paˈnik/ˈrœstəχ ˈblɛivə]

Machen Sie sich keine Sorgen.
Maakt u zich maar geen zorgen. [makt‿y zɪχ maːr χen ˈzɔrχən]

Ärger

Das ist aber ärgerlich!
Wat vervelend nou! [wat vər'veləntnau]

Jetzt reicht's!
Nu is het genoeg! [ny ɪs‿ət χə'nuχ]

... geht mir auf den Geist.
... werkt mij op de zenuwen. [wɛrkt mɛi ɔb‿də 'zenywən]

Eine Unverschämtheit ist das!/So eine Frechheit!
Dat is ronduit onbeschoft! [dat ɪs 'rɔntœyt ɔmbə'sχɔft]/
Wat een brutaliteit! [wat əm brytali'tɛit]

Das darf doch wohl nicht wahr sein!
Dat is ongehoord! [dat‿ɪs 'ɔŋχəho:rt]

Zurechtweisung

Was fällt Ihnen ein!
Wat denkt u wel! [wa‿'dɛŋkt‿y wɛl]

Kommen Sie mir bloß nicht zu nahe!
Blijf uit mijn buurt! [blɛif œyt mɛin by:rt]

Das kommt gar nicht in Frage!
Daar komt niks van in! [da:r kɔmt nɪks fan‿ɪn]

Bedauern – Enttäuschung

Oh je!
O Je! [o 'jɛ]

Es tut mir leid!
Het spijt me!
[ət 'spɛit mə]

Es tut mir richtig leid für ....
Het spijt me echt voor ...
[ət 'spɛit mə ɛχt vo:r]

Schade!
Jammer! ['jamər]

SICH VERABREDEN

Haben Sie/Hast du morgen Abend schon etwas vor?
Heeft u/Heb je voor morgenavond al plannen?
[heft‿y/hɛp jə vo:r mɔrxə'navɔnt al 'planən]

Wollen wir zusammen hingehen?
Zullen we er samen heengaan? ['zœlən wə ɛr 'samən 'heŋχan]

Wollen wir heute Abend etwas gemeinsam unternehmen?
Zullen we vanavond samen iets gaan doen?
['zœlən wə va'navɔnt 'samən its χan dun]

Darf ich Sie/dich morgen Abend zum Essen einladen?
Mag ik u/je morgenavond mee uit eten nemen?
[mɑχ‿ɪk y/jə mɔrχəˈnavɔnt me œyt ˈetə‿ˈnemən]

Wann treffen wir uns?
Wanneer spreken we af? [wɑˈneːr ˈsprekən wə ɑf]

Treffen wir uns heute Abend?
Zien we elkaar vanavond? [zin wə ɛlkaːr vɑˈnavɔnt]

Treffen wir uns um 9 Uhr vor .../im ...
We zien elkaar om 9 uur voor .../in ...
[wə zin ɛlˈkaːr ɔm ˈneχən yːr voːr/ɪn]

Ich hole Sie/dich ab.
Ik haal u/je af. [ɪk hal y/jə ɑf]

Kann ich Sie/dich wieder sehen?
Zien we elkaar nog? [ˈzin wə ɛlˈkaːr nɔχ]

Das war wirklich ein netter Abend!
Dat was echt een fijne avond! [dɑt wɑs ɛxt ɛn ˈfɛinə ˈavɔnt]

FLIRTEN

Klarkommen

Die deutsche Redewendung *mit etwas* oder *mit jemandem klarkommen* können Sie nicht ohne weiteres ins Niederländische übersetzen. **Klaarkomen** bedeutet nämlich: *einen Orgasmus haben*.

Du hast wunderschöne Augen.
Je hebt prachtige ogen. [jə hɛpt ˈprɑχtəχə ˈoχən]

Mir gefällt, wie du lachst.
Je lacht zo leuk. [jə lɑχt so løk]

Ich mag dich.
Ik vind je best wel leuk. [ɪk fɪnt jə bɛst wɛl løk]

Ich finde dich ganz toll!
Ik ben helemaal ondersteboven van je!
[ɪk bɛn ˈheləmal ɔndərstəˈbovən vɑn jə]

Ich liebe dich!
Ik hou van je! [ɪk hɑu vɑn jə]

Hast du einen festen Freund/eine feste Freundin?
Heb je al een vaste relatie? [hɛp jə ɑl‿ən ˈvɑstə reˈlatsi]

Lebst du mit jemandem zusammen?
Woon je met iemand samen? [won jə mɛt 'imɑnt 'samən]

Sehr indiskrete Frage!
Wat een indiscrete vraag! [wɑt ən 'ɪndɪskretə vrɑχ]

Bist du verheiratet?
Ben je getrouwd? [bɛn jə χətraut]

- ***Ich lebe mit jemandem zusammen.***
  Ik woon met iemand samen. [ɪk won mɛt imɑnt samən]
- ***Ich bin geschieden.***
  Ik ben gescheiden. [ik bɛn χə'sχɛidən]
- ***Wir leben getrennt.***
  We zijn uit elkaar. [wə zɛin œyt ɛl'kɑːr]

Kommst du mit zu mir?
Ga je nog even mee naar mij? [χa jə nɔχ 'evə‿me naːr mɛi]

Ich möchte mit dir schlafen.
Ik wil met je naar bed [ɪk wɪl mɛt jə naːr bɛt]

Aber nur mit Kondom!
Maar wel met condoom! [maːr wɛl mɛt kɔn'dom]

Hast du welche?
Heb je die? [hɛpjə di]

Wo kann ich welche kaufen?
Waar kan ik die kopen? [waːr kan‿ɪk di 'kopən]

Nein, das geht mir zu schnell.
Nee, je loopt te hard van stapel. [ne jə lopt tə hɑrt vɑn 'stapəl]

Wir können kuscheln.
We kunnen ook knuffelen. [wə kœnən ok 'knœfələ]

Bitte geh jetzt!
Ga nou weg, alsjeblieft! [χa nɔu wɛχ ɑʃəblift]

Lassen Sie mich bitte in Ruhe!
Laat me met rust! [lat mə mɛt rœst]

Hören Sie sofort damit auf!
Hou daar onmiddellijk mee op! [hɑu daːr ɔ'mɪdələk me ɔp]

Es war wunderschön!
Het was fantastisch! [ət wɑs fɑn'tɑstis]

Sex ist nicht wichtig.
Seks is niet belangrijk. [sɛks ɪs nit bɛ'lɑŋrɛik]

Unterwegs

Gibt es hier eine Elektrotankstelle?

Wer eine Reise tut, hat nicht nur viel zu erzählen, sondern erst mal viele Fragen.

Beförderungsmittel Nummer 1 ...

ist das Fahrrad, **de fiets**, das seinen Namen vielleicht einem Fahrradhändler aus Wageningen namens **Viets** verdankt (die offizielle Bezeichnung lautet: **rijwiel**).
In den Niederlanden gibt es statistisch gesehen mehr Fahrräder als Einwohner. Gemeinsam legen die Niederländer jedes Jahr mehr als 14 Milliarden Kilometer auf dem **fiets** zurück. Und besser können es Radfahrer gar nicht haben: In den Städten gibt es für Sie eigene Fahrspuren und Ampeln. Überall gibt es *Fahrradwege* (**fietspaden**) und *Abstell*- und *Leihmöglichkeiten* (**fietsenstalling**, **fietsverhuur**); man darf, wenn der Verkehr es zulässt, nebeneinander fahren. Doch aufgepasst: In den Niederlanden wird alle 90 Sekunden ein Fahrrad gestohlen!

Ortsangaben

links	links [lɪŋks]
rechts	rechts [rɛχ(t)s]
geradeaus	rechtdoor [rɛχˈdoːr]
vor	voor [voːr]
hinter	achter [ˈɑχtər]
neben	naast [nast]
gegenüber	tegenover [teχəˈnovər]
hier	hier [ˈhiːr]
dort	daar [daːr]
nah	dichtbij [dɪχ(t)ˈbɛi]
weit	ver [vɛr]
nach	naar [ˈnaːr]
Ampel	stoplicht *nt* [ˈstɔplɪχt]
Straße	straat [strat]
Straßenecke	hoek [huk]
Kreuzung	kruispunt *nt* [ˈkrœyspœnt]
Kurve	bocht [bɔχt]

Wo geht es lang?

Entschuldigen Sie bitte, wie komme ich nach ...?
Neemt u me niet kwalijk, hoe kom ik naar ...?
[nemt‿y mɛ nit ˈkwalək hu kɔm ɪk naːr]

Immer geradeaus bis ...
Steeds maar rechtdoor tot ... [ˈstets maːr rɛχˈdoːr tɔt]

Dann bei der Ampel links/rechts abbiegen.
Dan bij het stoplicht links/rechts afslaan.
[dɑn bɛi‿ət ˈstɔplɪχt ˈlɪŋks/ˈrɛχs ˈɑfslan]

Folgen Sie den Schildern.
Volg de borden. [vɔlχ də ˈbɔrdən]

Ist das weit von hier?
Is het hier ver vandaan? [ˈɪs‿ət hiːr vɛr vɑnˈdan]

Es ist ganz in der Nähe.
Het is heel dichtbij. [əˈt‿ɪs hel dɪxtˈbɛi]

Bitte, ist das die Straße nach ...?
Pardon, is dit de weg naar ...? [pɑrˈdɔn, is ˈdɪt də ˈwɛχ naːr]

Bitte, wo ist ...?
Weet u misschien de weg naar ...? [wet‿y mɪsχin də wɛχ naːr]

Tut mir leid, das weiß ich nicht.
Sorry, weet ik niet. [ˈsɔri wet‿ɪk nit]

Ich bin nicht von hier.
Ik ben hier niet bekend. [ɪk bɛn hiːr nit bəˈkɛnt]

Gehen Sie geradeaus/nach links/nach rechts.
U gaat rechtdoor/naar links/naar rechts.
[y χat rɛχˈdoːr/naːr ˈlɪŋks/naːr ˈrɛχs]

Erste/Zweite Straße links/rechts.
Eerste/tweede straat links/rechts. [ˈeːrstə/ˈtwedə strat ˈlɪŋks/rɛχs]

Überqueren Sie ...
U steekt ... over. [y stekt ... ˈovər]

- ***die Brücke.***
  de brug [də ˈbrœχ]
- ***den Platz.***
  het plein [ət ˈplɛin]
- ***die Straße.***
  de straat [də ˈstrat]

Sie nehmen am besten den Bus Nr. ...
Het beste pakt u de bus, lijn ... [ət bɛstə pɑkt‿y də bœs lɛin]

Durchfahrt

Die Niederlande und Belgien gehören zu den Ländern, die das Schengener Abkommen unterzeichnet haben. Deutsche werden bei der Einreise nicht mehr kontrolliert, den Personalausweis sollte man dennoch immer dabei haben.
Beachten Sie auch die Zollbestimmungen. Die in den Niederlanden frei erhältlichen Cannabis-Produkte (Haschisch, Marihuana) sind in Deutschland weiterhin illegal und dürfen nicht mit über die Grenze genommen werden, auch nicht in so genannten „geringen Mengen“.

Ihren Pass, bitte!
Uw paspoort, alstublieft. [yw ˈpɑspoːrt ɑlstyˈblift]

Öffnen Sie bitte den Kofferraum!/diesen Koffer!
Doet u even de kofferbak/deze koffer open.
[dut‿y ˈevə də ˈkɔfərbɑk/ˈdezə ˈkɔfər ˈopən]

Personalien

Familienname ... familienaam [faˈmilinam]
Familienstand ... burgerlijke staat [ˈbœrχərləkə ˈstat]
ledig ... ongetrouwd, ongehuwd [ˈɔŋχətraut, ˈɔŋχəhywt]
verheiratet ... getrouwd, gehuwd [χəˈtraut, χəˈhywt]
verwitwet ... *(Frau)* weduwe [ˈwedywə]; *(Mann)* weduwnaar [ˈwedywnaːr]
Geburtsdatum ... geboortedatum [χəˈboːrtədatəm]
Geburtsname ... *(Frau auch)* meisjesnaam [ˈmɛiʃəsnam]; *(Mann)* geboortenaam [χəˈboːrtənam]
Geburtsort ... geboorteplaats [χəˈboːrtəplats]
Personalien ... persoonsgegegevens *pl* [pɛrˈsonsχəχevəns]
Staatsangehörigkeit ... nationaliteit [nɑʃonaliˈtɛit]
Vorname ... voornaam [ˈvoːrnam]
Initialen ... voorletters [ˈvoːrlɛtərs]
Wohnort ... woonplaats [ˈwonplats]

An der Grenze

Asyl ... asiel *nt* [aˈzil]
Ausreise ... uitreis [ˈœytrɛis]
Einreise ... inreis, toegang [ˈɪnrɛis, ˈtuχɑŋ]

EU-Bürger	EU-burger [eˈybœrχər]
Führerschein	rijbewijs *nt* [ˈrɛibəwɛis]
Grenze	grens [χrɛns]
Grenzübergang	grensovergang [ˈχrɛnsovərχaŋ]
gültig	geldig [ˈχɛldəχ]
internationaler Impfpass	internationaal inentingsbewijs *nt* [ɪntərnaʃoˈnal ˈɪnɛntɪŋsbəwɛis]
Nationalitäts-kennzeichen	landensticker [landəstɪkər]
Nummernschild	nummerbord *nt* [ˈnœmərbɔrt]
Passkontrolle	pascontrole [ˈpaskɔntrɔːlə]
Personalausweis	identiteitskaart [idɛntiˈtɛitskaːrt]; legitimatiepapieren pl [leχimiˈtatsipapiːrən]
Reisepass	paspoort *nt* [ˈpaspoːrt]
grüne Versicherungs-karte	verzekeringskaart [vərˈzekərɪŋskaːrt]
Visum	visum *nt* [ˈvizəm]
Zoll	douane [duˈwanə]

AUF ZWEI- UND VIERRÄDERN

Fietssnelweg

Ein neues Phänomen in den Niederlanden und Belgien sind **fietssnelwegen** (in Flandern auch als **fietsostrade** bezeichnet). Das sind bequeme Fahrradwege in der Umgebung von größeren Städten, die besonders für längere Strecken ausgelegt sind. Damit wird angestrebt, die Zahl der Staus auf den überfüllten autosnelwegen zu verringern. Eine aktuelle Liste der ausgewiesenen Strecken finden Sie auf www.fietssnelwegen.nl.

Abzweigung	splitsing [ˈsplɪtsɪŋ]
Ampel	stoplicht *nt* [ˈstɔplɪχt]
Auf-/Abfahrt	oprit/afrit [ˈɔprɪt/ˈɑfrɪt]
Ausfahrt	*(Autobahn)* afslag [ˈɑfslɑχ]; uitrit [ˈœytrɪt]
Autobahn	autosnelweg [ɑutoˈsnɛlwɛχ]
Bußgeld	bekeuring [bəˈkœːrɪŋ]
Einfahrt	inrit [ˈɪnrɪt]
Hauptstraße	verkeersader [vərˈkeːrsadər]
Landstraße	straatweg [ˈstratwɛχ]
Maximalgeschwindigkeit	maximum snelheid [ˈmɑksimœm ˈsnɛlhɛit]
Maut	tol [tɔl]
Polizei	politie [poˈlitsi]
Polizist(in)	agent(e) [aˈχɛnt(ə)]
Promillegrenze	promillegrens [proˈmɪləχrɛns]
Protokoll	proces-verbaal *nt* [proˈsɛsvərˈbal]
Radarkontrolle	radarcontrole [ˈrɑˈdɑrkɔnˈtrɔːlə]
Rastplatz	rustplaats [ˈrœstplats]
Raststätte	wegrestaurant *nt* [ˈwɛχrɛstorɑnt]
Stau	file [ˈfilə]
trampen	liften [ˈlɪftən]
Tramper	lifter [ˈlɪftər]
Wegweisung	bewegwijzering [bəˈwɛχwɛizərɪŋ]

Maximum snelheid

Pkw-Fahrer aufgepasst! In den Niederlanden gilt auf *Autobahnen* (**autosnelwegen**) eine maximale Geschwindigkeit von 130 km/h (Belgien 120 km/h), auf *Autostraßen* (**autowegen**) von 100 km/h. Innerhalb geschlossener Ortschaften (**binnen de bebouwde kom**) gibt es eine Geschwindigkeitsbegrenzung von 50 km/h, außerhalb davon (**buiten de bebouwde kom**) sind es maximal 80 km/h (Belgien 90 km/h).

In den Niederlanden verhält man sich im Straßenverkehr etwas anders als in Deutschland. Autofahrer halten nicht immer an Zebrastreifen. Dagegen gehen Fußgänger bei roter Ampel forsch über die Straße. Besondere Beachtung sollten Sie den Radfahrern schenken, die einen selbstbewussten Fahrstil haben. Insgesamt wird im Straßenverkehr Wert auf Kommunikation und „Verhandlung" gelegt, wobei die Regeln flexibel gehandhabt werden können. Von daher empfiehlt sich besonders in Stadtzentren ein vorsichtiger Fahrstil. Die **autosnelwegen** (*Autobahnen*) sind mit dem Buchstaben A + Straßennummer ausgeschildert, andere Fernstraßen mit N + Nummer. In Belgien sind nachts viele Autobahnen beleuchtet. Die Niederlande haben zwei zollpflichtige Tunnel: den Kiltunnel bei Dordrecht und den Westerscheldetunnel.

Etwas andere Regeln

In den Niederlanden gelten andere Verkehrsregeln, mit denen man zudem etwas freier umgeht. Beispielsweise überqueren Fußgänger die Straße, auch wenn die Ampel rot zeigt. Bei Zebrastreifen darf man als Fußgänger wiederum nicht davon ausgehen, dass die Autos anhalten. Fahrradfahrer dürfen zu zweit nebeneinander fahren und dürfen einen Mitfahrer auf dem Gepäckträger transportieren. Auch ist es ihnen erlaubt, auf der Straße zu fahren, wenn es keinen Radweg gibt. Rote Ampeln werden von **fietsers** *(Radfahrern)* öfters ignoriert. Passen Sie deshalb gut auf und seien Sie vorsichtig. Denn wer in den Niederlanden einen Fahrradfahrer unter 14 Jahren anfährt, trägt nach niederländischem Recht immer die Schuld.

An der Tankstelle/Raststätte

Wo ist bitte die nächste Tankstelle?
Kunt u me zeggen waar de dichtstbijzijnde benzinepomp is?
[kœnt‿y mə ˈzɛχə wɑr də ˈdɪχsbɛizɛində bɛnˈzinəpɔmp ɪs]

Gibt es hier eine Elektrotankstelle?
Is er hier een oplaadpunt voor elektrische auto's?
[ɪz‿ər hiːr ən ˈɔplatpœnt voːr eˈlɛktrisə ˈɑutos]

Ich möchte ... Liter ...
Ik wil graag ... liter ... [ɪk wɪl χraχ ... ˈliter]

- ***Benzin (bleifrei).***
  benzine (loodvrij). [bɛnˈzinə (lotˈfrɛi)]
- ***Super bleifrei.***
  euro 95. [ˈøːro vɛifəˈneχəntəχ]
- ***Super plus bleifrei.***
  euro 98. [ˈøːro ɑχtəˈneχəntəχ]
- ***Diesel.***
  diesel. [ˈdizəl]

Super bitte, für 30 Euro.
Super graag, voor 30 euro. [ˈsypər χraχ voːr ˈdɛrtəχ ˈøːro]

Voll tanken, bitte!
Vol graag! [ˈvɔl χraχ]

Würden Sie bitte den Ölstand prüfen?
Kunt u het oliepeil even nakijken? [kœnt‿y‿ət ˈolipɛil ˈevə ˈnakɛikən]

Ich hätte gern eine Straßenkarte dieser Gegend.
Een wegenkaart van de streek graag.
[ən ˈweχəkaːrt vɑn də strek χraχ]

Wo sind bitte die Toiletten?
Kunt u me zeggen waar de wc is? [kœnt‿y mə ˈzɛχə waːr də weˈse ɪs]

Gibt es eine Behindertentoilette?
Is er een invalidentoilet? [ɪs‿ər‿ ən ɪnvaˈlidətwɑlɛt]

Gibt es hier einen Wickelraum?
Kan ik mijn baby hier ergens een schone luier geven?
[kɑn‿ɪk mən ˈbebi hiːr ɛrχəns‿ən ˈsχonə ˈlœyjər ˈχevən]

Hinweise und Informationen

bebouwde kom	Geschlossene Ortschaft
betaald parkeren	Parkgebührenpflichtig
busbaan	Fahrspur für Busse
doodlopende weg	Sackgasse
eenrichtingsverkeer	Einbahnstraße
einde parkeerverbod	Ende des Parkverbots
file	Stau
ga terug	Bitte wenden
gevaar	Gefahr
gevaarlijke bocht	Gefährliche Kurve
let op	Vorsicht
let op de kinderen	Auf Kinder achten
lichten ontsteken	Scheinwerfer einschalten
neem hier uw parkeerkaart	Ziehen Sie hier Ihren Parkschein
niet parkeren	Parkverbot
overstekende fietsers	Vorsicht Fahrräder
parkeerklem	Parkkralle
parkeerschijf verplicht	Parkscheibenpflichtig
parkeren voor vergunninghouders	Parken nur mit Genehmigung
rechts heeft voorrang	Rechtsvorfahrt
rechts (links) houden	Rechts (Links) fahren
rondweg, ringweg	Umgehungsstraße
slecht wegdek	Schlechte Fahrbahn
slipgevaar	Schleudergefahr
stopverbod	Halteverbot
tegenliggers	Gegenverkehr
trambaan	Fahrspur für Straßenbahn
uitrit	Autobahnausfahrt
uitrit vrijlaten	Ausfahrt frei halten
vaart verminderen	Langsamer fahren
verboden in te rijden	Einfahrt verboten
voetgangersoversteekplaats	Fußgängerüberweg

voorsorteren .... Bitte einordnen
voorsorteren .... Einordnen
vrachtwagen .... Lastwagen
wegomlegging, omleiding .... Umleitung
wegenwacht .... Pannenhilfe, Straßenwacht
wegsleepregeling .... Falschparker werden abgeschleppt
werk in uitvoering .... Baustelle
woonerf .... Spielstraße
ziekenhuis .... Krankenhaus

Parken

Entschuldigen Sie bitte, gibt es hier in der Nähe eine Parkmöglichkeit?
Neemt u me niet kwaljk, kan ik hier in de buurt parkeren?
[nemt‿y mə nit ˈkwalək kan‿ɪk hiːr ɪn də byːrt parˈkeːrən]

Kann ich den Wagen hier abstellen?
Kan ik de auto hier neerzetten? [ˈkan‿ɪk də ˈauto hiːr ˈneːrzɛtən]

Ist der Parkplatz bewacht?
Wordt de parkeerplaats bewaakt? [wɔr‿də parˈkeːrplats bəˈwakt]

Wie hoch ist die Parkgebühr pro Stunde?
Hoeveel kost het per uur? [ˈhuvel kɔst‿ət pɛr ˈyːr]

Ist das Parkhaus die ganze Nacht geöffnet?
Blijft de parkeergarage de hele nacht open?
[blɛift də parˈkeːrχaːraʒə də ˈhelə naχt ˈopən]

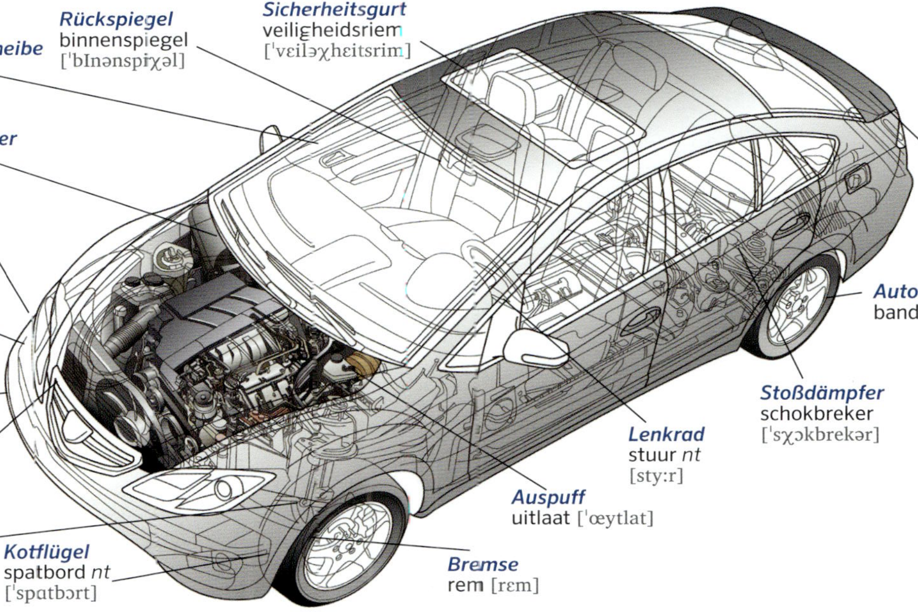
Windschutzscheibe
voorruit
[ˈvoːrœyt]
Rückspiegel
binnenspiegel
[ˈbInənspiχəl]
Sicherheitsgurt
veiligheidsriem
[ˈvɛiləχhɛitsrim]
Scheibenwischer
ruitenwisser
[ˈrœytəwɪsər]
Blinker
knipperlicht *nt*
[ˈknɪpərlɪχt]
Scheinwerfer
koplamp
[ˈkɔplɑmp]
Stoßstange
bumper
[ˈbœmpər]
Kühler
radiator
[radiˈjatɔr]
Achse
as [ɑs]
Kotflügel
spatbord *nt*
[ˈspɑtbɔrt]
Bremse
rem [rɛm]
Auspuff
uitlaat [ˈœytlat]
Lenkrad
stuur *nt*
[styːr]
Stoßdämpfer
schokbreker
[ˈsχɔkbrekər]
Autoreifen
band [bɑnt]
Kofferraum
kofferbak
[ˈkɔfərbɑk]

Pechnummer

Bei **pech onderweg** (*einer Panne*) können Sie den gelben **praatpaal** (*Notrufsäule*) benutzen. Der Vorteil des **praatpaal** gegenüber dem eigenen Handy ist, dass die Zentrale anhand der Verbindung genau bestimmen kann, wo Sie sich befinden. Sie drücken einfach auf den Knopf und melden sich bei der Telefonistin. Hier können Sie auch die **wegenwacht** (*Pannenhilfe*) der ANWB erreichen. Auf Landstraßen können Sie diesen Straßenhilfsdienst zum Nulltarif unter der Nummer 0800-0888 anrufen. In Flandern können Sie bei einer Panne die **Touring Wegenhulp** über die Notrufsäule erreichen. Außerhalb der belgischen Autobahnen wählt man die **pechnummer 02-233-2345**.

Ich habe eine Panne.
Ik heb pech met de auto. [ɪk hɛp‿pɛχ mɛ‿də ˈɑuto]

Ich habe einen Platten.
Ik heb een lekke band. [ɪk hɛp ən ˈləkə bɑnt]

Ich habe kein Benzin mehr.
Ik heb geen benzine meer. [ɪk hɛp χen bɛnˈzinə me:r]

Die Batterie ist leer.
De accu is leeg. [də ˈɑky ɪs leχ]

Können Sie mir Starthilfe geben?
Kunt u me helpen de auto te starten?
[kœnt‿y mə ˈhɛlpə də ˈɑuto tə ˈstɑrtə]

Gibt es hier in der Nähe eine Werkstatt?
Is er hier in de buurt een garage?
[ˈɪs‿ər hi:r ɪn də by:rt əŋ χaˈraʒə]

Könnten Sie bitte für mich den Pannendienst anrufen?
Kunt u alstublieft de wegenwacht voor me bellen?
[kœnt‿y ɑlstyˈblift də ˈweχəwɑχt vo:r mə ˈbɛlən]

Würden Sie mir bitte einen Mechaniker/einen Abschleppwagen schicken?
Kunt u mij alstublieft een monteur/een takelwagen sturen?
[kœnt‿y mɛi ɑlstyˈblift əm‿mənˈtø:r/ən ˈtakəlwaχən ˈsty:rən]

Könnten Sie mir mit etwas Benzin aushelfen?
Heeft u misschien een beetje benzine voor mij?
[heft‿y mɪˈsχin ən ˈbetjə bɛnˈzinə vo:r mɛi]

Könnten Sie mir beim Reifenwechsel helfen?
Kunt u mij helpen bij het wisselen van de band?
[ˈkœnt‿y mɛi ˈhɛlpən bɛi‿ət ˈwɪsələn van də ˈbant]

Würden Sie mich bis zur nächsten Werkstatt mitnehmen?
Kunt u mij alstublieft meenemen naar de dichtsbijzijnde garage?
[kœnt‿y mə ɑlstyˈblift menemən naːr də ˈdɪχsbɛizɛində χaˈraʒə]

Abschleppdienst	sleepdienst [ˈslepdinst]
abschleppen	wegslepen [ˈwɛχslepən]
Abschleppseil	sleepkabel [ˈslepkabəl]
Abschleppwagen	takelwagen [ˈtakəlwaχən]
Benzinkanister	jerrycan [ˈdʒɛrikɛn]
Ersatzrad	reservewiel *nt* [rəˈzɛrvəwil]
Flickzeug	reparatiespullen [repaˈratsispœlə]
Luftpumpe	fietspomp [ˈfitspɔmp]
Notrufsäule	praatpaal [ˈpratpal]
Panne	pech [pɛχ]
Pannendienst	wegenwacht [ˈweχəwaχt]; *(B)* pechdienst [pɛχdinst]; wegenhulp [ˈweχəhœlp]
Platten	lekke band [ˈlɛkə ˈbant]
Starthilfekabel	startkabel [ˈstɑrtkabəl]
Wagenheber	krik [krɪk]
Warnblinkanlage	waarschuwingsknipperlichten *pl* [ˈwaːrsχywɪŋsknɪpərlɪχtən]
Warndreieck	gevarendriehoek [χəˈvaːrədrihuk]
Werkzeug	gereedschap *nt* [χəˈretsχɑp]

In der Werkstatt

Der Motor springt nicht an.
De motor wil niet starten. [də ˈmotɔr wɪl nit ˈstɑrtən]

Mit dem Motor stimmt was nicht.
Met de motor is iets niet in orde. [mɛt də ˈmotɔr ɪs its nit‿ɪn ˈɔrdə]

... ist/sind defekt.
... is/zijn kapot. [ɪs/zɛin kaˈpɔt]

Der Wagen verliert Öl.
De auto verliest olie. [də ˈauto vərˈlist ˈoli]

Wann ist der Wagen/das Motorrad fertig?
Wanneer is de auto/de motor klaar?
[wɑˈneːr ɪs də ˈauto/də ˈmotɔr ˈklɑr]

Was wird es ungefähr kosten?
Wat gaat het ongeveer kosten? [wɑt χat‿ət ˈɔŋχəveːr ˈkɔstən]

Abblendlicht	stadslicht *nt* [ˈstatslɪχt]
Alarmanlage	alarminstallatie [aˈlarmɪnstaˈlatsi]
Anlasser	starter [ˈstartər]
Automatik(getriebe)	automatische versnellingsbak [autoˈmatisə vərˈsnɛlɪŋsbak]
Benzinpumpe	brandstofpomp [ˈbrantstɔfpɔmp]
Blinklicht	knipperlicht *nt* [ˈknɪpərlɪχt]
Bremse	rem [rɛm]
Bremsflüssigkeit	remolie [ˈrɛmoli]
Bremslichter	remlichten, stoplichten *pl* [ˈrɛmlɪχtən, stɔplɪχtən]
Defekt	mankement [maŋkəˈmɛnt]
Delle	deuk [døk]
Erdgas-/Elektro-tankstelle	aardgaspomp/oplaadstation [ˈa:rtχaspɔmp, ˈɔplatstaʃɔn]
Fernlicht	groot licht *nt* [χrot ˈlɪχt]
Frostschutzmittel	antivries [antiˈvris]
Gang	versnelling [vərˈsnɛlɪŋ]
– erster Gang	eerste versnelling [e:rstə vərˈsnɛlɪŋ]
– Leerlauf	vrij(loop) [ˈvrɛi(lop)]
– Rückwärtsgang	de achteruit [də aχtərˈœyt]
Gaspedal	gaspedaal *nt* [ˈχaspedaˈl]
Getriebe	versnellingsbak [vərˈsnɛlɪŋzbak]
Handbremse	handrem [ˈhantrɛm]
Hupe	claxon [ˈklaksɔn]
Kratzer	kras [kras]
Kühler	radiator [radiˈjatɔr]
Kühlwasser	koelwater *nt* [ˈkulwatər]
Kupplung	koppeling [ˈkɔpəlɪŋ]
Kurzschluss	kortsluiting [ˈkɔrtslœytɪŋ]
Lichtmaschine	dynamo [diˈnamo]
Luftfilter	luchtfilter [ˈlœχtfɪltər]
Motor	motor [ˈmotɔr]
Motorhaube	motorkap [ˈmotɔrkap]
Öl	olie [ˈoli]
Ölwechsel	olie verversen [ˈoli vərˈvɛrsən]
Rad	wiel *nt* [wil]
Reifen	band [bant]
Rücklicht	achterlicht *nt* [ˈaχtərlɪχt]
Rückspiegel	achteruitkijkspiegel [aχtərˈœytkɛikspiχəl]
Schaden	schade [ˈsχadə]
Scheibenwischer	ruitenwisser [ˈrœytəwɪsər]
Scheinwerfer	koplamp [ˈkɔplamp]
Schraube	schroef [sχruf]
Sicherheitsgurt	veiligheidsriem [ˈvɛiləχhɛitsrim]
Standlicht	parkeerlicht *nt* [parˈke:rlɪχt]

Stoßstange	bumper [ˈbœmpər]
Tachometer	toerenteller [ˈturətɛlər]
Tank	tank [tɛŋk]
Verbandskasten	EHBO-trommel [ehabeˈotrɔməl]
Warnblinkanlage	waarschuwingsknipperlichten *pl* [ˈwa:rsχywɪŋsknɪpərlɪχtən]
Warndreieck	gevarendriehoek [χəˈva:rədrihuk]
elektronische Wegfahrsperre	elektronische blokkeerinrichting [elɛkˈtronisə blɔˈke:rɪnrɪgtɪŋ]
Werkstatt	garage [χaˈraʒə]
Windschutzscheibe	voorruit [ˈvo:rœyt]
Winterreifen	winterbanden *pl*
Zündkerze	bougie [buˈʒi]
Zündung	ontsteking [ˈɔntstekɪŋ]

Verkehrsunfall

Ein Unfall ist passiert!
Er is een ongeluk gebeurd! [ɛr‿ɪs ən ˈɔŋχəlœk χəˈbø:rt]

Rufen Sie bitte schnell ...
Kunt u snel ... bellen? [kœnt‿y snɛl … bɛlən]

- ***einen Krankenwagen!***
  een ziekenaut [ən ˈzikənauto]
- ***die Polizei!***
  de politie [də poˈlitsi]
- ***die Feuerwehr!***
  de brandweer [də ˈbrantwe:r]

Haben Sie Verbandszeug?
Heeft u EHBO-spullen? [ˈheft‿y ehabeˈospœlən]

Sie haben ...
U heeft ... [y ˈheft]

- ***die Vorfahrt nicht beachtet.***
  geen voorrang verleend. [χen ˈvo:raŋ vərˈlent]
- ***nicht geblinkt.***
  uw richtingaanwijzer niet aangezet.
  [yw ˈrɪχtɪŋanwɛizər nit ˈaŋχəzɛt]
- ***nicht gut aufgepasst.***
  niet goed uitgekeken. [y heft nit χut ˈœytχəkekən]

Sie sind zu schnell gefahren.
U hebt te snel gereden. [y hɛpt tə ˈsnɛl χəˈredən]

Sie sind bei Rot über die Kreuzung gefahren.
U bent bij rood het kruispunt overgestoken.
[y bɛnt bɛi rot‿ət ˈkrœyspœnt ˈovərχəstokən]

Können Sie als Zeuge aussagen?
Kunt u een getuigenverklaring afleggen?
[kœnt‿y əŋ χəˈtœiχəvərkla:rɪŋ ˈɑflɛχə]

Geben Sie mir bitte Ihren Namen und Ihre Anschrift.
Mag ik uw naam en uw adres noteren?
[mɑχ ɪk yw nam ən aˈdrəs noˈte:rən]

Bei welcher Versicherung sind Sie?
Waar bent u verzekerd? [wa:r bɛnt‿y vərˈzekərt]

Vielen Dank für Ihre Hilfe!
Bedankt voor de hulp! [bəˈdɑŋkt vo:r də ˈhœl(ə)p]

Auto-, Motorrad- und Fahrradvermietung

Bakfiets und omafiets

In den Niederlanden hat der **bakfiets** innerhalb von wenigen Jahren das Straßenbild erobert. Es ist ein Fahrrad mit einem Transportkasten vorne, in den sperrige Einkäufe oder mehrere Kinder verstaut werden können. Viele junge emanzipierte Väter sind damit immer unterwegs. Als **omafiets** wird das traditionell gestaltete Damenrad mit breitem Lenker bezeichnet, das in Deutschland als Hollandrad bekannt ist. Es ist nicht nur bei Großmüttern, sondern auch bei Jugendlichen beliebt.

Ich möchte für zwei Tage/eine Woche ... mieten.
Ik wil voor twee dagen/een week ... huren.
[ɪk wɪl vo:r twe ˈdaχən/ˈen wek hy:rən]

- ***einen (Gelände-)Wagen***
  een (terrein)wagen [ən (tɛˈrɛin)ˈwaχən]
- ***ein Motorrad***
  een motor [ən ˈmotɔr]
- ***einen Motorroller***
  een scooter [ən ˈskutər]
- ***ein Mofa***
  een brommer [ən ˈbrɔmər]
- ***ein Fahrrad***
  een fiets [ən fits]

Bitte mit ...
Graag met ... [χraχ mɛt]

- ***Automatik.***
  automatische versnellingsbak.
  [ɑutoˈmatisə vərˈsnəlɪŋsbɑk]
- ***Klimaanlage.***
  airco. [ˈɛ:rko]
- ***Navigationsgerät.***
  tomtom. [tɔmˈtɔm]

Gibt es für Körperbehinderte Leihwagen mit Handgas?
Zijn er voor lichamelijk gehandicapten huurwagentjes met handgas?
[zɛin‿ər vo:r lɪˈχamələk χəˈhɛndikɛptən ˈhy:rwaχəntjəs mɛt ˈhantχɑs]

Kann man hier irgendwo Behindertenfahrräder leihen?
Kun je hier fietsen voor gehandicapten huren?
[kœn jə hi:r ˈfitsən vo:r χəˈhɛndikɛptən ˈhy:rən]

Wie viel kostet es pro Tag/Woche?
Hoe duur is dat per dag/week? [hu dy:r ɪz‿dɑt pɛr dɑχ/pɛr wek]

Ist das einschließlich unbegrenzter Kilometerzahl?
Is dat met een onbeperkt aantal kilometers?
[ɪz‿dɑt mɛt‿ən ˈɔmbəpɛrkt ˈantɑl ˈkilometərs]

Wie viel verlangen Sie pro gefahrenen Kilometer?
Wat is de kilometerprijs? [wɑt ɪs də ˈkilometərprɛis]

Ist das Fahrzeug vollkaskoversichert?
Heeft-ie een all-riskverzekering? [ˈheft‿i ən ɑlˈrɪskvərzekərɪŋ]

Ist es möglich, das Fahrzeug in ... abzugeben?
Is het mogelijk het voertuig in te leveren in ... ?
[ɪs‿ət ˈmoχələk ət ˈfurtœyχ ɪn tə ˈlevərən ɪn]

Haben Sie eine Straßenkarte?
Heeft u een wegenkaart? [heft‿y ən 'weχəka:rt]

Ich möchte auch einen Schutzhelm leihen.
Kann ik ook een fietshelm huren? [kɑn‿ɪk ok ən 'fitshɛlm 'hy:rən]

Haben Sie einen Kindersicherheitsgurt?
Heeft u een kindergordel? [heft‿y‿ən 'kɪndərχɔrdəl]

Verleihen Sie Kinderautositze?
Verhuurt u ook kinderzitjes? [vər'hy:rt‿y ok‿'kɪndərzɪtjəs]

Babyschale	*(fürs Auto)* maxi cosy® [ˈmaksi ˈkozi]
Führerschein	rijbewijs *nt* [ˈrɛibəwɛis]
Handbike	rolstoelfiets [ˈrɔlstylfits]
Handgas	*(Auto)* handgas *nt* [ˈhantχɑs]
hinterlegen	deponeren [depoˈneːrən]
Kindersitz	kinderzitje *nt* [ˈkɪndərzɪtjə]
Kaution	borgsom [ˈbɔrχsɔm]
Lenkraddrehknopf	*(Auto)* stuurknop [styːrknɔp]
Nierengurt	bekkengordel [ˈbɛkəχɔrdəl]
Papiere	papieren pl [paˈpirən]
Schiebedach	schuifdak *nt* [sχœyfdɑk]
Sturzhelm	valhelm [ˈvɑlhɛlm]
Teilkasko	verzekering met beperkte cascodekking [vərzekərɪŋ mɛt bəˈpɛrktə ˈkɑskodɛkɪŋ]
grüne Versicherungskarte	verzekeringskaart [vərˈzekərɪŋskaːrt]
Vollkasko	all-risk [ɑlˈrɪsk]
Wochenendpauschale	weekendtarief [ˈwikɛntɑrif]
Zündschlüssel	contactsleuteltje *nt* [kɔnˈtɑktsløtəltjə]

IN DER LUFT

Einen Flug buchen

Könnten Sie mir bitte sagen, wann die nächste Maschine nach ... fliegt?
Kunt u me zeggen wanneer het volgende toestel naar ... vertrekt?
[kœnt y mə ˈzɛχə ˈwɑˈneːr ət ˈvɔlχəndə ˈtustɛl naːr … vərˈtrɛkt]

Sind noch Plätze frei?
Zijn er nog plaatsen vrij? [ˈzɛin‿ɛr nɔχ ˈplatsən ˈvrɛi]

Ich möchte einen einfachen Flug nach ...
Ik wil graag een enkele vlucht naar ...
[ɪk ˈwɪl χraχ ən ˈɛŋkələ ˈvlœχt naːr]

Ich möchte einen Hin- und Rückflug nach ... buchen.
Ik wil graag een retourvlucht boeken naar ...
[ɪk ˈwɪl χraχ ən rəˈtuːrvlœχt ˈbukən naːr]

Was kostet bitte der Flug Touristenklasse/1. Klasse?
Hoe duur is een ticket economy class/business class?
[ˈhu dyːr ɪs ən ˈtɪkɛt iˈkɔnɔmi klas/ˈbɪznɪs klas]

Ich möchte bitte ...
Ik wil graag ... [ɪk ˈwɪl χraχ]

- ***einen Fensterplatz.***
  een stoel aan het raam. [ən stul an‿ət ram]
- ***einen Platz am Gang.***
  een stoel aan het gangpad. [ən stul an‿ət ˈχɑŋpɑt]

Wir reisen mit einem Kleinkind. Könnten wir Plätze ganz vorn bekommen?

Wij reizen met een kleintje. Mogen wij misschien helemaal voor in zitten? [wɛi ˈrɛizə mɛt‿ən klɛintje ˈmoχə wɛi mɪˈsχin ˈheləmal voːˈrɪn ˈzɪte]

Ich möchte diesen Flug stornieren.
Ik wil deze boeking annuleren. [ɪk wɪl ˈdezə ˈbukɪŋ ɑnyˈleːrən]

Ich möchte diesen Flug umbuchen.
Ik wil deze vlucht omboeken. [ɪk wɪl ˈdezə vlœχt ˈɔmbukən]

Am Flughafen

Wo ist bitte ...
Waar is ... [ˈwaːr ɪs]

- ***...der Schalter der ...-Fluggesellschaft?***
  ... de balie van de luchtvaartmaatschappij ...? [də ˈbali vɑn də ˈlœχtvaːrtmatsχɑˈpɛi]
- ***... Halle/Terminal ...?***
  ... terminal ... ? [ˈtœɹminəl]
- ***... der Check-in-Automat?***
  ... de selfservice incheckautomaat? [də ˈsɛlfsəɹvəs ˈɪntʃɛkautomat]

Gibt es für den Flug einen Vorabend-/Telefon-/Internet-Checkin?
Is er voor de vlucht een pre-/telefonische/internet-check-in ? [iɪsər voːr də vlœχt ən pre/teləˈfonisə/ɪntərnɛt tʃɛkˈɪn]

Könnte ich bitte Ihren Flugschein sehen?
Mag ik uw ticket even zien? [mɑχ‿ɪk yw ˈtɪkət evən zin]

Kann ich das/diese Flüssigkeit als Handgepäck mitnehmen?
Kan ik dit/deze vloeistof als handbagage meenemen? [kɑn‿ɪk dɪt/dezə ˈvlujstɔf stɑls ˈhɑndbaˈaʒə ˈmenemən]

Ich habe einen Laptop im Handgepäck.
Ik ben een laptop in mijn handbagage. [ɪk həp ən ˈlɛptɔp ɪmə ˈhɑndbaˈχaʒə]

Kann ich einen eigenen (faltbaren) Rollstuhl/einen Buggy im Flugzeug mitnehmen?
Kan ik een (inklapbare) rolstoel/een buggy mee in het toestel nemen? [kɑn‿ɪk‿ən (ˈɪŋklɑbaːrə) ˈrɔlstyl/ ən ˈbœgi me ɪn‿ət‿ˈtustɛl ˈnemən]

Wird ein Rollstuhl am Abflug-/Zielflughafen bereitgestellt?
Staat er op de luchthaven van vertrek/aankomst een rolstoel klaar? [staːt‿ər ɔb də ˈlœχthavən vɑn vərˈtrɛk/ˈaŋkɔmst ən ˈrɔlstul klaːr]

Wann landet die Maschine aus ...?
Wanneer landt het toestel uit ... ? [ˈwɑneːr lɑnt‿ət ˈtustɛl œyt]

An Bord

Könnten Sie mir bitte ein Glas Wasser bringen?
Heeft u voor mij misschien een glas water?
[heft‿y vo:r mɛi mɪˈχin əŋ χlɑs ˈwatər]

Könnte ich bitte noch ein Kissen/eine Decke haben?
Kunt u me alstublieft nog een kussen/deken geven?
[kœnt‿y mə ɑlstyˈblift nɔχ‿əŋ ˈkœsən/ˈdekən ˈχevən]

Würde es Ihnen etwas ausmachen, mit mir den Platz zu tauschen?
Vindt u het erg met mij van plaats te ruilen?
[vɪnt‿y‿ət ɛrχ mɛt mɛi vɑn plats tə rœylən]

Ankunft

Mein Gepäck ist verloren gegangen.
Mijn bagage is zoek. [mən baˈχaʒə ɪs ˈzuk]

Mein Koffer ist beschädigt worden.
Mijn koffer is beschadigd. [məŋ ˈkɔfər ɪs bəˈsχadəχt]

Wo fährt der Bus in Richtung ... ab?
Waar vertrekt de bus richting ... ? [wa:r vərˈtrɛkt də bœs ˈrɪχtɪŋ]

Abflug	vertrek *nt* [vərˈtrɛk]
Ankunft	aankomst [ˈaŋkɔmst]
Ankunftszeit	aankomsttijd [ˈaŋkɔmstɛit]
Anschluss	aansluiting [ˈanslœytɪŋ]
Bordkarte	instapkaart [ˈɪnstɑpka:rt]
einchecken	inchecken [ˈɪntʃɛkən]
elektronisches Ticket	E-ticket [ˈitɪkət]
Flug	vlucht [vlœχt]
Flugbegleiter/in	steward/stewardess [ˈstjuwərt/stjuwərˈdɛs]
Fluggesellschaft	luchtvaartmaatschappij [ˈlœχtva:rtmatsχɑˈpɛi]
Flughafen	luchthaven, vliegveld *nt* [ˈlœχthavən, ˈvliχfɛlt]
Flughafenbus	luchthavenbus [ˈlœχthavəbœs]
Flughafengebühr	luchthavenbelasting [ˈlœχthavəbəˈlɑstɪŋ]
Flugsteig, Gate	Pier, gate [pi:r, get]
Gepäck	bagage [baˈχaʒə]
Gepäckabfertigung	inklaring [ˈɪŋklarɪŋ]
Gepäckausgabe	bagagebureau *nt* [baˈχaʒəbyˈro]
Gepäckwagen	bagagekarretje *nt* [baˈχaʒəkɑrətjə]
Internetbuchung	boeking via internet [ˈbukɪŋ vija ˈɪntərnɛt]
Landung	landing [ˈlɑndɪŋ]
Notausgang	nooduitgang [ˈnotœytχɑŋ]
Notlandung	noodlanding [ˈnotlɑndɪŋ]

Notrutsche	noodglijbaan [notˈχlɛiban]
Pilot	piloot [piˈlot]
Schwimmweste	zwemvest *nt* [ˈzwɛmvɛst]
Sicherheitsgebühr	vliegveiligheidsbelasting [ˈvliχvɛiləχɛitsbəˈlastıŋ]
Sicherheitskontrolle	veiligheidscontrole [ˈvɛiləχɛitskɔnˈtrɔːlə]
Spucktüte	spuugzakje [spyχsakjə]
stornieren	annuleren [anyˈleːrən]
Terminal	terminal, pier [ˈtœrminəl, piːr]
Übergewicht	overgewicht *nt* [ˈovərχəwıχt]
umbuchen	omboeken [ˈɔmbukən]
Verspätung	vertraging [vərˈtraχıŋ]
Zwischenlandung	tussenlanding [ˈtœsəlandıŋ]

AUF SCHIENEN

Angebotspalette

Zwischen den 30 großen und mittelgroßen Städten der Niederlande fahren jede halbe Stunde Intercity-Züge (nicht zuschlagpflichtig, keine Platzreservierung); zwischen den 300 übrigen Bahnhöfen verkehren – meist halbstündlich – so genannte **stoptreinen**. Für Touristen gibt es zahlreiche attraktive Preisermäßigungen, z. B. Gruppenfahrten, Wochenend(rück)fahrten (**weekendretour**), **Railrunner** (für Kinder) und Tagesausflüge (**uitstapjes**).
Kaartjes werden manchmal als **biljet**, **ticket** oder (vom Schaffner) als **vervoersbewijs** bezeichnet. Man erhält sie am **kaartjesautomaat** oder, zu einem Aufpreis, am Schalter (**loket**), manchmal auch am Bahnhofskiosk mit integriertem Fahrkartenverkauf (**Wizzl**). Seit kurzem kann man online auch **E-tickets** kaufen. Auf jeden Fall sollte man nicht ohne Fahrkarte in den Zug steigen, denn dann wird es richtig teuer!

Fahrkarten kaufen

Zwei Karten nach ..., einfach bitte.
Twee enkeltjes naar ... graag. [twe ˈɛŋkəltjəs naːr χraχ]

2. Klasse/1. Klasse
tweede klas/eerste klas [ˈtwedə klas/ˈeːrstə klas]

Bitte eine Rückfahrkarte nach ...
Een retourtje ... graag. [ən rəˈtuːrtjə ... χraχ]

Gibt es eine Ermäßigung für Kinder/Studenten/Senioren?
Is er korting voor kinderen/studenten/senioren?
[ˈɪs ɛr ˈkɔrtɪŋ voːr ˈkɪndərən/stydɛntən/seniˈjoːrən]

Gibt es einen Spartarif?
Is er een voordelig tarief? [ɪzər ən voːrˈdeləχ taˈrif]

Muss ich einen Platz reservieren?
Moet ik een plaats reserveren? [mut‿ɪk ən plats rəsərˈveːrən]

Ich möchte gern zwei Plätze reservieren:
Ik wil graag twee plaatsen reserveren:
[ɪk wɪl χraχ twe platsən rəzərˈveːrən]

- ***für den EC nach …***
  voor de EC naar … [voːr də eˈse naːr]
- ***am … um … Uhr***
  op … om … [ɔp … ɔm]
- ***im Liegewagen***
  couchette [kuˈʃɛt (*B* kuˈʃɛt(ə))]
- ***im Schlafwagen***
  in het slaaprijtuig [ɪn‿ət ˈslaprɛitœyχ]
- ***im Speisewagen***
  in de restauratiewagen [ɪn də rɛstoˈra(t)siwaχən]

Um wie viel Uhr habe ich in … Anschluss nach …
Hoe laat heb ik in … aansluiting naar … [hu lat hɛp‿ɪk‿ɪn … ˈanslœytɪŋ naːr]

Wie oft muss ich umsteigen?
Hoe vaak moet ik overstappen? [hu vak mut ɪk ˈovərstɑpɛn]

Stilte!

In niederländischen Zügen gibt es „stille“ Abteile, wo man sich möglichst leise verhalten sollte. Handygebrauch und unnötiges und lautes Sprechen sind hier Tabu. Diese Ruhezonen sind durch ein großes „S“ am Fenster gekennzeichnet. Zum Glück gibt es Ablenkung genug, denn in allen niederländischen Zügen gibt es kostenloses WLAN (**wifi**, der Netzwerkname lautet: **WiFi in de trein**).

Im Bahnhof

Wo kann ich eine Fahrkarte kaufen?
Waar kan ik een kaartje kopen? [waːr kɑn‿ɪk əŋ ˈkaːrtʃə ˈkopə]

Entschuldigen Sie bitte, wo finde ich hier die Fahrradstation?
Neemt u me niet kwalijk, waar is hier de fietsenstalling?
[nemt‿y mə nit ˈkwalək waːr ɪs hiːr də ˈfitsəstɑlɪŋ]

Kann ich ein Fahrrad mitnehmen?
Kan ik een fiets meenemen? [kɑn‿ɪk ən fits ˈmenemən]

Ist der Fahrradabteil im vorderen Zug?
Is het fietsgedeelte in het voorste treinstel?
[ɪs‿ət ˈfitsχədeltə ɪn‿ət ˈvoːrstə ˈtrɛinstɛl]

Ist der Einstieg in die Wagen ebenerdig?
Kun je gelijkvloers instappen? [kœn jə χəˈlɛikvluːrs ˈɪnstɑpən]

Entschuldigen Sie bitte, von welchem Gleis fährt der Zug nach … ab?
Neemt u me niet kwalijk, van welk spoor vertrekt de trein naar …?
[nemt‿y mə nit ˈkwalək vɑn ˈwɛlk spoːr vərˈtrɛkt də ˈtrɛin naːr]

Roken verboden!

Wenn nicht besonders gekennzeichnet, gilt in allen öffentlichen Verkehrsmitteln und Gebäuden Rauchverbot (**roken verboden!**). Nur an den so genannten **rookzuilen** (*Rauchersäulen*) ist Rauchen erlaubt.

Im Zug

Ist dieser Platz noch frei?
Is deze plaats nog vrij? [ɪs ˈdezə plats nɔχ vrɛi]

Darf ich bitte das Fenster aufmachen/schließen?
Mag ik alstublieft het raam even open/dichtdoen?
[ˈmɑχ‿ɪk ɑlstyˈblift ət ˈram evən ˈopən/ˈdɪχdun]

Entschuldigen Sie, ich glaube, das ist mein Platz.
Neemt u mij niet kwalijk, dat is meen ik mijn stoel.
[ˈnemt‿y mɛi ˈnit ˈkwalək dɑt ɪs men ɪk ˈmɛin stul]

Hier ist meine Platzreservierung.
Hier is mijn plaatsreservering. [hiːr ɪs mɛin ˈplatsrezɛrveːrɪŋ]

Könnte mir jemand beim Umsteigen behilflich sein?
Kan iemand me behulpzaam zijn bij het overstappen?
[kɑn imɑnt mə bəˈhœlpsam zɛin bɛi‿ət ˈovərstɑpən]

Antifluchkampagne

Die Niederlande sind das einzige Land der Welt, in dem es eine Organisation gegen das Fluchen gibt: der 1917 gegründete **Bond tegen het Vloeken**. Vor allem in Bahnhöfen wird auf Plakaten an das Gebot erinnert: **Trein gemist? Vloek niet!** *Zug verpasst? Fluch' nicht!*

Abfahrt	vertrek *nt* [vər'trɛk]
Abteil	compartiment *nt* [kɔmparti'mɛnt]
Ankunft	aankomst ['aŋkɔmst]
Aufenthalt	oponthoud *nt* ['ɔpɔnthaut]
Ausdruck	uitdraai ['œytdraj]
aussteigen	uitstappen ['œytstapən]
Autoreisezug	autotrein ['autotrɛin]
Bahnhof	station *nt* [sta'ʃɔn]
Bahnsteig	perron *nt* [pɛ'rɔn]
Begleitperson	begeleider [bəχə'lɛidər]
Durchsage	omroepbericht *nt* ['ɔmrupbərɪχt]
einsteigen	instappen ['ɪnstapən]
entwerten	(af)stempelen ['(af)stɛmpələn]; *(B)* ontwaarden [ɔnt'wa:rdən]
Ermäßigung	korting ['kɔrtɪŋ]
Fahrkarte	treinkaartje *nt* ['trɛinka:rtjə]
Fahrkartenautomat	kaartautomaat [ka:rtautomat]
Fahrkartenkontrolle	controle vervoersbewijs [kɔn'trɔ:lə vər'vu:rsbəwɛis]
Fahrkartenschalter	loket *nt* [lo'kɛt]
Fahrplan	dienstregeling ['dinstreχəlɪŋ]
Fahrpreis	prijs [prɛis]
Fensterplatz	(zit-)plaats bij het raam ['(zɪt)plats bɛi ət 'ram]
Fundsachen	verloren/gevonden voorwerpen *pl* [vər'lo:rə/χə'vɔndə 'vo:rwɛrpən]
Gang	versnelling [vər'snɛlɪŋ]
Gepäck	bagage [ba'χaʒə]
Gepäckaufbewahrung	bagagedepot *nt* [ba'χaʒədəpo]
Gepäckschalter	bagageloket *nt* [ba'χaʒəlo'kɛt]
Gleis	spoor *nt* [spo:r]
Hauptbahnhof	centraal (station) (CS) *nt* [sɛn'tral(sta'ʃɔn)]
hinterer Zugteil	achterste treinstel *nt* ['aχtərstə 'trɛinstɛl]
Hochgeschwindigkeitszug	hogesnelheidstrein [hoχə'snɛlhɛitstrɛin]

Internetbuchung	boeking via internet ['bukɪŋ vija 'ɪntərnɛt]
Interrail	interrail ['ɪntərel]
Kinderfahrkarte	railrunnerkaartje *nt* ['relrœnərka:rtə]
Liegewagenplatz	ligplaats [lɪχplats]
Minibar	minibar ['minibɑr]
Reservierung	reservering [rezɛr've:rɪŋ]
Rollstuhlfahrer/in	rolstoelgebruik(st)er ['rɔlstylχəbrœyk(st)ər]
Rückfahrkarte	retour *nt* [rə'tu:r]
Schalter	loket *nt* [lo'kɛt]
Schließfach	bagagekluis *nt* [ba'χaʒəklœys]
Sonn- und Feiertage	zon- en feestdagen *pl* ['zɔn ɛn 'fezdaχən]
Speisewagen	restauratiewagen [rɛsto'ratsiwɑχən]
Strecke	traject *nt* [tra'jɛkt]
vorderer Zugteil	voorste treinstel *nt* ['vo:rstə 'trɛinstɛl]
Wagennummer	wagonnummer *nt* [wa'χɔnœmər]
Wagenstandsanzeiger	treinsamenstelling ['trɛinsaməstɛlɪŋ]
Wandfahrplan	vertrekstaat [vərtrɛkstat]
Wartesaal	wachtruimte *nt* ['wɑχtrœymtə]
Werktage	werkdagen *pl* ['wɛrkdaχən]
Wochenendrückfahrt	weekendretour *nt* ['wikɛntrətu:r]
Zug	trein [trɛin]
Zugbegleiter/ Zugbegleiterin	conducteur/conductrice [kɔndək'tø:r/kɔndək'trisə]
Zuschlag	toeslag ['tuslɑχ]

Informationen und Hinweise

bagagekarretje	Gepäckwagen
bagagekluizen	Schließfächer
bezet/vrij	besetzt/frei
damestoilet	Damentoilette
fietsenstalling	Fahrradstation
geen toegang	Kein Zutritt
herentoilet	Herrentoilette
inlichtingen	Auskünfte
let op uw bagage	Achten Sie auf Ihr Gepäck
lift	Fahrstuhl
loket	Schalter
metro/tram	U-Bahn/S-Bahn
motor afzetten	Motor abstellen

niet instappen	Nicht einsteigen
noodrem	Notbremse
nooduitgang	Notausgang
pas op voor zakkenrollers	Achtung Taschendiebe
spoorwegpolitie	Bahnpolizei
stationsrestauratie	Bahnhofsgaststätte
stopt niet in	Hält nicht in
uitgang	Ausgang
verboden toegang	Zutritt verboten
vertraging	Verspätung
vertrek/aankomst	Abfahrt/Ankunft
wachtkamer	Wartesaal
werkzaamheden aan het spoor	Bahnarbeiten
Wizzl	Bahnhofskiosk (mit Fahrkartenverkauf)
zwemvesten	Schwimmwesten

AUF DEM WASSER

Veerpontjes

In der wasserreichen Landschaft gibt es zahlreiche Flüsse und Kanäle zu überqueren. Eine besonders landestypische und reizvolle Art ist es, eine Fähre zu benutzen, die nur für Fußgänger und Radfahrer gedacht ist. Einen vollständigen Überblick über die gut 200 Fußgänger- und Fahrradfähren in den Niederlanden und Belgien finden Sie auf www.voetveren.nl.

Eine Schiffsfahrt buchen

Könnten Sie mir bitte sagen, wann das nächste Schiff/die nächste Fähre nach ... abfährt?
Kunt u me zeggen wanneer de volgende (veer)boot naar ... vertrekt? [kœnt y mə ˈzɛχə ˈwɑˈneːr də ˈvɔlχəndə (ˈveːr)bot naːr… vərˈtrɛkt]

Wie lange dauert die Überfahrt?
Hoe lang duurt de overtocht? [ˈhu lɑŋ ˈdyːrt də ˈovərtoχt]

Wann legen wir in ... an?
Wanneer leggen we aan in ...? [wɑˈneːr ˈlɛχən wə ˈan ɪn]

Kann das Fahrrad mittransportiert werden?
Kan de fiets mee op de boot? [kɑn də fits me ɔb‿də bot]

Ich möchte bitte ...
Ik wil graag ... [ɪk ˈwɪl χraχ]

- *eine Schiffskarte nach ...*
  een kaartje naar ... [əŋ kaːrtjə naːr]
- *1. Klasse*
  eerste klas [ˈeːrstə klɑs]
- *Touristenklasse*
  toeristenklas [tuˈrɪstəklɑs]
- *eine Einzelkabine*
  een eenpersoonshut [ən ˈenpɛrsonshœt]
- *eine Zweibettkabine*
  een tweepersoonshut [ən ˈtwepɛrsonshœt]

Ich möchte eine Karte für die Rundfahrt um ... Uhr.
Graag een kaartje voor de rondvaart van ... uur.
[χraχ‿əŋ ˈkaːrtjə voːr də ˈrɔntvaːrt vɑn … yːr]

An Bord

Ich suche Kabine Nr. ...
Ik zoek hut nummer ... [ɪk suk hœt ˈnœmər]

Wo ist bitte der Speisesaal?
Kunt u me zeggen waar de eetzaal is? [kœnt‿y mə zɛχə waːr də ˈetsal ɪs]

Ich fühle mich nicht wohl.
Ik voel me niet lekker. [ɪk ˈvul mə ˈlɛkər]

Könnten Sie bitte den Schiffsarzt rufen?
Kunt u alstublieft de scheepsarts roepen?
[kœnt‿y ɑlstyˈblift də ˈsχepsɑrts ˈrupən]

Könnten Sie mir bitte ein Mittel gegen Seekrankheit geben?
Kunt u me alstublieft iets geven tegen zeeziekte?
[kœnt‿y mə ɑlstyˈblift its ˈχevən teχən ˈzeziktə]

anlegen in	aanleggen in [ˈanlɛχən ɪn]
Anlegestelle	aanlegplaats [ˈanlɛχplats]
Autodeck	autodek *nt* [ˈɑutodɛk]
Buchung	boeking [bukɪŋ]
Dampfer	schip *nt* [sχɪp]
Deck	dek *nt* [dɛk]
Fähre	veerboot, pont [ˈveːrbot, ˈpɔnt]
Fahrkarte	kaartje *nt* [ˈkaːrtjə]
Festland	vaste wal, vasteland *nt* [vɑstə ˈwɑl, vɑstəˈlɑnt]
Hafen	haven [ˈhavən]
Kajüte	hut [hœt]
Kai	kade [ˈkadə]

Kapitän	kapitein [kapiˈtɛin]
Klimaanlage	airco [ˈɛːrko]
Kreuzfahrt	cruise [krus]
Küste	kust [kœst]
Landausflug	uitstapje aan wal *nt* [ˈœytstapjə an wal]
Liegesitz	slaapstoel [ˈslapstul]
Luftkissenboot	hovercraft [ˈhuvərkraft]
Mannschaft	bemanning [bəˈmanɪŋ]
Rettungsboot	reddingsboot [ˈrɛdɪŋzbot]
Rettungsring	reddingsboei [ˈrɛdɪŋsbuj]
Rundfahrt	rondvaart [ˈrɔntfaːrt]
Schwimmweste	zwemvest *nt* [ˈzwɛmvɛst]
Seegang	zeegang [ˈzeχaŋ]
seekrank sein	zeeziek zijn [ˈzezik zɛin]
Tragflügelboot	vleugelboot [ˈvløχəlbot]

Mit Bus und Bahn

Mit „Öffis“

Die Vernetzung der Bahn mit anderen öffentlichen Verkehrsmitteln wie **bus**, **tram**, **metro**, **taxi**, **boot** ist vor allen in den Niederlanden beispielhaft gelungen. Bahnfahrgäste werden mit der **treintaxikaartje** zu einem Pauschalpreis im ganzen Stadtgebiet weiterbefördert. Für den öffentlichen Verkehr gibt es eine überall einsetzbare aufladbare Chipkarte, die sog. **OV-chipkaart**, mit der man ein- und auscheckt. Die Benutzung dieser Chipkarte ist für Touristen manchmal etwas kompliziert, weil man beim Umsteigen immer darauf achten soll, ob man nicht bei einer anderen Beförderungsgesellschaft einchecken soll! Wenn Sie sich längere Zeit in den Niederlanden aufhalten, ist das Reisen mit der OV-Chipkarte zwar bequemer, aber ansonsten kommt man mit Papierfahrkarten gut zurecht. In Bussen, Straßenbahnen und Metro sind z. B. preiswerte **Eurokaartjes** erhältlich, mit denen man für € 1,50 (Stand 2014) eine Strecke zurücklegen kann. In Amsterdam gibt es für den öffentlichen Nahverkehr eine Tageskarte (**dagkaart**) für einen oder mehrere Tage. Im Internet lässt sich die Reise mit Hilfe der Websites www.9292.nl und www.ovreisinfo.nl im Voraus gut planen.
Kurz vor der Abfahrt empfiehlt es sich, mit Hilfe des **reisplanner** im Internet zu checken, ob kurzfristige Verspätungen oder Zugausfälle auftreten: www.ns.nl/reisplanner.
An den Bushaltestellen halten die Busse nur, wenn der wartende Fahrgast ein Handzeichen gibt. Man steigt in der Regel hinten aus (**achterin uitstappen**). Zum Aussteigen drückt man vorher auf den **stopknop**.

Bitte, wo ist die nächste ...
Waar is de dichtstbijzijnde ... [ˈwaːr ɪs də ˈdɪχsbɛizɛində]

- ***Bushaltestelle?***
  bushalte? [ˈbœshaltə]
- ***Straßenbahnhaltestelle?***
  tramhalte? [ˈtrɛmhaltə]
- ***U-Bahnstation?***
  het metrostation? [ˈmetrostaʃɔn]

Die längste Straßenbahn der Welt ...

fährt an der belgischen Nordseeküste entlang. Alle Badeorte, von Knokke, nah zu niederländischen Grenze, bis zu Addinkerke, bei Frankreich, werden angefahren. Für die Strecke mit einer Länge von 67 Kilometern und 69 Haltestellen braucht die **kusttram** 2 Stunden und 23 Minuten.

Gibt es Niederflurbusse?
Zijn er lage-instapbussen? [zɛin‿ər ˈlaχə ˈɪnstabœsən]

Welche Linie fährt nach ...?
Welke lijn gaat naar ...? [ˈwɛlke ˈlɛin ˈχaˈt naːr]

Wann fährt die erste/letzte U-Bahn nach ...?
Wanneer gaat de eerste/laatste metro in richting ...?
[waˈneːr χat də ˈeːrstə/ˈlatstə ˈmetro ɪn ˈrɪχtɪŋ]

Entschuldigen Sie, ist das der Bus nach ...?
Neemt u me niet kwalijk, is dit de bus naar ...?
[nemt y mə nit kwalək ɪz‿dɪt də bœs naːr]

Wie viele Haltestellen sind es bis ...?
Hoeveel haltes zijn het tot ... ? [huˈvel haltəs zɛin‿ət tɔt]

Entschuldigen Sie, wo muss ich aussteigen/umsteigen?
Kunt u me misschien zeggen waar ik moet uitstappen/overstappen?
[kœnt y mə mɪˈsχin ˈzɛχə waːr ɪk mut ˈœytstapən/ˈovərstapən]

Könnten Sie mir bitte Bescheid geben, wenn ich aussteigen muss?
Kunt u me alstublieft een seintje geven als ik moet uitstappen?
[kœnt‿y mə alstyˈblift ən ˈsɛintjə ˈχevən als ɪk mut ˈœytstapɛn]

Gibt es ...
Zijn er ... [zɛin ər]

- ***Tageskarten?***
  dagkaarten? [dɑχka:rtən]
- ***Wochenkarten?***
  weekkaarten? [ˈweka:rtən]
- ***Touristentickets?***
  toeristenkaartjes? [tuˈrɪstəka:rtʃəs]

Bitte einen Fahrschein nach ...
Een kaartje naar ... alstublieft. [ən ˈka:rtjə na:r ɑlstyˈblift]

Der Fahrkartenautomat ist defekt.
De kaartjesautomaat is defect. [də ˈka:rtjəsɑutomat ɪs dəˈfɛkt]

Der Automat nimmt keine Geldscheine an.
De automaat neemt geen bankbiljetten.
[də ɑutoˈmat nemt χen ˈbɑŋkbɪljɛtən]

Abfahrt	vertrek *nt* [vərˈtrɛk]
Bus	bus [bœs]
Busbahnhof	busstation *nt* [ˈbœstɑʃɔn]
einsteigen	instappen [ˈɪnstɑpən]
Endstation	eindhalte [ˈeinthɑltə]
entwerten	(af)stempelen [ˈ(ɑf)stɛmpələn]; *(B)* ontwaarden [ɔntˈwa:rdən]
Fahrkartenautomat	kaartjesautomaat [ˈka:rtjəsɑutomat]
Fahrplan	dienstregeling [ˈdinstreχəlɪŋ]
Fahrpreis	prijs [prɛis]
Fahrschein	vervoersbewijs *nt* [vərˈvu:rsbəwɛis]
Fahrscheinentwerter	stempelautomaat [ˈstɛmpəlɑutomat]
Haltestelle	halte [ˈhɑltə]
Kontrolleur	controleur [kɔntroˈlø:r]
Mehrfahrtenkarte	meerrittenkaart [me:ˈrɪtəka:rt]
Obus	trolleybus [ˈtrɔlibœs]
Rabatttarif	reductietarief *nt* [ˈreˈdœksitarif]
Richtung	richting [ˈrɪχtɪŋ]
S-Bahn	sneltram [ˈsnɛltrɛm]
Schaffner	controleur [kɔntroˈlœ:r]
Stadtbus	stadsbus [ˈstɑtsbœs]
Stempelkarte	strippenkaart [ˈstrɪpəka:rt]
Straßenbahn	tram [trɛm]
Tageskarte	dagkaart [dɑχka:rt]
U-Bahn	ondergrondse, metro [ɔndərˈχrɔntsə, ˈmetro]
Überlandbus	interliner [ɪntərlainər]
Wochenabonnement	weekabonnement *nt* [ˈwekabɔnəmɛnt]

MIT DEM TAXI

Hallo! Bitte ein Taxi an die Adresse ... für jetzt gleich/ für (morgen) ... Uhr.
Dag! Graag een taxi naar het adres ... voor nu dadelijk/ voor (morgen) om ... uur [dɑχ xraχ ən ˈtɑksi na:r ət aˈdrɛs ... vo:r ny ˈdadələk/ vo:r ˈmɔrχən ɔm ... y:r]

Entschuldigen Sie bitte, wo ist denn der nächste Taxistand?
Neemt u mij niet kwalijk, weet u misschien de dichtstbijzijnde taxistandplaats? [ˈnemt‿y mɛi ˈnit ˈkwalək wet‿y mɪˈsχin də ˈdɪχsbɛizɛində ˈtɑksistɑntplats]

Bringen Sie mich bitte zu (dieser Adresse).
Graag naar (dit adres). [χraχ na:r (dɪt aˈdrɛs)]

Zum Bahnhof, bitte.
Naar het station graag. [nɑˈr‿ət stɑˈʃɔn χraχ]

Zum ... Hotel, bitte.
Naar het ... hotel graag. [na:r‿ət ... hoˈtɛl χraχ]

In die ...-Straße, bitte.
Naar de ... straat graag. [na:r də ... strat χraχ]

Nach ..., bitte.
Naar ... alstublieft. [na:r ... ɑlstyˈblift]

Wie viel kostet es nach ...?
Hoe duur is het naar ...? [ˈhu dy:r ˈɪsət na:r]

Das ist zu viel.
Dat is te veel. [dat‿ɪs tə fel]

Könnten Sie bitte hier halten?
Wilt u hier stoppen alstublieft?
[wɪlt y hi:r ˈstɔpən ɑlstyˈblift]

Könnten Sie mir bitte eine Quittung ausstellen?
Kunt u mij alstublieft een kwitantie geven?
[kœnt‿y mə ɑlstyˈblift ən kwiˈtɑnsi ˈχevə]

Das ist für Sie.
Dat is voor u. [ˈdɑt ɪs vo:r ˈy]

anhalten	stoppen ['stɔpən]
anschnallen	gordel omdoen ['χɔrdəl ɔmdun]
Hausnummer	huisnummer *nt* ['hœysnœmər]
Kilometerpreis	prijs per kilometer [prɛis pɛr 'kilometər]
Pauschalpreis	prijs voor de hele rit [prɛis voːr də 'helə rɪt]
Quittung	kwitantie [kwi'tansi]
Sicherheitsgurt	veiligheidsriem ['vɛiləχhɛitsrim]
Taxifahrer/in	taxichauffeur ['taksiʃo'føːr]
Taxistand	taxistandplaats [taksi'stantplats]
Trinkgeld	fooi [foi]

Übernachtung

Wir möchten ein Zimmer mit Meerblick.

Sie können Ihre Übernachtungswünsche selbstverständlich auch pantomimisch darstellen – aber die sprachliche Variante erleichtert doch Vieles.

Bitte mit Blick aufs Meer!

In den Niederlanden und Flandern wohnt es sich gut oder, auf Niederländisch gesagt, **is het goed toeven**. Hotels gibt es in allen Preisklassen und Sternekategorien. Es wird mit einer 5-Sterne-Klassifizierung gearbeitet, die – im Gegensatz zu Deutschland – für alle Hotels verbindlich und verpflichtend ist. Ganz typisch sind preiswerte, gemütliche Familienhotels. Die örtlichen **VVVs** (Fremdenverkehrsbüros) bieten einen Reservierungsservice an. **Campings** (*Zeltplätze*) und **jeugdherbergen** (*Jugendherbergen der Kette* Stayokay) sind dicht gesät. **Vakantiehuisjes** (*Ferienhäuser*) sind meist einfach ausgestattet. In letzter Zeit sind viele große Ferienanlagen (**bungalowparken**, **recreatieparken**) entstanden. An der Küste kann man **appartementen** in Hochhäusern mieten, *mit Blick aufs Meer* – **met uitzicht op zee**. Auch **logeren bij particulieren** (*Wohnen im Privatzimmer*) ist nach wie vor eine beliebte und preiswerte Übernachtungsmöglichkeit, bei der man auch noch die Gastgeber (**gastheer en gastvrouw**) persönlich kennen lernt. Hotels in großen Städten bieten preiswerte **weekendarrangementen** *Wochenendangebote* an. Auch ein **midweek** (*von Montag bis Freitag*) kann gebucht werden.

AN DER TOURISTENINFORMATION

Können Sie mir bitte ... empfehlen?
Kunt u mij alstublieft ... aanbevelen?
[ˈkœnt‿y mə ɑlstyˈblift ... ˈambəvelən]

- *ein gutes Hotel*
  een goed hotel [ən χut hoˈtɛl]
- *ein einfaches Hotel*
  een eenvoudig hotel [ən enˈvɑudəχ hoˈtɛl]
- *eine Pension*
  een pension [ən pɛnˈʃɔn]
- *ein Privatzimmer*
  logies bij particulieren [loˈʒis bɛi pɑrtikyˈliːrən]

Ist es zentral/ruhig/in Strandnähe gelegen?
Ligt het centraal/rustig/dicht bij het strand?
[lɪχt‿ət sɛnˈtral/ˈrœstəχ/ˈdɪχt bɛi‿ət ˈstrɑnt]

Können Sie mir etwas in der Nähe empfehlen?
Kunt u me iets in de buurt aanbevelen?
[kœnt‿y mə its ɪn də byːrt ˈambəvelən]

Gibt es hier auch ...
Is er hier ook ... [ˈɪs‿ər hiːr ok]

- *einen Campingplatz?*
  een camping? [ən ˈkɛmpɪŋ]
- *eine Jugendherberge?*
  een jeugdherberg? [ən ˈjøχthɛrbɛrχ]

HOTEL – PENSION – PRIVATZIMMER

Im Hotel angekommen

Ich habe ein Zimmer reserviert. Mein Name ist ...
Ik heb een kamer bij u gereserveerd. Mijn naam is ...
[ɪk hɛp‿əŋ ˈkamər bɛi y χərezɛrˈveːrt mɛin ˈnam ɪs]

Wir haben reserviert.
We hebben gereserveerd [wə hɛbə χərəsərˈveːrt]

Haben Sie noch ein Zimmer frei?
Heeft u nog een kamer vrij? [heeft y nɔχ‿əŋ ˈkamər vrɛi]

- *... für eine Nacht*
  ... voor een nacht [voːr en nɑχt]
- *... für zwei Tage*
  ... voor twee dagen [voːr twe ˈdaχən]
- *... für eine Woche*
  ... voor een week [voːr en wek]

Haben Sie Familienzimmer?
Heeft u familiekamers? [heft‿y fa'milikamərs]

Nein, leider nicht.
Nee, helaas niet. [ne he'las nit]

Ja, was für ein Zimmer wünschen Sie?
Ja hoor, wat voor 'n kamer had u gewenst?
['ja hoːr 'wɑt voːr‿ən 'kamər hɑt‿y χə'wɛnst]

Ich hätte gern …
Ik had graag … [ɪk‿hɑt χraχ]

- ***ein Einzelzimmer***
  een eenpersoonskamer [ən 'enpərsonskamər]
- ***ein Doppelzimmer***
  een tweepersoonskamer [ən 'twepərsonskamər]
- ***ein ruhiges Zimmer***
  een rustige kamer [ən 'rœstəχə 'kamər]

- ***mit Dusche.***
  met douche. [mɛ'dus]
- ***mit Bad.***
  met bad. [mɛd 'bɑt]
- ***mit Balkon/Terrasse.***
  met balkon/terras. [mɛd bɑl'kɔn/tɛ'rɑs]
- ***mit Blick aufs Meer.***
  met uitzicht op zee. [mɛt 'œytsɪχt ɔp 'se]
- ***um Innenhof gelegen.***
  van de straat weg. [vɑn də strat wɛχ]

Es ist gut, ich nehme es
Prima, ik neem hem. ['prima ɪk 'nemən]

Nicht wundern

In vielen Orten wird von den Gästen eine geringfügige Touristensteuer verlangt, die über die Unterkunftsanbieter eingezogen wird. Wundern Sie sich also nicht, wenn auf der Abrechnung der Posten **toeristenbelasting** erscheint!

Könnten Sie bitte noch ein drittes Bett/ein Kinderbett dazustellen?
Kunt u er alstublieft een extra bed/een kinderbed bijzetten?
['kœnt‿ydər ɑlsty'blift ən ɛkstra bɛt/ən kndərbɛt 'bɛizɛtə]

Ist das Frühstück inklusive?
Is het ontbijt inclusief? [ɪs‿ət ɔnd'bəit ɪŋkly'zif]

Gibt es eine Ermäßigung für Kinder?
Krijgen kinderen korting? [ˈkrɛiχən ˈkɪndərən ˈkɔrtɪŋ]

Was kostet das Zimmer mit ..., bitte?
Kunt u me zeggen hoe duur de kamer is met ...
[ˈkœnt‿y mə zɛχə hu dyːr də kamər ɪs mɛt]

- ***Frühstück***
  ontbijt? [ɔndˈbɛit]
- ***Halbpension***
  half pension? [ˈhɑlf pɛnˈʃɔn]
- ***Vollpension***
  volledig pension? [vɔˈledəχ pɛnˈʃɔn]

Wollen Sie bitte den Anmeldeschein ausfüllen?
Wilt u even het formulier invullen? [wɪlt‿y ˈevən‿ət fɔrmyˈliːr ˈɪnvœlən]

Darf ich Ihren Reisepass/Personalausweis sehen?
Mag ik even uw paspoort/legitimatie zien?
[mɑχ‿ɪk ˈevən y ˈpɑspoːrt/leχitiˈmatsi zin]

Könnten Sie bitte mein Gepäck auf das Zimmer bringen lassen?
Kunt u alstublieft mijn bagage naar de kamer laten brengen?
[kœnt‿y ɑlstyˈblift məm baˈχaʒə naːr də ˈkamər ˈlatən ˈbrɛŋən]

Wo kann ich den Wagen abstellen?
Waar kan ik de auto neerzetten? [ˈwaːr kɑn‿ɪk də ˈɑuto ˈneːrzɛtən]

- ***In unserer Garage.***
  In onze garage. [ɪn ɔnzə χaˈraʒə]
- ***Auf unserem Parkplatz.***
  Op ons parkeerterrein. [ɔp ɔns pɑrˈkeːrtɛˈrɛin]

Fragen und Bitten

Ab wann gibt es Frühstück?
Vanaf hoe laat is het ontbijt? [vɑˈnɑf hu lat ɪsət ɔndˈbɛit]

Wann sind die Essenszeiten?
Wat zijn de etenstijden? [wɑt‿sɛin də ˈetənstɛidən]

Wo ist ...
Waar is ... [ˈwaːr ɪs]

- ***der Speisesaal?***
  de eetzaal? [də ˈetsal]
- ***der Frühstücksraum?***
  de ontbijtzaal? [də ɔndˈbɛitsal]

Könnten Sie mich bitte morgen früh um 7 Uhr wecken?
Zou u me morgenochtend om 7 uur kunnen wekken?
[zɑu y mə mɔrχəˈnɔχənt ɔm zevən ˈyːr kœnə ˈwɛkə]

Würden Sie mir bitte ... bringen?
Kunt u mij alstublieft ... brengen? [kœnt‿y mɛi alsty'blift ... 'brɛŋən]

- ***ein Badetuch***
  een badhanddoek [əm 'bathanduk]
- ***noch eine Decke***
  een extra deken [ən 'ɛksta 'dekən]

Gibt es hier einen Internetanschluss?
Is er hier aansluiting op internet? [ɪs‿ər hi:r 'anslœytɪn ɔp 'ɪntərnɛt]

Wie funktioniert ...?
Hoe functioneert ...? [hu fœŋkʃo'ne:rt]

Zimmernummer 24, bitte!
Kamer nummer 24 graag! ['kamər 'nœmər 'vi:rəntwɪntəχ χraχ]

Gibt es ... im Zimmer?
Is er ... op de kamer? [ɪzər ... ɔbdə kamər]

- ***Internetanschluss***
  internetaansluiting ['ɪntərnɛtanslœytɪŋ]
- ***Fernsehen***
  televisie [telə'vizi]

Haben Sie WLAN?
Heeft u wifi? [heft‿y 'wifi]

Wo kann ich ins Internet gehen?
Waar kan ik hier internetten? [wa:r kan‿ɪk hi:r 'ɪntərnɛtən]

Ist Post für mich da?
Is er nog post voor mij? [ɪs‿ər nɔχ pɔst vo:r mɛi]

Haben Sie eine Nachricht für mich?
Heeft u nog een bericht voor me? [heft‿y nɔχ ən bə'rɪχt vo:r mə]

Wo kann ich ...
Waar kan ik ... [wa:r kan‿ɪk]

- ***hier etwas trinken?***
  hier iets drinken? [hi:r its 'drɪŋkən]
- ***ein Auto mieten?***
  een auto huren? [ən‿'auto 'hy:rən]
- ***das Auto abstellen?***
  de auto neerzetten? [də 'auto 'ne:rzɛtən]
- ***hier telefonieren?***
  hier even bellen? [hi:r 'evə 'bɛlən]

Kann ich meine Wertsachen bei Ihnen in den Safe geben?
Kan ik mijn voorwerpen van waarde bij u in de kluis deponeren?
[kan‿ɪk mɛin 'vo:rwɛrpən van wa:rdə bɛi y ɪn də klœys depone:rən]

Gibt es hier eine Kinderbetreuung?
Is er hier kinderopvang? [ɪs ɛr ˈhiːr ˈkɪndərɔpfɑŋ]

Ab welchem Alter?
Vanaf welke leeftijd? [ˈvɑnɑf ˈwɛlkə ˈleftɛit]

Haben Sie ein Babyfon?
Heeft u een babyfoon? [heft‿y‿ən bebiˈfon]

Alles in Ordnung?

Das Zimmer ist heute nicht geputzt worden.
De kamer is vandaag niet schoongemaakt.
[də ˈkamər ɪs vɑnˈdaχ nit ˈsχoŋχəmakt]

Die Klimaanlage/Heizung funktioniert nicht.
De airconditioning/verwarming doet het niet.
[də ˈɛːrkɔndɪʃənɪŋ/vərˈwɑrmɪŋ ˈdut‿ət nit]

Der Wasserhahn tropft.
De kraan drupt. [də ˈkran drœpt]

Es kommt kein (warmes) Wasser.
Er komt geen (warm) water. [ɛr ˈkɔmt χen (wɑrm) ˈwatər]

Die Toilette/Das Waschbecken ist verstopft.
Het toilet/de wastafel is verstopt. [ət twɑˈlɛt/də ˈwɑstafəl ɪs vərˈstɔpt]

Ich hätte gern ein anderes Zimmer.
IK wil liever een andere kamer. [ɪk wɪl ˈlivər ən‿ˈɑndərə ˈkamər]

Auschecken und Bezahlen

Ich reise heute Abend/morgen um ... Uhr ab.
Ik vertrek vanavond/morgen om ... uur.
[ɪk vərˈtrɛk vɑˈnavɔnt/ˈmɔrχən ɔm … yːr]

Kann ich mein Gepäck (bis heute Abend) hier lassen?
Kan ik mijn bagage (vanavond) hier laten staan?
[kɑn‿ɪk mən baˈχaʒɔ (vɑˈnavɔnt) hiːr latə stan]

Bis wann müssen wir das Zimmer räumen?
Tot hoe laat kunnen we op de kamer blijven?
[tɔt hu lat ˈkœnə wə ɔb də ˈkamər ˈblɛivən]

Könnten Sie bitte die Rechnung fertig machen?
Kunt u alstublieft de rekening in orde maken?
[kœnt‿y ɑlstyˈblift də ˈrekənɪn ɪn ɔrdə makən]

Kann ich bitte meinen Pass zurückhaben?
Kan ik mijn pas terughebben? [kɑn‿ɪk mən pɑs ˈtrœχhɛbən]

Nehmen Sie Kreditkarten?
Accepteert u creditcards? [ɑksəpˈteːrt‿y ˈkrɛdɪtkɑrts]

Könnten Sie mir bitte ein Taxi rufen?
Wilt u alstublieft een taxi voor me bellen?
[ˈwɪlt‿y ɑlstyˈblift‿ən ˈtɑksi voːr mə ˈbɛlən]

Vielen Dank für alles! Auf Wiedersehen!
Bedankt voor alles. Tot ziens! [bəˈdɑŋkt voːr ˈɑləs tɔt ˈsins]

Abendessen	avondeten *nt* [ˈavɔntetən]; diner *nt* [diˈne]
Abfalleimer	afvalemmer [ˈɑfɑlɛmər]
Anmeldung	aanmelding [ˈamɛldɪŋ]
Aschenbecher	asbak [ˈɑzbɑk]
Aufenthaltsraum	lounge [lɑuntʃ]
Auffahrtrampe	hellingbaan [ˈhɛlɪŋban]
Aufzug	lift [lɪft]
ausgebucht	volgeboekt [ˈvɔlχəbukt]
Babyfon®	bayfoon [bebiˈfon]
Babysitter/in	oppas [ˈɔpɑs]
Badetuch	badhanddoek [ˈbɑthɑnduk]
Badewanne	bad *nt* [ˈbɑt]
Badezimmer	badkamer [ˈbɑtkamər]
Balkon	balkon *nt* [bɑlˈkɔn]
barrierefrei	zonder obstakels [ˈzɔndər ɔbˈstakəls]
Becher	beker [ˈbekər]
Begrüßungscocktail	welkomstcocktail [ˈwɛlkɔmstkɔktel]
Bett	bed *nt* [bɛt]
Bettwäsche	linnengoed *nt* [ˈlɪnəχut]
Bidet	bidet *nt* [biˈdɛ(t)]
Brausenkopf	douchekop [ˈduʃkɔp]
Briefpapier	briefpapier *nt* [ˈbrifpɑpiːr]
Dusche	douche [duʃ]
Duschsitz	douchezitje *nt* [ˈdusɪtjə]
Duschvorhang	douchegordijn *nt* [ˈduʃχɔrdɛin]
ebenerdig	gelijkvloers [χəlɛikˈvluːrs]
Empfangshalle	receptiehal [rəˈsɛpsihɑl]
Etage	verdieping [vərˈdipɪŋ]
Fahrradvermietung	fietsverhuur [ˈfitsvərhyːr]
Fenster	raam *nt* [ram]
Fernseher	televisie [teləˈvisi]
Frühstück	ontbijt *nt* [ɔndˈbɛit]
Frühstücksbüfett	ontbijtbuffet *nt* [ɔndˈbɛidbyfɛt]
Frühstücksraum	ontbijtzaal [ɔndˈbɛitsal]
Garage	garage [χaˈraʒə]
Glas	glas *nt* [χlɑs]
Glühbirne	gloeilamp [ˈχlujlɑmp]
Halbpension	halfpension *nt* [ˈhɑlfpɛnʃɔn]
Handbrause	sproeikop [ˈsprujkɔp]
Handtuch	handdoek [ˈhɑnduk]

Hauptsaison	hoofdseizoen *nt* [ˈhoftsɛizun]
Heizung	verwarming [vərˈwarmɪŋ]
Kinderbecken	pierenbad *nt* [ˈpiːrəbat]
Kinderbetreuung	kinderopvang [ˈkɪndərɔpfaŋ]
Kinderbett	kinderbedje *nt* [ˈkɪndərbɛtjə]
Kleiderbügel	kleerhanger [ˈkleːrhaŋər]
Klimaanlage	airconditioning [ˈɛːrkɔndɪʃənɪŋ]
Kopfkissen	hoofdkussen *nt* [ˈhoftkəsən]
Lampe	lamp [ˈlamp]
Licht	licht *nt* [lɪχt]
Lichtschalter	lichtknopje *nt* [ˈlɪχtknɔpjə]
Matratze	matras [maˈtras]
Minibar	minibar [ˈminibar]
Mittagessen	lunch [lœnʃ]
Motel	motel *nt* [moˈtɛl]
Nachsaison	naseizoen *nt* [ˈnasɛizun]
Nachttisch	nachtkastje *nt* [ˈnaχkaʃə]
Nachttischlampe	bedlamp [ˈbɛtlamp]
Notizblock	notitieblok *nt* [noˈtitsiblɔk]
Parkplatz	parkeerplaats [parˈkeːrplats]
Pension	pension *nt* [pɛnˈʃɔn]
Portier	portier [pɔrˈtiːr]
Preisliste	prijslijst [ˈprɛislɛist]
Radio	radio [ˈradijo]
reinigen	schoonmaken [ˈsχonmakən]
reparieren	repareren [repaˈreːrən]
Reservierung	reservering [rezɛrˈveːrɪŋ]
Restaurant	restaurant [rɛstoˈrant]
Rezeption	receptie [rɔˈsɛpsi]
rollstuhlgerecht	aangepast voor rolstoelen [ˈaŋχəpast voːr ˈrɔlstulən]
Safe	kluis [klœys]
Schiebetür	schuifdeur [sχœyvdøːr]
Schlüssel	sleutel [ˈsløtəl]
Schlüsselkarte	sleutelkaart [ˈsløtəlkaːrt]
Schrank	kast [kast]
Schuhputzzeug	schoenpoetsgerei *nt* [ˈsχunputsχərɛi]
Sessel	stoel [stul]
Speisesaal	eetzaal [ˈetsal]
Spiegel	spiegel [ˈspiχəl]
Steckdose	stopcontact *nt* [ˈstɔpkɔntakt]
Stecker	stekker [ˈstɛkər]
stufenloser Zugang	toegang zonder drempels [ˈtuχaŋ ˈzɔndər drɛmpəls]
Stuhl	stoel [stul]
Swimmingpool	zwembad *nt* [ˈzwɛmbat]

Terrasse	terras *nt* [tɛˈrɑs]
Tisch	tafel [ˈtafəl]
Toilette	toilet *nt*, wc [twɑˈlɛt, weˈse]
Toilettenpapier	toiletpapier *nt* [twɑˈlɛtpɑpiːr]
Transferbus	transferbus [trɑnsˈfɛrbœs]
Türcode	deurcode [ˈdøːrkodə]
Turistensteuer	toeristenbelasting [tuˈrɪstəbəˈlɑstɪŋ]
Übernachtung	overnachting [ovərˈnɑχtɪŋ]
Ventilator	ventilator [vɛntiˈlatɔr]
Verlängerungswoche	een week verlenging [ən ˈwek vərˈlɛŋɪŋ]
Vollpension	volledig pension *nt* [vɔˈledəχ pɛnˈʃɔn]
Vorsaison	voorseizoen *nt* [ˈvoːrsɛizun]
Waschbecken	wastafel [ˈwɑstafəl]
Wäschewechsel	schoon beddegoed *nt* [sχon ˈbɛdəχut]
Wasser	water *nt* [ˈwatər]
– ***kaltes Wasser***	koud water *nt* [kɑut ˈwatər]
– ***warmes Wasser***	warm water *nt* [ˈwɑr(ə)m ˈwatər]
Wasserglas	waterglas *nt* [ˈwatərχlɑs]
Wasserhahn	waterkraan [ˈwatərkran]
WLAN	wifi [ˈwifi]
Wolldecke	wollen deken [ˈwɔlə ˈdekən]
Zimmer	kamer [ˈkamər]
Zimmermädchen	kamermeisje *nt* [ˈkamərmɛiʃə]
Zimmertelefon	telefoon op de kamer [teləˈfon ɔb‿də ˈkamɛr]
Zwischenstecker	adapter [aˈdɑptər]

FERIENHÄUSER UND FERIENWOHNUNGEN

Ich habe bei Ihnen …
Ik heb bij u … [ɪk hɛbɛi y]

– ***die Wohnung …***
de woning … [də ˈwonɪŋ]
– ***das Haus …***
het huis … [ət hœys]

gebucht/gemietet.
geboekt/gehuurd. [χəbukt/χəhyːrt]

Wo bekommen wir die Schlüssel?
Waar kunnen we de sleutels krijgen?
[waːr kœnə wə də sløtəls krɛiχən]

Ist der Strom-/Wasserverbrauch im Mietpreis enthalten?
Is de huur inclusief stroom/water? [ɪz‿də ˈhyːr ɪŋklyˈzif strom/ˈwatər]

Sind Haustiere erlaubt?
Zijn huisdieren toegestaan? [zɛin ˈhœyzdiːrən ˈtuχəstan]

Wo befinden sich die Mülltonnen?
Waar staan de vuilnisemmers? [waːr stan də ˈvœylnəsɛmərs]

Müssen wir die Endreinigung selbst übernehmen?
Moeten we voor vertrek zelf schoonmaken?
[mutən wə voːr vərˈtrɛk ˈzɛlf ˈsχonmakən]

Wohin kommt der Müll?
Waar laten we het afval? [waːr latə wə ət ˈɑfɑl]

Bekomme ich die Kaution zurück?
Ik wil graag de borg terug. [ɪk wɪl χraχ də bɔrχ trœχ]

Wo gibt es hier ein Lebensmittelgeschäft?
Waar is hier een levensmiddelenzaak? [waːr ɪs hir ən ˈlevənsmɪdələzak]

Die wichtigsten Wörter

Anreisetag	dag van aankomst [dɑχ vɑn ˈaŋkɔmst]
Anzahlung	aanbetaling [ˈambətalɪŋ]
Apartment	appartement *nt* [ɑpɑrtəˈmɛnt]
Bauernhof	boerderij [burdəˈrɛi]
Bungalow	bungalow [ˈbœŋχɑlo]
Endreinigung	eindschoonmaak [ˈɛintsχonmak]
Ferienanlage	vakantiepark *nt* [vɑˈkɑnsipɑrk]
Ferienhaus	vakantiehuisje *nt* [vɑˈkɑnsihœyʃə]
Hausbesitzer/in	eigenaar/eigenares [ˈɛiχənar/ˈɛiχənaˈrɛs]
Haustiere	huisdieren *pl* [ˈhœyzdiːrən]
Kaution	borg [bɔrχ]
Kochnische	kitchenette [kɪtʃəˈnɛt]
Küche	keuken [ˈkøkən]
Miete	huur [hyːr]
Müll	vuilnis [ˈvœylnəs]
Mülltrennung	afval sorteren [ˈɑfɑl sɔrˈteːrən]
Nebenkosten	extra kosten [ˈɛkstra ˈkɔstən]
Schlafzimmer	slaapkamer [ˈslapkamər]
Schlüsselübergabe	in ontvangst nemen van de sleutels [ɪn ɔntˈfɑŋst ˈnemən vɑn də ˈsløtəls]
Strom	elektriciteit [elɛktrisiˈtɛit]
Strompauschale	vaste prijs voor stroom [ˈvɑstə prɛis voːr strom]
Stromspannung	elektrische spanning [eˈlɛktrisə ˈspɑnɪŋ]
Studio	appartement *nt* [ɑpɑrtəmɛnt]
vermieten	verhuren [vərˈhyːrən]
Wasserverbrauch	waterverbruik *nt* [ˈwatərvərbrœyk]
Wohnzimmer	huiskamer [ˈhœyskamər]
Zentralheizung	centrale verwarming [sɛnˈtralə vərˈwɑrmɪŋ]

Backofen	oven ['ovən]
Besen	bezem ['bezəm]
Bräter	braadpan ['bratpɑn]
Bügeleisen	strijkijzer *nt* [strɛikɛizər]
Eierbecher	eierdopje *nt* ['ɛiərdɔpjə]
Eimer	emmer ['ɛmər]
Etagenbett	stapelbed *nt* ['stɑpəlbɛt]
Geschirr	vaatwerk *nt* ['vatwɛrk]
Geschirrtuch	droogdoek ['droχduk]
Geschirrspülmaschine	afwasmachine ['ɑfwɑsmɑʃinə]
Glas	glas *nt* [χlɑs]
Herd	fornuis *nt* [fɔr'nœys]
– *Elektroherd*	elektrisch fornuis *nt* [e'lɛktris fɔr'nœys]
– *Gasherd*	gasfornuis *nt* ['χɑsfɔrnœys]
Kaffeefilter	koffiefilter ['kɔfifɪltər]
Kaffeelöffel	theelepel ['telepəl]
Kaffeemaschine	koffiezetapparaat *nt* ['kɔfizɛtɑpərat]
Kehrschaufel	stoffer en blik ['stɔfər ɛn 'blɪk]
Küchensieb	keukenzeef, vergiet *nt* ['køkəzef, fər'χit]
Kühlschrank	koelkast, ijskast ['kulkɑst, 'ɛiskɑst]
Mikrowelle	magnetron [mɑχnə'trɔn]
Mixer	mixer ['mɪksər]
Pfanne	koekenpan ['kukəpɑn]
Putzmittel	schoonmaakmiddelen *pl* ['sχomakmɪdələn]
Reibe	rasp [rɑsp]
Rührlöffel	pollepel ['pɔlepəl]
Schlafcouch	slaapbank ['slabɑŋk]
Schneebesen	garde [χɑrdə]
Schneidebrett	snijplank ['snɛiplɑŋk]
Schöpfkelle	soeplepel ['suplepəl]
Schüssel/n	schaal/schalen [sχal/'sχalən]
Staubsauger	stofzuiger ['stɔfsœiχər]
Tasse	kopje *nt* ['kɔpjə/'kɔpjəs]
Toaster	broodrooster *nt* ['brotrostər]
Topf	pan [pɑn]
Wäschetrockner	droogtrommel ['droχtrɔməl]
Waschmaschine	wasmachine ['wɑsmɑʃinə]
Wasserkocher	waterkoker ['watərkokər]
Wischmopp	dweil [dwɛil]

CAMPING

Zelten beim Bauern ...

oder auf niederländisch: **kamperen bij de boer**. Nach diesem Motto gibt es überall in den Niederlanden und Belgien Bauernhofcampings, wo Sie einfach, preiswert und vor allem ruhig auf dem Lande Ihr Zelt aufschlagen können. Solche Zeltplätze finden Sie leicht auf www.boerderij-campings.nl und www.kamperen-bij-de-boer.com.

Könnten Sie mir bitte sagen, ob es in der Nähe einen Campingplatz gibt?
Zou u me kunnen zeggen of er in de buurt een camping is?
[zɑu y mə ˈkœnə ˈzɛχən ɔf‿ər ɪn də ˈby:rt ən ˈkɛmpɪŋ ɪs]

Haben Sie noch Platz für einen Wohnwagen/ein Zelt?
Heeft u nog plaats voor een caravan/een tent?
[ˈheft‿y nɔχ ˈplats vo:r‿ən ˈkɛrəvɛn/ən ˈtɛnt]

Wie hoch ist die Gebühr pro Tag und Person?
Wat bedraagt het stageld per dag en per persoon?
[wɑt bəˈdraχt‿ət ˈstaχɛlt pɛr ˈdɑχ ɛn pɛr pərˈson]

Wie hoch ist die Gebühr für ...
Wat is het tarief voor ... [wɑt ɪs‿ət taˈrif voːr]

- ***das Auto?***
  de auto? [də ˈɑuto]
- ***den Wohnwagen?***
  de caravan? [də ˈkɛrəvɛn]
- ***das Wohnmobil?***
  de camper? [də ˈkɛmpər]
- ***das Zelt?***
  de tent? [də ˈtɛnt]

Vermieten Sie stationäre Wohnwagen?
Verhuurt u stacaravans? [vərˈhyːrt‿y ˈstakɛrəvəns]

Trekkershutten

Auf manchen Zeltplätzen gibt es **trekkershutten**, das sind gemütliche Holzhütten, die mit Betten, Herd, Sitzmöglichkeit, Licht und Elektrizität ausgestattet sind. Eine ideale Übernachtungsmöglichkeit, z. B. wenn Sie sportlich mit dem Fahrrad oder Kajak unterwegs sind und nicht viel Gepäck mitführen. Alle **trekkershutten** der Benelux-Länder finden Sie auf www.trekkershutten.nl.

Wir bleiben ... Tage/Wochen.
We blijven ... dagen/weken. [wə ˈblɛivən ... ˈdaχən/ˈwekən]

Wo sind ...
Waar zijn ... [ˈwaːr ˈzɛin]

- ***die Toiletten?***
  de toiletten? [də twɑˈlɛtən]
- ***die Waschräume?***
  de wasgelegenheden? [də ˈwɑsχəleχənhedən]
- ***die Duschen?***
  de douches? [də ˈduʃəs]

Gibt es hier Stromanschluss?
Is er hier stroomaansluiting? [ɪs‿ər hiːr ˈstromanslœytɪŋ]

Wo kann ich Gasflaschen umtauschen?
Waar kan ik gasflessen inwisselen? [waːr kɑn‿ɪk ˈχɑsflɛsən ˈɪnwɪsələn]

Ist der Campingplatz bei Nacht bewacht?
Wordt het kampeerterrein ’s nachts bewaakt?
[wɔrt‿ət kɑmˈpeːrtɛrɛin snɑχs bəˈwakt]

Camping	camping ['kɛmpɪŋ]
Campingausweis	kampeercarnet [kɑm'pe:rkarnɛt]; campingpas ['kɛmpɪŋpɑs]
Campingführer	campinggids ['kɛmpɪŋχɪts]
Campingplatz	kampeerterrein *nt* [kɑm'pe:rtɛrɛin]
Gasflasche	gasfles ['χɑsflɛs]
Gaskartusche	gastankje *nt* [χɑstɛŋkjə]
Gaskocher	gasstel *nt* ['χɑstɛl]
Geschirrspülbecken	spoelbak ['spulbɑk]
Hammer	hamer ['hamər]
Hering	haring ['ha:rɪŋ]
Kocher	kooktoestel *nt* ['koktustɛl]
Petroleumlampe	petroleumlamp [pe'trolijəmlɑmp]
Propangas	propaangas *nt* [pro'pɑŋχɑs]
Schlafsack	slaapzak [slapsɑk]
Spaten	schep [sχɛp]
Steckdose	stopcontact *nt* ['stɔpkɔntɑkt]
Stecker	stekker ['stɛkər]
Strom	elektriciteit [elɛktrisi'tɛit]
Stromanschluss	stroomaansluiting ['stromanslœytɪŋ]
Taschenlampe	zaklantaarn ['zɑklɑntarən]
Trinkwasser	drinkwater *nt* ['drɪŋkwatər]
Voranmeldung	aanmelding van tevoren ['amɛldɪŋ vɑn tə'vo:rən]
Waschraum	wasruimte ['wɑsrœymtə]
Wäschetrockner	droogtrommel ['droχtrɔməl]
Wasser	water *nt* ['watər]
Wasserkanister	jerrycan ['dʒɛrikɛn]
Wohnmobil	camper ['kɛmpər]
Wohnwagen	caravan ['kɛrəvɛn]
Zelt	tent [tɛnt]
zelten	kamperen [kɑm'pe:rən]
Zeltschnur	scheerlijn [sχe:rlɛin]
Zeltstange	tentstok ['tɛntstɔk]

Essen und Trinken

Habe ich *das* bestellt?

Man muss nicht unbedingt jeden Menschen verstehen, aber bei einer Speisekarte ist es von großem Vorteil.

Gewusst wo

Café: Lokal mit Alkoholausschank, informell oft als **kroeg** (*Kneipe*) bezeichnet. Die klassische Form ist das **bruine** (*braune*) **café**, Varianten sind das **grand café** mit stilvollem Interieur und großstädtischem Flair, das **biercafé**, das viele Sorten Bier anbietet, das **biljartcafé**, das **eetcafé**, das eine kleine, recht preiswerte Speisekarte führt, und das **internetcafé**, in dem man den Lieben zu Hause eine E-Mail schicken kann. Zur Gattung **café** gehören auch viele Szenelokale.
Ein Hanfblatt im Fenster eines **coffee shop** weist darauf hin, dass man hier ausser Kaffee auch **Hasj** konsumieren kann. Sehr traditionelle **cafés** werden als **proeflokaal** bezeichnet.
Eethuisje: Restaurant mit kleiner Karte. Hier isst man gerne **pannenkoeken** (*Pfannkuchen*) oder **soep van de dag** (*Tagessuppe*). Es gibt auch ethnische Varianten, z. B. das **Surinaams eethuisje**.
Einen altmodisch eingerichteten **poffertjeskraam** findet man in vielen Städten auf dem Marktplatz. Hier werden **poffertjes** (eine Art Minipfannkuchen) serviert, mit Butter, Puderzucker, wahlweise auch mit Likör. Damit verwandt ist der **oliebollenkraam**, wo Sie - nur im Stehen - Berliner essen können.
Exotische Restaurants gibt es sehr viele. Chinesisch-indische Restaurants werden als **Chinees** bezeichnet.Als **taveerne/brasserie/herberg** werden vor allem in Belgien Restaurants bezeichnet, die einheimische Spezialitäten anbieten. Gut ausgestattete **tearooms** findet man vor allem an der belgischen Küste.
Snackbars sind Schnellrestaurants, die typisch niederländische Fastfood-Produkte wie **patat** (*Pommes frites*) mit verschiedenen Soßen, **kroket** (*panierte Ragoutrolle*), **frikandel** (*Bratwurst*) oder **bamibal** (*fritierter Nudelball*) bereithalten. Hier gibt es aber auch immer **belegde broodjes** (*belegte Brötchen*).
Sehenswert sind die **automatieken**, wo man das Essen aus kleinen geheizten Fächern mit Klapptürchen sozusagen **uit de muur** (*aus der Mauer*) zieht.
Der **patatkraam** (*Pommesbude*) wird in Belgien auch **fritkot** genannt.

ESSEN GEHEN

Wo gibt es hier ...
Waar is hier ... [ˈwaːr ɪs ˈhiːr]

- ***ein gutes Restaurant?***
  een goed restaurant? [ən χut rɛstoˈrɑnt]
- ***ein nicht zu teures Restaurant?***
  een niet te duur restaurant? [ən ˈnit tə ˈdyːr rɛstoˈrɑnt]
- ***einen Schnellimbiss?***
  een snackbar? [ən ˈsnɛgbɑr]

Wo kann man hier in der Nähe gut und preiswert essen?
Waar kun je hier in de buurt goed en toch goedkoop eten?
[waːr kœn‿jə hiːr ɪn də byːrt χut ɛn tɔχ χutˈkop ˈetən]

IM RESTAURANT

Smakelijk eten! – Guten Appetit!

Die Niederländer mögen kulinarische Vielfalt. Sie verfügen über eine ganze Bandbreite unterschiedlichster Restaurants. Die klassische Vorbildküche ist die französische. Auch die ethnische Küche ist seit jeher beliebt. So ist die **rijsttafel** eine von Niederländern erdachte Auswahl diverser indonesischer Gerichte. Die einheimische niederländische Küche umfasst eher winterliche Gerichte wie **erwtensoep** (*Erbsensuppe*) oder **hutspot** (*Eintopf mit Möhren, Kartoffeln und Hackfleisch*). Beliebt sind auch kleine Gerichte: **Belegte broodjes** gibt es in vielen Variationen, man isst sie gerne mittags in einem **broodjeszaak**, begleitet von einem Glas **melk** (*Milch*). **Haring** (*Matjes*) kauft man auf der Straße an **haringkarretjes**; der Kenner lässt ihn mit **uitjes** (*gehackten Zwiebeln*) bestreuen, packt den Fisch am Schwanz, legt den Kopf nach hinten, öffnet den Mund und lässt den Leckerbissen hineinrutschen.

Ich möchte für heute Abend einen Tisch für vier Personen reservieren.
Ik wil graag voor vanavond een tafel voor 4 personen willen reserveren. [ɪk wɪl χraχ vo:r vɑˈnavɔnt ən ˈtafəl vo:r vi:r pɛrˈsonən rəzərˈve:rən]

Ist dieser Tisch noch frei?
Is deze tafel nog vrij? [ɪs ˈdeze ˈtafəl nɔχ ˈvrɛi]

Einen Tisch für zwei Personen, bitte.
Ik wil graag twee plaatsen reserveren.
[ɪk wɪl χraχ twee ˈplatsən rəzərˈve:rən]

Wo sind bitte die Toiletten?
Kunt u me zeggen waar de toiletten zijn?
[kœnt‿y mə ˈzɛχən wa:r hi:r də twɑˈlɛtən zɛin]

Gibt es hier einen Wickelraum?
Kan ik mijn baby hier ergens een schone luier geven?
[kɑn‿ɪk mən ˈbebi hi:r ɛrχəns‿ən ˈsχonə ˈlœyjər ˈχevən]

Haben Sie eine (Nicht-)Raucherbereich?
Heeft u een (niet-)rokerszone? [heft‿y ən (ˈnit)ˈrokərzɔ:nə]

Die belgische Küche

Wussten Sie, dass die traditionsreiche belgische Küche zu den besten der Welt gehört und es in diesem Land mehr Dreisterne-Restaurants gibt als in Frankreich? Die Belgier behaupten zu Recht, dass sie ihr Essen mit französischem Raffinement zubereiten und es mit deutscher Großzügigkeit servieren. Eine große Auswahl an Biersorten, Senf, Wild, frischem Fisch, Muscheln, Gemüse und Kartoffeln, Waffeln und Pralinen sind ihre Spezialitäten. Und das Erstaunliche an der belgischen Küche: Sie gehört zur Alltagskultur. Belgier sind eben geborene **fijnproevers** (*Feinschmecker*).
Guten Appetit! – **Eet smakelijk!**

BESTELLEN

Ich möchte …
Mag ik even … [mɑχ ɪk ˈevə]

- *die Speisekarte, bitte!*
  de kaart zien? [də ˈka:rt zin]
- *die Getränkekarte, bitte!*
  de drankenkaart zien? [də ˈdrɑŋkəka:rt zin]

Was können Sie empfehlen?
Wat kunt u aanbevelen? [ˈwɑt ˈkœnt‿y ˈambəvelən]

Ich hätte gerne etwas Typisches aus der Region.
Ik wil graag iets typisch uit de streek.
[ɪk wɪl χraχ is ˈtipis œyt də streek]

Haben Sie vegetarische Gerichte/Diätkost?
Heeft u ook een vegetarisch menu/dieetkost?
[ˈheft‿y ok‿ən veχəˈtaːris məˈny/dijetkɔst]

Gibt es auch Kinderportionen?
Heeft u ook kinderporties? [heft‿y ok ˈkɪndərpɔrsis]

Haben Sie schon gewählt?
Heeft u al een keus gemaakt? [ˈheft‿y ɑl‿ən ˈkøs χəˈmakt]

Ich nehme …
Voor mij graag … [voːr mɛi χraχ]

Als Vorspeise/Hauptgericht/Nachtisch nehme ich …
Als voorafje/als hoofdgerecht/als nagerecht neem ik …
[ɑls voːrɑfjə/ɑls ˈhoftχərəχt/ɑls ˈnaχərəχt ˈnem‿ɪk]

Ich möchte keine Vorspeise, danke.
Nee dank u, ik hoef geen voorgerecht.
[ne dɑŋk‿y ik huf χen ˈvoːrχərɛxt]

Wir haben leider kein/e … (mehr).
Sorry, de … is helaas op. [ˈsɔri də … ɪs heˈlas ɔp]

Dieses Gericht servieren wir nur auf Vorbestellung.
Dit gerecht doen wij alleen op bestelling.
[dɪt χəˈrɛχt dun wɛi ɑˈlen ɔb‿bəˈstɛlɪŋ]

Könnte ich statt … … haben?
Kan ik in plaats van … … krijgen? [kɑn‿ɪk‿ɪn plats fɑn … … ˈkrɛiχən]

Ich esse kein …
Ik eet geen … [ɪk et χen]

Ich bin …
Ik ben … [ɪgbɛn]

- ***Diabetiker/Diabetikerin.***
  diabeticus. [dijaˈbetikəs]
- ***Vegetarier/Vegetarierin.***
  vegetariër. [veχəˈtarijər]
- ***Veganer/Veganerin.***
  veganist. [veχaˈnɪst]

Ich bin allergisch gegen ...
Ik ben allergisch voor ... [ig‿bɛn ɑˈlɛrχis voːr]

- ***Eier.***
  eieren. [ˈɛijərən]
- ***Gluten.***
  gluten. [ˈχlytən]
- ***Milchprodukte.***
  zuivelproducten. [ˈzœyvəlprodœktən]
- ***Natriumglutamat.***
  natriumglutamaat. [natrijəmχlytaˈmat]
- ***Nüsse.***
  noten. [ˈnotən]

Ich mache eine Diät.
Ik volg een dieet. [ɪk vɔlχ ən diˈjet]

Wie möchten Sie Ihr Steak haben?
Hoe wilt u uw steak? [ˈhu ˈwɪlt‿y yw ˈstek]

- ***gut durch***
  well done [wɛl ˈdɔn]
- ***halb durch***
  medium [miːdiəm]
- ***englisch***
  rood van binnen [roːt vɑn bɪnən]

Was möchten Sie trinken?
Wat wilt u drinken? [ˈwɑt wɪlt‿y ˈdrɪŋkən]

Bitte ein Glas ...
Een glas ... graag. [ən ˈχlɑs ... χraχ]

Bitte eine Flasche/eine halbe Flasche ...
Graag een fles/een halve fles ... [χraχ ən flɛs/ən ˈhɑlvə flɛs]

Mit Eis, bitte.
Met ijs graag. [mɛt ɛis χraχ]

Guten Appetit!
Smakelijk eten! [ˈsmakələk ˈetən]/
(Eet u) smakelijk! [(et‿y) ˈsmakələk]

Zum Wohl!
Proost! [ˈprost]/
Santé [sɑnˈte]

Haben Sie noch einen Wunsch?
Heeft u nog een wens? [ˈheft‿y ˈnɔχ‿ən ˈwɛns]

Alles gut?

Während des Essens wird von der Bedienung mindestens einmal gefragt: **Is alles naar wens?** (*Ist alles nach Wunsch?*). Bei der Abrechnung ist eine beliebte Frage: **Heeft het gesmaakt?** (*Hat es geschmeckt?*).

Bitte bringen Sie uns ...
We hadden graag nog ... [wə ˈhadən χraχ nɔχ]

Könnten Sie uns noch etwas Brot/Wasser/Wein bringen?
Kunt u nog wat brood/water/wijn brengen?
[ˈkœnt‿y ˈnɔχ wat brot/ˈwatər/wɛin ˈbrɛŋən]

Könnten Sie bitte noch einen Kinderstuhl bringen?
Kunt u ons alstublieft nog een kinderstoel brengen?
[kœnt‿y ɔns alstyˈblift nɔχ‿əŋ ˈkɪndərstul ˈbrɛŋə]

SICH BESCHWEREN

Hier fehlt ein/e ...
Hier ontbreekt nog ... [ˈhiːr ɔndˈbrekt nɔχ]

Haben Sie mein/e ... vergessen?
Denkt u nog aan mijn ...? [dɛŋkt‿y nɔχ‿amɛin ...]

Das habe ich nicht bestellt.
Dat heb ik niet besteld. [ˈdat hɛb‿ɪk ˈnit bəˈstɛlt]

Die Suppe ist kalt/versalzen.
De soep is koud/te zout. [də sup ɪs kaut/tə zaut]

Das Fleisch ist zäh/zu fett.
Het vlees is taai/te vet. [ət ˈvles ɪs ˈtai/tə ˈvɛt]

Der Fisch ist nicht frisch.
De vis is niet vers. [də ˈvɪs ɪs nit ˈvɛrs]

Nehmen Sie es bitte zurück.
Neemt u het maar weer mee. [ˈnemt‿y‿ət maːr weːr me]

Holen Sie bitte den Chef.
Haalt u de chef maar. [ˈhalt‿y də ʃɛf maːr]

Alles zusammen!

In der gemütlichen Kneipenrunde werden **rondjes** (*Runden*) spendiert, die direkt beim Kellner oder an der Theke bezahlt werden. Wenn Sie mit Freunden oder mit einer größeren Gruppe im Restaurant sind, ist es nicht üblich, getrennt abzurechnen. Stattdessen wird vorher der Gesamtbetrag eingesammelt und dem Ober überreicht. Das Bedienungsgeld ist bereits in den Preisen enthalten, deshalb ist Trinkgeld (**fooi**) keine Pflicht, wird in Restaurants aber als üblich empfunden. Die Höhe des Trinkgelds bleibt Ihnen überlassen.

Die Rechnung/Bezahlen, bitte!
De rekening/even afrekenen graag.
[də ˈrekənɪŋ/ˈevən ˈɑfrekənən χraχ]

Bitte alles zusammen.
Alles graag op een rekening. [ˈɑləs χraχ ɔp en ˈrekənɪŋ]

Könnten Sie bitte getrennte Rechnungen machen?
Kunt u het alstublieft op aparte rekeningen zetten.
[ˈkœnt‿y‿ət ɑlstyˈblift ɔp aˈpɑrtə ˈrekənɪŋən ˈzɛtən]

Ist die Bedienung inklusive?
Is de bediening in de prijs inbegrepen?
[ɪz də bədinɪŋ ɪn də prɛis ˈɪmbəχrepən]

Die Rechnung scheint mir nicht zu stimmen.
De rekening klopt volgens mij niet helemaal.
[də ˈrekənɪŋ ˈklɔpt fɔlχəns mɛi nit ˈheləmal]

Das habe ich nicht gehabt. Ich hatte ...
Dat heb ik niet gehad. Ik had ... [ˈdɑt ˈhɛb‿ɪk ˈnit χəˈhɑt ɪk ˈhɑt]

Hat es geschmeckt?
Heeft het gesmaakt? [heft‿ət χəˈsmakt]

Das Essen war ausgezeichnet.
Het was overheerlijk. [ət ˈwɑs ˈɔvərheːrlək]

Das ist für Sie.
Dat is voor u. [ˈdɑt ɪs voːr ˈy]

Es stimmt so.
We doen niet moeilijk. [wə dun nit ˈmujlək]

CHINEZEN

Chinesisch essen gehen

Exotische Speisen haben in den Niederlanden Tradition; das ist den Chinesen zu verdanken, die bereits in den 50er Jahren Heimkehrer und Zuwanderer aus den ehemaligen Kolonien mit Essen versorgten. Die fernöstlichen Restaurants bezeichnen sich als **Chinees-Indisch**. Kleine Restaurants, die sich auf die authentische indonesische Küche spezialisiert haben, nennen sich gerne **Javaans eethuisje**. Auch jeder Fleischer bietet **nasi**, **bami** und **loempia's** an, im Supermarkt finden Sie viele Köstlichkeiten aus dem **oostersen** (*fernöstlichen*) Bereich. Asiatische Lebensmittelläden heißen in den Niederlanden **toko**.

Eine Reistafel für 4 Personen, bitte.
Een rijsttafel voor vier personen graag.
[ən ˈrɛistafəl voːr viːr pɛrˈsonə χrag]

Wir hätten gerne Essstäbchen.
Heeft u voor ons eetstokjes? [heft‿y voːr ɔns ˈetstɔkjəs]

Können Sie mir bitte dieses Gericht erklären?
Kunt u me misschien uitleggen wat voor gerecht dat is?
[kœnt‿y mə mɪˈsχin ˈœytlɛgən wɑt voːr χəˈrɛχt dɑt‿ɪs]

Ist dieses Gericht scharf?
Is dit gerecht heet? [ɪz‿dɪt χəˈrɛχt het]

Welchen Wein können Sie uns dazu empfehlen.
Welke wijn kunt u ons daarbij aanbevelen?
[wɛlkə win kœnt‿y ɔns daːrbi ˈambəvelən]

sambal ['sambal]	Chilipaste
pindasaus ['pɪndasaus]	Erdnusssoße
loempia ['lumpija]	Frühlingsrolle
udang ['udaŋ]	Garnelen
pisang goreng ['pizaŋ 'χo:rɛŋ]	Gebackene Banane
bami goreng ['bami 'χo:rɛŋ]	Gebratene Nudeln
nasi goreng ['nasi 'χo:rɛŋ]	Gebratener Reis
gado gado [χado'χado]	Gemüsesalat mit Erdnusssoße
ajam ['a:jam]	Huhn
rijsttafel ['rɛistafəl]	Reistafel
babi [babi]	Schwein
ketjap benting manis ['kɛtjap 'bɛntɪŋ 'manɪs]	süße Sojasoße

Echt gezellig!

Auf den Tischen liegen kleine rote Perserteppiche, auf dem Tresen vergilbte Amstel- oder Heinekendeckel, im Radio spielt niederländische Stimmungsmusik. Sie befinden sich in einem klassischen **bruin café**, in einer *braunen Kneipe*. In diesen traditionellen Kneipen gibt es mehrere Sorten **bier**, **jenever** und, wenn man Glück hat, altholländische Liköre. Beachten Sie folgende Trinketikette: Den ersten Schluck aus einem bis zum Rand gefüllten Geneverglas nimmt man, ohne das Gefäß anzufassen. Zum Bier oder **Geneverborrel** isst man gern **tosti's** (*Croque Monsieur*), **bitterballen** (*Minikroketten*), **kaas** (*Käse*), **pinda's** (*Erdnüsse*) oder **leverworst** (*Leberwurst*). Und der Kaffee ist auch immer **klaar** (*fertig*)! Manche Cafés haben eine **leestafel** (*Lesetisch*) mit Zeitungen und Zeitschriften. Wenn die Sonne scheint, sitzt und steht man draußen auf der Terrasse. Alles ist möglichst locker und entspannt. **Echt gezellig!**

Was darf es sein?
Wat zal het wezen? [wat sal‿ət 'wezən]

Eine Tasse Kaffee, bitte.
Doe mij maar een bakkie. [du mɛi ma:r ən 'baki]

Ein junger Genever.
Een jonkie. [ən 'jɔŋki]

Ein Pils, bitte.
Een pilsje graag. [ən ˈpɪlʃə χraχ]

Das Gleiche noch einmal.
Doe d'r nog maar een. [du dər nɔχ maːr en]

Ein Croque Monsieur und eine Portion Leberwurst/Käse, bitte.
Een tosti en een portie leverworst/kaas graag.
[ən ˈtɔsti ɛn‿ən ˈpɔrsi ˈlevərwɔrsz/kas χraχ]

Diese Runde geht auf mich.
Dit rondje is voor mij. [dɪt rɔntjə ɪs voːr mɛi]

Zum Wohl!/Prost!
Proost! [prost]

Lokalrunde!
Rondje voor de hele zaak! [ˈrɔntjə voːr də ˈhelə zak]

Wie viel macht das?
Hoeveel krijgt u van me? [ˈhuvel krɛiχt‿y vam‿mə]

Das ist für Sie.
Laat maar zitten. [ˈlat mar zɪtən]

Abendessen	avondeten *nt* [ˈavɔntetən]
alkoholfrei	alcoholvrij [ˈalkohɔlˈvrɛi]
Aschenbecher	asbak [ˈasbak]
Besteck	bestek *nt* [bəˈstɛk]
Bestellung	bestelling [bəˈstɛlɪŋ]
Diabetiker	diabeticus [dijaˈbetikəs]
Dressing	dressing [ˈdrɛsɪŋ]
Essig	azijn [aˈzɛin]
vom Fass	van de tap [van də tap]
fettarm	vetarm [vɛtˈarəm]
Fläschchenwärmer	flessenwarmer [ˈflɛsəwarmər]
Fleck	vlek [vlɛk]
Frühstück	ontbijt *nt* [ɔndˈbɛit]
Gabel	vork [vɔrk]
Gang	gang [χaŋ]
Gedeck	couvert *nt* [kuˈvɛːr]
Gericht	gerecht *nt* [χəˈrɛχt]
Getränk	drankje *nt* [draŋk]
Gewürze	kruiden *pl* [ˈkrœydən]
Glas	glas *nt* [χlas]
– Wasserglas	waterglas *nt* [ˈwatərχlas]
– Weinglas	wijnglas *nt* [ˈwɛiŋχlas]
Gluten	gluten [ˈχlutən]
glutenfrei	glutenvrij [ˈχlytəvrɛi]
Gräte	graat [χrat]

hart	hard [hɑrt]
Hauptspeise	hoofdgerecht *nt* [ˈhoftχərɛχt]
hausgemacht	eigengemaakt [ˈɛiχəχəˈmakt]
heiß	heet [het]
hungrig sein	trek hebben [trɛk ˈhɛbən]
kalorienarm	caloriearm [kaloriˈɑrəm]
Karaffe	karafje *nt* [kaˈrɑfjə]
Kellner/in	ober, kelner [ˈobər, ˈkɛlnər]
Ketschup	ketchup [ˈkɛtʃəp]
Kinderteller	kinderportie [ˈkɪndərpɔrsi]
Knochen	bot *nt* [bɔt]
Koch	kok [kɔk]
Korkenzieher	kurkentrekker [ˈkœrkətrɛkər]
lieblich	*(Wein)* zacht [zɑχt]
Löffel	lepel [ˈlepəl]
– Teelöffel	theelepeltje *nt* [ˈtelepəltjə]
Mayonnaise	mayonaise [majoˈnɛːzə]
Menü	menu *nt* [məˈny]
Messer	mes *nt* [mɛs]
Mittagessen	lunch [lœnʃ]
Nachtisch	dessert *nt* [dəsɛːr]; toetje *nt* [ˈtutjə]
Ober	ober [ˈobər]
Öl	olie [ˈoli]
Pfannengericht	in de pan geserveerd [ɪn də pɑn χəsɛrˈveːrt]
Pfeffer	peper [ˈpepər]
Pfeffermühle	pepermolen [ˈpepərmolən]
Portion	portie [ˈpɔrsi]
Rost	rooster *nt* [ˈrostər]
Salatbüfett	saladebuffet *nt* [saˈladəbœˈfɛt]
Salz	zout *nt* [zɑut]
Salzstreuer	zoutvaatje *nt* [ˈzɑutfatjə]
Scheibe	*(Brot)* sneetje *nt* [ˈsnetjə]; *(Wurst, Käse)* plak [ˈplak]
Schonkost	lichte kost [ˈliχtə kɔst]
Schüssel	sleutel [ˈsløtəl]
Senf	mosterd [ˈmɔstərt]
Serviette	servet *nt* [sɛrˈvɛt]
Soße	saus [sɑus]
Speisekarte	kaart [kaːrt]
Spezialität	specialiteit [speʃaliˈtɛit]
Strohhalm	rietje *nt* [ˈritjə]
Suppe	soep [sup]
Suppenteller	soepbord [ˈsubɔrt]
Süßstoff	zoetjes *pl* [ˈzutjəs]
Tagesgericht	dagschotel [ˈdɑχsχotəl]
Tasse	kopje *nt* [ˈkɔpjə]

– Untertasse	schoteltje *nt* [ˈsχotəljə]
Teller	bord *nt* [bɔrt]
Tischtuch	tafellaken *nt* [tafəlakən]
Trinkgeld	fooi [foi]
trocken	*(Wein)* droog [droχ]
vegetarisch	vegetarisch [veχəˈtaːris]
Vorspeise	voorgerecht *nt* [ˈvoːrχərɛχt]; voorafje *nt* [voːrˈɑfjə]
Wasser	water *nt* [ˈwatər]
Wickeltisch	commode [kɔˈmodə]
würzen	kruiden [ˈkrœydən]
Zahnstocher	tandenstoker [ˈtɑndəstokər]
Zucker	suiker [ˈsœykər]

Zubereitung

durchgebraten	doorbakken [doːrˈbɑkən]
frittiert	gefrituurd [χəfriˈtyːrt]
gar	gaar [χaːr]
gebacken	gebakken [χəˈbɑkən]
gebraten	gebraden [χəˈbradən]
– am Spieß	aan de pen [an də pɛn]; (Hasen) aan het spit [an‿ət ˈspɪt]
– vom Grill	van de grill [vɑn də χrɪl]; (Hähnchen) van het spit [vɑn‿ət ˈspɪt]
– in der Pfanne	in de pan [ɪn də ˈpɑn]
gedämpft	gestoomd [χəˈstomt]
gedünstet	gestoofd [χəˈstoft]
gefüllt	gevuld [χəˈvœlt]
gegart	gegaard [χəˈχaːrt]
gegrillt	gegrild [χəˈχrɪlt]
gekocht	gekookt [χəˈkokt]
geräuchert	gerookt [χəˈrokt]
geröstet	geroosterd [χəˈrostərt]
geschmort	gestoofd [χəˈstoft]
mager	mager [ˈmaχər]
roh	rauw [rɑu]
saftig	sappig [ˈsɑpəχ]
sauer	zuur [zyːr]
scharf	heet [het]
süß	zoet [zut]
überbacken	gegratineerd [χəχratiˈneːrt]
im Wasserbad	au bain-marie [obɛ̃maˈri]
zäh	taai [taj]
zart	mals [mɑls]

De kaart
Speisekarte

Auf dem Frühstücksbrot mögen es die Niederländer süß und bunt, z. B. mit **hagelslag** (*Schokostreusel*), **pindakaas** (*Erdnussbutter*) oder **muisjes** (*Mäuschen*), das sind Anissamen mit Zuckerglasur.

Ontbijt	Frühstück
Zwarte koffie [ˈzwɑrtə ˈkɔfi]	schwarzer Kaffee
Koffie met melk [ˈkɔfi mɛt ˈmɛlk]	Kaffee mit Milch
Coffeïnevrije koffie [kɔfəˈjinəvrɛiə ˈkɔfi]	koffeinfreier Kaffee
Thee met melk/citroen [ˈte mɛt ˈmɛlk/siˈtrun]	Tee mit Milch/Zitrone
Kruidenthee [ˈkrœydəte]	Kräutertee
Chocolademelk [ʃokoˈladəmɛlk]	Schokolade
Vruchtensap *(n)* [ˈvrœχtəsɑp]	Fruchtsaft
Zachtgekookt ei *(n)* [zɑχtχəkokt ɛi]	weiches Ei
Roerei *(n)* [ˈruːrɛi]	Rühreier
Eieren met spek *(pl)* [ˈɛiərə mɛt ˈspɛk]	Eier mit Speck
Brood/broodje/toast [ˈbrot/ˈbrotjə/tost]	Brot/Brötchen/Toast
Beschuit *(n)* [bəsχœyt]	Zwieback
Boter [ˈbotər]	Butter
Kaas [ˈkas]	Käse
Ham [ˈhɑm]	Schinken
Hagelslag [ˈhaχəlslɑχ]	Schokostreusel
Honing [ˈhonɪŋ]	Honig
Jam [ʃɛm]	Marmelade
Muesli [ˈmysli]	Müsli
Yoghurt [ˈjɔχərt]	Joghurt
Kwark met fruit [kwɑrk mɛt frœyt]	Quark mit Obst

Voorgerechten — Vorspeisen

Eendenleverpàté ['endəlevərpɑte]	Entenleberpastete
Gamba's met knoflooksausje ['χɑmbas mɛt 'knɔfloksɑuʃə]	Garnelen mit Knoblauch soße
Gegrilde tonijn ['χəχrɪldə tonɛin]	Gegrillter Thunfisch
Gemarineerde wilde zalm [χəma:ri'ne:rdə wɪldə zɑlm]	Eingelegter Wildlachs
Garnalen [χɑr'nalən]	Krabben
Gevulde witloof [χə'vœldə wɪtlof]	Gefüllter Chicorée
Kreeft in de oven gebakken [kreft ɪn də 'ovə χə'bɑkən]	Krebs aus dem Backofen
Zeeuwse mosselen op z'n Vlaams ['zewsə 'mɔsələn ɔp sən vlams]	Seeländische Muscheln auf flämische Art
Oesters met kaviaar ['ustərs mɛt kavi'ja:r]	Austern mit Kaviar
Verse rivierpaling [vɛrsə ri'vi:rpalɪŋ]	Frischer Wildaal

Soepen — Suppen

Aspergesoep [ɑ'spɛrʒəsup]	Spargelsuppe
Groentesoep ['χruntəsup]	Gemüsesuppe
Heldere ossenstaartsoep ['hɛldərə 'ɔsəsta:rtsup]	Klare Ochsenschwanzsuppe
Noordzee-vissoep ['no:rtsevɪsup]	Nordseefischsuppe
Romige tomatensoep ['romaχə to'mɑtəsup]	Sahnige Tomatensuppe
Vleesbouillon ['vlesbuljɔn]/ ***kippenbouillon*** ['kɪpəbuljɔn]	Fleischbouillon/ Hühnerbouillon

Vis en schaaldieren | Fisch und Schaltiere

Dorade [do'rade]	Dorade
Forel [fo'rɛl]	Forelle
Garnalen [χɑr'nalən]	Krabben
Haring ['haːrɪŋ]	Hering
Kabeljauw [kabəl'jɑu]	Kabeljau
Kreeft [kreft]	Krebs
Lotte ['lɔtə]	Seeteufel
Makreel [ma'krel]	Makrele
Mosselen ['mɔsələn]	Muscheln
Paling ['palɪŋ]	Aal
Rode poon ['rodə pon]	Knurrhahn
Schelvis ['sχɛlvɪs]	Schellfisch
Schol [sχɔl]	Scholle
Tarbot ['tɑrbɔt]	Steinbutt
Tonijn [to'nɛin]	Thunfisch
Zalm ['zɑl(ə)m]	Lachs
Zeekreeft ['zekreft]	Hummer
Zeetong ['zetɔŋ]	Seezunge

Wild en gevogelte | Wild und Geflügel

Konijn [ko'nɛin]	Kaninchen
Reerug ['rerœχ]	Rehrücken
Wild zwijn [wɪlt 'zwɛin]	Wildschwein
Ganzenlever ['χɑnzəlevər]	Gänseleber
Gerookte eend ['χə'rokte ent]	Geräucherte Ente
Filet van wilde duiven [fi'le vɑn 'wɪldə 'dœyvən]	Wildtaubenfilet
Kippenlevertjes ['kɪpə'levərtjəs]	Hühnerleber

Vleesgerechten — Fleischgerichte

Biefstuk van de haas ['bifstək fan də has]	Filetsteak
Bloedworst ['blutwɔrst]	Blutwurst
Kalfszwezerik ['kalfszwezərɪk]	Kalbsbries
Lamsniertjes ['lamsni:rtjəs]	Lammnieren
Rundertong ['rœndərtɔŋ]	Rinderzunge
Varkenshaasje ['varkənshaʃə]	Schweinelende

Bijgerechten — Beilagen

Aardappelkroketjes ['a:rdapəlkro'ketjəs]	Kartoffelkroketten
Friet [frit]	Pommes frites
Gebakken aardappelen [χə'bakən 'a:rdapələn]	Bratkartoffeln
Gekookte aardappelen/ patatten *(B)* [χə'koktə 'a:rdapələn/pa'tatən]	Salzkartoffeln
Gemengde salade [χə'mɛŋdə sa'ladə]	Gemischter Salat
Rijst [rɛist]	Reis

Groenten — Gemüse

Andijvie [an'dɛivi:]	Endivie
Asperges [as'pɛrʒəs]	Spargel
Bloemkool ['blumkol]	Blumenkohl
Bonen ['bonən]	Bohnen
Doperwten ['dɔpɛrtən]	junge Erbsen
Gegratineerde spruitjes [χəχrati'ne:rde 'sprœytjəs]	Rosenkohl mit Käse überbacken
Sperzieboontjes met spek ['spɛrzibontjəs mɛt spɛk]	Prinzessbohnen mit Speck
Witlof in kaassaus ['wɪtlɔf ɪn 'romsaus]	Chicorée mit Käsesoße

Voor de kleine honger — Für den kleinen Hunger

Broodje gezond [brotjə χə'zɔnt]	Baguette mit Salat, Tomaten und Käse
Platte *(B)****/Verse kaas met kruiden*** ['plɑtə/'vɛrsə kas mɛt 'krœydən]	Frischkäse mit Kräutern
Twaalfuurtje [twalf'y:rtjə]	Lunchmahlzeit
Uitsmijter ['œytsmɛitər]	Strammer Max

Typisch Nederlands/Vlaams — Typisch Niederländisch/Flämisch

Boerenkool met Gelderse rookworst ['bu:rəkol mɛt 'χɛldərsə 'rokwɔrst]	Grünkohl mit Kartoffelbrei und geräucherter Wurst
Erwtensoep met worst en kluif ['ɛrtəsup mɛt wɔrst ɛn 'klœyf]	Erbsensuppe mit Wurst und Schweinefleisch
Hutspot ['hœtspɔt]	Eintopf mit Hackfleisch, Karotten, Zwiebeln und Kartoffeln
Stamppot (NL)/stoemp *(B)* ['stɑmpɔt/stump]	Gemüse, Kartoffeln, Gehacktes
Kip met mosterd en jeneverbessen [kɪp mɛt 'mɔstərt ɛn jə'nevərbɛsən]	Huhn in Senf mit Wacholderbeeren
Konijn met krieken en kriekbier [ko'nɛin mɛt krikən ɛn 'krikbi:r]	Kaninchen mit Kirschen und Kirschbier
Mosselen met friet ['mɔsələn mɛt frit]	Muscheln mit Pommes frites
Paling in het groen ['palɪŋ ɪn‿ət χrun]	Aal in grüner Kräutersoße
Waterzooi ['watɛrzoj]	Eintopf mit Fisch oder Fleisch
Witlo(o)f met ham/hesp in de oven ['wɪtlɔ/of mɛt hɑm/hɛsp ɪn də 'ovən]	Überbackener Chicorée mit Schinken

Wafels, pannenkoeken, desserts / Waffeln, Pfannkuchen, Nachspeisen

Luikse wafels [lœyksə 'wafəls]	Waffeln Lütticher Art
Fruitwafels ['frœytwafəls]	Waffeln mit Obst gefüllt
Pannenkoeken met stroop ['panəkukən mɛt strop]	Pfannkuchen mit Sirup
Geflambeerde pannenkoeken met kersen [χəflam'be:rdə 'panəkukən mɛt 'kɛrsən]	Flambierte Pfannkuchen mit Kirschen
Poffertjes ['pɔfərtjəs]	Minibuchweizenpfannkuchen
Flensjes ['flɛnʃəs]	Crêpes
Vers fruit [vɛrs frœyt]	Frisches Obst
Kaneelijs met room [ka'nelɛis mɛt rom]	Zimteis mit Sahne
Soesjes met chocolade [suʃəs mɛt ʃoko'ladə]	Miniwindbeutel mit Schokolade
Kaasbordje ['kasbɔrtjə]	Käseplatte
Aardbeien met slagroom ['a:rdbɛijə mɛt 'slaχrom]	Erdbeeren mit Schlagsahne
Wafels met poedersuiker ['wafəls mɛt 'pujərsœykər]	Waffeln mit Puderzucker

Drankenkaart
Getränkekarte

Drankjes zonderalcohol / Alkoholfreie Getränke

Anijsmelk [aˈnɛismɛlk]	Warme Milch mit Anis
Appelsap [ˈɑpəlsɑp]	Apfelsaft
Cassis [ˈkɑsɪs]	Schwarze Johannisbeerlimonade
Fristi® [ˈfrɪsti]	Joghurtsoftgetränk
Koffie [ˈkɔfi]	Kaffee
Mineraalwater [minəˈralwatər]	Mineralwasser
Sjokomel [ˈʃokomɛl]	Kakao
Thee [te]	Tee
Tomatensap [toˈmatəsɑp]	Tomatensaft
Vers geperst sinaasappelsap [vɛrs χəˈpɛrst ˈsinɑzɑpəlsɑp]	Frisch gepresster Orangensaft

Alcoholische Dranken — Alkoholische Getränke

Bier [biːr]	Bier
Bittertje [ˈbɪtərtjə]	Genever mit Angostura
Borrel [ˈbɔrəl]	
jonkie [jɔŋki]	Glas Jenever
Citroentje met suiker [siɛˈtruntjə mɛt ˈsœykər]	Zitronengenever mit Zucker
Jenever [jəˈnevər/ʒəˈnevər]	Genever
Kopstoot [ˈkɔpstot]	Bier mit einem Glas Genever
Korenwijn [ˈkɔːrəwɛin]	Edles Weizendestillat, in Eichenholzfässern gereift
Pintje *(B)* [ˈpɪntʃə]	Glas Bier
Pousse *(B)* [pus]	Cognac
Trappist [trɑˈpɪst]	Klosterbier
Wijn [wɛin]	Wein

Auster
oester
['ustər]

Dosenfisch
vis uit blik
[vɪs œyt blɪk]

Fischfilet
visfilet
['vɪsfile]

Flusskrebs
rivierkrab
[ri'virkrɑp]

Forelle
forel
[fɔ'rɛl]

Garnele
garnaal
[χɑr'mal]

Heilbutt
heilbot
['hɛilbɔt]

Herzmuschel
hartschelp
['hɑrtsχɛlp]

Hummer
kreeft
[kreft]

Kabeljau
kabeljauw
[kabəl'jɑu]

Karpfen
karper
['kɑrpər]

Krake
inktvis
['ɪŋktfɪs]

Krebs
krab
[krɑp]

Lachssteak
zalmmoot
['zɑlmot]

Makrele
makreel
[mɑ'krel]

Miesmuschel
mossel
['mɔsəl]

Sardine
sardien
[sɑr'din]

Scholle
schol
[sχɔl]

Seeteufel
zeeduivel
['zedœyvəl]

Seezunge
tong
[tɔŋ]

Tintenfisch
inktvis
['ɪŋktfɪs]

Tunfisch
tonijn
[to'nɛin]

Venusmuschel
venusschelp
['venəsχɛlp]

Zander
snoekbaars
[snugba:rs]

FRÜHSTÜCK

Ahornsirup
ahornsiroop
['ahɔrnsirop]

Baguette
baguette
[ba'gɛt]

Brezel
pretzel
['prɛtsəl]

Butter
boter
['botər]

Cornflakes
cornflakes *pl*
['kɔ:nfleks]

Croissant
croissantje *nt*
[kra'zɑncə]

Erdnussbutter
pindakaas
['pɪndakas]

gekochtes Ei
gekookt ei *nt*
[χəkokt 'ɛi]

Honig
honing
['honɪŋ]

Joghurt
yoghurt
['jɔχərt]

Kaffee
koffie
['kɔfi]

Käse
kaas
[kas]

Knäckebrot
knäckebröd *nt*
['knɛkəbrøt]

Marmelade
jam
[ʃɛm]

Omelett
omelet
[omə'lɛt]

Milch
melk
['mɛlək]

Pfannkuchen
pannenkoek
['pɑnəkuk]

Rührei
roerei *nt*
['ru:rɛi]

Saft
sap *nt*
[sɑp]

Schokoladen-aufstrich
chocopasta
['ʃokopɑsta]

Schwarzbrot
roggebrood *nt*
['rɔχəbrot]

Spiegelei
spiegelei *nt*
['spiχəlɛi]

Tee
thee
[te]

Toast
toast
[tost]

Artischocke
artisjok
[ɑrti'ʃɔk]

Aubergine
aubergine
[obər'ʒin]

Avocado
avocado
[avo'kado]

Blumenkohl
bloemkool
['blumkol]

Brokkoli
broccoli
['brɔkoli]

Champignons
champignonnen *pl* [ʃɑmpi'jɔnən]

Chilischote
chilipeper
['ʃilipepər]

Erbsen
erwten *pl*
['ɛrtən]

Gurken
augurken *pl*
[ɑu'χœrkən]

Karotten
wortels *pl*
['wɔrtəls]

Kartoffeln
aardappels *pl*
['a:rdɑpəls]

Knoblauch
knoflook
['knɔflok]

Kopfsalat
krop sla
[krɔp 'sla]

Kürbis
pompoen
[pɔm'pun]

Lauch
prei
[prɛi]

Oliven
olijven *pl*
[o'lɛivən]

Paprika
paprika
['paprika]

Radieschen
radijsjes *pl*
[ra'dɛiʃəs]

Ruccola
rucola
['rukola]

Spargel
asperge
[ɑ'spɛ:rʒə]

Spinat
spinazie
[spi'nazi]

Tomate
tomaat
[to'mat]

Zucchini
courgette
[kur'ʒɛt]

Zwiebel
ui
[œi]

OBST

Ananas
ananas
['ɑnənɑs]

Äpfel
appel
['ɑpəl]

Aprikose
abrikoos
[abri'kos]

Bananen
bananen *pl*
[ba'nan]

Birne
peer
[pe:r]

Cashewnüsse
cashewnoten *pl*
['kɛʃuwnotən]

Erdbeere
aardbeien *pl*
[a:rdbɛiən]

Feige
vijg
[vɛiχ]

Grapefruit
grapefruit
['grepfɹut]

Haselnüsse
hazelnoten *pl*
['hazəlnotən]

Himbeere
frambozen *pl*
'frɑm'bozən]

Kirsche
kersen *pl*
['kɛrsən]

Kiwis
kiwi's *pl*
['kiwis]

Kokosnuss
kokosnoot
['kokəsnot]

Limette
limoen
[li'mun]

Mango
mango
['maŋχo]

Melone
meloen
[mə'lun]

Nektarine
nectarine
[nɛktɑ'rinə]

Orange
sinaasappel
['sinəsɑpəl]

Papaya
papaja
[pa'paja]

Pfirsiche
perzik
['pɛrzɪk]

Pflaume
pruimen *pl*
[prœymən]

Weintrauben
druiven *pl*
['drœyvən]

Zitrone
citroen
[si'trun]

Ausflüge und Kultur

Wie lange haben Sie geöffnet?

Der kulturelle Wert bestimmter Fragen eröffnet sich einem oftmals erst, wenn es zu spät ist.

Lust auf ein uitstapje?

Über das umfangreiche Ausflugsangebot können Sie sich in den Niederlanden bei **VVV** oder **ANWB** informieren. In vielen Gemeinden gibt es Büros der beiden Organisationen. In Flandern heißt dieser Service **Dienst voor Toerisme**. Beachten Sie auch die Hinweise in den wöchentlich oder monatlich erscheinenden **Uitkalenders**, die vielerorts ausliegen. Ein typisches Familienausflugsziel in den Niederlanden und Flandern sind die zahlreichen **attractieparken** *(Vergnügungsparks)*. Sie reichen vom **Apenheul** (*Affenpark*) bis zum **Zeehondencrêche** (*Seehundeheim*). Lohnend sind auch Ausflüge zu den Museumsdörfern **Zaanse Schans** oder **Enkhuizen**, den berühmten Mühlen von **Kinderdijk** oder **Schermerhoorn**, dem Käsemarkt von **Alkmaar** oder dem **Keukenhof** in Lisse.
In beiden Ländern werden vor allem im Sommer große kulturelle **evenementen** (*Veranstaltungen*) organisiert, z. B. das **Holland Festival**, das **North Sea Jazz Festival** oder der **open monumentendag** (*Tag des offenen Denkmals*). In den Großstädten finden **tentoonstellingen** (*Ausstellungen*) und **beurzen** (*Fachmessen*) statt. Auch **markten**, z. B. **rommelmarkten** (*Flohmärkte*), **boekenmarkten** (*Büchermärkte*) und **braderieën** (*Straßenmärkte*) sind sehr beliebt. Der größte überdachte Markt der Welt ist der **Beverwijkse Bazaar** mit über 3000 Ständen. Der größte **boekenmarkt** der Welt findet auf jeden Fall jedes Jahr im August in **Deventer** statt (878 Stände, über 120.000 Besucher).

AN DER TOURISTENINFORMATION

Ich hätte gern ...
Heeft u misschien ... [heft‿y mɪˈsχin]

- ***einen Stadtplan von ...***
  een stadsplattegrond van ... [ən ˈstatsplatəχrɔnt van]
- ***ein Verzeichnis der Museen und Galerien.***
  een lijst van musea en galerieën. [ən lɛist va myˈseja ɛn galəˈrijən]
- ***einen Audioführer.***
  een audiorondleiding. [ən ˈaudijorɔntləidɪŋ]

Haben Sie einen Veranstaltungskalender für diese Woche?
Heeft u een uitkalender voor deze week?
[ˈheft‿y ən ˈœytkalɛndər voːr ˈdeze ˈwek]

Können Sie mir bitte sagen, welche Sehenswürdigkeiten es hier gibt?
Kunt u me zeggen welke bezienswaardigheden hier zoal zijn?
[kœnt‿y mə ˈzɛχən ˈwɛlkə bəzinsˈwaːrdəxedən hiːr zoˈɑl zɛin]

Sie müssen unbedingt ... besichtigen/besuchen.
U moet zeker naar ... gaan. [y mut zekər naːr ... χan]

Belgische Bierkultur

Belgien ist bekannt für seine Vielfalt an Biersorten. In der Umgebung der Stadt Leuven können Sie individuell mit dem Fahrrad oder als Gruppe mit dem Bus berühmte und ausgefallene Brauereien besichtigen und deren Produkte verkosten. Dazu mehr auf www.beerhop.be.

Wann ist das Museum geöffnet?
Wanneer is het museum geopend? [wɑˈneːr ɪs‿ət myˈzejəm χəˈopənt]

Gibt es Stadtrundfahrten?
Kun je hier ook rondritten *(Bus)*/rondvaarten *(Schiff)* door de stad maken? [kœn jə hiːr ˈok ˈrɔntrɪtən/ˈrɔndvaːrtən doːr də ˈstɑt ˈmakən]

Was kostet denn die Rundfahrt, bitte?
Kunt u zeggen hoe duur dat is? [kœnt‿y ˈzɛχə hu dyːr dɑt‿ɪs]

Etwas für jeden Geschmack

Die Niederlande sind ein echtes Museenland. Es gibt etwa 1000 **musea**, von denen die Hälfte mit der **Museumjaarkaart (MJK)** gratis zugänglich ist. Ob ein Besuch im **Rijksmuseum** oder im **Van-Gogh-Museum**, es ist auf jeden Fall für jeden Geschmack etwas dabei. Sehenswert sind auch **kastelen** (*Schlösser*) und **tuinen** (*Gärten*).
Ein „Must see"-Museum in den Niederlanden ist das Rijksmuseum in Amsterdam, das größte Museum der Niederlande mit Werken von Rembrandt, Frans Hals und Jan Vermeer. Sehenswert ist auch die Porzellansammlung. Nicht weit weg davon liegt das Van-Gogh-Museum. In Enkhuizen am Ijsselmeer befindet sich das **Zuiderzee-museum**, ein Freiluftmuseum über das Leben am ehemaligen Meeresarm der Nordsee. Für Kunstliebhaber ist das **Kröller-Müller-Museum** im Naturpark Hoge Veluwe ein besonderes Erlebnis.
Ein Geheimtip ist das **Teylers Museum** in Haarlem: das älteste Museum der Niederlande präsentiert Kunst- und Wissenschafts-gegenstände aus früheren Jahrhunderten.
Ein ganz besonderes, kleines Museum ist das **SieboldHuis** in Leiden. Es ist nach dem Deutschen Arzt und Japanologen Philipp Franz von Siebold benannt, der 1832–1845 in diesem Haus wohnte. In den historischen Räumlichkeiten werden Höhepunkte der umfangreichen Sammlung von Pflanzen, Tieren und Gegenständen ausgestellt, die Siebold in Japan zusammengetragen hat.
Website: www.sieboldhuis.org

Öffnungszeiten, Führungen, Eintrittskarten

Wie lange haben Sie geöffnet?
Hoe lang bent u open? [hu laŋ bɛnt‿y ˈopən]

Wann beginnt die nächste Führung?
Wanneer is de volgende rondleiding?
[ˈwaneːr ɪz‿də ˈvɔlχəndə ˈrɔntlɛidɪŋ]

Gibt es auch eine Führung in Deutsch/Englisch?
Is er ook een rondleiding in het Duits/Engels?
[ˈɪs‿ər ɔk‿ən ˈrɔntlɛidɪŋ ɪn‿ət ˈdœyts/ˈɛŋəls]

Darf man hier fotografieren?
Mag je hier fotograferen? [ˈmaχ jə ˈhiːr fotoχraˈfeːrən]

Zwei Eintrittskarten, bitte.
Twee kaartjes graag. [twe ˈkaːrtjəs χrag]

Zwei Erwachsene und ein Kind.
Twee volwassenen en een kind. [twe vɔlˈwasənən ɛn eŋ kɪnt]

Gibt es Ermäßigungen für ...
Is er korting voor ... [ɪs‿ər ˈkɔrtɪŋ voːr]

- ***... Kinder?***
  ... kinderen? [ˈkɪndərən]
- ***... Studenten?***
  ... studenten? [styˈdɛntən]
- ***... Senioren?***
  ... senioren? [seniˈjoːrən]
- ***... Gruppen?***
  ... groepen? [ˈχrupən]

Gibt es einen Katalog zur Ausstellung?
Is er een catalogus bij de tentoonstelling?
[ɪs‿ər‿ən kaˈtaloχəs bɛi də tɛnˈtonstɛlɪŋ]

Ist die Ausstellung für Gehbehinderte über Aufzüge erreichbar?
Is de tentoonstelling voor mensen die slecht ter been zijn met de lift te bereiken? [ɪz‿də tɛnˈtonstɛlɪŋ voːr mɛnsə di slɛχt‿tɛr ˈben zɛin ˈmɛd‿də lɪft tə bəˈrɛikən]

Gibt es spezielle Führungen für Behinderte/Stadtführungen für Gehörlose?
Zijn er speciale rondleidingen voor gehandicapten/stadswandelingen voor doven? [zɛin‿ər speˈʃalə ˈrɔntlɛidɪŋən voːr χəˈhɛndikɛptən/ˈstatswandəlɪŋən voːr ˈdovən]

Können Induktionsschleifen für Hörbehinderte eingeschaltet werden?
Kunnen er voor slechthorenden ringleidingen worden aangezet?
[ˈkœnən‿ər voːr slɛχtˈhoːrəndən ˈrɪŋlɛidɪŋən ˈwɔrdən ˈaŋχəzɛt]

Gibt es Museumsführungen/Theateraufführungen für Taube/Blinde?
Zijn er rondleidingen door musea/toneelvoorstellingen voor doven/blinden? [zɛin‿ər ˈrɔntlɛidɪŋə doːr myˈzeja/toˈnelvoːrstɛlɪŋən voːr ˈdovən/ˈblɪndən]

Was? Wann? Wo?

Ist das ...?
Is dat ...? [ɪs ˈdɑt]

Wann wurde dieses Gebäude erbaut/restauriert?
Wanneer is dit gebouw neergezet/gerestaureerd? [ˈwɑneːr ɪz‿dɪt χəbɑu ˈneːrχəzɛt/χərɛstoˈreːrt]

Von wem ist dieses Bild?
Van wie is dit schilderij? [vɑn wi ɪz‿dɪt sχɪldəˈrɛi]

Haben Sie das Bild als Poster/Postkarte/Dia?
Heeft u dat schilderij als poster/ansicht/dia? [heft‿y dɑt sχɪldəˈrɛi ɑls ˈpostər/ˈɑnzɪχt/ˈdija]

Die wichtigsten Wörter

Besichtigung	bezichtiging [bəˈzɪχtəχɪŋ]
Denkmalschutz	monumentenzorg [monyˈmɛntəzɔrχ]
Fremdenführer/in	gids [χɪts]
Fremdenverkehrsamt	VVV-kantoor *nt* [veveˈvekɑntoːr]
Führung	rondleiding [ˈrɔntlɛidɪŋ]
Funde	vondsten *pl* [vɔnstən]
Fußgängerzone	voetgangersgebied *nt* [ˈvutχɑŋərsχəbit]
Gasse	steeg [steχ]
Geburtsstadt	geboortestad [χəboːrtəstɑt]
Gegenstände	voorwerpen *pl* [ˈvoːrwɛrpən]
Geschichte	geschiedenis [χəˈsχidənɪs]
Haus	huis *nt* [hœys]
Kirche	kerk [kɛrk]
König/in	koning/koningin [ˈkonɪŋ/ˈkonɪˈŋɪn]
Kultur	cultuur [kœlˈtyːr]
Kunst	kunst [kœnst]
Markt	markt [mɑrkt]
Museum	museum *nt* [myˈzejəm]
Öffnungszeiten	openingstijden [ˈopənɪŋstɛidən]
Palast	paleis *nt* [paˈlɛis]
Park	park *nt* [pɑrk]
rekonstruieren	reconstrueren [rekɔnstryˈweːrən]
Religion	godsdienst [ˈχɔtsdinst]
restaurieren	restaureren [rɛstoˈreːrən]

Rundfahrt	*(Boot)* rondvaart ['rɔntfa:rt]; *(Bus)* rondrit ['rɔntrɪt]
Sehenswürdigkeiten	bezienswaardigheden *pl* [bəzins'wa:rdəχhedən]
Stadtteil	wijk [wɛik]
Stadtzentrum	centrum *nt* ['sɛntrəm]
Statue	standbeeld *nt* ['stɑntbelt]
Straße	straat [strat]
Überreste	overblijfselen *pl* ['ovərblɛifsələn]

Architektur

Abtei	abdij [ɑb'dɛi]
Altar	altaar *nt* ['ɑlta:r]
Altstadt	oude binnenstad ['ɑudə 'bɪnənstɑt]
Archäologie	archeologie [ɑrχejolo'χi]
Architekt	architect [ɑrχi'tɛkt]
Architektur	architectuur [ɑrχitɛk'ty:r]
Ausgrabungen	opgravingen ['ɔpχravɪŋən]
Backstein	baksteen ['bɑksten]
Bauernhof	boerderij [burdə'rɛi]
Bauwerk	bouwwerk *nt* ['bɑuwɛrk]
Brücke	brug [brœχ]
Brunnen	fontein [fɔn'tɛin]
Burg	burcht [bœrχt]
Bürogebäude	kantoorgebouw *nt* [kɑn'to:rχəbɑuw]
Dach	dak *nt* [dɑk]
Decke	plafond *nt* [plɑ'fɔ:n]
Denkmal	monument *nt* [mony'mɛnt]
Dom	dom [dɔm]
Fassade	voorgevel ['vo:rχevəl]
Fenster	raam *nt* [ram]
Festung	vesting ['vɛstɪŋ]
Flügel	vleugel ['vløχəl]
Fort	fort *nt* [fɔrt]
Friedhof	begraafplaats [bə'χrafplats]; kerkhof *nt* ['kɛrkhɔf]
Gebäude	gebouw *nt* [χə'bɑuw]
Gedenkstätte	herdenkingsoord *nt* [hɛrdɛŋkɪŋso:rt]
Giebel	gevel ['χevəl]
Grab	graf *nt* [χrɑf]
Gracht	gracht [χrɑχt]
Hausboot	woonboot ['wonbot]
Hünengrab	hunenbed *nt* ['hynəbɛt]
Innenhof	binnenplaats [bɪnəplats]; hofje *nt* ['hɔfjə]

Inschrift	inscriptie [ɪn'skrɪpsi]
Kanzel	kansel ['kɑnsəl]
Kapelle	kapel [ka'pɛl]
Kathedrale	kathedraal [kɑtə'dral]
Kirche	kerk [kɛrk]
Kirchturm	kerktoren ['kɛrkto:rən]
Kloster	klooster *nt* ['klostər]
Kuppel	koepel ['kupəl]
Markthalle	markthal ['mɑrkthɑl]
Mauer	muur [my:r]
Mühle	molen ['molɛn]
Oper	opera ['opəra]
Palast	paleis *nt* [pa'lɛis]
Platz	plein *nt* [plɛin]
Portal	portaal *nt* [pɔr'tal]
Rathaus	raadhuis *nt* ['rathœys]; stadhuis *nt* [stɑt'hœys]
Ruine	ruïne [ry'winə]
Säule	pilaar [pi'la:r]
Schatzkammer	schatkamer ['sχɑtkamər]
Schleuse	sluis [slœys]
Schloss	slot *nt* [slɔt]; kasteel *nt* [kɑ'stel]
Synagoge	synagoge [sina'χoχə]
Speicher	pakhuis *nt* ['pɑkhœys]
Springbrunnen	fontein [fɔn'tɛin]
Stadtmauern	stadsmuren *pl* ['stɑtsmy:rən]
Theater	theater *nt* [te'jatər]; schouwburg ['sχɑubœrəχ]
Stadttor	stadspoort ['stɑtspo:rt]
Tunnel	tunnel ['tœnəl]
Turm	toren ['to:rən]
Universität	universiteit [ynivɛrsi'tɛit]
Waisenhaus	weeshuis ['weshœys]
Bibliothek	bibliotheek [biblijo'tek]
Wasserstraße	waterweg ['watərwɛχ]

Bildende Kunst

Akt	naakt(studie) [ˈnakt (stydi)]
Aquarell	aquarel *nt* [akwaˈrɛl]
Ausstellung	tentoonstelling [tɛnˈtonstɛlɪŋ]
Bild	schilderij *nt* [sχɪldəˈrɛi]
Bildhauer	beeldhouwer [ˈbelthauwər]
Bronze	brons *nt* [brɔns]
Buchdruck	boekdrukkunst [ˈbugdrœkœnst]
Exponat	stuk *nt* [stœk]
Fotografie	fotografie [ˈfotoχraˈfi]
Galerie	galerij [χaləˈrɛi]
Gemälde	schilderij *nt* [sχɪldəˈrɛi]
Glasmalerei	gebrandschilderd glas *nt* [χəˈbrantsχɪldərt χlas]
Grafik	grafische kunst [ˈχrafisə kœnst]
Holzschnitt	houtsnede [ˈhautsnedə]
Innenausstattung	interieur *nt* [ɪntəriˈjøːr]
Keramik	keramiek [keːraˈmik]
Kopie	kopie [koˈpi]
Kreuz	kruis *nt* [krœys]
Kruzifix	crucifix [ˈkrysifɪks]
Kunstgewerbe	kunstnijverheid [kœnstˈnɛivərhɛit]
Landschaft	landschap *nt* [ˈlantsχap]
Lithografie	lithografie [litoχraˈfi]
Maler/in	schilder/schilderes [ˈsχɪldər/sχɪldəˈrɛs]
Malerei	schilderkunst [ˈsχɪldərkœnst]
Marinemaler	zeeschilder [ˈzesχɪldər]
Modell	model *nt* [moˈdɛl]
Ölfarbe	olieverf [ˈolivɛr(ə)f]
Original	origineel *nt* [ɔriʒiˈnel]
Plakat	affiche *nt* [aˈfiʃə]
Plastik	plastiek [plaˈstik]
Porträt	portret *nt* [pɔrˈtrɛt]
Porzellan	porselein *nt* [pɔrsəˈlɛin]
Radierung	ets [ɛts]
Schnitzerei	houtsnijwerk *nt* [ˈhautsnɛiwɛrk]
Siebdruck	zeefdruk [ˈzevdrœk]
Skulptur	beeldhouwwerk *nt* [ˈbelthauwɛrk]
Statue	standbeeld *nt* [ˈstandbelt]
Stillleben	stilleven *nt* [ˈstɪlevən]
Vase	vaas [vas]
Zeichnung	tekening [ˈtekənɪŋ]

Stilrichtungen und Epochen

Amsterdamer Schule	Amsterdamse school [ˈamstərdamsə sχol]
Blütezeit	bloeiperiode [ˈblujpeːrijodə]
Bronze-/Steinzeit	bronzen/stenen tijdperk *nt* [ˈbrɔnzən/ˈstenən ˈtɛitpɛrk]
bürgerlich	burgerlijk [ˈbœrχərlək]
Christentum	christendom *nt* [ˈkrɪstəndɔm]
De Stijl	De Stijl [də stɛil]
Dekonstruktivismus	deconstructivisme *nt* [dekɔnstrœktiˈvɪsmə]
Delfter Schule	Delftse school [ˈdɛlfsə sχol]
Eklektizismus	eclecticisme *nt* [eklɛktiˈsɪsmə]
Expressionismus	expressionisme *nt* [ɛksprɛʃoˈnɪsmə]
Funktionalismus	functionalisme *nt* [fœŋkʃonaˈlɪsmə]
Haager Schule	Haagse school [ˈhaχsə sχol]
holländische Renaissance	Hollandse Renaissance [ˈhɔlantsə renəˈsans]
holländischer Klassizismus	Hollands classicisme *nt* [ˈhɔlants klasisɪsmə]
Impressionismus	impressionisme *nt* [ɪmprɛʃoˈnɪsmə]
Jahrhundert	eeuw [ew]
Jugendstil	Jugendstil [ˈjugəntʃtil]
Klassizismus	classicisme *nt* [klasiˈsɪsmə]
Kubismus	kubisme *nt* [kyˈbɪsmə]
Manierismus	maniërisme *nt* [manjəˈrɪsmə]
Mittelalter	Middeleeuwen *pl* [ˈmɪdəlewən]
modern	hedendaags [hedənˈdaχs]
Neogotik	neogotiek [nejoχoˈtik]
Neue Sachlichkeit	Nieuwe Zakelijkheid [ˈniwə ˈzakələkhɛit]
17. Jahrhundert	zeventiende eeuw [ˈzevəntində ew] Gouden Eeuw [ˈχaudən ew]
Postmodernismus	postmodernisme *nt* [pɔstmodɛrˈnɪsmə]
Realismus	realisme *nt* [rejaˈlɪsmə]
Rokoko	rococo *nt* [rokoˈko]
Romanik	Romaanse bouwkunst [roˈmansə ˈbauwkœnst]
römisch	Romeins [roˈmɛins]
Stil	stijl [stɛil]
Surrealismus	surrealisme *nt* [sœrejaˈlɪsmə]

KULTUR PUR

Unterhaltung: vermaak, vertier, amusement

Die Niederländer sind Weltmeister in Sachen Gestaltung ihrer **vrije tijd** (*Freizeit*). Entsprechend groß ist das Angebot an Märkten, Straßenfesten, Strandkonzerten, Ausstellungen und Großveranstaltungen. Wenn Niederländer abends ins Theater (oft **schouwburg** genannt) oder ins Konzert gehen, ziehen sie sich gerne stilvoll an. In der Regel besteht aber kein Anzugzwang.
In vielen Städten können Sie im Sommer in den alten Kirchen **kerkorgelconcerten** hören. Im Kino (und im Fernsehen) werden ausländische Filme im Originalton mit niederländischen **ondertitels** gezeigt.

Könnten Sie mir bitte sagen, welches Stück heute Abend im Theater gespielt wird?
Kunt u me misschien zeggen welk toneelstuk er vanavond wordt gespeeld?
[kœnt‿y mə mɪˈsxin ˈzɛχən wɛlk toˈnelstœk ɛr vɑˈnavɔnt wɔrt χəˈspelt]

Was läuft morgen Abend im Kino?
Wat draait er morgenavond voor een film?
[wɑt drait‿ər mɔrχəˈnavɔnt voːr‿ən fɪlm]

Können Sie mir ein gutes Theaterstück empfehlen?
Kunt u me een goed toneelstuk aanbevelen?
[kœnt‿y mə ən χut toˈnelstək ˈambəvelən]

Wann beginnt die Vorstellung?
Hoe laat begint de voorstelling? [hu lat beˈχɪnt də ˈvoːrstɛlɪŋ]

Wo bekommt man Karten?
Waar kun je kaartjes krijgen? [ˈwaːr kœn jə ˈkaːrtjəs ˈkrɛiχən]

Kann man Karten reservieren?
Kun je kaarten reserveren? [kœn jə ˈkaːrtən rəzərˈveːrən]

Ich hatte Karten vorbestellt auf den Namen …
Ik had kaarten gereserveerd op de naam …
[ɪk hɑt ˈkaːrtən χerəzərˈveːrt ɔbdə nam]

Bitte zwei Karten für heute Abend.
Twee kaartjes voor vanavond, alstublieft.
[ˈtwe kaːrtjəs voːr vɑˈnavɔnt ɑlstyˈblift]

Bitte zwei Plätze zu … Euro.
Graag twee plaatsen van … euro. [χraχ twe ˈplatsən vɑn … ˈøːro]

Kann ich bitte ein Programm haben?
Een programma graag. [ən proˈχrɑma χraχ]

Kann ich bei Ihnen ein Opernglas ausleihen?
Kan ik bij u een toneelkijker huren?
[kan‿ɪk bɛi y ən to'nelkɛikəer hy:rən]

Eintrittskarte	kaartje *nt* ['ka:rtjə]
Festival	festival *nt* ['fɛstival]
Garderobe	garderobe [χardə'rɔ:bə]
Kasse	kassa ['kasa]
Pause	pause ['pauzə]
Programmheft	programmaboekje *nt* [pro'χramabukjə]
Vorstellung	voorstelling ['vo:rstɛlɪŋ]
Vorverkauf	voorverkoop ['vo:rvərkop]

Theater

1. Rang	eerste rang ['e:rstə raŋ]
Akt	bedrijf *nt* [bə'drɛif]
Aufführung	voorstelling ['vo:rstɛlɪŋ]
Ballett	ballet *nt* [ba'lɛt]
Drama	drama *nt* ['drama]
Freilufttheater	openluchttheater [opə'lœχtejatər]
Induktionsschleife	ringleiding ['rɪŋlɛidɪŋ]
Inszenierung	enscenering [ansə'ne:rɪŋ]
Kabarett	cabaret *nt* [kaba'rɛ(t)]
Kabarettist	cabaretier [kabarɛ'tje]
Kleinkunstbühne	cabaret *nt* [kaba'rɛ(t)]
Komödie	blijspel *nt* ['blɛispɛl]
Kopfhörer	koptelefoon ['kɔptelәfon]
Loge	loge ['lɔ:ʒə]
Musical	musical ['mjyzikɔl]
Oper	opera ['opəra]
Operette	operette [opə'rɛtə]
Parkett	parket *nt* [par'kɛt]
Premiere	première [prəm'jɛ:rə]
Regisseur	regisseur ['reχi'sø:r]
Schauspiel	toneelstuk *nt* [to'nelstœk]
Schauspieler/in	acteur/actrice [ak'tø:r/ak'trisə]
Spielplan	speelplan *nt* ['spelplan]; repertoire *nt* [repɛrtwa:r]
Tänzer/in	danser/danseres ['dansər/dansə'rɛs]
Theater	theater *nt* [te'jatər]; schouwburg ['sχaubœrəχ]
Theaterstück	toneelstuk *nt* [to'nelstœk]
Tragödie	treurspel *nt* ['trø:rspɛl]
Varietee	variété *nt* [varijə'te]

Konzert

Blues	blues [blu:s]
Chor	koor *nt* [ko:r]
Dirigent/in	dirigent [diri'χɛnt]
Folk	folk [fok]
Jazz	jazz [dʒɛ:s]
Klassik	klassieke muziek [kla'sikə my'zik]
Komponist/in	componist/componiste [kɔmpo'nɪst(ə)]
Konzert	concert *nt* [kɔn'sɛrt]
– Kammerkonzert	kamerconcert *nt* ['kamərkɔnsɛrt]
– Kirchenkonzert	kerkconcert *nt* ['kɛrkɔnsɛrt]
– Sinfoniekonzert	symfonieconcert *nt* [simfo'nikɔnsɛrt]
Orchester	orkest *nt* [ɔr'kɛst]
Hardcore	hardcore ['ha:rtkɔ:r]
Hiphop	hiphop ['hɪphɔp]
Pop	popmuziek ['pɔpmyzik]
Rap	rap [rɛp]
Rock	rok [rɔk]
Sänger/in	zanger/zangeres ['zaŋər/zaŋə'rɛs]
Solist/in	solist(e) [so'lɪst(ə)]
Techno	techno ['tɛχno]
Zugabe	toegift ['tuɪft]; *(Ausruf)* bis! [biɜ]

Kino

Film	film [fɪl(ə)m]
– Actionfilm	actiefilm ['aksifɪlm]
– Dokumentarfilm	documentaire [dokymən'tɛ:rə]
– Drama	drama *nt* ['drama]
– Klassiker	klassieke film [kla'sikə fɪlm]
– Komödie	comedy ['kɔmedi]
– Kurzfilm	korte film ['kɔrtə fɪlm]
– Schwarzweißfilm	zwart witfilm [zwart'wɪtfɪlm]
– Sciencefictionfilm	sciencefictionfilm [sains'fɪkʃənfɪlm]
– Thriller	thriller ['srɪlər]
– Western	wildwestfilm [wɪlt'wɛstfɪlm]
– Zeichentrickfilm	tekenfilm ['tekənfɪlm]
Filmschauspieler/in	filmacteur ['fɪlmaktø:r]
Hauptrolle	hoofdrol ['hoftrɔl]
Kino	bioscoop [bijɔ'skop]
– Freilichtkino	openluchtbioscoop [opə'lœχdbijɔskop]
– Programmkino	filmhuis *nt* ['fɪlmhœys]

Originalfassung	origineel *nt* [ɔriʒiˈnel]
Regie	regie [rəˈʒi]
Spezialeffekte	speciale effecten *pl* [speˈʃalə ɛˈfɛktən]
Untertitel	ondertiteling [ɔndərˈtitəlɪŋ]

De nacht is lang ...

Die Öffnungszeiten der Gaststätten, Clubs und Diskotheken variieren von Ort zu Ort. In vielen Kommunen gibt es freie Öffnungszeiten. Üblicherweise schließen Gaststätten ohne Nachtgenehmigung an Wochentagen um 1.00 Uhr, am Wochenende um 2.00 Uhr. In vielen Restaurants schließt die Küche bereits um 21.00 Uhr.

Was ist ... los?
Wat is er ... aande hand? [wɑt‿ɪs ər an də hɑnt]

- ***dieses Wochenende***
  dit weekend [dɪt ˈwikɛnt]
- ***heute Abend***
  vanavond [vɑ'navɔnt]

Gibt es hier ...
Is er hier ... [ɪzər hiːr]

- ***Livemusik?***
  levende muziek? [ˈlevəndə myˈzik]
- ***ein Kino?***
  een bioscoop? [əm bijɔˈskop]
- ***ein Theater?***
  een schouwburg? [ən ˈsχɑuwbœrəχ]
- ***eine Kneipe?***
  een kroeg? [əŋ kruχ]
- ***eine Disco?***
  een disco? [ən ˈdɪsko]
- ***eine Schwulen-/Lesbenszene?***
  een roze uitgaansleven? [ən ˈrɔːzə ˈœitχanslevən]

Wer spielt/singt?
Wie speelt/zingt er? [wi spelt/zɪŋtər]

Wo kann man hier tanzen gehen?
Waar kun je hier dansen? [waːr kœn jə hiːrˈdɑnsən]

Alkohol in der Öffentlichkeit: No go!

Es ist in vielen Städten, z. B. in Amsterdam, verboten, auf der Straße alkoholische Getränke zu konsumieren. Eine geöffnete Dose Bier kann ein Bußgeld von 70 € zur Folge haben. Jugendlichen unter 16 Jahren ist es überhaupt verboten, alkoholische Getränke mit sich zu führen, auch wenn die Behälter verschlossen sind.

Bar	bar [bɑr]
Diskothek	discotheek [dɪsko'tek]
Bingoabend	bingoavond ['bɪŋχoavɔnt]
Klub	club [klœp]
Kneipe	kroeg, café [kruχ, kɑ'fe]
Livemusik	levende muziek ['levəndə my'zik]
Nachtklub	nachtclub ['nɑχtklœp]
Party	party ['pɑ:rti]
Rotlichtviertel	rosse buurt ['rɔ:zə by:rt]
Show	show [ʃo]
Spielkasino	speelbank ['spelbɑŋk]; casino *nt* [ka'zino (B auch:'kazino)]
tanzen	dansen ['dɑnsən]

FESTE FEIERN

Könnten Sie mir bitte sagen, wann das ...-Festival stattfindet?
Kunt u me misschien zeggen wanneer het ...-festival plaatsvindt?
[kœnt‿y mə mɪ'sχin 'zɛχən wɑ'ne:r‿ət 'fɛstivɑl 'platsfɪnt]

- ***vom ... bis ...***
  van ... tot ... [vɑn … tɔt]
- ***jedes Jahr im August***
  ieder jaar in augustus ['idər ja:r ɪn ɑu'χœstəs]
- ***alle 2 Jahre***
  om het jaar [ɔm ət ja:r]

Kann jeder teilnehmen?
Kan iedereen deelnemen? [kɑn 'idəren 'delnemən]

Bierwochenende	bierweekend *nt* ['bi:rwikɛnt]
Blumenkorso	bloemencorso *nt* ['bluməkɔrzo]
Comicfestival	stripfestival *nt* ['strɪpfɛstival]
Feuerwerk	vuurwerk *nt* ['vy:rwɛrk]
Flohmarkt	rommelmarkt ['rɔməlmɑrkt]
Flottentage	vlootdagen *pl* ['vlodaχən]
Folkloremarkt	folkloremarkt [fɔl'klɔ:rəmɑrkt]

Kirmes	kermis [ˈkɛrməs]
Krabbenträgerwettbewerb	garnaalkruierswedstrijd [χɑrˈnalkrœyjərswɛtstrɛit]
Laternenumzug	lampionoptocht [lɑmpiˈjɔnɔptɔχt]
Meeresweihe	zeewijding [ˈzewɛidɪŋ]
Nacht von Winschoten	nacht van Winschoten [ˈnɑχt vɑn ˈwɪnsχotə]
Nationaler Fahrradtag	nationale fietsdag [ˈnɑʃonalə ˈfitsdɑχ]
Pfahlsitzen	paalzitten *nt* [ˈpalzɪtən]
Pferdemarkt	paardemarkt [ˈpaːrdəmɑrkt]
Sakramentsprozession	sacramentsprocessie [sakraˈmɛntsprosɛsi]
Schlümpfefest	smurfenfestival *nt* [ˈsmœrfəfɛstivɑl]
Straßenmarkt	braderie [bradəˈri]
vierabendliche Wander-/Radtour	avondvierdaagse [ˈavɔntviːrdaχsə]
Zapfenstreich	taptoe *nt* [ˈtɑptu]
Zirkus	circus *nt* [ˈsɪrkəs]

EINEN AUSFLUG MACHEN

Wo fahren wir los?
Waarvandaan vertrekken we? [waːrvɑnˈdan vərˈtrɛkən wə]

Wann treffen wir uns?
Wanneer zien we elkaar? [wɑˈneːr zin wə ɛlˈkaːr]

Kommen wir am/an ... vorbei?
Komen we ook langs ...? [ˈkomə wə ok lɑŋs]

Besichtigen wir auch ...?
Gaan we ook ... bekijken? [χan wə ˈok … bəˈkɛikən]

Wann fahren wir zurück?
Wanneer gaan we terug? [ˈwɑneːr χan wə trœχ]

Ausflug	uitstapje *nt* [ˈœytstɑpjə]
Aussichtspunkt	uitkijk [ˈœytkɛik]
Blumenkorso	bloemencorso *nt* [ˈbluməŋkɔrzo]
Botanischer Garten	hortus [ˈhɔrtəs]; botanische tuin [boˈtanisə tœyn]
Dampfzugfahrt	stoomtreinrit [ˈstomtrɛinrɪt]
Deich	dijk [dɛik]
Dünenspaziergang	duinwandeling [ˈdœynwɑndəlɪŋ]
Einkaufen	winkelen [wɪŋkəlɛn]
Erholungsgebiet	recreatiegebied *nt* [rekrəˈjatsiχəbit]
Fahrradtour	fietstocht [fitstɔχt]
Fischerort	vissersdorp *nt* [ˈvɪsərsdɔrp]
Flohmarkt	rommelmarkt [rɔməlmɑrkt]

Fluss	rivier [ri'vi:r]
Freilichtmuseum	openluchtmuseum *nt* [opə'lœχtmysejəm]
Freizeitpark	attractiepark *nt* [ɑ'trɑksipɑrk]
Grotte	grot [χrɔt]
Heide	hei(de) [hεi(də)]
Inselrundfahrt	boottocht rond het eiland *nt* ['botɔχt rɔnt‿ət 'εilɑnt]
Landschaft	landschap *nt* ['lɑntsχɑp]
Leuchtturm	vuurtoren ['vy:rtɔrən]
Markt	markt [mɑrkt]
Meer	plas [plɑs]; meer *nt* [me:r]
Messe	beurs [bø:rs]
Museum	museum *nt* [my'zejəm]
Musikfestival	muziekfestival *nt* [my'zikfεstivɑl]
Nationalpark	nationaal park *nt* [naʃo'nal pɑrk]
Naturschutzgebiet	natuurreservaat *nt* [na'ty:rəsərvat]
Rallye	puzzeltocht ['pœzəltɔχt]
Rundfahrt	rondvaart ['rɔntfa:rt]
Schlossgarten	kasteeltuin [kɑ'steltœyn]
See	plas [plɑs]; meer *nt* [me:r]
Sternwarte	sterrenwacht ['stεrəwɑχt]
Strandspaziergang	strandwandeling ['strɑndwɑndəlɪŋ]
Straßenmarkt	braderie [bradə'rɪ]
Tag der offenen Türe	open dag [opə'dɑχ]
Tagesausflug	dagje er-op-uit *nt* ['dɑχjə εrɔ'pœyt]
Umgebung	omgeving [ɔm'χevɪŋ]
Vergnügunspark	pretpark *nt* ['prεtpɑrk]
Vogelschutzgebiet	vogelreservaat *nt* ['voχəlrəsərvat]
Wald	bos *nt* [bɔs]
Wandertour	wandeltocht ['wɑndəltɔχt]
Wattwandern	wadlopen ['wɑtlopən]
Wildpark	safaripark *nt* [sa'fa:ripɑrk]
Zoo	dierenpark *nt* ['di:rəpɑr(ə)k]; dierentuin ['di:rətœyn]

Sport und Wellness

Wann ist Flut?

Es gibt Fragen, die nicht groß zur Bildung beitragen. Dennoch sind sie ausgesprochen wertvoll. Insbesondere vor einem Ausflug in Ebbegebiete.

Pack die Badehose ein ...

Die Nordsee, die Watteninseln, das Ijsselmeer, die Provinz Zeeland und zahlreiche kleinere Binnengewässer bieten die ideale Landschaft für einen Urlaub am oder auf dem Wasser. Auch die belgische Nordseeküste und die flämischen Binnenseen haben Wasserratten viel zu bieten. Der Nordseestrand ist sandig und bei Ebbe bis zu 500 Meter breit. Zwar gibt es keine Seeigel, dafür aber bei Ostwind manchmal **kwallen** (*Quallen*). An den Stränden kann man sich an den nummerierten Kilometerpfählen (**palen**) orientieren. Da es keine Privatstrände gibt, kann man zu Fuß von Den Helder bis nach De Panne gehen. Um die Dünen vor Abbruch zu schützen, ist es verboten, sie abseits der offiziellen Wege zu betreten. Vom Schwimmen im Bereich der vielerorts errichteten **strekdammen** oder **golfbrekers** (Dämme, die in die See hinein gebaut wurden) ist wegen der lebensgefährlichen Strömung dringend abzuraten.
Es ist in Belgien und Holland nicht üblich, den Strand mit Sandburgen zu „besetzen“. **Topless zonnen** (*Oben-ohne-Sonnen*) kann man überall, **naaktstranden** (*FKK-Strände*) sind mit Schildern ausgewiesen, doch viele Strände werden auch inoffiziell zum Nacktbaden benutzt.

BADEURLAUB MACHEN

Entschuldigen Sie bitte, gibt es hier ein ...
Neemt u me niet kwalijk, is hier een ... [nemt‿y mɛ nit ˈkwalək ɪs ˈhiːr‿ən]

- ***Schwimmbad?***
  zwembad? [ˈzwɛmbɑt]
- ***Freibad?***
  openluchtbad? [opəˈlœχdbɑt]
- ***Hallenbad?***
  overdekt zwembad? [ovərˈdɛkt ˈzwɛmbɑt]

Eine Eintrittskarte, bitte.
Een kaartje, alstublieft. [en ˈkaːrtjə ɑlstyˈblift]

Können Sie mir bitte sagen, wo die ... sind?
Kunt u me misschien zeggen waar de ...zijn?
[kœnt‿y mə mɪˈsχin ˈzɛχə waːr də … zɛin]

- ***Duschen***
  douches [ˈduʃəs]
- ***Umkleidekabinen***
  kleedhokjes [ˈklethɔkjəs]

Uitsluitend voor zwemmers!	Nur für Schwimmer!
Verboden te duiken!	Hineinspringen verboten!
Verboden te zwemmen!	Baden verboten!
Gevaarlijke stroming!	Gefährliche Strömung!

Hat der Strand ein starkes Gefälle?
Loopt het strand steil af? [lopt‿ət strɑnt stɛil ɑf]

Sind hier Hunde erlaubt?
Zijn hier honden toegestaan? [zɛin hiːr ˈhɔndə ˈtuχəstan]

Können Sie bitte einen Augenblick auf meine Sachen aufpassen?
Kunt u even op mijn spullen letten?
[kœnt‿y ˈevən ɔp mən ˈspœlə lɛtən]

Gibt es heute Quallen?
Zijn er vandaag kwallen? [zɛin‿ər vɑnˈdaχ ˈkwɑlən]

Ist die Strömung stark?
Is er een sterke stroming? [ɪs‿ər‿ən ˈstɛrkə ˈstromɪŋ]

Können Sie mir sagen, ob es für Kinder gefährlich ist?
Kunt u me zeggen of het voor kinderen gevaarlijk is?
[ˈɪs‿ət voːr ˈkɪndərən χəˈvaːrlək]

Wann ist Ebbe/Flut?
Wanneer is het eb/vloed? [wɑˈneːr ɪs‿ət ɛp/vlut]

Ich möchte ... mieten.
Ik wil graag ... huren. [ɪk wɪl ˈχraχ … ˈhy:rən]

- *einen Liegestuhl*
  een ligstoel [ən ˈlɪχstul]
- *einen Windschirm*
  een windscherm [ən ˈwɪntsχɛrm]
- *ein Boot*
  een boot [ən ˈbot]
- *ein Tretboot*
  een waterfiets [ən ˈwat:rfits]

Was kostet das pro Stunde/pro Tag?
Hoeveel kost het per uur/per dag? [ˈhuvel ˈkɔst‿ət pɛr ˈy:r/pɛr ˈdaχ]

Bademeister	badmeester [ˈbatmestər]
Beach-Volleyball	strandvolleybal *nt* [ˈstrantvɔlibal]
Drachen	vlieger [ˈvliχər]
FKK-Strand	naaktstrand [ˈnaktstrant]
Kinderbecken	pierenbad *nt* [ˈpi:rəbat]
Liegewiese	zonneweide, ligweide [ˈzɔnəwɛidə, ˈlɪχwɛidə]
Luftmatratze	luchtbed *nt* [ˈlœχtbɛt]
Planschbecken	opblaasbadje *nt* [ˈɔblazbatjə]
schwimmen	zwemmen, zwom, gezwommen [ˈzwɛmən, zwɔm, χəˈzwɔmən]
Schwimmer	zwemmer [ˈzwɛmər]
Schwimmflossen	zwemvliezen [ˈzwɛmvlizən]
Schwimmflügel	zwemvleugels [ˈzwɛmvløχəls]
Schwimmring	zwemband [ˈzwɛmbant]
Sonnenschirm	parasol [paraˈsɔl]
Spielplatz	speelplaats [ˈspelplats]
Tretboot	waterfiets [ˈwatərfits]
Windschirm	windscherm *nt* [ˈwɪntsχɛrm]

AKTIV WERDEN

Welche Sportmöglichkeiten gibt es hier?
Wat kun je hier zoal aan sport doen?
[ˈwat kœn jə ˈhi:r zoˈal an ˈspɔrt dun]

Gibt es hier ...
Is hier ... [ˈɪs hi:r]

- *einen Golfplatz?*
  een golfbaan? [ən ˈχɔlfban]
- *einen Tennisplatz?*
  een tennisbaan? [ən ˈtɛnəsban]

Können Sie mir bitte sagen, wo man hier angeln/gut wandern kann?
Weet u misschien waar je hier goed kunt vissen/goed kan wandelen? [wet‿y mɪ'sχin wa:r jə hi:r χut kœnt 'vɪsən/χut kan 'wandələn]

Wo kann ich ... ausleihen?
Waar kan ik ... huren? [wa:r kan‿ɪk … hy:rən]

Ich möchte einen ...kurs für Anfänger/Fortgeschrittene machen.
Ik wil graag een cursus ... voor beginners/gevorderden volgen. [ɪk wɪl χraχ‿ən 'kœrzəs … vo:r bə'gɪnərs/χe'vɔrdərdən 'vɔlχən]

Darf ich mitspielen?
Mag ik meedoen? [maχɪk 'medun]

Möchten Sie/Möchtest du mitspielen?
Wilt u/wil je meedoen? [wɪlt‿y/wɪl jə 'medun]

Das wäre toll!
Dat zou leuk zijn! [datsau løk sɛin]

Eintrittskarte	kaartje *nt* ['ka:rtjə]
gewinnen	winnen, won, gewonnen ['wɪnən, wɔn, χə'wɔnən]
Kasse	kassa ['kasa]
Niederlage	nederlaag ['nedərlaχ]
Rennen	wedren, wedstrijd ['wɛtrɛn, 'wɛtstrɛit]
Schiedsrichter	scheidsrechter ['sχɛitsrɛχtər]
Sieg	overwinning [ovər'wɪnɪŋ]
Spiel	wedstrijd ['wɛtstrɛit]
Sportplatz	sportveld *nt* ['spɔrtfɛlt]
Stadion	stadion *nt* ['stadijɔn]
unentschieden	gelijk spel *nt* [χə'lɛik spɛl]
verlieren	verliezen, verloor, verloren [vər'lizən, vər'lo:r, vər'lo:rən]

Wassersport

Bootsführerschein	vaarbewijs *nt* ['va:rbəwɛis]
Bootsvermietung	bootverhuur ['botvərhy:s]
Hausboot	woonboot ['wonbot]
Gerätetauchen	duiken met apparatuur ['dœykən mɛt apəra'ty:r]
Harpune	harpoen [har'pun]
Kanu	kano ['kano]
Motorboot	motorboot ['motɔrbot]
Neoprenanzug	neopreenpak *nt* [nejo'prenpak]
Paddelboot	kano ['kano]

paddeln	kanovaren [ˈkanovaːrən]
Regatta	regatta [reˈχɑta]
Rückholservice	terugbrengdienst [ˈtrœχbrɛŋdinst]
Ruder	roer *nt* [ruːr]
Ruderboot	roeiboot [ˈrujbot]
rudern	roeien [ˈrujən]
Sauerstoffgerät	zuurstofapparaat *nt* [ˈzyːrstɔf ɑpərat]
Schlauchboot	rubberboot [ˈrœbərbot]
Schnorchel	snorkel [ˈsnɔrkəl]
schnorcheln	snorkelen [ˈsnɔrkələn]
Segelboot	zeilboot [ˈzɛilbot]
segeln	zeilen [ˈzɛilən]
Segeltörn	zeiltocht [ˈzɛiltoχt]
Surfbrett	surfplank [ˈsœrfplɑŋk]
surfen	surfen [ˈsœrfən]
tauchen	duiken, dook, gedoken [ˈdœykən, dok, χəˈdokən]
Taucherausrüstung	duikuitrusting [ˈdœykœytˈrœstɪŋ]
Taucherbrille	duikbril [ˈdœykbrɪl]
Tjalk	tjalk [ˈtjɑlək]
Wasserski	waterski [ˈwatərski]
Wasserski fahren	waterskiën [ˈwatərskijən]
Wasserwandern	*(im Hausboot)* zwerven op het water [ˈzwɛrvən ɔp‿ət ˈwatər]
Wellenbad	golfslagbad *nt* [ˈχɔlfslɑχbɑt]
Wellenreiten	brandingsurfen [ˈbrɑndɪŋsœrfən]
Windrichtung	windrichting [ˈwɪntrɪχtɪŋ]
windsurfen	windsurfen [ˈwɪntsœrfən]

Angeln

Angel	hengel [ˈhɛŋəl]
angeln	vissen, hengelen [ˈvɪsən, ˈhɛŋələn]
Angelschein	visvergunning, visakte [ˈvɪsfərχœnɪŋ, ˈvɪsɑktə]
Hafenmeister	havenmeester [ˈhavəmestər]
Hochseeangeln	sportvissen op zee [ˈspɔrtvɪsən ɔp ze]
Schonzeiten	verboden vistijd [vərˈbodən ˈvɪstɛit]

Ballspiele

Ball	bal [bal]
Basketball	basketbal *als Spiel: nt* [ˈbaskətbal]
Fußball	voetbal *als Spiel: nt* [ˈvudbal]
Fußballplatz	voetbalveld *nt* [ˈvudbalvɛlt]
Fußballspiel	voetbalwedstrijd [ˈvudbalwɛtstrɛit]
Halbzeit	rust [rœst]
Handball	handbal *als Spiel: nt* [ˈhandbal]
Mannschaft	team *nt* [tiːm]; *(Fußball)* elftal *nt*
Netz	net *nt* [nɛt]
Pfosten	doel *nt* [dul]
Rugby	rugby *nt* [ˈrœgbi]
Tor	*(Schuss)* doelpunt *nt* [ˈdulpœnt]; *(Pfosten)* doel [ˈdul]
Torwart	keeper [ˈkipər]
Volleyball	volleybal *nt* [ˈvɔlibal]

Schlittschuhlaufen

Eis	ijs *nt* [ɛis]
Graben	sloot [slot]
Imbissbude auf dem Eis	koek-en-zopie [kukɛnˈzopi]
Kanal	kanaal *nt* [kaˈnal]
Kontrollposten	stempelpost [ˈstɛmpəlpɔst]
nicht zugefrorene Stelle im Eis	wak *nt* [wak]
Schlittschuhe	schaats [ˈsχats]
– *Eishockeyschlittschuh*	hockeyschaats [ˈhɔkisχats]
– *Eiskunstlaufstiefel*	kunstschaats [ˈkœnstsχats]
– *Klappschlittschuh*	klapschaats [ˈklapsχats]
– *Schlittschuhtour*	schaatstocht [ˈsχatstɔχt]
– *Schnelllaufschlittschuhe*	noren *pl* [ˈnoːrən]
Schnee	sneeuw [snew]
See	meer *nt* [meːr]; plas [plas]
Start	start [start]
Ziel	finish [ˈfɪnɪʃ]

Schaatsen

Wenn ein Niederländer Eis sieht, will er **schaatsen**: Schlittschuh laufen. Sobald das **ijs** dick genug ist, werden überall Schlittschuhlauftouren mit verschiedenen Streckenlängen organisiert. Der sagenumwobene Mammut unter diesen Touren ist der friesische **Elfstedentocht**, bei dem 11 friesische Städte durchfahren werden. Weil das Natureis selten geworden ist, greift man allerdings auch gern auf Innen-**ijsbanen** zurück.

Tennis und Badminton

Badminton	badminton *nt* [ˈbɛtmɪntɔn]
Doppel	dubbel [ˈdœbəl]
Einzel	enkel [ˈɛŋkəl]
Federball	shuttle [ˈʃœtəl]
Schläger	racket *nt* [ˈrɛkət]
Squash	squash *nt* [skwɔʃ]
Tennis	tennis *nt* [ˈtɛnəs]
Tennisschläger	tennisracket *nt* [ˈtɛnəsrɛkət]
Tischtennis	tafeltennis *nt* [ˈtafəltɛnəs]; pingpong *nt* [ˈpɪŋpɔŋ]

Fitness- und Krafttraining

Aerobic	aerobics [ɛˈrɔbɪks]
Bodybuilding	bodybuilding *nt* [ˈbɔdibɪldɪŋ]
Fitnesscenter	fitnessclub [ˈfɪtnəsklœp]
Gymnastik	gymnastiek [χɪmnɑˈstik]
joggen	joggen [ˈdʒɔgən]
Jogging	jogging [ˈdʒɔgɪŋ]
Konditionstraining	conditietraining [kɔnˈdisitrenɪŋ]
Pilates	Pilates [piˈlatəs]
Spinning®	spinning [spɪnɪŋ]
Stretching	stretching *nt* [ˈstrɛtʃɪŋ]
Wirbelsäulengymnastik	rugplan n, rugscholing [ˈrœχplɑn], [ˈrœχsχolɪŋ]
Zumba®	zumba [ˈtsumba]

Radfahren

Rad- und Fußwanderstrecken

Die Niederländer lieben Radtouren und Spaziergänge. Das belegen **der landelijke fietsdag** (*nationaler Fahrradtag*) und die **vierdaagses** (*viertägige Touren zu Fuß oder mit dem Fahrrad*), die vielerorts veranstaltet werden und für jede Kondition eine Streckenlänge anbieten. Am Ende der Strecke erhält jeder eine Medaille.
In vielen Bahnhöfen und Hotels stehen Fahrräder mit Tourbeschreibungen bereit.Allerorts gibt es gut ausgeschilderte Wanderwege. Karten und Wegbeschreibungen der **fiets- en wandelroutes** gibt es bei den örtlichen VVV- und ANWB-Niederlassungen. In Naturgebieten stehen meistens verschiedene Wanderrouten zur Auswahl, die je nach Länge durch eine unterschiedliche Farbe gekennzeichnet sind. In vielen belgischen und niederländischen Provinzen gibt es **fietsknooppuntennetwerken** (*Fahrrradknotenpunktenetzwerke*): Hier legt man mit dem Rad eine Strecke zurück, indem man von einem nummerierten Knotenpunkt zum anderen fährt. Bei jedem Knotenpunkt gibt es ein Infoschild mit einer Karte: Mit diesem System kann man sehr einfach eine individuelle Route zusammenstellen.

E-Bike	elektrische fiets [eˈlɛktrisə fits]
Fahrrad	fiets [fits]
Fahrradhelm	fietshelm [ˈfitshɛlm]
Fahrradweg	fietspad *nt* [ˈfitspɑt]
Flickzeug	reparatiespullen *pl* [repəˈratsiˈspœlən]
Handbike	rolstoelfiets [ˈrɔlstylfits]
Luftpumpe	fietspomp [ˈfitspɔmp]
Mountainbike	mountainbike [ˈmɔuntənbajk]
Rad fahren	fietsen [ˈfitsən]
Radsport	wielersport [ˈwilərspɔrt]
Radtour	fietstocht [ˈfitstɔχt]
Rennrad	racefiets [ˈresfits]
Roller	step [stɛp]
Schlauch	binnenband [ˈbɪnəbɑnt]
Trekkingrad	trekkingfiets [ˈtrɛkɪŋfits]

Wandern und Bergsteigen

Können Sie mir eine interessante Route auf der Karte zeigen?
Kunt u mij mischien een interessante route aanwijzen op de kaart?
[kœnt‿y mɛi mɪˈsχin ən‿ɪntərəˈsɑntə ˈrutə ˈanwɛizən ɔb‿də ka:rt]

Führt dieser Weg nach …?
Gaat deze weg naar …? [χat dezə wɛχ na:r]

Ich habe mich verlaufen.
Ik ben verdwaald. [ɪgbɛn vərdwalt]

die Nimwegener Viertageswanderung	de Nijmeegse Vierdaagse [də ˈnɛimeχsə vi:rˈdaχsə]
Route	route [ˈrutə]
Tagestour	dagtraject *nt* [ˈdɑχtrajɛkt]
Wanderkarte	wandelkaart [ˈwɑndəlka:rt]
wandern	wandelen [wɑndələn]
Wanderweg	wandelpad *nt* [wɑndələn]
Wegweiser für Radfahrer und Fußgänger	*(NL)* paddestoel [ˈpɑdəstul]

Reiten

Ausritt	ritje *nt* [ˈrɪtjə]
Pferd	paard *nt* [pa:rt]
Polo	polo [ˈpolo]
reiten	paardrijden [ˈpa:rtrɛidən]
Reiterferien	ruiterkamp *nt* [ˈrœytərkamp]
Reitschule	manege [maˈnɛ:ʒə]

Golf

18-Loch-Platz	18 holes baan [ˈɑχtin ˈhols ban]
abschlagen	afslaan [ˈɑfslan]
Clubhaus	clubhuis *nt* [ˈklœphœys]
Golf	golf *nt* [χɔlf]
Golfclub	golfclub [ˈχɔlfklœp]
Golfschläger	golfstick [ˈχɔlfstɪk]
Greenfee	greenfee [ˈgri:nfi]
Parcours	parcours *nt* [pɑrˈku:r]

Flugsport

Aufstieg	thermiek [tɛrˈmik]
Drachenfliegen	deltavliegen [ˈdɛltɑvliχən]
Fallschirmspringen	parachutespringen [pɑrɑˈʃytsprɪŋən]
Gleitschirm	valscherm *nt* [ˈvɑlsχɛrm]
Heißluftballon	luchtballon [ˈlœχtbɑlɔn]
Paragliding	paragliding *nt* [ˈparaglaidɪŋ]
Schleppschirm	*(am Strand)* reclamesleep [rəˈklaməslep]
Segelfliegen	zweefvliegen [ˈzwevliχən]
Versicherung	verzekering [vərˈzekərɪŋ]

Sonstige Sportarten

Wo kann ich Skier ausleihen?
Waar kan ik ski's huren? [wa:r kɑn‿ɪk skis hy:rən]

Ich möchte Skier und Skistiefel ausleihen.
Ik wil graag ski's en skischoenen huren.
[ɪk wɪl χraχ skis ɛn ˈhɑntsχunen hy:rən]

Aerobics	aerobics [ɛ'rɔbɪks]
Boulespiel	jeu de boules *nt* [ʒødə'bul]
Bowling	bowlen ['bo:lən]
Bungeejumping	bungeejumping *nt* ['bandʒidʒœmpɪŋ]
Federball	badminton ['bɛtmɪntɔn]
Fußball	voetbal ['vudbal]
Inline skaten	inline skaten ['ɪnlain 'sketən]
Inliner	inliner ['ɪnlainər]
Kegeln	kegelen ['keχələn]
Korbball	korfbal ['kɔr(ə)fbal]
Leichtathletik	atletiek [atlə'tik]
Minigolf	minigolf, midgetgolf *nt* ['miniχɔlf, 'mɪdʒətχɔlf]
Rollschuh	rolschaats ['rɔlsχats]
Skateboard	skateboard *nt* ['skedbɔ:rd]
Skateboard fahren	skateboarden ['skedbɔ:rdən]
Slacklining	slacklinen ['slɛklainən]

WELLNESS

Wie viele Anwendungen bekomme ich noch?
Hoeveel behandelingen krijg ik nog? [huvel bə'handəlɪŋə krɛiχ ɪk nɔχ]

Ich möchte noch einige zusätzliche ...
Ik will nog een paar extra ... [ik wɪl nox əm pa:r 'ɛkstra]

Könnte ich einen anderen Termin bekommen?
Kan ik een andere afspraak maken
[kan‿ɪk‿ən‿'andərə 'afsprak 'makən]

Machen Sie auch eine ...
Doet u ook een ... [dut‿y ok‿ən]

Ich möchte ... Produkte.
Ik wil graag ... producten. [ɪk wɪl χraχ ... pro'dœktən]

- ***parfümfreie***
  parfumvrije [par'fœvrɛiə]
- ***allergiegetestete***
  op allergie geteste [ɔp alər'χi χətɛstə]
- ***tierversuchsfreie***
  dierproefvrije [di:rprufvrɛiə]

Ich leide unter ...
Ik heb ... [ɪk hɛp]

Aquajogging	aquajogging *nt* [ˈakwadʒɔgɪŋ]
Akupressur	acupressuur [akyprɛˈsy:r]
Akupunktur	acupunctuur [akypœŋkˈty:r]
Aromabad	aromabad *nt* [aˈromabɑt]
Aromatherapie	aromatherapie [aˈromatɪrapi]
Augenbrauen färben	wenkbrauwen verven [ˈwɛŋkbrauə ˈvɛrvə]
Ayurveda	ayurveda [ajœrˈveda]
Bäder	baden [ˈbadən]
Beautybehandlung	schoonheidsbehandeling [ˈsχonhɛitsbəhɑndəlɪŋ]
Dampfbad	stoombad [ˈstombɑt]
– römisches ~	Romeins ~ [roˈmɛins]
– Hamam	hamam [ˈhamɑm]
Diätkost	dieetkost [diˈjetkɔst]
entschlacken, entgiften	ontslakken, ontgiften [ɔntˈslɑkən, ɔntˈχɪftən]
Fango	fango [ˈfɑŋgo]
Fuß(reflexzonen)-massage	voet(reflexzone)massage [vut(rəflɛkszɔ:nə)mɑsaʒə]
Ganzkörpermassage	algehele lichnamsmassage [ˈɑlχəhelə lɪχamsmɑˈsaʒə]
Gesichtsbehandlung	gezichtsbehandeling [χəˈzɪχsbəhɑndəlɪŋ]
Gesichtsgymnastik	gezichtsgymnastiek [χəˈzɪχsχɪmnɑstik]
Hautstraffung	huidverstrakking [ˈhœytvərstrɑkɪŋ]
Heilbad	heilbad *nt* [hɛilbɑt]
Heilfasten	heilvasten [ˈhɛilvɑstən]
Heu-Bad	hooibad *nt* [hojbɑt]
Kneippanwendung	Kneipp-behandeling [ˈknɑɪpbəhandəlɪŋ]
Körperpackung	body wrap [ˈbɔdi ɹɛp]
Licht- und Elektrotherapie	licht- en elektrotherapie [ˈlɪχt ɛn eˈlɛktrotɪrapi]
Lymphdrainage	lymfedrainage [ˈlimfədrɑjna:ʒə]
Maniküre	manicure [maniˈky:rə]
Massage	massage [mɑˈsaʒə]
Meditation	meditatie [mediˈtatsi]
Pediküre	pedicure [pediˈky:rə]
Peeling	peeling [ˈpi:lɪŋ]
Sauna	sauna [ˈsɑuna]
– finnische ~	Finse ~ [ˈfɪnsə]
Schwimmbad	zwembad *nt* [ˈzwɛmbɑt]
Solarium	solarium *nt* [soˈlarijəm]

Thalasso	thalassotherapie [ta'lasotırapi]
Therapie	therapie [tı:ra'pi]
Thermalbad	thermaal bad *nt* [tər'mal bat]
Wellenbad	golfslagbad *nt* [χɔləfslaχbat]
Whirlpool	whirlpool ['wœrəlpul]
Wimpern färben	wimpers verven ['wımpərs 'vɛrvən]
Yoga	yoga ['joχa]

KREATIV WERDEN

Ich möchte ... belegen.
Ik wil graag ... volgen. [ık wıl χraχ 'vɔlχən]

- ***einen Töpferkurs***
  een cursus kleien en boetseren
  [əŋ 'kœrsəs 'klɛijən ɛn but'se:rən]
- ***einen Sprachkurs***
  een taalcursus [ən 'talkœrzəs]
- ***einen Kochkurs***
  een kookcursus [əŋ 'kokœrzəs]

Wie viele Stunden sind pro Tag vorgesehen?
Hoeveel uur per dag is er les?
['huvel y:r pɛr daχ ıs‿ər lɛs]

Ist die Teilnehmerzahl begrenzt?
Is er een maximum aantal deelnemers?
[ıs‿ər ən 'maksiməm 'antal 'delnemərs]

Sind Vorkenntnisse erforderlich?
Wordt er voorkennis verondersteld?
[wɔrt‿ər 'vo:rkɛnəs vərɔndər'stɛlt]

Bis wann muss man sich anmelden?
Wanneer moet je je uiterlijk aanmelden?
[wa'neər mut jə jə 'œytərlək 'amɛldən]

Sind die Materialkosten inklusive?
Is het materiaal bij het cursusgeld inbegrepen?
[ıs‿ət matəri'jal bɛi‿ət 'kœrsəsχɛlt 'ımbəχrepən]

Was ist mitzubringen?
Wat moet ik meenemen? [wat mut‿ık 'menemən]

Aktzeichnen	naakttekenen [ˈnaktekənən]
Aquarellmalen	schilderen met waterverf [ˈsχɪldərən mɛt ˈwatərvɛr(ə)f]
Bauchtanz	buikdansen [bœygdɑnsən]
Fotografieren	fotograferen [fotoχraˈfeːrən]
Goldschmieden	goudsmeden [ˈχɑutsmedən]
Holzwerkstatt	houtwerkplaats [ˈhɑutwɛrkplats]
Kochen	koken [ˈkokən]
Kurs	cursus [ˈkœrzəs]
Malen	schilderen [ˈsχɪldərən]
Ölmalerei	schilderen met olieverf [ˈsχɪldərən mɛt ˈolivɛr(ə)f]
Schauspielworkshop	theaterworkshop [teˈjatərwœːkʃɔp]
Seidenmalerei	schilderen op zijde [ˈsχɪldərən ɔb ˈzɛidə]
Sprachkurs	talencursus [ˈtaləkœrzəs]
Tanztheater	danstheater [ˈdɑnstejatər]
Theatergruppe	theatergroep [teˈjatərχrup]
Trommeln	trommelen [ˈtrɔmələn]
Workshop	workshop [ˈwœːkʃɔp]

klantenservice

Shoppen und Einkaufen

Wie viel kostet das?

Mit dieser Frage können Sie Überraschungen vermeiden. Insbesondere die unangenehmen.

Bummeln gehen

In den Niederlanden sind die Ladenöffnungszeiten liberalisiert. Üblicherweise haben die Geschäfte von Dienstag bis Freitag von 9 bis 18 Uhr geöffnet. Samstags schließen sie um 17 Uhr, montags sind viele Läden geschlossen oder machen erst später auf. Donnerstag oder Freitag ist in vielen Orten **koopavond** (*verkaufsoffener Abend*), dann ist bis 21 Uhr geöffnet. Ansonsten gibt es nur wenige **avondwinkels**, die abends mit Sondergenehmigung Lebensmittel verkaufen. In Belgien gibt es zum Glück in fast jedem Dorf **broodautomaten**, aus denen man nach Geschäftsschluss noch ein Brot ziehen kann. Vielerorts, vor allem in den großen Städten, gibt es regelmäßig verkaufsoffene Sonntage. Die Öffnungszeiten der Läden sind auf gelben Karten eingetragen, die an der Ladentür aushängen. Große Supermärkte sind bis 20 Uhr geöffnet. Spirituosen sind übrigens in normalen Supermärkten nicht erhältlich, sondern in meistens direkt nebenan gelegenen **slijterijen** (*Spirituosengeschäften*).
Der bekannteste Supermarktgigant ist Albert Hein, eine Kette des multinationalen Unter nehmens Ahold, das in den Niederlanden 1750 durchaus luxuriöse Läden besitzt. Der älteste Albert Hein-Laden aus dem Jahre 1887 befindet sich im Originalzustand in Zaandam.

FRAGEN FÜR DIE EINKAUFSTOUR

Ich suche ...

Ich suche ...
Ik zoek ... [ɪk suk]

Ich möchte ...
Ik wil ... [ɪk wɪl]

Werden Sie schon bedient?
Wordt u al geholpen? [ˈwɔrt‿y ɑl χəˈhɔlpən]

Danke, ich sehe mich nur um.
Dank u, ik kijk alleen even! [ˈdɑŋky ɪk‿ˈkɛik ɑˈlen ˈevən]

Haben Sie ...?
Heeft u ...? [ˈheft‿y]

Darf es sonst noch etwas sein?
Anders nog iets? [ˈɑndərs ˈnɔχ its]

Handeln und kaufen

Nehmen Sie Kreditkarten?
Accepteert u creditcards? [ɑksəpˈteːrt‿y ˈkrɛdɪtkɑrts]

Wie viel kostet das?
Hoe duur is dat?/Hoeveel kost dat? [hu ˈdyːr ɪz‿dɑt/huˈvel ˈkɔst‿ɑt]

Das ist aber teuer!
Dat is wel duur! [dɑt‿ɪs wɛl dyːr]

Geben Sie einen Rabatt?
Geeft u ook korting? [ˈχeft‿y ok ˈkɔrtɪŋ]

Gut, ich nehme es.
Goed, ik neem het. [χyt ɪk nem‿ət]

Das war nicht gerade billig.
Goedkoop is anders. [χytˈkop ɪs ˈɑndərs]

Reklamieren

Ich möchte das bitte zurückgeben
Ik wil dit graag terugggeven.
[ɪk wɪl dɪt χraχ ˈtrœχevən]

Es ist beschädigt/kaputt.
Het is beschadigd/kapot! [ət‿ɪs bəˈsχadəχt/kaˈpɔt]

Ich möchte bitte mein Geld zurück!
Ik wil mijn geld terug. [ɪk wɪl mə χɛlt trœχ]

Kann ich das umtauschen?
Kan ik dit ruilen? [kɑn‿ɪk dɪt rœylən]

GESCHÄFTE

An der Kasse

Häufig werden Ihnen an der Kasse zwei kurze Fragen gestellt.
Mit dem Einwortsatz **Zegeltjes?** wird im Supermarkt erfragt, ob man *Rabattmarken* wünscht. Das Sammeln von Rabattmarken ist in den Niederlanden ein beliebter Volkssport. Zum Tauschen gibt es sogar eine Website (www.spaarzegeltjes.nl).
Eine andere Frage lautet: **Cadeautje?** Hiermit erkundigt man sich, ob es vielleicht erwünscht ist, die Ware als **cadeau** (*Geschenk*) einzuwickeln.

Entschuldigen Sie bitte, wo finde ich ...?
Neemt u me niet kwalik, waar vind ik ... ?
[nemt‿y mə nit ˈkwalək waːr vɪnt‿ɪk]

openingstijden	Öffnungszeiten
open	offen
dicht (gesloten)	geschlossen
wij zijn op vakantie	Betriebsferien bis ...

Antiquitätengeschäft	antiekwinkel [ɑnˈtikwɪŋkəl]
Apotheke	apotheek [apoˈtek]
Bäckerei	bakkerij [bɑkəˈrɛi]
Bioladen	biowinkel, natuurvoedingswinkel [ˈbiːjowɪŋkəl, nɑˈtyːrvudɪŋswɪŋkəl]
Blumengeschäft	bloemenzaak [ˈbluməzak]
Buchhandlung	boekhandel [ˈbukhɑndəl]
Computerfachgeschäft	computerwinkel [kɔmˈpjutərwɪŋkəl]
Drogerie	drogist [droˈχɪst]
Elektrohandlung	elektrozaak [eˈlɛktrozaːk]
Feinkostgeschäft	delicatessenzaak [delikaˈtɛsəzaːk]
Fischgeschäft	vishandel [ˈvɪshɑndəl]
Fotogeschäft	fotozaak [ˈfotozak]

Oranje

Vielleicht besuchen Sie ein Geschäft, das über der Tür das niederländische Wappen trägt und damit stolz zeigt, dass es den königlichen Hof beliefert (**hofleverancier**). Überhaupt lieben die meisten Niederländer ihre Monarchie. Orange ist die Farbe des Königshauses. Bei nationalen Ereignissen wie dem Tag der Königin oder Fußballspielen der Nationalmannschaft sind nicht nur die Trikots, sondern auch die Pommes, das Toilettenpapier, der Gips am gebrochenen Bein und der Käse orange ...

Friseur	kapper [ˈkɑpər]
Geflügel- und Wildhändler	poelier [puˈliːr]
Handyladen	belwinkel [ˈbɛlwɪŋkəl]
Juwelier	juwelier [jywəˈliːr]
Kaufhaus	warenhuis *nt* [ˈwaːrəhœys]
Konditorei	banketbakker [bɑŋˈkɛtbɑkər]
Kunsthändler	kunsthandelaar [ˈkœnsthɑndəlaːr]
Lebensmittelgeschäft	kruidenier [krœydəˈniːr]
Lederwarengeschäft	lederzaak [ˈledərzak]

Markt	markt [markt]
Metzgerei	slagerij [slaχə'rɛi]; (B) beenhouwer ['benhauwər]
Obst- und Gemüsehändler	groenteboer ['χruntəbu:r]
Optiker	opticien [ɔpti'ʃɛ̃:]
Parfümerie	parfumerie [parfymə'ri]
Reformhaus	reformhuis *nt* [rə'fɔrmhœys]
Reinigung	stomerij [stomə'rɛi]
Reisebüro	reisbureau *nt* ['rɛisbyro]
Schneider/in	kleermaker/modiste ['kle:rmakər/mo'dɪstə]
Schreibwarengeschäft	kantoorboekhandel [kan'to:rbukhandəl]
Schuhgeschäft	schoenenzaak ['sχunəzak]
Schuhmacher	schoenmaker ['sχunmakər]
Souvenirladen	souvenirshop [suvə'nirʃɔp]
Spielwarengeschäft	speelgoedwinkel ['spelχutwɪŋkəl]
Spirituosengeschäft	slijterij [slɛitə'rɛi]
Sportartikel	sportartikelen *pl* ['spɔrtartikələn]
Supermarkt	supermarkt ['sypərmarkt]
Süßwarengeschäft	snoepwinkel ['snupwɪŋkəl]
Tabakladen	tabakswinkel [ta'bakswɪŋkəl]
Trödler	snuisterijenwinkel [snœystə'rɛijəwɪŋkəl]
Uhrmacher	horlogemaker [hɔr'loʒəmakər]
Wäscherei	wasserij [wasə'rɛi]
Waschsalon	wasserette [wasə'rɛtə]
Weinhandlung	wijnhandel ['wɛinhandəl]
Zeitungshändler	krantenverkoper ['krantəvərkopər]

LEBENSMITTEL KAUFEN

Was darf es sein?
Zegt u het maar. [ʒɛχt‿y‿ət ma:r]

Geben Sie mir bitte ...
Graag ... [χraχ]

- *ein Kilo ...*
  een kilo ... [eŋ 'kilo]
- *10 Scheiben ...*
  tien plakjes ...
  [tin 'plakjəs]
- *ein Stück von ...*
  een stukje ... [ən 'stœkjə]
- *eine Packung ...*
  een pakje ... [ən 'pakjə]
- *ein Glas ...*
  een pot ... [əm pɔt]
- *eine Dose ...*
  een blik ... [ən blɪk]
- *eine Flasche ...*
  een fles ... [ən flɛs]
- *eine Einkaufstüte.*
  een plastic tasje.
  [ən 'plɛstək 'taʃə]

Bitte schneiden Sie es in Scheiben.
Gesneden graag [χə'snedən χraχ]

Darf es auch etwas mehr sein?
Mag het ietsje meer zijn? [mɑχ‿ət 'itʃə 'meːr zɛin]

Darf es noch etwas sein?
Anders nog iets? ['ɑndərs nɔχ its]

Danke, das ist alles.
Dank u, zo maar doen. ['dɑŋky zo maːr dun]

Was ist das?
Wat is dat? [wɑ'tɪzdɑt]

Kann ich es probieren?
Mag ik het proeven? [mɑχ‿ɪk ət 'pruvən]

Verkaufen Sie ...?
Heeft u ...? [heft‿y]

- ***Bioprodukte***
  biologische producten [bijo'loχisə pro'dœktən]
- ***Produkte aus der Region***
  producten uit de streek [pro'dœktən œyt də strek]

abgelaufen	verstreken [vər'strekən]
Haltbarkeit	houdbaarheid ['hɑutbaːrhɛit]
(ohne) Konservierungsstoffe	(zonder) conserveringsmiddelen [('zɔndər) kɔnsər've;rɪŋsmɪdələn]

Obst — fruit

Ananas	ananas ['ɑnənɑs]
Äpfel	appels *pl* ['ɑpəls]
Apfelsinen	sinaasappels *pl* ['sinɑzɑpəls]
Aprikosen	abrikozen *pl* [ɑbri'kozən]
Bananen	bananen *pl* [ba'nanən]
Birnen	peren *pl* ['peːrən]
Brombeeren	bramen *pl* ['bramən]
Datteln	dadels *pl* ['dadəls]
Erdbeeren	aardbeien *pl* ['aːrdbɛiən]
Feigen	vijgen *pl* ['vɛiχən]
Grapefruit	grapefruit [grepfrut]; pompelmoes [pɔmpəlmus]
Kirschen	kersen *pl* ['kɛrsən]
Kiwi	kiwi ['kiwi]
Kokosnuss	kokosnoot ['kokəsnot]
Mandarinen	mandarijntjes *pl* [mɑndə'rɛintjəs]

Mandeln	amandelen *pl* [aˈmandələn]
Mango	mango [ˈmaŋgo]
Melone	meloen [məˈlun]
– Honigmelone	suikermeloen [ˈsœykərməlun]
– Wassermelone	watermeloen [ˈwatərməlun]
Obst	fruit *nt* [frœyt]
Pfirsiche	perziken *pl* [ˈpɛrzɪkən]
Pflaumen	pruimen *pl* [ˈprœymən]
Weintrauben	druiven *pl* [ˈdrœyvən]
Zitrone	citroen [siˈtrun]

Gemüse — groente

Artischocken	artisjokken *pl* [ɑrtiˈʃɔkən]
Auberginen	aubergines *pl* [obɛrˈʒinəs]
Avocado	avocado [avoˈkado]
Blumenkohl	bloemkool [ˈblumkol]
Bohnen	bonen *pl* [ˈbonən]
– grüne Bohnen	groene bonen *pl* [ˈχrunə ˈbonən]
– weiße Bohnen	witte bonen *pl* [ˈwɪtə ˈbonən]
Chicorée	witlof [ˈwɪtlɔf]
Erbsen	erwten *pl* [ˈɛrtən]
Fenchel	venkel [ˈvɛŋkəl]
Gemüse	groente [χruntə]
Gurke	*(Gemüse~)* komkommer [kɔmˈkɔmər]; *(Gewürz~)* augurk [ɑuˈχœrək]
Karotten	wortels *pl* [ˈwɔrtəls]
Kartoffeln	aardappelen *pl* [ˈɑrdɑpələn]
Kichererbsen	kikkererwten *pl* [ˈkɪkərɛrtən]
Knoblauch	knoflook [ˈknɔflok]
Kohl	kool [kol]
Kürbis	pompoen [pɔmˈpun]
Lauch	prei [prɛi]
Linsen	linzen *pl* [lɪnzən]
Mais	maïs [majs]
Oliven	olijven *pl* [oˈlɛivən]
Paprika(schote)	paprika [ˈpaprika]
Petersilie	peterselie [petərˈseli]
Salat	sla [sla]
Kopfsalat	kropsla [ˈkrɔpsla]
Sellerie	selderie, selderij [ˈsɛldəri, sɛldəˈrɛi]
Spargel	asperge [ɑsˈpɛrʒə]
Spinat	spinazie [spiˈnazi]
Tomaten	tomaten *pl* [toˈmatən]
Zucchini	courgettes *pl* [kurˈʒɛtəs]
Zwiebeln	uien *pl* [ˈœyjən]

Naschkatzen

Mit den Finnen und den Amerikanern gehören die Niederländer zu den größten Naschkatzen der Welt. Pro Kopf konsumieren sie jedes Jahr mehr als 35 Kilogramm Süßigkeiten; außer **kauwgum** (*Kaugummi*) vor allem **drop** (*Lakritz*), **koekjes** (*Kekse*) und **chocola**. Beliebt und bekannt sind auch der **Wilhelmina-pepermunt** und die **Haagsche Hopjes**, Pastillen mit Kaffeegeschmack. **Fristi** ist ein Joghurtgetränk mit Traubenzucker und Fruchtgeschmack, das – ebenso wie **cassis** (Limonade aus schwarzen Johannisbeeren) – bei Kindern sehr beliebt ist.

Backwaren, Süßwaren — bakwaren, snoep

Bonbons	snoepjes *pl* [ˈsnupjəs]
Brot	brood *nt* [brot]
– *Graubrot*	bruinbrood *nt* [ˈbrœynbrot]
– *Schwarzbrot*	roggebrood *nt* [ˈrɔχəbrot]
– *Vollkornbrot*	volkorenbrood *nt* [vɔlˈko:rəbrot]
– *Weißbrot*	wittebrood *nt* [ˈwɪtəbrot]
Brötchen	broodje *nt* [ˈbrotjə]
– *belegtes Brötchen*	belegd broodje *nt* [bəˈlɛχtˈbrotjə]
Cornflakes	cornflakes *pl* [ˈkɔrnfleks]
Eis	ijs *nt* [ɛis]
Gebäck	gebak *nt* [χəˈbɑk]
Haferflocken	havervlokken *pl* [ˈhavərvlɔkən]
Honig	honing [ˈhonɪŋ]
Kaugummi	kauwgom [ˈkɑuχɔm]
Kekse	koekjes *pl* [ˈkukjəs]
Kuchen	taart [ta:rt]
Lakritz	drop [tost]
Marmelade	jam [ʃɛm]
Müsli	muesli [ˈmysli]
Pralinen	bonbons *pl* [bɔmˈbɔns]
Schokolade	chocola [ʃokoˈlɑ]
Schokoriegel	chocoladereep [ʃokoˈlɑdərep]
Süßigkeiten	snoepgoed *nt* [ˈsnupχut]

Eier und Milchprodukte — eieren en zuivel

Butter	boter [ˈbotər]
Buttermilch	karnemelk [ˈkɑrnəmɛlk]
Eier	eieren *pl* [ˈɛijərən]
– *Eier aus Bodenhaltung*	scharreleieren *pl* [ˈsχɑrəlɛiərən]
– *Freilandeier*	vrije-uitloop-eieren *pl* [vrɛiə ˈœytlopɛiərə]
Joghurt	yoghurt [ˈjɔχərt]

Alles Käse

Käse gibt es in einer ungeheuren Vielfalt. Probieren Sie einmal einen **Friese nagelkaas** (mit Nelken) oder den herzhaften **sambalkaas**. Die Reifestufen des vielgerühmten niederländischen Käses: **jong:** 4 Wochen; **jong belegen:** 8 Wochen; **belegen:** 4 Monate; **extra belegen:** 7 Monate; **oud:** 10 Monate; **overjarig:** 1 Jahr. Je älter der Käse ist, desto aromatischer schmeckt er.

Käse	kaas [kas]
- Schafskäse/ Ziegenkäse	schapenkaas/geitenkaas [ˈsχapəkas/ˈχɛitəkas]
- Schnittkäse	gesneden kaas [χəˈsnedə kas]
- Weichkäse	zachte kaas [ˈzɑχtə kas]
- jung/mittelalt/alt	jong [jɔŋ]; belegen [bəˈleχən]; oud [ɑut]
Milch	melk [mɛl(ə)k]
- fettarme Milch	magere melk [ˈmaχərə mɛlk]
Quark	kwark [kwɑrk]
Sahne	room [rom]
- saure Sahne	zure room [ˈzyːrə ˈrom]
- Schlagsahne	slagroom [ˈslɑχrom]

Fleisch und Wurst	vlees- en worst
Aufschnitt	vleeswarenschotel [ˈvleswa:rəsχotəl]
Fleisch	vlees [vles]
Gulasch	goulash [ˈgulɑʃ]
Hackfleisch	gehakt *nt* [χəˈhɑkt]
Hähnchen	haantje *nt* [ˈhantjə]
Hammelfleisch	hamelvlees *nt* [ˈhaməlvles]
Kalbfleisch	kalfsvlees *nt* [ˈkɑlfsfles]
Kaninchen	konijn *nt* [koˈnɛin]
Kotelett	kotelet [kotəˈlɛt]
Lammfleisch	lamsvlees *nt* [ˈlɑmsfles]
Leberpastete	leverpastei [ˈlevərpɑstɛi]
Rindfleisch	rundvlees *nt* [ˈrœntvles]
Salami	salami [saˈlami]
Schinken	ham [hɑm]; *(B auch)* hesp [hɛsp]
– gekochter Schinken	gekookte ham [χəˈkoktə hɑm]
– roher Schinken	rauwe ham [ˈrauə hɑm]
Schweinefleisch	varkensvlees *nt* [ˈvɑrkənsfles]
Wurst	worst [wɔrst]
Würstchen	worstje *nt* [wɔrʃə]

Fisch und Meeresfrüchte	vis en zeefruit
Aal	paling [ˈpalɪŋ]
Austern	oesters *pl* [ˈustərs]
Barsch	baars [bars]
Bückling	bokking [ˈbɔkɪŋ]
Fisch	vis [vɪs]
Flügelbutt	scharretong [ˈsχɑrətɔŋ]
Garnelen	garnalen *pl* [χɑrˈnalən]
Heilbutt	heilbot [ˈhɛilbɔt]
Hering	haring [ˈharɪŋ]; Hollandse nieuwe [ˈhɔlɑntse niwə]
Hummer	kreeft [kreft]
Kabeljau	kabeljauw [kabəlˈjɑu]
Lachs	zalm [ˈzɑl(ə)m]
Lachsforelle	zalmforel [ˈzɑl(ə)mfɔrɛl]
Limande	tongschar [ˈtɔŋsχɑr]
Maifisch	elft [ɛlft]
Makrele	makreel [maˈkrel]
Sardellen	ansjovis [ɑnˈʃovɪs]
Scharbe	schar [sχɑr]
Scholle	schol [sχɔl]

Seezunge	tong [tɔŋ]
Steinbutt	tarbot [ˈtɑrbɔt]
Thunfisch	tonijn [toˈnɛin]
Wittling	wijting [wɛitɪŋ]
Zander	snoekbaars [ˈsnugbaːrs]

Kräuter und Gewürze — kruiden en specerijen

Basilikum	basilicum [baˈzilikəm]
Bohenkraut	bonenkruid *nt* [ˈbonəkrœyt]
Boretsch	bernagie [bɛrˈnaʒə]; komkommerkruid *nt* [kɔmˈkɔmərkrœyt]
Dill	dille [ˈdɪlə]
Estragon	dragon [draˈχɔn]
Ingwer	gember [ˈχɛmbər]
Kerbel	kervel [ˈkɛrvəl]
Knoblauch	knoflook [ˈknɔflok]
Koriander	koriander [koriˈjɑndər]
Kümmel	komijn [koˈmɛin]
Liebstöckel	lavas [laˈvɑs]
Lorbeer	laurier [lɑuˈriːr]
Minze	munt [mœnt]
Muskatnuss	nootmuskaat [notmœsˈkat]
Nelken	kruidnagels [ˈkrœytnaχəls]
Oregano	oregano [oreˈχano]; wilde basilicum [wɪldə baˈzilikəm]
Petersilie	peterselie [petərˈseli]
Pfeffer	peper [ˈpepər]
Rosmarin	roosmarijn [rosmaˈrɛin]
Salbei	salie [ˈsali]
Thymian	thijm [tɛim]
Ysop	hysop [ˈhisɔp]

Dies und das — dit en dat

Butter	boter ['botər]
Essig	azijn [a'zɛin]
Gemüsebrühwürfel	bouillonblokjes *pl* [bul'jɔnblɔkjəs]
Ketchup	ketchup ['kɛtʃœp]
Margarine	margarine [mɑrχa'rinə]
Mayonnaise	mayonaise [majo'nɛ:zə]
Mehl	meel *nt* [mel]
Nudeln	noedels *pl* [nudəls]
Öl	olie ['oli]
Olivenöl	olijfolie *nt* [o'lɛifoli]
Reis	rijst [rɛist]
Salz	zout *nt* [zɔut]
Senf	mosterd ['mɔstərt]
Zucker	suiker ['sœykər]

Getränke — dranken

Apfelsaft	appelsap ['ɑpəlsɑp]
Bier	bier *nt* [bi:r]
– alkoholfreies Bier	alcoholvrij bier *nt* ['ɑlkɔhɔl'vrɛi bi:r]
Champagner	champagne [ʃɑm'pɑnjə]
Kaffee	koffie ['kɔfi]
– koffeeinfreier Kaffee	cafeïnevrije koffie [kafe'jinəvrɛijə 'kɔfi]
Limonade	limonade [limo'nadə]
Mineralwasser	mineraalwater *nt* [minə'ralwatər]
– mit/ohne Kohlensäure	met/zonder belletjes
Orangensaft	sinaasappelsap, jus d'orange ['sinazɑpəlsɑp, ʒy də'rans]
Tee	thee [te]
– Grüner Tee	groene thee ['χrunə te]
– Früchtetee	vruchtenthee ['vrœχtəte]
– Hagebuttentee	rozebottelthee ['rozəbɔtəlte]
– Kamillentee	kamillethee [ka'mɪləte]
– Kräutertee	kruidenthee ['krœydəte]
– Pfefferminztee	pepermuntthee [pepər'mœnte]
– Rooibostee	rooibosthee ['rojbɔste]
– Schwarztee	zwarte thee ['zwɑrtə te]
– Teebeutel	theezakje *nt* ['tezɑkjə]
Wein	wijn [wɛin]
– Rosé	rosé [ro'ze]
– Rotwein	rode wijn ['rodə wɛin]
– Weißwein	witte wijn ['wɪtə wɛin]

Bücher über alles

Gut ausgestattete **boekhandels** (*Buchläden*) und Zeitschriftenkioske finden Sie in jeder großen und kleinen Stadt. Weit verbreitet sind auch Ramschbuchhandlungen und Antiquariate; einen guten Überblick bieten die Sites www.antiqbook.nl und www.boekenboek.nl Eine besondere Gattung bilden die **stripwinkels** (*Comicläden*), wo Sie mit Heften der **smurfen** (*Schlümpfe*), **Kuifje en Bobby** (*Tim und Struppi*), **Guust Flater** (*Gaston*), **Robbedoes** (*Spirou*), **Casper en Hobbes** (*Calvin und Hobbes*) u. a. Ihre Niederländischkenntnisse erweitern können.

Ich hätte gern ...
Graag ... [χraχ]

- ***eine deutsche Zeitung.***
  een Duitse krant. [ən ˈdœytsə ˈkrant]
- ***eine Zeitschrift.***
  een tijdschrift. [ən ˈtɛitsχrɪft]
- ***einen Reiseführer.***
  een reisgids. [ən ˈrɛisχɪts]
- ***eine Wanderkarte dieser Gegend.***
  een wandelkaart van deze streek. [ən ˈwandəlka:rt van dezə strek]

Bücher, Zeitschriften und Zeitungen

Buch	boek *nt* [buk]
Comic-Heft	stripboek *nt* [ˈstrɪbuk]
Frauenzeitschrift	damesblad *nt* [ˈdaməsblat]
Illustrierte	geïllustreerd blad *nt* [χəilysˈtre:rd ˈblat]
Kochbuch	kookboek *nt* [ˈkokbuk]
Kriminalroman	misdaadroman [mɪzda:troˈman]
Landkarte	landkaart [ˈlantka:rt]
Reiseführer	reisgids [ˈrɛisχɪts]
Roman	roman [roˈman]
Spielkarten	kaarten [ka:rtən]
Stadtplan	(stads)plattegrond [ˈplatəχrɔnt/ˈstatsplatəχrɔnt]
Straßenkarte	wegenkaart [ˈweχəka:rt]
Tageszeitung	dagblad *nt* [ˈdaχblat]; krant [krant]
Taschenbuch	pocket [ˈpɔkət]
Zeitschrift	tijdschrift *nt* [ˈtɛitsχrɪft]
Zeitung	krant [krant]

Schreibwaren

Ansichtskarte	ansicht(kaart) [ˈanzɪχt(kaːrt)]
Bleistift	potlood *nt* [ˈpɔtlot]
Block	schrijfblok *nt* [ˈsχrɛifblɔk]
Briefpapier	briefpapier *nt* [ˈbrifpapiːr]
Briefumschlag	envelop [anˈvlɔp]
Farbstift	kleurpotlood *nt* [ˈkløːrpɔtlot]
Kugelschreiber	ballpen [ˈbalpɛn]
Malbuch	kleurboek *nt* [ˈkløːrbuk]
Notizblock	notitieblok *nt* [noˈtitsiblɔk]
Papier	papier *nt* [paˈpiːr]
Schreibwaren	schrijfwaren *pl* [ˈsχrɛifwaːrən]

DROGERIEARTIKEL → ZEIGEBILDER AM KAPITELENDE

allergiegetestet	op allergieën getest [ɔp alərˈχijəŋ χəˈtɛst]
Babynahrung	babyvoeding [ˈbebivudɪŋ]
Creme	crème [krɛːm]
Drogerieartikel	drogisterij-artikelen *pl*
Faden	draad [drat]
Gesichtscreme	gezichtscrème [χəˈzɪχtskrɛːm]
Haarfestiger	haarversteviger [ˈhaːrvərstevəχər]
Haargel	haargel [ˈhaːrgel]
Haarklammern	haarclips *pl* [ˈhaːrklɪps]
Handcreme	handcrème [ˈhantkrɛːm]
Kamm	kam [kam]
Knopf	knoop [knop]
Lichtschutzfaktor	beschermingsfactor [bəˈsχermɪŋsˈfaktɔr]
Mückenschutz	antimuggenmiddel *nt* [antiˈmœχəmɪdəl]
Nadel	naald [nalt]
Nagellack	nagellak [ˈnaχəlak]
Nagellackentferner	remover [riˈmuːvər]
Papiertaschentücher	papieren zakdoekjes *pl* [paˈpirən ˈzagdukjəs]
Puder	poeder *nt* [ˈpudər]
Rasierklingen	scheermesjes *pl* [ˈsχeːrmɛʃəs]
Rasierpinsel	scheerkwast [ˈsχeːrkwast]
Rasierwasser	aftershave [aftərˈʃef]
Reinigungsmilch	reinigingsmelk [ˈrɛinəχɪŋsmɛl(ə)k]
Rouge	rouge [ruːʒə]
Sauger	speen [spen]
Saugflasche	fles [flɛs]
Schnuller	fopspeen [ˈfɔpspen]

Slipeinlagen	inlegkruisjes *pl* [ˈɪnlɛχkrœyʃes]
Sonnenmilch	zonnemelk [ˈzɔnəmɛlk]
Sonnenöl	zonnebrandolie [ˈzɔnəbrɑntoli]
Spiegel	spiegel [ˈspiχəl]
Spülbürste	afwasborstel [ˈɑfwɑsbɔrstəl]
Spülmittel	afwasmiddel [ˈɑfwɑsmɪdəl]
Spültuch	vaatdoek [ˈvaduk]
Waschlappen	washandje *nt* [ˈwɑshɑntjə]
Waschmittel	wasmiddel *nt* [ˈwɑsmɪdəl]
Watte	watten *pl* [ˈwɑtən]
Wattestäbchen	wattenstaafjes *pl* [ˈwɑtəstafjəs]
Windeln	luiers *pl* [ˈlœyjərs]
Zahnseide	tandzijde [ˈtɑntsɛidə]
Zahnstocher	tandenstoker [ˈtɑndəstokər]

ELEKTROARTIKEL/COMPUTER

Adapter	adapter [aˈdɑptər]
Akku	batterij [bɑtəˈrɛi]
Batterie	batterij [bɑtəˈrɛi]
CD/DVD	cd/dvd [seˈde, defeˈde]
Drucker	printer [ˈprɪntər]
Föhn	föhn [føn]; haardroger [ˈhaːrdroχər]
Glühbirne	gloeilamp [ˈχlujlɑmp]
Handy	mobieltje [moˈbiltʃə]
Kopfhörer	koptelefoon [ˈkɔpteləfon]
Ladegerät	batterijlader [bɑtəˈrɛiladər]
Ladekabel	oplaadkabel [ˈɔplatkabəl]
Laptop	laptop *nt* [ˈlɛptɔp]
Lautsprecher	luidspreker [ˈlœytsprekər]; box [bɔks]
MP3-Player	MP3-speler [ɛmpeˈdrispelə/ˈajpɔt]
Notebook	notebook *nt* [ˈnotbuk]
Radio	radio [ˈradijo]
Rohling	lege cd/dvd [ˈleχə seˈde/defeˈde]
Smartphone	smartphone [ˈsmɑrtfon]
Speicherstick	geheugenstick [χəˈhøχəstɪk]
Stecker	stekker [ˈstɛkər]
Tablet-PC	tablet [ˈtɛblət]
USB-Stick	geheugenstick [χəˈhɔχəstɪk]
Verlängerungsschnur	verlengsnoer *nt* [vərˈlɛŋsnuːr]

FOTOARTIKEL

Ich brauche … für diese Kamera.
Voor deze camera wil ik graag … [vo:r ˈdezə ˈkamәra wıl ık χraχ]

- ***eine Speicherkarte***
  een geheugenkaart. [әn χәˈhøχәka:rt]
- ***Akkus***
  batterijen. [bɑtәˈrɛiәn]
- ***einen Film***
  een film. [әn ˈfıl(ә)m]

Ich brauche Passfotos.
Ik wil graag pasfoto's. [ık wıl χraχ ˈpɑsfotos]

Kann ich hier Fotos von meiner Kamera auf CD brennen lassen?
Kan ik hier foto's van mijn camera op cd laten zetten?
[kɑn ık hi:r ˈfotos vɑmә ˈkamәra ɔp seˈde latә zɛtәn]

… funktioniert nicht mehr.
… doet het niet. [… ˈdut‿әt nit]

Das ist kaputt. Können Sie es bitte reparieren?
Het is stuk. Kunt u dit repareren? [әt ıs ˈstœk ˈkœnt‿y dıt rәpaˈre:rәn]

Auslöser	ontspanner [ɔntˈspɑnәr]
Belichtungsmesser	belichtingsmeter [bәˈlıχtıŋsmetәr]
Blitzgerät	flitser [ˈflıtsәr]
Camcorder	camcorder *nt* [ˈkɛmkɔrdәı]
Digitalkamera	digitale camera *nt* [diχitalә ˈkamәra]
DVD	DVD [deveˈde]
Einwegkamera	weggooicamera [ˈwɛxojkamәra]
Film	film [ˈfılәm]
Filmempfindlichkeit	(licht)gevoeligheid [(lıχt)χәˈvulәχhɛit]
Hochglanzabzug	afdruk op glanspapier [ɑfdrœk ɔp χlɑnspapi:]
Linse	lens [lɛns]
Objektiv	objectief *nt* [ɔbjɛkˈtif]
Selbstauslöser	zelfontspanner [ˈzɛlfɔntspɑnәr]
Sofortbildkamera	polaroidtoestel *nt* [ˈpɔla:rɔjtustɛl]
Speicherkarte	geheugenkaart [χәˈhøχәka:rt]
Stativ	statief *nt* [stɑˈtif]
Sucher	zoeker [ˈzukәr]
Teleobjektiv	teleobjectief *nt* [ˈtelәɔbjɛktif]
Unterwasserkamera	onderwatercamera [ɔndәrˈwatәrkamәra]

BEIM FRISÖR

Waschen und föhnen, bitte.
Wassen en föhnen, alstublieft.
[ˈwasən ɛn ˈfønən alstyˈblift]

Schneiden mit/ohne Waschen, bitte.
Knippen en/zonder wassen graag.
[ˈknɪpən ɛn/ˈzɔndər ˈwasən χraχ]

Ich möchte ...
Ik wil graag ... [ɪk ˈwɪl ˈχraχ]

Nur die Spitzen.
Alleen de punten. [aˈlen də ˈpœntən]

Nicht zu kurz/Ganz kurz/Etwas kürzer, bitte.
Niet te kort/lekker kort/ietsje korter graag.
[nit tə kɔrt/ˈlɛkər kɔrt/itʃə kɔrtər χraχ]

Die Ohren sollen frei sein/bedeckt bleiben.
De oren moeten vrij blijven/bedekt blijven.
[də oːrə ˈmutə vrɛi ˈblɛivən/bədɛkt blɛivən]

Rasieren, bitte.
Scheren graag. [sχeːrən χraχ]

Vielen Dank. Es ist sehr gut.
Dank u. Dat is prima. [daŋk‿y dat‿ɪs ˈprima]

Augenbrauen zupfen	wenkbrauwen trimmen [ˈwɛŋkbrauwə ˈtrɪmən]
Bart	baard [baːrt]
färben	verven [ˈvɛrvən]
föhnen	föhnen [ˈfønən]
frisieren	kappen [ˈkapən]
Frisur	kapsel *nt* [ˈkapsəl]
Haar	haar *nt* [haːr]
– fettiges Haar	vet haar *nt* [vɛt haːr]
– trockenes Haar	droog haar [droχ haːr]
kämmen	kammen [ˈkamən]
Locken	krullen *pl* [ˈkrœlən]
Pony	pony [ˈpɔni]
Scheitel	scheiding [ˈsχɛidɪŋ]
Schuppen	roos [ros]
Shampoo	shampoo [ˈʃampo]
Spitzen schneiden	punten bijknippen [ˈpœntə ˈbɛiknɪpən]
Strähne	*(hell)* highlight [ˈhajlajt]; *(dunkel)* lowlight [ˈlolajt]

Stufen	laagjes *pl* [ˈlaχjəs]
tönen	kleurspoeling geven, laten tinten [ˈkløːrspulɪŋ χevən, ˈlatə ˈtɪntən]
Wimpern färben	wimpers verven [ˈwɪmpərs ˈvɛrvən]

DAS WICHTIGSTE FÜR DEN HAUSHALT

Abfallbeutel	vuilniszak [ˈvœylnəsak]
Alufolie	aluminiumfolie [alyˈminijəmfoli]
Bindfaden	touw *nt* [tau]
Brennspiritus	brandspiritus [ˈbrantspiritəs]
Dosenöffner	blikopener [ˈblɪkopənər]
Draht	draad [drat]
Flaschenöffner	flesopener [ˈflɛsopənər]
Fleckenentferner	vlekverwijderaar [ˈvlɛkfərwɛidəraːr]
Frischhaltefolie	bewaarfolie [ˈbəˈwaːrfoli]
Gabel	vork [vɔr(ə)k]
Glas	glas *nt* [χlas]
Grill	barbecue, grill [ˈbarbəkju, χrɪl]
Grillanzünder	grillaansteker [ˈχrɪlanstekər]
Grillkohle	houtskool [ˈhautskol]
Haushaltswaren	huishoudelijke artikelen *pl* [hœysˈhaudələkə arˈtikələn]
Insektenspray	insectenspray [ɪnˈsɛktəsprej]
Kerzen	kaarsen *pl* [ˈkaːrsən]
Korkenzieher	kurkentrekker [ˈkœrkətrɛkər]
Kühlelement	koelboxelement *nt* [ˈkulbɔkseləmɛnt]
Kühltasche	koelbox [ˈkulbɔks]
Löffel	lepel [ˈlepəl]
Messer	mes *nt* [mɛs]
Nadel	naald [nalt]
Petroleum	petroleum [pəˈtrolejəm]
Plastikbesteck	plastic bestek [ˈplɛstək bəˈstɛk]
Plastikbeutel	plastic zakje *nt* [plɛstəkˈsakjə]
Schere	schaar [sχaːr]
Servietten	servetjes [sɛrˈvɛçəs]
Sicherheitsnadel	veiligheidsspeld [ˈvɛiləxɛitspɛlt]
Streichhölzer	lucifers [ˈlycifɛrs]
Taschenmesser	zakmes *nt* [ˈzakmɛs]
Thermosflasche®	thermofles [tɛrmoflɛs]
Trinkflasche	drinkfles [ˈdrɪŋkflɛs]
Wäscheklammern	wasknijpers *pl* [ˈwasknɛipərs]
Wäscheleine	waslijn [ˈwaslɛin]

Farben

Welches die passende Farbe für Sie ist, können wir Ihnen zwar nicht sagen, dafür haben wir aber den richtigen Ausdruck parat.

beige	beige ['bɛːʒə]
blau	blauw [blɑu]
braun	bruin [brœyn]
einfarbig	effen ['ɛfə]
farbig	gekleurd [χə'kløːrt]
gelb	geel [χel]
goldfarben	goudkleurig ['χɑutkløːrəχ]
grau	grijs [χrɛis]
grün	groen [χrun]
lila	lila, paars ['lilɑ, paːrs]
orange	oranje [o'rɑnjə]
rosa	roze ['rɔːzə]
rot	rood [rot]
schwarz	zwart [zwɑrt]
silberfarben	zilverkleurig ['zɪlvərklœːrəχ]
türkis	turkoois [tyr'kojs]
violett	violet [vijo'lɛt]
weiß	wit [wɪt]
hellblau/hellgrün	lichtblauw/lichtgroen ['lɪχblɑu, 'lɪχtχrun]
dunkelblau/dunkelgrün	donkerblauw/donkergroen ['dɔŋ kərblɑu, 'dɔŋ kərχrun]

Kleidung

Können Sie mir bitte … zeigen?
Kunt u me misschien … laten zien?
[kœnt‿y mə mɪ'sχin … 'latən zin]

Kann ich es anprobieren?
Kan ik het even passen? ['kɑn‿ɪk‿ət 'evə 'pɑsən]

Welche (Konfektions-)Größe haben Sie?
Welke maat heeft u? [wɛlkə 'mat heft‿y]

Das ist mir zu …
Dat is mij te … [dɑt 'ɪs mɛi tə]

- *eng/weit.*
  krap/wijd. [krɑp/wɛit]

- ***kurz/lang.***
  kort/lang. [kɔrt/laŋ]
- ***klein/groß.***
  klein/groot. [ˈklɛin/ˈχrot]

Das passt gut. Ich nehme es.
Die past goed. Ik neem hem. [di ˈpɑst ˈχut ɪk ˈneməm]

Das ist nicht ganz, was ich möchte.
Dat is niet precies wat ik zoek. [dɑt ɪs ˈnit prəˈsis wɑt‿ɪk ˈsuk]

Haben Sie das auch noch in einer anderen Farbe?
Heeft u dat nog in een andere kleur?
[heft‿y dɑt nɔχ ɪnən ˈɑndərə klœ:r]

Anorak	windjak [ˈwɪntjɛk]
Anzug	pak *nt* [pɑk]
Ärmel	mouw [mɑuw]
Badeanzug	badpak *nt* [ˈbɑtpɑk]
Badehose	zwembroek [ˈzwɛmbruk]
Bademantel	badjas [ˈbɑtjɑs]
Baumwolle	katoen *nt* [kaˈtun]
BH	bh [beˈha]
Bikini	bikini [biˈkini]
Blazer	blazer [ˈblezər]
Bluse	bloes [blus]
bügelfrei	strijkvrij [strɛikˈfrɛi]
Handschuhe	handschoenen *pl* [ˈhɑntsχunən]
Hemd	overhemd *nt* [ˈovərhɛmt]
Hose	broek [bruk]
Hut	hoed [hut]
Jeans	spijkerbroek [ˈspɛikərbruk]
Jogginganzug	trainingspak *nt* [ˈtrenɪŋspɑk]
Jogginghose	trainingsbroek [ˈtrenɪŋsbruk]
Kapuze	capuchon [kɑpyˈʃɔn]
Kleid	jurk [jœrk]
Kniestrumpf	kniekous [ˈknikɑus]
Krawatte	das [dɑs]
Leggins	leggings *pl* [ˈlɛgɪŋs]
Leinen	linnen *nt* [ˈlɪnən]
Mantel	overjas [ˈovərjɑs]
Mütze	muts [mœts]; *(mit Klappe)* pet [pɛt]
Pullover	trui [trœy]
Regenjacke	regenjack *nt* [ˈreχənjɛk]
Reißverschluss	rits [rɪts]
Rock	rok [rɔk]
Sakko	jasje *nt* [ˈjaʃə]; colbert *nt* [kɔlˈbɛ:r]
Schal	sjaal [ʃal]

Schirm	paraplu [para'ply]
Schlafanzug	pyjama [pi'jama]
Schuhe	schoenen *pl* ['sχunən]
Seide	zijde [zɛidə]
Shorts	shorts [ʃɔːts]; korte broek [kɔrtə bruk]
Slip	slip [slɪp]
Socken	sokken *pl* ['sɔkən]
– Sonnenhut	zonnehoed ['zɔnəhut]
Strickjacke	vest *nt* [vɛst]
Strumpfhose	panty ['pɛnti]
Sweatshirt	sweatshirt [su'ɛtʃœːrt]
T-Shirt	T-shirt *nt* ['tiʃœrt]
Unterwäsche	ondergoed *nt* ['ɔndərχut]
Weste	vest *nt* [vɛst]

Schuhe und Taschen

Ich habe Schuhgröße ...
Ik heb maat ... [ɪk hɛp mat]

Sie sind zu eng/zu groß.
Ze zijn te klein/te groot. [zə zɛin tə klɛin/tə χrot]

Absatz	hak [hak]
Badeschuhe	badslippers *pl* ['batslɪpərs]
Einkaufstasche	boodschappentas [botsχapətas]
Flipflops	teenslippers *pl* ['tenslɪpərs]
Gummistiefel	rubberlaarzen *pl* [rœbər'laːrzən]
Gürtel	riem [rim]; gordel ['χɔrdəl]
Handtasche	handtas ['hantas]
Hausschuhe	pantoffels *pl* [pan'tɔfəls]
Holzschuhe	klompen *pl* [klɔmpən]
Koffer	koffer ['kɔfər]
Lederjacke	leren jasje *nt* [leːrə 'jaʃə]
Ledermantel	leren mantel [leːrə 'mantəl]
Reisetasche	reistas ['rɛistas]
Rucksack	rugzak ['rœχsak]
Sandalen	sandalen *pl* [san'dalən]
Schnürsenkel	veters *pl* ['vetərs]
Schuh	schoen ['sχun]
Schuhbürste	schoenborstel ['sχunbɔrstəl]
Schuhcreme	schoensmeer ['sχunsmeːr]
Sohle	zool [zol]
Stiefel	laarzen *pl* ['laːrzən]
Strandschuhe	strandschoenen *pl* ['strantsχunən]
Tasche	tas [tas]

Turnschuhe	gymschoenen *pl* [ˈχɪmχunən]
Umhängetasche	schoudertas [ˈsχaudərtas]
Wander-/Trekkingschuh	wandel-/trekkingschoen [ˈwandəlsχun/ˈtrɛkɪŋsχun]

In der Reinigung

Ich möchte diese Sachen reinigen/waschen lassen.
Ik wil deze kleren laten reinigen/wassen.
[ɪk ˈwɪl dezə ˈkleːrən latən ˈrɛinəχən/ˈwasən]

Wann sind sie fertig?
Wanneer zijn ze klaar? [waˈneːr zɛin zə ˈklaːr]

bügeln	strijken, streek, gestreken [ˈstrɛikən, strek, χəˈstrekən]
chemisch reinigen	chemisch reinigen [ˈχemis ˈrɛinəχən]
Wäsche	wasgoed *nt* [wasχut]

BEIM OPTIKER

Würden Sie mir bitte diese Brille/das Gestell reparieren?
Kunt u misschien deze bril/dit montuur repareren?
[kœnt‿y mɪˈsxin ˈdezə brɪl/dɪt mɔnˈtyːr repaˈreːrən]

Ich bin kurzsichtig/weitsichtig.
Ik ben bijziend/vérziend. [ɪk bɛn ˈbɛizint/ˈvɛrzint]

Wie ist Ihre Sehstärke?
Wat voor sterkte heeft u? [wat fɔːr stɛrktə heft‿y]

rechts …, links …
rechts …, links … [rɛχs …, lɪŋks …]

Wann kann ich die Brille abholen?
Wanneer kan ik de bril afhalen? [waˈneːr kan‿ɪk də ˈbrɪl ˈafhalən]

Ich hätte gern …
Graag … [χraχ]

- ***eine Aufbewahrungslösung.***
  bewaarvloeistof. [bəˈwaːrvlujstɔf]
- ***eine Reinigungslösung.***
  reinigingsvloeistof. [ˈrɛinəχɪŋsvlujstɔf]
- ***für harte/weiche Kontaktlinsen.***
  voor harde/zachte contactlenzen.
  [voːr ˈhardə/ˈzaχtə kɔnˈtaktlɛnzən]
- ***Eintageslinsen.***
  eendagslenzen. [ˈendaχslɛnzən]

- *eine Sonnenbrille.*
  een zonnebril. [ən ˈzɔnəbrɪl]
- *ein Fernglas.*
  een verrekijker. [ən ˈvɛrəkɛikər]

SOUVENIRS KAUFEN

Praktisch

Zwei typisch niederländische Mitbringsel mit praktischem Nutzen sind die **kaasschaaf** (*Käsehobel*), um Käse in dünne Scheiben zu schneiden, und der **flessenlik** (*Flaschenschaber*), mit dem die letzten Reste aus einer Flasche oder Glas gekratzt werden. Ein Schelm, der sich dabei denkt, die Niederländer seien sparsam!

Ich hätte gern ...
Ik had graag ... [ɪk hɑt χraχ]

- *ein hübsches Andenken.*
  een leuk souveniertje. [ən løk suvəˈni:rtjə]
- *etwas Typisches aus dieser Gegend.*
  iets dat typisch is voor deze streek. [its dɑt ˈtipis ɪs vo:r dezə strek]

Wie viel wollen Sie etwa ausgeben?
Hoeveel wilt u ongeveer besteden? [huvel wɪlt‿y ɔŋχəˈve:r bəˈstedən]

Ich möchte etwas nicht zu Teures.
Het hoeft niet al te duur te zijn. [hət huft nit ɑl tə dy:r tə zɛin]

Das ist aber hübsch.
O maar dat is leuk. [o ma:r dɑt‿ɪs løk]

Können Sie mir das bitte als Geschenk verpacken?
Kunt u het als een cadeautje inpakken?
[kœnt‿y ət ɑls ən kaˈdoçə ˈɪmpɑkən]

Danke schön, ich habe nichts gefunden(, das mir gefällt).
Bedankt, er is niets voor mij bij. [bəˈdɑŋkt ər‿ɪs nits vo:r mɛi bɛi]

Aufkleber	stikker [ˈstɪkər]
Bilderbuch	fotoboek *nt* [ˈfotobuk]
Blumenzwiebeln	bloembollen *pl* [ˈblumbɔlən]
Delfter Mühle	Delfts molentje *nt* [ˈdɛlfs ˈmoləntjə]
Groninger Gewürzkuchen	Groningse kruidkoek [ˈχronɪŋse ˈkrœytkuk]
Holzschuhe	klompen *pl* [ˈklɔmpən]
Kaffeekaramellbonbons	Haagsche Hopjes® *pl* [ˈhaχsə ˈhɔpjəs]
Käse	kaas [kas]
Kuhwasserkessel	koeienfluitketel [ˈkujəflœytketəl]
Mitbringsel	aardigheidje *nt* [ˈaːrdəχɛitjə]
Nippes	hebbedingetjes *pl* [ˈhɛbədɪŋətjəs]
Plüschseemöwe	plusche zeemeeuw [ˈplyʃə ˈzemew]
Schiedammer Jenever	Schiedamse jenever [sχiˈdɑmsə jəˈnevər]
Schmuck	sieraden *pl* [ˈsirɑdən]
Sirupwaffeln	stroopwafels *pl* [ˈstropwafəls]
T-Shirt mit dem Wappen Ijmuidens	T-shirt met het wapen van IJmuiden [ˈtiʃœrt mɛtət ˈwapə vɑn ɛiˈmœydən]
Vanillepudding	vla [vla]
Zaandammer Senf	Zaanse mosterd [ˈzansə ˈmɔstərt]

IM TABAKLADEN

Eine Schachtel/Eine Stange ...
Graag een pakje/een slof ... [χrɑχ əm ˈpɑkjə/ən slɔf]

- *mit/ohne Filter, bitte.*
  met/zonder filter. [mɛt/ˈzɔndər ˈfɪltər]

Zehn Zigarren/Zigarillos, bitte.
Tien sigaren/cigarillo's alstublieft. [tin siˈχaːrən/sigaˈrɪljos ɑlstyˈblift]

Aschenbecher	asbak [ˈɑsbɑk]
Feuerzeug	aansteker [ˈanstekər]
Pfeife	pijp [pɛip]
Pfeifentabak	pijptabak [ˈpɛiptabɑk]
Streichhölzer	lucifers *pl* [ˈlysifɛrs]
Zigarette	sigaret [siχaˈrɛt]
Zigarettentabak	shag [ʃɛk]
Zigarillo	sigarillo [sigaˈrɪljo]
Zigarre	sigaar [siˈχaːr]

UHREN UND SCHMUCK

Anhänger	hanger(tje) [ˈhaŋər(tjə)]
Armband	armband [ˈɑrmbɑnt]
Armbanduhr	polshorloge *nt* [ˈpɔlshɔrˈloʒə]
– für Damen/ für Herren	voor dames/heren [voːr daməs/heːrən]
Brosche	broche [brɔʃ]
Gold	goud *nt* [χaut]
Kette	ketting [ˈkɛtɪŋ]
Krawattennadel	dasspeld [dɑspɛlt]
Kristall	kristal *nt* [krɪˈstɑl]
Modeschmuck	modieuze sieraden *pl* [modiˈjøzə ˈsiradən]
Piercing	piercing [piːrsɪŋ]
Ohrringe	oorbellen *pl* [ˈɔːrbɛlə]
Perle	parel [ˈpaːrəl]
Reisewecker	reiswekker [ˈrɛiswɛkər]
Ring	ring [rɪŋ]
Schmuck	sieraden *pl* [ˈsiradən]
Silber	zilver [ˈzɪlvər]
wasserdichte Uhr	waterdicht horloge *nt* [ˈwatərdɪχt hɔrˈloʒə]

DROGERIEARTIKEL

Bürste
borstel
['bɔrstəl]

Damenbinde
maandverband *nt*
['mantfərbɑnt]

Deo(dorant)
deo
['dejo]

Duschgel
douchegel *nt*
['duʃʤɛl]

Haargummis
haarelastiekjes *pl*
['ha:relɑstikjəs]

Kondom
condoom *nt*
[kɔn'dom]

Lippenpomade
lippenpommade
['lɪpəpɔmadə]

Lippenstift
lippenstift
['lɪpəstɪft]

Pflaster
pleister
['plɛistər]

Rasierer
scheer-brakkbertje *nt*
['sχe:rkrɑbərtʃə]

Seife
zeep
[zep]

Shampoo
shampoo
['ʃɑmpo]

Sonnencreme
zonnemelk
['zɔnəmɛlk]

Tampon
tampon
[tɑm'pɔn]

Taschentücher
zakdoekjes *pl*
['zɑgdukjəs]

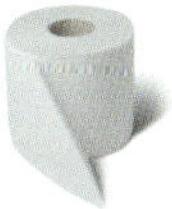

Toilettenpapier
wc-papier
[we'sepapi:r]

Wattestäbchen
wattenstaafjes *pl*
['wɑtəstafjəs]

Wimperntusche
mascara
[mɑs'ka:ra]

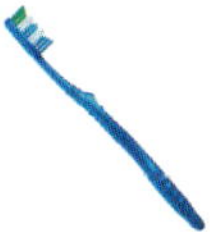

Zahnbürste
tandenborstel
['tɑndəbɔrstəl]

Zahncreme, Zahnpasta
tandpasta
['tɑmpɑsta]

Für alle Fälle

Können Sie mir bitte sagen ...?

Wo, wie, wann...? Eines lehrt uns das Leben:
nicht zu fragen ist die bei Weitem schlechteste Wahl!

Vermutlich wollen Sie im Urlaub mit all dem am liebsten nichts zu tun haben. Mit der Polizei, dem Arzt, der Apotheke ... Und bestimmt finden Sie es gut, wenn Sie folgende Orte schnell auffinden: eine Post, eine Bank, ein Internetcafe ...
In diesem Kapitel informieren wir Sie rund um diese Themen.

IN DER APOTHEKE

Nur für den Fall ...

dass Sie sich **ziek** (*krank*) fühlen: Suchen Sie zunächst einen praktischen Arzt auf, im Niederländischen als **huisarts** bezeichnet. Viele Hausärzte haben vormittags ein **inloop-spreekuur**, wo man ohne Termin, mit entsprechender Wartezeit, erscheinen kann. Nicht unüblich ist auch ein **telefonisch spreekuur**, wo der Arzt (oder ein Assistent) telefonisch Fragen beantwortet und Diagnosen stellt. Verschreibungspflichtige Medikamente (**op recept**) sind in der **apotheek** erhältlich. Es wird in der Regel ein geringer Eigenbetrag verlangt. Nicht verschreibungspflichtige Mittel, Kosmetik, Toilettenartikel, Aspirin und natürlich Lakritz gibt es in der **drogisterij** *(Drogerie)*.

Könnten Sie mir bitte sagen, wo die nächste Apotheke (mit Nachtdienst) ist?
Kunt u me zeggen waar de dichtstbijzijnde apotheek (met nachtdienst) is?
[kœnt‿y mə ˈzɛχən wɑr də ˈdɪχsbɛizɛində apoˈtek (mɛt ˈnɑχdinst) ɪs]

Könnten Sie mir bitte etwas gegen ... geben?
Kunt u me iets geven tegen ...? [kœnt‿y mə its ˈχevən ˈteχən ...]

Dieses Mittel ist verschreibungspflichtig.
Dit middel is alleen op recept. [dɪt ˈmɪdəl ɪs ɑˈlen ɔp rəˈsɛpt]

Abführmittel	laxeermiddel *nt* [lɑkˈseːrmɪdəl]
Augentropfen	oogdruppels [ˈoχdrœpəls]
Beruhigungsmittel	kalmeringsmiddel *nt* [kɑlˈmeːrɪŋzmɪdəl]
Brandsalbe	brandzalf [ˈbrɑntsɑlf]
Desinfektionsmittel	desinfecterend middel *nt* [dɛsɪnfɛkˈteːrənt ˈmɪdəl]
Elastikbinde	elastisch verband *nt* [eˈlɑstis fərˈbɑnt]
Elektrolytlösung	ors [oɛrˈɛs]
Fieberthermometer	koortsthermometer [ˈkoːrtstɛrmoˈmetər]
Halstabletten	keeltabletten *pl* [ˈkeltɑˈblɛtən]

Hustensaft	hoestdrank [ˈhuzdraŋk]
Läuse	luizen *pl* [lœyzən]
– Mittel gegen ~	antiluizenmiddel *nt* [antiˈlœyzəmɪdəl]
Mittel gegen Insektenstiche	middel voor insectenbeten *nt* [mɪdəl vo:r ɪnˈsɛktəbetən]
Insulin	insuline [ɪnsyˈlinə]
Jod(tinktur)	jodium(tinctuur) [ˈjodijəm(tɪnkˈty:r)]
Kamillentinktur	aftreksel van kamille *nt* [ˈaftrɛksəl van kaˈmɪlə]
Kondom	condoom *nt* [kɔnˈdom]
Kopfschmerztabletten	hoofdpijntabletten *pl* [ˈhoftpɛintablɛtən]
Kreislaufmittel	middel n voor de bloedsomloop [ˈmɪdəl vo:r də ˈblutsɔmlop]
Medikament	geneesmiddel, medicijn *nt* [χəˈnesmɪdəl, mediˈsɛin]
Mittel	middel *nt* [ˈmɪdəl]
Mullbinde	zwachtel [ˈzwaχtəl]
Ohrentropfen	oordruppels *pl* [ˈo:rdrœpəls]
Pille danach	morning-afterpil [mɔɹnɪŋˈaftəɹpɪl]
Pflaster	pleister [ˈplɛistər]
Puder	poeder *nt* [ˈpudər]
Rezept	recept *nt* [rəˈsɛpt]
Salbe	zalf [zalf]
Schlaftabletten	slaaptabletten *pl* [ˈslaptablɛtən]
Schmerztabletten	pijnstillers *pl* [ˈpɛinstɪlərs]
Sonnenbrandsalbe	zonnebrandzalf [ˈzɔnəbrantsalf]
Tablette	tablet [taˈblɛt]
Traubenzucker	druivensuiker [ˈdrœyvəsœykər]
Tropfen	druppels *pl* [ˈdrœpəls]
Vitamintabletten	vitaminepillen *pl* [vitaˈminəpɪlən]
Watte	watten *pl* [ˈwatən]
Zäpfchen	zetpil [ˈzɛtpɪl]

Bijsluiter — Beipackzettel

Samenstelling	Zusammensetzung
Toepassingsgebieden	Anwendungsgebiete
Contra-indicaties	Gegenanzeigen
Bijwerkingen	Nebenwirkungen
Wisselwerkingen met andere geneesmiddelen	Wechselwirkungen

Aanwijzingen voor de dosering	**Dosierungsanleitung:**
1 maal/meermaals dagelijks ...	1 x/mehrmals täglich ...
– toedienen	– einnehmen
– 1 tablet/dragee	– 1 Tablette
– 20 druppels	– 20 Tropfen
– 1 maatbeker	– 1 Messbecher
voor het eten	vor dem Essen
na het eten	nach dem Essen
op de nuchtere maag	auf nüchternen Magen
zonder kauwen met wat vloeistof doorslikken	unzerkaut mit etwas Flüssigkeit einnehmen
in wat water oplossen	in etwas Wasser auflösen
in de mond uiteen laten vallen	im Mund zergehen lassen
uitwendig	äußerlich
dun op de huid aanbrengen en insmeren	dünn auf die Haut auftragen und einreiben
zuigeling	Säuglinge
– (1–3 Jahre) peuter, (3–5 Jahre) kleuter	Kleinkinder (bis zu ... Jahren)
schoolgaand kind	Schulkinder
jongeren	Jugendliche
volwassenen	Erwachsene
geneesmiddelen buiten het bereik van kinderen houden!	Für Kinder unzugänglich aufbewahren!

BEIM ARZT

Könnten Sie mir eine(n)... empfehlen?
Kunt u mij een ... aanbevelen [kœnt‿y mɛi ən ... ˈambəvelən]

- *Arzt/Ärztin*
  arts [ɑrts]
  dokter [ˈdɔktər]
- *Augenarzt*
  oogarts [ˈoχɑrts]
- *Frauenarzt*
  gynaecoloog
  [χinekoˈloχ]
- *Hals-Nasen-Ohren-Arzt*
  keel-neus-oorarts
  [ˈkel ˈnøs ˈoːrɑrts]
- *Hautarzt*
  huidarts [ˈhœytɑrts]
- *Kinderarzt*
  kinderarts [ˈkɪndərɑrts]
- *Praktischen Arzt*
  huisarts [ˈhœysɑrts]
- *Urologen*
  uroloog [yroˈloχ]
- *Zahnarzt*
  tandarts [ˈtɑndɑrts]

Wo ist ihre/seine Praxis?
Waar is haar/zijn praktijk? [wɑr ɪs haːr/zɛin prɑkˈtɛik]

Beschwerden beschreiben

Was für Beschwerden haben Sie?
Wat voor klachten heeft u? [ˈwɑt foːr ˈklɑχtən ˈheft‿y]

Ich habe Fieber.
Ik heb koorts. [ɪk hɛp koːrts]

Mir ist oft ...
Ik ben vaak ... [ɪk bɛn vak]

- *schlecht/übel.*
  misselijk. [ˈmɪsələk]
- *schwindlig.*
  duizelig. [ˈdœyzələχ]

Ich bin ohnmächtig geworden.
Ik ben flauwgevallen. [ɪk bɛn ˈflauχəvɑlən]

Ich bin stark erkältet.
Ik ben zwaar verkouden. [ɪk bɛn zwaːr vərkaudən]

Ich habe Kopfschmerzen/Halsschmerzen.
Ik heb hoofdpijn/keelpijn. [ɪk hɛp ˈhofpɛin/ˈkelpɛin]

Ich habe Husten.
Ik moet steeds hoesten. [ɪk mut stets ˈhustən]

Ich bin ...
Ik ben ... [ɪk bɛn]

- *gestochen worden.*
  gestoken. [χəˈstokən]
- *gebissen worden.*
  gebeten. [χəˈbetən]

Ich habe mir den Magen verdorben.
Mijn maag is van streek. [mɛin maχ ɪs vɑn strek]

Ich habe ...
Ik heb ... [ɪk hɛp]

- *Durchfall.*
  diarree. [dijaˈre]
- *Verstopfung.*
  verstopping. [vərˈstɔpɪŋ]

Ich vertrage das Essen/die Hitze nicht.
Ik kan niet tegen het eten/de hitte. [ɪk kɑn nit ˈteχən‿ət ˈetən/də ˈhɪtə]

Ich habe mich verletzt.
Ik heb me bezeerd. [ɪk ˈhɛp mə bəˈzeːrt]

Ich bin gestürzt.
Ik ben gevallen. [ɪk bɛn χəˈvɑlən]

Ich bin allergisch gegen ...
Ik ben allergisch voor ... [ɪgbɛn ɑˈlɛrχis voːr]

- *Antibiotika.*
  antibiotica. [ɑntibiˈjotika]
- *Bienen.*
  bijen. [ˈbɛiən]
- *Pollen.*
  stuifmeel. [ˈstœyfmel]

Ich bin gegen ... geimpft.
Ik ben ingeënt tegen ... [ɪgbɛn ˈɪŋχəɛnt ˈteχən]

- *Hepatitis A/B/A und B.*
  hepatitis A/B/A en B [hepaˈtitəs a/be/a ɛn be]
- *Tetanus.*
  tetanus [ˈtetanəs]
- *Typhus.*
  tyfus [ˈtifəs]

Können Sie mir bitte etwas gegen ... geben/verschreiben?
Kunt u mij een middel/een recept geven tegen ...?
[kœnt‿y mɛi əm ˈmɪdəl/ən rəˈsɛpt ˈχevən ˈteχən]

Wie oft muss ich es einnehmen?
Hoe vaak moet ik het nemen? [hu vak myt‿ɪkət nemən]

Normalerweise nehme ich ...
Normaal gesproken neem ik altijd ... [nɔrmal χəsprokən nem‿ɪk ˈɑltɛit]

Ich habe einen hohen/niedrigen Blutdruck.
Ik heb een hoge/lage bloeddruk. [ɪk hɛp‿ən ˈhoχə/ˈlaχə ˈbludrœk]

Ich bin ...
Ik ben ... [ɪg bɛn]

- *Allergiker/in.*
  allergisch. [ɑˈlɛrχis]
- *Diabetiker/in.*
  diabeticus/diabetica. [dijaˈbetikəs/dijaˈbetika]
- *Epileptiker/in.*
  epilepsiepatiënt(e). [epilɛpˈsipaʃənt(ə)]
- *körperbehindert.*
  gehandicapt. [χəˈhɛndikɛpt (B: χəˈhɑndikɑpt)]
- *sehbehindert.*
  slechtziend. [slɛχtˈsint]

Ich habe ...
Ik heb ... [ɪk hɛp]

- *multiple Sklerose.*
  multiple sclerose/MS. [mœlˈtiplə skleˈrozə/ɛmˈɛs]
- *einen Herzschrittmacher.*
  een pacemaker. [əm ˈpesmekər]

Ich bin schwanger.
Ik ben in verwachting. [ɪk bɛn ɪn vərˈwɑχtɪŋ]

Ich hatte vor kurzem …
Kort geleden had ik … [kɔrt χəˈledən hɑt‿ɪk]

Bei der Untersuchung

Was kann ich für Sie tun?
Wat kan ik voor u doen? [wɑt kɑn‿ɪk voːr‿y dun]

Wo tut es weh?
Waar doet het pijn? [ˈwaːr dut‿ət ˈpɛin]

Ich habe hier Schmerzen.
Ik heb hier pijn. [ɪk hɛp ˈhiːr ˈpɛin]

Bitte, machen Sie sich/Ihren Arm frei.
Wilt u zich uitkleden/de arm ontbloten.
[ˈwɪlt‿y zɪχ ˈœytkledən/də ɑrm ɔndˈblotən]

Bitte tief einatmen. Atem anhalten.
Diep ademhalen graag. Adem inhouden.
[dip ˈadəmhalən χraχ ˈadəm ˈɪnhɑudən]

Ich brauche eine Blut-/Urinprobe.
We gaan even bloed prikken/plassen.
[wɛ χan ˈevən blut ˈprɪkən/plɑsən]

Sie müssen geröntgt werden.
Er moeten röntgenfoto's worden gemaakt.
[ɛr ˈmutən ˈrœntχəfotos ˈwɔrdən χeˈmɑkt]

Sie müssen operiert werden.
U moet worden geopereerd. [y mut ˈwɔrdən χəopəˈreːrt]

Sie sollten ein paar Tage Bettruhe halten.
U dient een paar dagen in bed te blijven.
[y dint əm paːr ˈdaχən ɪm ˈbɛt tə ˈblɛivən]

Es ist nichts Ernstes.
Het is niets ernstigs. [ət ɪs ˈnits ˈɛrnstəχs]

Haben Sie einen Impfschein?
Heeft u een inentingsbewijs? [heft‿y ən ˈɪnɛntɪŋsbəˈwɛis]

Ich bin gegen … geimpft.
Ik ben ingeënt tegen … [ɪk bɛn ˈɪŋχəɛnt ˈteχən]

Notruf

Die Notrufnummer in den Niederlanden und Belgien lautet **112** (Nulltarif). Es ist die Sammelnummer für **politie** (*Polizei*), **brandweer** (*Feuerwehr*) und **ambulance** (*Krankenwagen*). In Fällen, in denen Blaulicht nicht erforderlich ist, ist die regionale Polizei überall in den Niederlanden unter der Nummer **0900-8844** (Ortstarif) erreichbar. Die Abkürzung **EHBO** steht für **Eerste Hulp Bij Ongelukken** (*Erste Hilfe*). So heißt auch die Notaufnahme in Krankenhäusern. An den Stränden gibt es **EHBO-posten** (*Erste-Hilfe-Stationen*).

Wie lange muss ich hier bleiben?
Hoe lang moet ik hier blijven? [hu ˈlɑŋ mut‿ɪk ˈhiːr ˈblɛivən]

Geben Sie mir bitte ...
Heeft u voor mij misschien ... [heft‿y voːr mɛi mɪˈsxin]

- ***ein Glas Wasser.***
  een glas water. [əŋ χlɑs ˈwatər]
- ***eine Schmerztablette.***
  een pijnstiller. [ən ˈpɛinstɪlər]
- ***eine Schlaftablette.***
  slaappilletje. [ˈslapɪlətjə]
- ***eine Wärmflasche.***
  een warme kruik. [ən ˈwɑrmə krœyk]

Ich kann nicht einschlafen.
Ik kan niet slapen. [ɪk ˈkɑn nit ˈslapən]

Wann darf ich aufstehen?
Wanneer mag ik opstaan? [wɑˈneːr mɑχ‿ɪk ˈɔpstan]

Krankheiten und Beschwerden

Abszess	abces *nt* [ɑpˈsɛs]
Aids	aids [ets]
Allergie	allergie [ɑlɛrˈχi]
allergisch sein gegen	allergies zijn voor ... [ɑˈlɛrxis zɛin voːr]
Angina	angina [ɑŋˈχina]
ansteckend	besmettelijk [bəˈsmɛtələk]
Asthma	astma [ˈɑstma]
Atembeschwerden	ademhalingsmoeilijkheden [ˈadəmhalɪŋzmujləkˈhedən]
Ausschlag	uitslag [ˈœytslɑχ]

Bänderriss	scheuring van de (gewrichts)banden [ˈsχøːrɪŋ van də(χəˈvrɪχs)ˈbandən]
Bindehautentzündung	bindvliesontsteking [ˈbɪntflisɔntstekɪŋ]
Blähungen	wind [wint]
Blinddarmentzündung	blindedarmontsteking [blɪndəˈdarmɔntstekɪŋ]
Blutung	bloeding [ˈbludɪŋ]
Bluthochdruck	hoge bloeddruk [ˈhoχə ˈbludrœk]
Blutvergiftung	bloedvergiftiging [ˈblutfərχɪftəχɪŋ]
Borreliose	ziekte van Lyme [ˈziktə van ˈlajm]
Brechreiz	braakneiging [ˈbraknɛiχɪŋ]
Bronchitis	bronchitis [brɔŋˈχitəs]
Bruch	breuk [brøk]
Cholera	cholera [ˈχolərɑ]
Diabetes	suiker(ziekte) [ˈsœykər(ziktə)]
Diphtherie	difterie [dɪftəˈri]
Durchfall	diarree [dijaˈre]
Entzündung	ontsteking [ɔntˈstekɪŋ]
Epilepsie	epilepsie [epiˈlɛpsi, epilɛˈpsi]
Erkältung	verkoudheid [vərˈkauthɛit]
Fehlgeburt	miskraam [ˈmɪskram]
Fieber	koorts [koːrts]
gebrochen	gebroken [χəˈbrokən]
Gehirnerschütterung	hersenschudding [ˈhɛrsəsχœdɪŋ]
Gehirnschlag	beroerte [ˈbəˈruːrtə]
Gelbfieber	gele koorts [ˈχelə koːrts]
Gelbsucht	geelzucht [ˈχelzəχt]
Geschlechtskrankheit	geslachtsziekte [χəˈslaχsiktə]
geschwollen	gezwollen [χəˈzwɔlən]
Geschwulst	gezwel *nt* [χəˈzwɛl]
Geschwür	zweer [zweːr]
giftig	giftig [χɪftəχ]
Gleichgewichtsstörungen	evenwichtsstoringen *pl* [ˈevəwɪχstoːrɪŋən]
Grippe	griep [χrip]
Halsschmerzen	keelpijn [ˈkelpɛin]
Hämorriden	aambeien *pl* [ˈambɛiən]
heiser	hees [hes]
Herpes	herpes [ˈhɛrpəs]
Herzanfall	hartaanval [ˈhartanval]
Herzbeschwerden	hartklachten [hartklaχtən]
Herzfehler	hartafwijking [ˈhartafwɛikɪŋ]
Herzinfarkt	hartinfarct *nt* [ˈhartɪnfarkt]
Herzrasen	hartkloppingen *pl* [ˈhartklɔpɪŋən]
Heuschnupfen	hooikoorts [ˈhoikoːrts]
Hexenschuss	spit *nt* (in de rug) [spɪt (ɪn də rœχ)]

Hirnhautentzündung	hersenvliesontsteking [ˈhɛrsəflisɔntstekɪŋ]
HIV-positiv	seropositief [se:roposiˈtif]
Infektion	infectie, ontsteking [ɪnˈfɛksi, ɔntˈstekɪŋ]
Insektenstich	steek van een insect
Ischias	ischias [ˈɪsχiɑs]
jucken	jeuken [jøkən]
Keuchhusten	kinkhoest [ˈkɪŋkhust]
Kinderkrankheit	kinderziekte [ˈkɪndərziktə]
Kinderlähmung	kinderverlamming, polio [ˈkɪndərvərˈlɑmɪŋ, ˈpolijo]
Knochenbruch	botbreuk [ˈbɔdbrøk]
Kolik	koliek [koˈlik]
Kopfschmerzen	hoofdpijn [ˈhoftpɛin]
Krampf ...	kramp [krɑmp]
Krankheit	ziekte [ˈziktə]
Krebs	kanker [ˈkɑŋkər]
Kreislaufstörung	storing in de bloedsomloop [ˈsto:rɪŋ ɪn də ˈblutsɔmlop]
Lähmung	verlamming [vərˈlɑmɪŋ]
Lebensmittelvergiftung	voedselvergiftiging [ˈvutsəlvərχɪftəχɪŋ]
Leistenbruch	liesbreuk [ˈlisbrøk]
Lungenentzündung	longontsteking [ˈlɔŋɔntstekɪŋ]
Magenschmerzen	maagpijn [ˈmaχpɛin]
Malaria	malaria [maˈla:ria]
Mandelentzündung	ontsoken amandelen [ɔntˈstokən aˈmɑndələn]
Masern	mazelen *pl* [ˈmazələn]
Migräne	migraine [miˈgrɛ:nə]
Mittelohrentzündung	middenoorontsteking [ˈmɪdəno:rɔntstekɪŋ]
Mumps	bof [bɔf]
Nasenbluten	bloedneus [ˈblutnøs]
Nierenentzündung	nierontsteking [ˈni:rɔntstekɪŋ]
Nierenstein	niersteen [ˈni:rsten]
niesen	niesen [ˈnisən]
Ohnmacht	flauwte [ˈflɑutə]; bewusteloosheid [bəwœstəˈloshɛit]
Pilzinfektion	schimmelinfectie [ˈsχɪməlɪnfɛksi]
Prellung	kneuzing [ˈknøzɪŋ]
Rheuma	reuma [ˈrøma]
Röteln	rode hond [rodə ˈhɔnt]
Rückenschmerzen	rugpijn [ˈrœχpɛin]
Salmonellen	salmonella [sɑlmoˈnɛla]
– ***~vergiftung***	~vergiftiging [sɑlmoˈnɛlavərχɪftəχɪŋ]
Scharlach	roodvonk [ˈrotfɔŋk]
Schlaflosigkeit	slapeloosheid [slɑpəˈloshɛit]

Schlaganfall	beroerte, attaque ['bəru:rtə, ɑ'tɑk]
Schmerzen	pijn sing [pɛin]
Schnittwunde	snijwond ['snɛiwɔnt]
Schnupfen	neusverkoudheid ['nøsfər 'kɑuthɛit]
Schüttelfrost	rillen van de koorts ['rɪlən vɑn də k:rts]
Schwellung	zwelling ['zwɛlɪŋ]
Schwindel	duizeligheid ['dœyzələχhɛit]
Sehstörung	gezichtsstoornis [χə'zɪχtsto:rnɪs]
Seitenstich	pijn in de zij [pɛin ɪn də zɛi]
Sodbrennen	maagzuur *nt* ['mɑχsy:r]
Sonnenbrand	zonnebrand ['zɔnəbrɑnt]
Sonnenstich	zonnesteek ['zɔnəstek]
Stirnhöhlenentzündung	voorhoofdsholteonsteking ['vo:rhofshɔltəɔntstekɪŋ]
Tetanus	tetanus ['tetanəs]
Typhus	tyfus ['tifəs]
Übelkeit	misselijkheid ['mɪsələkhɛit]
Verbrennung	verbranding [vər'brɑndɪŋ]
Verdauungsstörung	spijsverteringsstoornis ['spɛisfərte:rɪŋs'sto:rnɪs]
Vergiftung	vergiftiging [vər'χɪftəχɪŋ]
verletzen	bezeren [bə'ze:rən]; verwonden [vər'wɔndən]
Verletzung	verwonding [vər'wɔndɪŋ]
verstaucht	verstuikt [vər'stœykt]
Verstopfung	verstopping [vər'stɔpɪŋ]
wehtun	pijn/zeer doen [pɛin/ze:r dun]
Windpocken	waterpokken *pl* ['watərpɔkən]
Wunde	wond [wɔnt]
Zecke	teek [tek]
Zerrung	verrekking [fə'rɛkɪŋ]
Zyste	cyste ['kistə, 'kɪstə]

Körper und Krankenhaus von A bis Z

Arm	arm [ɑr(ə)m]
atmen	ademen ['adəmən]
Attest	attest *nt* [ɑ'tɛst]
Augen	ogen *pl* ['oχən]
Bauch	buik [bœyk]
Bein	been *nt* [ben]
Bescheinigung	attest, verklaring [ɑ'tɛst, vər'kla:rɪŋ]
Besuchszeit	bezoekuur *nt* [bə'zuky:r]
bewusstlos	bewusteloos [bə'wœstəlos]

Blase	*(Harnblase)* blaas [blas]; *(Hautblase)* blaar [blar]
Blinddarm	blindedarm [blɪndəˈdɑrm]
Blut	bloed *nt* [blut]
Blutdruck	bloeddruk [ˈbludrœk]
bluten	bloeden [ˈbludən]
Blutgruppe	bloedgroep [ˈblutχrup]
Bronchien	bronchiën *pl* [ˈbrɔŋχijən]
Brust	borst [bɔrst]
Bypass	bypass [ˈbɑipɑs]
Chirurg/in	chirurg [ʃiˈrœrəχ]
Darm	darm [dɑrm]
desinfizieren	desinfecteren [dɛsɪnfɛkˈteːrən]
Diagnose	diagnose [diɑχˈnozə]
Diät	dieet *nt* [diːˈjet]
Eiter	etter [ˈɛtər]
sich erbrechen	overgeven [ˈovərχevən]; braken [ˈbrakən]; spugen [spyχən]
Facharzt	specialist [speʃaˈlɪst]
Finger	vinger [ˈvɪŋər]
Fuß	voet [vut]
Gallenblase	galblaas [ˈχɑlblas]
Gehirn	hersens *pl* [ˈhɛrsəns]
Gehör	gehoor *nt* [χəˈhoːr]
Gelenk	gewricht *nt* [χəˈwrɪχt]
Geschlechtsorgane	geslachtsorganen *pl* [χəˈslɑχtsɔrχanən]
Gesicht	gezicht *nt* [χəˈzɪχt]
Hals	hals [hɑls]
Hand	hand [hɑnt]
Haut	huid [hœyt]
Herz	hart *nt* [hɑrt]
Herzschrittmacher	pacemaker, hartstimulator [ˈpesmekər, ˈhɑrtstiməˈlatɔr]
Herzspezialist	hartspecialist [ˈhɑrtspeʃalɪst]
Hüfte	heup [høp]
Husten	(last van) hoesten [(lɑst vɑn) ˈhustən]
Impfpass	inentingskaart [ˈɪnɛntɪŋskaːrt]
Impfung	inenting [ˈɪnɛntɪŋ]
Infusion	infuus *nt* [ɪnˈfys]
Knie	knie [kni]
Knöchel	enkel [ˈɛŋkəl]
Knochen	bot *nt* [bɔt]
Kopf	hoofd *nt* [hoft]
Knie	knie [kni]
krank	ziek [zik]

Krankenhaus	ziekenhuis *nt* [ˈzikəhœys]
Krankenkasse	ziekenfonds *nt* [ˈzikəfɔns]
Krankenpfleger	ziekenverzorger [ˈzikənvərzɔrχər]
Krankenschein	verzekeringskaart [vərˈzekərɪŋskaːrt]
Krankenschwester	verpleegster [vərˈpleχstər]; *(Anrede)* zuster [ˈzœstər]
Leber	lever [ˈlevər]
Lippe	lip [lɪp]
Lunge	long [lɔŋ]
Magen	maag [maχ]
Mandeln	amandelen *pl* [ɑˈmɑndələn]
Menstruation	menstruatie [mɛnstryˈwatsi]
Mund	mond [mɔnt]
Muskel	spier [spiːr]
nähen	hechten [ˈhɛχtən]
Narbe	litteken *nt* [ˈlɪtekən]
Narkose	narcose [nɑrˈkozə]
Nase	neus [nøs]
Nerv	zenuw [ˈzenyw]
nervös	nerveus [nɛrˈvøs]
Niere	nier [niːr]
Ohr	oor *nt* [oːr]
Operation	operatie [opəˈratsi]
Prothese	prothese [proˈtezə]
Puls	pols [pɔls]
Rippe	rib [rɪp]
röntgen	een röntgenfoto maken [ən ˈrœntχəfoto ˈmakən]
Röntgenaufnahme	röntgenfoto [ˈrœntχənfoto]
Rücken	rug [rœχ]
Rückgrat	ruggengraat [ˈrœχəχrat]
Schiene	spalk [spɑlk]
Schienbein	scheenbeen *nt* [ˈsχenben]
Schlüsselbein	sleutelbeen *nt* [ˈsløtəlben]
Schulter	schouder [ˈsχaudər]
Schwangerschaft	zwangerschap [ˈzwɑŋərsχɑp]
schwitzen	zweten [ˈzwetən]
Speiseröhre	slokdarm [ˈslɔgdɑrm]
Sprechstunde	spreekuur *nt* [ˈsprekyːr]
Spritze	prik [prɪk]
Station	afdeling [ˈɑvdelɪŋ]
Stich	prent [prɛnt]
Stuhlgang	stoelgang [ˈstulχɑŋ]
Trommelfell	trommelvlies *nt* [ˈtrɔməlvlis]

Ultraschalluntersuchung	echoscopie [ɛχosko'pi]
Unterleib	onderlijf *nt* ['ɔndərlɛif]
Untersuchung	onderzoek *nt*, consultatie ['ɔndərzuk, kɔnsəl'tɑtsi]
Urin	urine [y'rinə]
Verband	verband *nt* [vər'bɑnd]
verbinden	verbinden, verbond, verbonden [vər'bɪndən, və'rbɔnt, vər'bɔndən]
Verdauung	spijsvertering ['spɛisfərte:rɪŋ]
verschreiben	voorschrijven, schreef voor, voorgeschreven ['vo:rsχrɛivən, sχref 'vo:r, 'vo:rχəsχrevən]
Virus	virus *nt* [vi:rəs]
Wartezimmer	wachtkamer ['wɑχtkamər]
Wirbelsäule	wervelkolom ['wɛrvəlkolɔm]
Zehe	teen [ten]
Zunge	tong [tɔŋ]

BEIM ZAHNARZT

Ich habe (starke) Zahnschmerzen.
Ik heb (erge) kiespijn. [ɪk hɛp ('ɛrχə) 'kispɛin]

Dieser Zahn (oben/unten/vorn/hinten) tut weh.
Deze tand (boven/onder/voor/achter) doet pijn.
['dezə 'tɑnt ('bovən/'ɔndər/'vo:r/'ɑχtər) dut 'pɛin]

Ich habe eine Füllung verloren.
Ik ben een vulling verloren. [ɪk bən‿ən 'vœliŋ vər'lo:rən]

Mir ist ein Zahn abgebrochen.
Mijn tand is afgebroken. [mɛin 'tɑnt ɪs 'ɑfχəbrokən]

Ich behandle ihn nur provisorisch.
Ik behandel hem slechts provisorisch.
[ɪk bə'hɑndəl‿əm sleχs provi'zo:ris]

Geben Sie mir bitte ...
Liever ... ['livər]

- ***eine Spritze.***
  met verdoving. [mɛt vər'dovɪŋ]
- ***keine Spritze.***
  zonder verdoving. ['zɔndər vər'dovɪn]

Backenzahn	kies [kis]
Brücke	brug [brœχ]
Kiefer	kaak [kak]
Krone	kroon [kron]
Loch	gaatje *nt* [ˈχatjə]
Plombe	vulling [ˈvœlɪŋ]
Prothese	prothese [proˈtezə]
Schneidezahn	snijtand [ˈsnɛitant]
Weisheitszahn	verstandskies [vərˈstantskis]
Zahn	tand [tant]
Zahnfleisch	tandvlees *nt* [ˈtantfles]
Zahnschmerzen	kiespijn [ˈkispɛin]
ziehen	trekken, trok, getrokken [ˈtrɛkən, trɔk, χəˈtrɔkən]

BANKGESCHÄFTE TÄTIGEN

Geld maakt niet gelukkig …

Geld macht nicht glücklich wird zwar immer behauptet, wenn sich das Gespräch ums Geld dreht, was in den Niederlanden häufig passiert - doch wir wissen es besser …
In vielen Läden findet man an der Kasse den Hinweis, dass man **pinnen** und **chippen** kann, d. h. man kann mit seiner Geheimzahl (**pincode**) oder mit einer Geldkarte (**chipknip**, **chipper**) bezahlen. Geld gibt es an einem der zahlreichen **geldautomaten**, in den Niederlanden manchmal auch als **flappentap** bezeichnet. Viele dieser Automaten sind nicht in Bankgebäuden, sondern an öffentlichen Straßen aufgestellt, sodass beim Abheben des Bargelds etwas Vorsicht geboten ist.
Mit Kreditkarten kann man fast überall bezahlen. Die Banken sind in den Niederlanden in der Regel montags bis freitags von 9–17 Uhr geöffnet, kleinere Zweigstellen schließen manchmal früher.
Für Postanweisungen und Postbarschecks ist dagegen das **postkantoor** zuständig.

Können Sie mir bitte sagen, wo hier eine Bank ist?
Kunt u me misschien zeggen waar hier een bank is?
[kœnt‿y mə mɪˈsχin ˈzɛχən waːr hiːr əm baŋk ɪs]

Ich möchte … Schweizer Franken in Euro wechseln.
Ik wil graag … Zwitsere frank in euro's omwisselen.
[ɪk wɪl χraχ … ˈzwɪtsərsə fraŋk ɪn ˈøːros ˈomwɪsəlɛn]

Können Sie mir bitte sagen, wie heute der Wechselkurs ist?
Kunt u me zeggen wat vandaag de wisselkoers is?
[kœnt‿y mə 'zɛχən wɑt vɑn'daχ də 'wɪsəlkurs ɪs]

Ich möchte diesen Reisescheck einlösen.
Ik wil deze reischeque inwisselen. [ɪk 'wɪl dezə 'rɛiʃɛk 'ɪnwɪsələn]

Auf welchen Betrag kann ich ihn maximal ausstellen?
Voor hoeveel kan ik hem maximaal uitschrijven? [vo:r 'huvel kan‿ɪk‿əm 'mɑksimal 'œytsχrɛivən]

Darf ich bitte ... sehen?
Mag ik alstublieft even ... zien? ['mɑχ‿ɪk 'ɑlstyblift 'evən ... zin]

- ***Ihren Ausweis***
  uw legitimatie
  [yw leχiti'matsi]
- ***Ihren Pass***
  uw paspoort
  [yw 'pɑspo:rt]

Würden Sie bitte hier unterschreiben?
Hier even uw handtekening zetten graag.
[hi:r 'evən yw 'hɑntekənɪŋ 'zɛtən χraχ]

Der Geldautomat akzeptiert meine Karte nicht.
De geldautomaat neemt mijn pasje niet aan.
[də 'χɛltotomat nemt mən 'pɑʃə nit an]

Der Geldautomat gibt meine Karte nicht mehr heraus,
De geldautomaat heeft mijn kaart ingeslikt.
[də 'χɛltotomat heft mɛin ka:rt 'ɪŋχəslɪkt]

auszahlen	uitbetalen ['œydbətalən]
Bank	bank [baŋk]
Bankkarte	bankpasje *nt* [baŋkpɑʃə]
bar	contant [kɔn'tɑnt]
Bargeld	contant geld *nt* [kɔn'tɑnt 'χɛlt]
Bearbeitungsgebühr	administratiekosten *pl* [ɑtmini'stratsikɔstən]
Betrag	bedrag *nt* [bə'drɑχ]
Cent	cent [sɛnt]
Chipkarte	chipknip ['[t]ʃɪpknɪp]; chipper ['[t]ʃɪpər]
Devisen	deviezen *pl* [də'vizən]
Euro	euro ['ø:ro]
Formular	formulier *nt* [fɔrmy'li:r]
Geheimzahl	pincode ['pɪŋkodə]
Geld	geld *nt* [χɛlt]
Geldautomat	geldautomaat ['χɛltautomat]
Geldanweisung	(betalings)mandaat *nt* [(bə'talɪŋs)mɑn'dat]
Geldschein	bankbiljet *nt* ['baŋgbɪljɛt]

Geldwechsel	*(auf Schildern)* change [tʃens]; geld wisselen [χɛlt ˈwɪsələn]
Kassenbeleg	bonnetje *nt* [ˈbɔnətjə]
Kleingeld	kleingeld *nt* [ˈklɛiŋχɛlt]
Konto	bankrekening [ˈbɑŋkrekənɪŋ]
Kreditkarte	kredietkaart, creditcard [krəˈditka:rt, ˈkrɛdɪtkɑrt]
Ladeterminal	chipautomaat [ˈ[t]ʃɪpɑutomat]
Münze	munt [mœnt]
Quittung	kwitantie [kwiˈtɑn(t)si]
Reisescheck	reischeque [ˈrɛiʃɛk]
Scheck	cheque [ʃɛk]
– einen Scheck ausstellen	een cheque uitschrijven [ən ʃɛk ˈœytsχrɛivən]
Schweizer Franken	Zwitserse frank [ˈzwɪtsərsə frɑŋk]
Überweisung	overboeking [ˈovərbukɪŋ]
– telegrafische Überweisung	telegrafische overboeking [teləˈχrɑfisə ˈovərbukɪŋ]
umtauschen	(om)wisselen [ˈwɪsələn/ˈɔmwɪsələn]
Unterschrift	handtekening [ˈhɑntekənɪŋ]
Währung	specie [ˈspesi]; muntsoort [ˈmœntso:rt]
Wechselkurs	(wissel)koers [(ˈwɪsəl)ku:rs]
Zahlung	betaling [bəˈtalɪŋ]

FILMEN UND FOTOGRAFIEREN

Könnten Sie bitte ein Foto von uns machen?
Zou u alstublieft een foto van ons kunnen maken?
[zɑu y ɑlstyˈblift ən ˈfoto vɑn ɔns ˈkœnə ˈmakən]

Drücken Sie bitte auf diesen Knopf.
U moet op deze knop drukken. [y mut ɔb ˈdezə knɔb ˈdrœkən]

Die Entfernung/Blende stellt man so ein.
De afstand/Het diafragma stel je zo in.
[də ˈɑfstɑnt/ˈ ət diaˈfrɑχma stɛl jə zo ɪn]

Dürfte ich Sie fotografieren?
Mag ik een foto van u maken? [mɑχ ɪk ən ˈfoto vɑn‿y ˈmakən]

Foto	foto [ˈfoto]
Fotoapparat	fototoestel *nt* [ˈfototustɛl]
fotografieren	fotograferen [fotoχraˈfe:rən]
Hochformat	hoog formaat *nt* [hoχ fɔrˈmat]
Querformat	breed formaat *nt* [bret fɔrˈmat]

ETWAS VERLOREN?

Können Sie mir bitte sagen, wo das Fundbüro ist?
Kunt u me misschien zeggen waar het bureau voor gevonden voorwerpen is? [kœnt‿y mə mɪsχin ˈzɛχən ˈwaːr‿ət byˈro voːr χəˈvɔndən ˈvoːrwɛrpən ɪs]

Ich habe ... verloren.
Ik heb ... verloren. [ɪk hɛp … vərˈloːrən]

Ich habe meine Handtasche im Zug vergessen.
Ik heb mijn handtas in de trein laten liggen.
[ɪk ˈhɛp mən ˈhantas ɪn də ˈtrɛin latə lɪχən]

Würden Sie mich bitte benachrichtigen, wenn sie gefunden werden sollte?
Kunt u me alstublieft informeren als hij wordt gevonden?
[kœnt‿y mə alstyˈblift ɪnfɔrˈmeːrən als hɛi wɔrt χəvɔndən]

Hier ist meine Hotelanschrift/Heimatadresse.
Hier is het adres van mijn hotel/mijn thuisadres.
[hiːr ɪs‿ət aˈdrɛs vamən hoˈtɛl/mɛin ˈtœysadrɛs]

IM INTERNETCAFÉ

Wo gibt es in der Nähe ein Internetcafé?
Waar is hier in de buurt een internetcafé?
[waːr‿ɪs hiːr ɪndə byːrt ən ˈɪntərnɛtkafe]

Ich möchte ...
Ik wil graag ... [ɪk wɪl χraχ]

- ***im Internet surfen.***
  internetten. [ˈɪntərnɛtən]
- ***einen Drucker benutzen.***
  gebruik maken van een printer. [χəˈbrœyk ˈmakə vanən ˈprɪntər]
- ***einen Scanner benutzen.***
  gebruik maken van een scanner. [χəˈbrœyk ˈmakə vanən ˈskɛnər]
- ***eine CD brennen.***
  een cd branden. [ən seˈde ˈbrandən]

Wieviel kostet eine Stunde?/Viertelstunde?
Wat kost een uur/een kwartier? [wat kɔst‿ən yːr/əŋ kwarˈtiːr]

Kann ich ... mit diesem Computer verbinden?
Kan ik ... op deze computer aansluiten?
[kan‿ɪk … ɔbdezə kɔmˈpjutər ˈanslœytən]

- ***meinen USB-Stick***
  mijn geheugenstick [mən χəˈhøχəstɪk]

- *meine Kamera*
  mijn camera [mən ˈkamərа]
- *meinen MP3-Player*
  mijn mp3-speler [mən ɛmpeˈdrispelər]

Gibt es einen Passwortschutz?
Moet ik een wachtwoord intypen? [mut‿ɪk ən ˈwaχtwo:rt ˈɪntipən]

Kann ich bei Ihnen skypen?
Kan ik bij u skypen? [kan‿ɪk bɛi y ˈskajpən]

Gibt es Kopfhörer mit Mikrofon?
Zijn er koptelefoons met microfoon?
[zɛinər ˈkɔptelәfons mɛt mikroˈfon]

Kann ich von hier ein Fax versenden?
Kan ik van hier een fax sturen? [kan‿ɪk van hi:r ən faks ˈsty:rən]

Kann ich eine Seite ausdrucken?
Kan ik een pagina printen? [ˈkan‿ɪk ən ˈpaχina ˈprɪntən]

Ich habe Probleme mit dem Computer.
Ik heb problemen met de computer. [ɪk häp problemə mɛdə kɔmˈpjutər]

Kann ich bei Ihnen Fotos von meiner Digitalkamera auf CD brennen?
Kan ik bij u foto's van mijn digitale toestel op cd branden?
[ˈkan‿ɪk bɛi y ˈfotos van mɛin diχiˈtalə ˈtustɛl ɔp seˈde ˈbrandən]

BEI DER POLIZEI

Achtung Zakkenroller

Falls Sie das Opfer eines **zakkenroller** (*Taschendiebs*) oder **autodief** werden: In Amsterdam und Den Haag gibt es einen **Tourist Assistance Service** für Touristen, die Opfer von Kriminalität wurden (**TAS:** 070-4244000, ATAS: 020-6253246).

Könnten Sie mir bitte sagen, wo das nächste Polizeirevier ist?
Kunt u me misschien zeggen waar het dichtstbijzijnde politiebureau is? [kœnt‿y mə mɪˈsχin zɛχən wa:r ət ˈdɪχsbɛizɛində poˈlitsibyro ɪs]

Ich möchte ... anzeigen.
Ik wil aangifte doen van ... [ɪk wɪl ˈaŋχɪftə dun van]

- *einen Diebstahl*
  een diefstal. [ən ˈdifstal]
- *einen Überfall*
  een overval. [ən ˈovərval]

Mir ist ... gestohlen worden.
Mijn ... is gestolen. [mɛin ... ɪs χəˈstolən]

- *die Handtasche*
  handtas [ˈhantɑs]
- *die Brieftasche*
  portefeuille [pɔrtəˈfœyjə]
- *mein Fotoapparat*
  fototoestel [ˈfototustɛl]
- *mein Auto/mein Fahrrad*
  auto/fiets [ˈauto/fits]

Ich wurde ...
Ik ben ... [ɪk bɛn]

- *angegriffen.*
  aangevallen. [ˈaŋχəvalən]
- *belästigt.*
  lastig gevallen.
  [ˈlɑstəχ χəˈvalən]
- *bestohlen.*
  bestolen. [bəˈstolən]
- *vergewaltigt.*
  verkracht.
  [vərˈkrɑχt]
- *zusammengeschlagen.*
  in elkaar geslagen.
  [ɪn ɛlˈka:r χəˈslaχən]

Was wird mir zur Last gelegt?
Waar word ik van beschuldigd? [wa:r wɔrt‿ɪk vɑn bəˈsχœldəχt]

Ihnen wird zur Last gelegt ...
U wordt beschuldigd van ... [y wɔrt bəˈsχœldəχt vɑn]

- *Diebstahl.*
  diefstal. [ˈdifstɑl]
- *Drogenbesitz.*
  bezit van drugs. [bəˈzɪt vɑn drœks]
- *Erregung öffentlichen Ärgernisses.*
  openbare zedenschennis. [ˈopənba:rə ˈzedəsχɛnɪs]
- *ordnungswidriges Verhalten.*
  verstoring van de openbare orde. [vərˈsto:rɪŋ vɑn də ˈopənba:rə ˈɔrdə]
- *Vergewaltigung.*
  aanranding. [ˈanrɑndɪŋ]

Mein Auto ist aufgebrochen worden.
Mijn auto is opengebroken. [mən‿ˈauto ɪs ˈopəχəbrokən]

Aus meinem Auto ist gestohlen worden.
Uit mijn auto is gejat. [œyt mən‿ˈauto ɪs χəˈjɑt]

Mein Sohn/Meine Tochter ist verschwunden.
Mijn zoon/dochter is verdwenen. [mɛin zon/ˈdɔχtər ɪs vərˈdwenən]

Dieser Mann belästigt mich.
Die vent daar valt me lastig. [di vɛnt da:r vɑlt mə ˈlɑstəχ]

Ich bin überfallen/vergewaltigt worden.
Ik ben overvallen/verkracht. [ɪgbən ovərˈvɑlən/vərˈkrɑχt]

Können Sie mir bitte helfen?
Kunt u mij alstublieft helpen? [ˈkœnt‿y mɛi ɑlstyˈblift ˈhɛlpən]

Ich möchte einen Anwalt sprechen.
Ik wil een advocaat spreken. [ɪk wɪl ən ɑtfoˈkat ˈsprekən]

Wann genau ist das passiert?
Wanneer is dat precies gebeurd? [ˈwɑneːr ɪz‿dɑt prəˈsis χəˈbøːrt]

Ihren Namen und Ihre Anschrift, bitte.
Uw naam en adres, alstublieft. [yw ˈnam ɛn aˈdrɛs ɑlstyˈblift]

Wenden Sie sich bitte an das deutsche/österreichische/Schweizer Konsulat.
U moet naar het Duits/Oostenrijks/Zwitsers consulaat.
[y mut naːr ət dœyts/ˈostərɛiks/ˈzwɪtsərs kɔnsyˈlat]

anzeigen	aangifte doen van [ˈaŋχɪftə dun vɑn]
aufbrechen	openbreken, brak open, opengebroken [ˈopəbrekən, brɑk ˈopən, ˈopəχəbrokən]
Autoradio	autoradio [ˈɑutoradijo]
belästigen	lastig vallen, viel, gevallen [ˈlɑstəχ ˈvɑlən, vil, χəˈvɑlən]
beschlagnahmen	in beslag nemen, nam, genomen [ɪn bəˈslɑχ nemən, nɑm, χəˈnomən]
Brieftasche	portefeuille [pɔrtəˈfœyje]
Dieb	dief [dif]
Diebstahl	diefstal [ˈdifstɑl]
Gefängnis	gevangenis [χəˈvɑŋənɪs]
Geldbörse	portemonnee [pɔrtəmɔˈne]
Gericht	rechtbank [ˈrɛχtbɑŋk]
Kfz-Schein	kentekenbewijs *nt* [ˈkɛntekəbəwɛis]
Kreditkarte	kredietkaart, creditcard [krəˈditkɑrt, ˈkrɛdɪtkɑrt]
Papiere	papieren *pl* [paˈpirən]
Personalausweis	identiteitskaart [idɛntiˈtɛitskaːrt]; legitimatie [leχimiˈtatsi]
Polizei	politie [poˈlitsi]
Polizeiwagen	politieauto [poˈlitsiɑuto]
Polizist/in	(politie)agent/e [(poˈlitsi)ɑˈχɛnt/ə]
Rauschgift	verdovende middelen pl, drugs *pl* [vərˈdovəndə ˈmɪdələn, drœks]
Rechtsanwalt	advocaat [ɑtfoˈkat]
Reisepass	paspoort *nt* [ˈpaspoːrt]
Richter	rechter [ˈrɛχtər]
Scheck	cheque [ʃɛk]
Schlüssel	sleutel [ˈsløtəl]
Schmuggel	smokkelarij [smɔkəlaˈrɛi]
Schuld	schuld [sχœlt]
sexuelle Belästigung	lastigvallen [ˈlɑstəχˈvɑlən]
Taschendieb	zakkenroller [ˈzɑkərɔlər]

Überfall	overval [ˈovərval]
Untersuchungshaft	voorarrest *nt* [ˈvo:rarɛst]; voorlopige hechtenis [vo:rˈlopəχə ˈhɛχtənɪs]
Verbrechen	misdaad [ˈmɪzdat]
Vergewaltigung	verkrachting [vərˈkrɑχtɪŋ]
verhaften	arresteren [ɑrɛˈste:rən]
verlieren	verliezen, verloor, verloren [vərˈlizən, vərˈlo:r, vərˈlo:rən]
Zeuge	getuige [χəˈtœyχə]
zusammenschlagen	in elkaar slaan, sloeg, geslagen [ɪn ɛlˈka:r slan, sluχ, χəˈslaχən]

AUF DER POST

Postkantoren

Postämter sind in den Niederlanden mit dem Kürzel **TPG** oder **TNT** gekennzeichnet. Die Briefkasten sind orange und haben zwei Schlitze: einen für Sendungen in den Ortsbereich und einen für **overige bestemmingen** (*sonstige Bestimmungen*). **Postzegels** (*Briefmarken*) sind nicht nur in **postkantoren** (*Postämtern*), sondern auch in **postzegelverkooppunten** oder **TPG**-oder **TNT-servicepunten** in Supermärkten, Buchläden, Tabakläden und Drogerien erhältlich. Der belgische Postdienst nennt sich **BPost** (oft auch bezeichnet als **De Post**). Die Briefkästen in Belgien sind rot.

Können Sie mir bitte sagen, wo ... ist?
Kunt u me misschien zeggen waar ... is?
[kœnt‿y mə mɪˈsχin zɛχən wa:r … ɪs]

- ***das nächste Postamt***
  het dichtstbijzijnde postkantoor [ət ˈdɪχsbɛizɛində ˈpɔstkanto:r]
- ***der nächste Briefkasten***
  de dichtstbijzijnde brievenbus [də ˈdɪχsbɛizɛində ˈbrivəbœs]

Was kostet ein Brief/eine Postkarte ...
Wat kost een brief/een ansicht ... [wɑt kɔst‿əm brif/ən ˈɑnzɪχt]

- ***nach Deutschland?***
  naar Duitsland? [nɑr ˈdœytslɑnt]
- ***nach Österreich?***
  naar Oostenrijk? [nɑr ˈostərɛik]
- ***in die Schweiz?***
  naar Zwitserland? [nɑr ˈzwɪtsərlɑnt]

Drei Briefmarken zu ... Euro, bitte.
Drie postzegels van ... euro graag. [dri ˈpɔseχəls vɑn … ˈø:ro χraχ]

Diesen Brief bitte per ...
Deze brief graag ... [ˈdezə ˈbrif χraχ]

- ***Luftpost.***
  per luchtpost. [pɛr ˈlœχtpɔst]
- ***Express.***
  per expres. [pɛr ɛksˈprɛs]
- ***Einschreiben.***
  aangetekend. [ˈaŋχətekənt]

Wie lange braucht ein Brief nach Deutschland?
Hoe lang doet een brief naar Duitsland erover?
[ˈhulaŋ dut‿əm brif naːr ˈdœytslant ɛˈrovər]

Haben Sie Sondermarken?
Heeft u ook speciale postzegels? [heft‿y ok speˈʃalə ˈpɔseχəls]

Absender	afzender [ˈɑfsɛndər]
Adresse	adres *nt* [aˈdrɛs]
ausfüllen	invullen [ˈɪnvœlən]
Brief	brief [brif]
Briefkasten	brievenbus [ˈbrivəbəs]
Briefmarke	postzegel [ˈpɔseχəl]
Eilbrief	brief met spoedservice [brif mɛt ˈsputsœːrvəs]
Einschreibebrief	aangetekende brief [ˈaŋχətekəndə brif]
Empfänger	ontvanger [ɔntˈfaŋər]
Fax	fax [fɑks]
Faxgerät	faxapparaat *nt* [ˈfɑksaparat]
Formular	formulier *nt* [fɔrmyˈliːr]
frankieren	frankeren [frɑŋˈkeːrən]
Gebühr	tarief *nt* [ˈtaˈrif]
Gewicht	gewicht *nt* [χəˈwɪχt]
Hauptpostamt	hoofdpostkantoor *nt* [ˈhoftpɔstkɑntoːr]
Leerung	lichting [ˈlɪχtɪŋ]
mit Luftpost	per luchtpost [pɛr ˈlœχtpɔst]
nachsenden	nasturen [ˈnastyːrən]
Päckchen	pakje *nt* [ˈpɑkjə]
Paket	pakket *nt* [pɑˈkɛt]
Porto	porto *nt* [ˈpɔrto]
Postamt	postkantoor *nt* [ˈpɔstkɑntoːr]
Postkarte	briefkaart [ˈbrifkaːrt]
postlagernd	poste restante [ˈpɔst rɛsˈtɑnt]
Postleitzahl	postcode [ˈpɔstkodə]
Sondermarke	speciale postzegel [speˈʃalə ˈpɔstseχəl]
Vordruck	formulier *nt* [fɔrmyˈliːr]
Wertangabe	aangegeven waarde [ˈaŋχəχevə ˈwaːrdə]
Zollerklärung	douaneverklaring [duˈwanəvərklaːrɪŋ]

Ich möchte nach ... telefonieren.
Ik wil graag telefoneren naar ... [ɪk wɪl χraχ teləfo'ne:rən na:r]

Wie viel kostet es pro Minute?
Hoe duur is het per minuut? [hu dy:r ɪsət pɛr mi'nyt]

In welche Kabine soll ich gehen?
Naar welke cabine moet ik? [nar wɛlkə ka'binə mut ɪk]

Ich möchte ...
Ik wil graag ... [ɪk wɪl χraχ]

- *eine Telefonkarte.*
  een telefoonkaart. [ən telə'fonka:rt]
- *ein R-Gespräch führen.*
  een rekening-ontvangergesprek voeren.
  [ən rekənɪŋɔnt'fɑŋərχəsprɛk 'vu:rən]

Wie ist bitte die Vorwahl von ...?
Kunt u me zeggen wat het netnummer is van ...?
[kœnt‿y mə 'zɛχən wɑt‿ət 'nɛtnœmər ɪs vɑn]

Ein Telefongespräch führen

Bellen

In den Niederlanden und Belgien werden für Auslandsgespräche die Auslandsvorwahl (00), die Landeskennzahl (A: 43, CH: 41, D: 49), die Vorwahl ohne 0 und die Teilnehmernummer gewählt.
Die Auslandsauskunft erreicht man in den Niederlanden unter 0900-8418, die Inlandsauskunft hat die Nummer 0900-8008.
Niederländer und Flamen melden sich am Telefon mit ihrem Namen, manchmal mit Vornamen, selten mit Hallo! In niederländischen Telefonbüchern sind die Namen alphabetisch geordnet, ohne Rücksicht auf Zusätze wie **de, van, van der**. Die Vornamen werden lediglich durch die **voorletters** (*Initialen*) angegeben. Personen mit gleichen Nachnamen werden nach Initialen alphabetisiert aufgeführt.
Telefonieren heißt in den Niederlanden übrigens witzigerweise **bellen**.

Hier spricht ...
U spreekt met ... [y ˈsprekt mɛt]

Hallo, mit wem spreche ich, bitte?
Hallo, met wie spreek ik? [hɑˈlo mɛt ˈwi ˈsprek‿ɪk]

Kann ich bitte Herrn/Frau ... sprechen?
Kan ik meneer/mevrouw spreken? [kɑn‿ɪk məˈneːr/məˈvrɑu ˈsprekən]

Tut mir leid, er/sie ist nicht da.
Sorry, maar die is er niet. [ˈsɔri mɑr di ɪs‿ər nit]

Kann er/sie Sie zurückrufen?
Kan hij/zii u terugbellen? [kɑn hɛi/zɛi y ˈtrœxbɛlən]

Möchten Sie eine Nachricht hinterlassen?
Wilt u misschien een boodschap achterlaten?
[wɪlt‿y mɪsχin ən ˈbotsχɑp ˈɑχtərlatən]

Anruf	telefoontje *nt* [teləˈfontjə]
Anrufbeantworter	antwoordapparaat *nt* [ˈɑntwoːrtɑpəˈrat]
anrufen	opbellen, telefoneren [ˈɔbɛlən, teləfoˈneːrən]
Auskunft	inlichtingen *pl* [ˈɪnlɪχtɪŋən]
Auslandsgespräch	buitenlands gesprek *nt* [ˈbœytəlɑnts χəˈsprɛk]
Auslandsvorwahl	internationaal toegangsnummer *nt* [ˈɪntərnaʃonal ˈtuχɑŋsnœmər]
besetzt	in gesprek [ɪŋ χəˈsprɛk]
Ferngespräch	interlokaal gesprek *nt*; *(B)* interzonaal gesprek *nt* [ɪntərloˈkal (ɪntərzɔˈnɑːl) χəˈsprɛk]
Gebühr	tarief *nt* [ˈtaˈrif]
Gespräch	gesprek *nt* [χəˈsprɛk]
Guthaben	beltegoed *nt* [ˈbɛltəχut]
Handy	mobieltje, gsm [moˈbiltjə, χeɛsˈɛm]
Hörer	hoorn [hoːrn]
Landeskennzahl	landnummer *nt* [ˈlɑntnœmər]
Ortsgespräch	lokaal gesprek *nt* [loˈkal χəˈsprɛk]
R-Gespräch	collect-call [kɔˈlɛktkɔl]
SMS	sms [ɛzəmˈɛs]
Telefon	telefoon [teləˈfon]
Telefonbuch	telefoonboek *nt* [teləˈfonbuk]; telefoongids [teləˈfonχɪts]
Telefonnummer	telefoonnummer *nt* [teləˈfonəmər]
Verbindung	verbinding [vərˈbɪndɪŋ]
wählen	draaien, kiezen [ˈdrajən, ˈkizən]

Mein Akku ist leer. Haben Sie ein Ladekabel für mich?
Mijn accu is leeg. Heeft u voor mij een oplaadsnoer?
[mən 'ɑky ɪs leχ hefty vo:r mɛi ən 'ɔplatsnu:r]

Ich möchte meine Karte aufladen.
Ik wil graag mijn kaart opladen. [ɪk wɪl χraχ məŋ ka:rt 'ɔbladən]

Mein Provider ist ...
Mijn provider is ... [mən pro'vajdər ɪs]

Ich hätte gerne ..., bitte.
Heeft u voor mij ...? [heft‿y vo:r mɛi]

- ***ein Handy mit einer Prepaid-Karte***
  een mobieltje met een beltegoed [əm mo'bilçə mɛt əm 'bɛltəχut]
- ***eine SIM-Karte***
  een simkaart [ən 'sɪmka:rt]

Geben Sie mir bitte eine Tarifübersicht.
Heeft u voor mij een overzicht van tarieven?
[heft‿y vo:r mɛi ən 'ovərzɪχt vɑn ta'rivən]

Haben Sie Guthabenkarten der Mobilfunkgesellschaft ...?
Heeft u beltegoedkaarten van de telefoonmaatschappij ...?
[heft‿y 'bɛltəχutka:rtən vɑn də telə'fonmatsχɑpɛi]

Ladegerät	oplaadtoestel ['ɔplatustɛl]
Prepaid-Guthaben	beltegoed ['bɛltəχut]
SIM-Karte	simkaart ['sɪmka:rt]
Smartphone	smartfoon [smɑrtfon]

TOILETTE UND BAD

Wildplassen

Öffentliche Toiletten (**openbare toiletten**) sind in den Niederlanden nicht sehr verbreitet. Andererseits ist **wildplassen** (*wildes Urinieren*) ein Vergehen, das mit einem Bußgeld in Höhe von 130 Euro bestraft wird. Benutzen Sie doch einfach die Kundentoiletten der Restaurants und Warenhäuser.
Für Hunde gibt es ähnliche Regeln und gegebenenfalls auch Bußgeld fürs Herrchen oder Frauchen. Mit Sprüchen wie **poep niet op de stoep** (*Tu es nicht auf dem Gehweg*) werden Hundebesitzer auf die Problematik aufmerksam gemacht. Zum Glück gibt es Automaten, die Plastiktüten zur Beseitigung des **hondenpoep** spenden, und Hundetoiletten: **hondenpoepplekken**.

Wo ist bitte die Toilette?
Kunt u me zeggen waar hier het toilet is?
[kœnt‿y mə ˈzɛχən waːr hiːr hɛt twaˈlɛt ɪs]

Dürfte ich bei Ihnen die Toilette benutzen?
Zou ik bij u van het toilet gebruik mogen maken?
[zau ɪk bɛi y van‿ət‿twaˈlɛt χəˈbrœyk ˈmoχə makən]

Würden Sie mir bitte den Schlüssel für die Toiletten geben?
Mag ik even de sleutel van de wc? [maχ‿ɪk evə də ˈsløtəl van də weˈse]

Damen	Dames *pl* [ˈdaməs]
Damenbinden	maandverband *nt* [ˈmantfərbant]
Handtuch	handdoek [ˈhanduk]
Handwaschbecken	fonteintje *nt* [fɔnˈtɛintjə]
Herren	Heren *pl* [heːrən]
sauber	schoon [sχon]
schmutzig	vies [vis]
Seife	zeep [zep]
Stehklosett	pissoir *nt* [pɪˈswaːr]
Tampons	tampons *pl* [tamˈpɔns]
Toilettenpapier	toiletpapier *nt* [twaˈlɛtpapiːr]
Wasserspülung	waterspoeling [watərspulɪŋ]

ÜBER DAS WETTER REDEN

Was für ein herrliches/schreckliches Wetter!
Wat een heerlijk/vreselijk weer! [wat‿ən ˈheːrlək/ˈvresələk weːr]

Wie ist das Wetter?
Hoe is het weer? [hu ɪsət weːr]

Wie wird es morgen ... sein?
Zal het morgen ... zijn? [zalət ˈmɔrχə ... zɛin]

Es ist ...
Het is ... [əˈtɪs]

Es ist sehr kalt/heiß/schwül.
Het is erg koud/heet/benauwd. [ət‿ɪs ˈɛr(ə)χ kaut/het/bəˈnaut]

Es ist neblig/windig.
Het is mistig/Het waait. [ət‿ɪs ˈmɪstəχ/ət wajt]

Es bleibt schön/schlecht.
Het blijft mooi/slecht weer. [ət ˈblɛift moj/slɛχt ˈweːr]

Es wird wärmer/kälter.
Het wordt warmer/kouder. [ət wɔrt ˈwarmər/ˈkaudər]

Es wird regnen/schneien.
Het gaat regenen/sneeuwen. [ət χat ˈreχənən/ˈsnewən]

Die Straßen sind glatt.
De wegen zijn glad. [də ˈweχən zɛin χlat]

Es wird gewarnt vor Windstößen/Windstärke 8/9.
Er wordt gewaarschuwd voor windstoten/windkracht 8/9.
[ɛr wɔrt χəˈwaːrsχywt voːr ˈwɪntstotə/ˈwɪntkraχt aχt/ˈneχə]

bewölkt	bewolkt [bəˈwɔl(ə)kt]
Blitz	bliksem [ˈblɪksəm]
Bö	windstoot [ˈwɪntstot]
Donner	donder [ˈdɔndər]
Ebbe	eb [ɛp]; laagwater *nt* [laχˈwatər]
Eis	ijs *nt* [ɛis]
Flaute	windstilte [ˈwɪntstɪltə]
Flut	vloed [vlut]
Frost	vorst [vɔrst]
Gewitter	onweer *nt* [ˈɔnweːr]
Glatteis	ijzel [ˈɛizəl]
heiß	heet [het]
Hitze	hitte [ˈhɪtə]
Hitzewelle	hittegolf [ˈhɪtəχɔlf]
kalt	koud [kɑut]
Luft	lucht [lœχt]
nass	nat [nɑt]
Nebel	mist [mɪst]
Regen	regen [ˈreχən]
Regenschauer	regenbui [ˈreχənbœy]
regnerisch	regenachtig [ˈreχənɑχtəχ]
Schnee	sneeuw [sneu]
schwül	benauwd [bəˈnɑut]
Sonne	zon [zɔn]
sonnig	zonnig [ˈzɔnəχ]
Sturm	storm [stɔr(ə)m]
Temperatur	temperatuur [tɛmpəraˈtyːr]
warm	warm [wɑr(ə)m]
wechselhaft	onbestendig [ˈɔmbəstɛndəχ]
Wetterbericht	weerbericht *nt* [ˈweːrbərɪχt]
Wettervorhersage	weersverwachting [ˈweːrsvərwɑχtɪŋ]]
Wind	wind [wɪnt]
Windstärke	windkracht [ˈwɪntkrɑχt]
Wolke	wolk [wɔlk]

Wörterbuch Niederländisch-Deutsch

Hinweise:

- Hinter einem Substantiv bedeutet *n*: das Wort ist Neutrum, also ein *het*-woord; ➢ Grammatik, Substantiv und Artikel.
- Unregelmäßige Pluralformen des Substantivs werden in eckigen Klammern geschrieben, z. B.: kind ['kınt] *n* ‹kinderen› Kind ➢ Grammatik, Substantiv, Pluralbildung.
- Sofern sich beim Substantiv die weibliche Form von der männlichen unterscheidet, sind beide Formen oder die weibliche Endung angegeben, z. B.: eigenaar (eigenares) ['ɛiχəna:r (ɛiχəna'rɛs)] Besitzer(in).
- Bei Verben werden unregelmäßige und starke Zeiten in eckigen Klammern geschrieben, z. B.: afsluiten ['ɑfslœytən] ‹sloot af, afgesloten› abschließen; ➢ Grammatik, Verb.

A

aan [an] an
aanbetaling ['ambətalıŋ] Anzahlung
aanbevelen ['ambəvelən] ‹beval/bevalen aan, aanbevolen› empfehlen
aangetekende brief ['aŋχətekəndə brif] Einschreibebrief
aangifte doen van ['aŋχıftə dun vɑn] ‹deed, gedaan› anzeigen
aankleden: zich ~ [zıχ 'aŋkledən] sich anziehen
aankomen ['aŋkomən] ‹kwam/kwamen aan, aangekomen› ankommen
aankomst ['aŋkɔmst] Ankunft
aankomsttijd ['aŋkɔmstɛit] Ankunftszeit
aanleggen in ['anlɛχən ın] anlegen in
aanmelden ['amɛldən] anmelden
aanmelding ['amɛldıŋ] Anmeldung
aannemen ['anemən] ‹nam/namen aan, aangenomen› zusagen
aanpassen: zich ~ [zıχ 'ampɑsən] sich akklimatisieren
aansluiting ['anslœytıŋ] Anschluss
aanstekelijk [an'stekələk] ansteckend
aansteken ['anstekən] ‹stak/staken aan, aangestoken› anzünden
aansteker ['anstekər] Feuerzeug
aantal ['antɑl] Zahl
aantrekken ['antrɛkən] ‹trok aan, aangetrokken› anziehen
aardappelen ['a:rdɑpələn] *(Plural)* Kartoffeln
aardbeien ['a:rdbɛiən] *(Plural)* Erdbeeren
aarde ['a:rdə] Erde
aardig ['a:rdəχ] nett
aardigheidje ['a:rdəχɛitjə] *(nt)* Mitbringsel
aarzelen ['a:rzələn] zögern
abrikozen [abri'kozən] *(Plural)* Aprikosen
achter ['ɑχtər] hinter
achteraan [ɑχtəran] hinten
achterland ['ɑχtərlɑnt] *(nt)* Hinterland
achterlicht ['ɑχtərlıχt] *(nt)* Rücklicht
achteruit [ɑχtə'rœyt] rückwärts
achteruitkijkspiegel [ɑχtər'œytkɛikspiχəl] Rückspiegel
acteur (actrice) [ɑk'tø:r, ɑk'trisə] Schauspieler(in)
acupunctuur [akypœŋk'ty:r] Akupunktur
adapter [a'dɑptər] Adapter, Zwischenstecker
adder ['ɑdər] Natter
ademen ['adəmən] atmen
ademhalingsmoeilijkheden ['adəmhalıŋsmujləkhedən] *(Plural)* Atembeschwerden
administratiekosten [ɑtmini'stra(t)sikɔstən] *(Plural)* Bearbeitungsgebühr
adres [a'drɛs] *(nt)* Adresse
adviseren [ɑtfi'ze:rən] raten
advocaat (advocate) [ɑtfo'kat, ɑtfo'katə] Rechtsanwalt (-anwältin)
advocaat [ɑtfo'kat] Eierlikör
aerobics [ɛ'rɔbıks] Aerobics
af en toe [ɑv‿ɛn 'tu] ab und zu
affiche [ɑ'fiʃə] *(nt)* Plakat
afgelopen maandag ['ɑfχəlopə mandɑχ] letzten Montag
afgeven ['ɑfχevən] ‹gaf af/gaven af, afgegeven› abgeben
afhalen ['ɑfhalən] abholen
afkorting ['ɑfkɔrtıŋ] Abkürzung
afmaken ['ɑfmakən] beenden
afrit ['ɑfrıt] Abfahrt
afscheid nemen ['ɑfsχɛit nemən] ‹nam/namen, genomen› sich verabschieden

afslaan [ˈafslan] ‹sloeg af, afgeslagen› abschlagen, abbiegen
afslag [ˈafslaχ] Ausfahrt
afsluiten [ˈafslœytən] ‹sloot af, afgesloten› abschließen
afspraak [ˈafsprak] Termin, Verabredung
afspreken [ˈafsprekən] ‹sprak/spraken af, afgesproken› ausmachen, vereinbaren
afstand [ˈafstant] Entfernung
afstempelen [ˈafstɛmpələn] entwerten
aftershave [aftərˈʃef] Rasierwasser
afvalemmer [ˈafalɛmər] Abfalleimer
afwasborstel [ˈafwazbɔrstəl] Spülbürste
afwasmachine [ˈafwasmaʃinə] Geschirrspülmaschine
afwasmiddel [ˈafwasmɪdəl] Spülmittel
afwijzen [ˈafwɛizən] ‹wees af, afgewezen› ablehnen
afzender [ˈafsɛndər] Absender
agent (agente) [aˈχɛnt, aˈχɛntə] Polizist(in)
agentschap [aˈχɛntsχap] Agentur
al [al] schon, bereits
al te [al tə] all zu sehr
alarminstallatie [aˈlarmɪnstaˈlatsi] Alarmanlage
alcoholvrij [ˈalkohɔlˈvrɛi] alkoholfrei
alle(n) [ˈalə] alle
alleen [aˈlen] allein
allergie [alɛrˈχi] Allergie
allergies zijn voor ... [aˈlɛrxis zɛin voːr] allergisch sein gegen ...
allergisch: ik ben ~ [ɪg bɛn aˈlɛrχis] ich bin Allergiker(in)
alles [ˈaləs] alles
allochtoon [alɔχˈton] Ausländer/in
als [als] *(Zeit)* wenn, *(Vergleich)* wie
altijd [ˈaltɛit] immer
aluminiumfolie [alyˈminijəmfoli] Alufolie
amandelen [aˈmandələn] *(Plural)* Mandeln
ambassade [ambaˈsadə] Botschaft
amusement [amyzəˈmɛnt] *(nt)* Vergnügen, Unterhaltung
amuseren: zich ~ [ˈzɪχ amyˈzeːrən] sich amüsieren
ananas [ˈananas] Ananas
andere [ˈandərə] andere
anders (dan) [ˈandərs (dan)] anders (als)
angst [aŋst] Angst
annuleren [anyˈleːrən] stornieren
ansicht [ˈanzɪχt] Ansichtskarte
ansjovis [anˈʃovɪs] Sardellen
antibiotica [antibiˈjotika] Antibiotika
antiek [anˈtik] antik
antiekwinkel [anˈtikwɪŋkəl] Antiquitätengeschäft
antimuggenmiddel [antiˈmœχəmɪdəl] *(nt)* Mückenschutz
antivries [antiˈvris] Frostschutzmittel
antwoordapparaat [ˈantwoːrtaparat] Anrufbeantworter
antwoorden [ˈantwoːrdən] antworten
apotheek [apoˈtek] Apotheke
appartement [apartəˈmɛnt] *(nt)* Apartment, Studio
appels [ˈapəls] *(Plural)* Äpfel
appelsap [ˈapəlsap] *(nt)* Apfelsaft
april [aˈprɪl] April
aquarel [akwaˈrɛl] *(nt)* Aquarell
archeologie [arχejoloˈχi] Archäologie
architect (architecte) [arχiˈtɛkt, arχiˈtɛktə] Architekt(in)
architectuur [arχitɛkˈtyːr] Architektur
arm [ar(ə)m] *(Gliedmaße)* Arm
arm [ar(ə)m] *(ohne Geld)* arm
armband [ˈar(ə)mbant] Armband
arresteren [arɛˈsteːrən] verhaften
artisjokken [artiˈʃɔkən] *(Plural)* Artischocken
as [as] Achse
asbak [ˈazbak] Aschenbecher
asperge [asˈpɛrʒə] Spargel
aspirine [aspiˈrinə] Aspirin®
atletiek [atləˈtik] Leichtathletik
attest [aˈtɛst] *(nt)* Attest
attractiepark [aˈtraksipark] *(nt)* Freizeitpark
aubergines [obɛrˈʒinəs] *(Plural)* Auberginen
augurk [auˈχœr(ə)k] (Gewürz-)Gurke
augustus [auˈχœstəs] August
auto [ˈauto/ˈoto] Auto
autoband [ˈautobant] Autoreifen
autodek [ˈautodɛk] *(nt)* Autodeck
automaat [autoˈmat] Automat
automatisch [autoˈmatis] automatisch
automobilist (automobiliste) [automobiˈlɪst, automobiˈlɪstə] Autofahrer(in)
autoradio [ˈautoradijo] Autoradio
autorijden [ˈautorɛidən] ‹reed, gereden› Auto fahren
autosnelweg [autoˈsnɛlwɛχ] Autobahn
avocado [avoˈkado] Avocado
avond [ˈavɔnt] Abend
avondeten [ˈavɔntetən] *(nt)* Abendessen
avondkleding [ˈavɔntkledɪŋ] Abendgarderobe

avonds: 's ~ [ˈsavɔns] abends
azijn [aˈzɛin] Essig

B

baard [ba:rt] Bart
baars [ba:rs] Barsch
babyvoeding [ˈbebivudɪŋ] Babynahrung
bad [ˈbɑt] *(nt)* Badewanne
badhanddoek [ˈbɑthɑnduk] Badetuch
badjas [ˈbɑtjɑs] Bademantel
badkamer [ˈbɑtkamər] Badezimmer
badmeester [ˈbɑtmestər] Bademeister
badminton [ˈbɛtmintɔn, (B) ˈbɑtmɪntɔn] *(nt)* Badminton, Federball *(Sport)*
badpak [ˈbɑtpɑk] *(nt)* Badeanzug
badplaats [ˈbɑtplats] Badeort
badslippers [ˈbɑtslɪpərs] *(Plural)* Badeschuhe
bagage [baˈχaʒə] Gepäck
bagagedepot [baˈχaʒədepo] *(nt)* Gepäckaufbewahrung
bagagekarretje [baˈχaʒəkɑrətjə] *(nt)* Gepäckwagen
bagagekluis [baˈχaʒəklœys] Schließfach
bagageloket [baˈχaʒəloˈkɛt] *(nt)* Gepäckschalter
bakkebaarden [ˈbɑkəba:rdən] *(Plural)* Koteletten
bakkerij [bɑkəˈrɛi] Bäckerei
baksteen [ˈbɑksten] Backstein
bal [bɑl] Ball *(Sport)*, *(nt)* Ball *(Tanzfest)*
balkon [bɑlˈkɔn] *(nt)* Balkon
ballet [bɑˈlɛt] *(nt)* Ballett
balpen [ˈbalpɛn] Kugelschreiber
bananen [bɑˈnanən] *(Plural)* Bananen
band [bɛnt] Band *(Musikgruppe)*
band [bɑnt] Reifen
bang zijn voor [ˈbɑŋ zɛin vo:r] ‹was/waren, geweest› sich fürchten vor
bank [bɑŋk] Bank
bankbiljet [ˈbɑŋgbɪljɛt] *(nt)* Geldschein
banketbakker [bɑŋˈkɛdbɑkər] Konditorei
bankrekening [ˈbɑŋkrekənɪŋ] Konto
bar [bɑr] Bar
barok [baˈrɔk] Barock
basilicum [baˈzilikəm] Basilikum
basketbal [ˈbɑskətbɑl] Basketball
batterij [bɑtəˈrɛi] Batterie, Akku
batterijlader [bɑtəˈrɛiladər] Ladegerät

beantwoorden [bəˈɑntwo:rdən] beantworten
bed [bɛt] *(nt)* Bett; **naar ~ gaan** [na:r bɛt χan] ‹ging, gegaan› ins Bett gehen
bedanken [bəˈdɑŋkən] danken
beddengoed [ˈbɛdəχut] *(nt)* Bettwäsche
bediening [bəˈdinɪŋ] Bedienung
bedoelen [bəˈdulən] (jemanden/etwas) meinen
bedorven [beˈdɔrvən] verdorben *(Ware, Urlaub)*
bedrag [bəˈdrɑχ] *(nt)* Betrag
bedrieger [bəˈdriχər] Schwindler
bedrog [bəˈdrɔχ] *(nt)* Betrug
beeldhouwer [ˈbelthɑuwər] Bildhauer
been [ben] *(nt)* Bein
beetje: een ~ [ən ˈbetjə] ein bisschen
begane grond [bəˈχanə χrɔnt] Erdgeschoss
begeleiden [bəχəˈlɛidən] begleiten
begeleider (begeleidster) [bəχəˈlɛidər, bəχəˈlɛidstər] Begleiter(in)
begin [bəˈχɪn] *(nt)* Anfang
beginnen [bəˈχɪnən] ‹begon, is begonnen› anfangen
begrijpen [bəˈχrɛipən] ‹begreep, begrepen› verstehen, begreifen
begroeten [bəˈχrutən] begrüßen
behalve [bəˈhɑlvə] außer
behandelen [bəˈhɑndələn] behandeln
behandeling [bəˈhɑndəlɪŋ] Behandlung
beide [ˈbɛidə] beide
bekend [bəˈkɛnt] bekannt
beker [ˈbekər] Becher
bekeuring [bəˈkœ:rɪŋ] Bußgeld
bekkengordel [ˈbɛkə(n)χɔrdəl] Nierengurt
bel [bɛl] Klingel
belachelijk [bəˈlɑχələk] lächerlich
belangrijk [bəˈlɑŋrɛik] wichtig
belediging [bəˈledəχɪŋ] Beleidigung
beleefd [bəˈleft] höflich
belegd broodje [bəˈlɛχtˈbrotjə] *(nt)* belegtes Brötchen
beleid [bəˈlɛit] *(nt)* Politik, Führung, Ermessen
Belg (Belgische) [bɛlχ, ˈbɛlχisə] Belgier(in)
België [ˈbɛlχijə] Belgien
bellen [ˈbɛlən] anrufen
beloning [bəˈlonɪŋ] Belohnung
beloven [bəˈlovən] versprechen
beltegoed [ˈbɛltəχut] *(nt)* Anrufguthaben *(Handy)*
belwinkel [ˈbɛlwɪŋkəl] Handygeschäft
bemanning [bəˈmɑnɪŋ] Mannschaft *(von Schiff)*

benaming [bəˈnamɪŋ] Bezeichnung
benauwd [bəˈnɑut] schwül
beneden [bəˈnedən] unten
benzinemeter [bɛnˈzinəmetər] Benzinuhr
bepaald [bəˈpalt] bestimmt
bereiden [bəˈrɛidən] zubereiten
bereiken [bəˈrɛikən] erreichen
berekenen [bəˈrekənən] berechnen
bericht [bəˈrɪχt] *(nt)* Nachricht
beroemd [bəˈrumt] berühmt
beroep [bəˈrup] *(nt)* Beruf
beschadigen [bəˈsχadəχən] beschädigen
beschermingsfactor [bəˈsχɛrmɪŋsˈfɑktɔr] Lichtschutzfaktor
beschrijven [bəˈsχrɛivən] ‹beschreef, beschreven› beschreiben
beslag: in ~ nehmen [ɪn bəˈslɑχ nemən] ‹nam/namen, genomen› beschlagnahmen
beslissen [bəˈslɪsən] entscheiden
besluiten [bəˈslœytən] ‹besloot, besloten› beschließen, sich entschließen
besmettelijk [bəˈsmɛtələk] ansteckend
bespoten [bəˈspotən] gespritzt
bestaan uit [bəˈstan œyt] ‹bestond, bestaan› bestehen aus
beste [bɛstə] beste(r, -s)
bestek [bəˈstɛk] *(nt)* Besteck
bestelling [bəˈstɛlɪŋ] Bestellung
besturen [bəsty:rən] lenken, fahren
bestuur [bəˈsty:r] *(nt)* Vorstand, Verwaltung, Regierung
betaalpasje [bəˈtɑlpɑʃə] *(nt)* Scheckkarte
betalen [bəˈtalən] (be)zahlen
betaling [bəˈtalɪŋ] Zahlung
betekenis [bəˈtekənɪs] Bedeutung
beter [ˈbetər] besser
betoverend [bəˈtovərənt] bezaubernd
betreuren [bəˈtrø:rən] bedauern
betrouwbaar [bəˈtrɑuba:r] zuverlässig
beurs [bø:rs] Börse; Fachmesse; Stipendium
bevallen [bəˈvɑlən] ‹beviel, bevallen› gefallen
bevatten [bəˈvɑtən] enthalten
bevestigen [bəˈvɛstəχən] bestätigen
bevinden: zich ~ [zɪχ bəˈvɪndən] ‹bevond, bevonden› sich befinden
bevriend [bəˈvrint] befreundet
bewaarfolie [bəˈwa:rfoli] Frischhaltefolie
bewaken [bəˈwakən] bewachen
bewaren [bəˈwa:rən] aufbewahren
beweren [bəˈwe:rən] behaupten
bewijs [bəˈwɛis] *(nt)* Beweis
bewolkt [bəˈwɔl(ə)kt] bewölkt
bewusteloos [bəˈwœstəlos] bewusstlos
bezeren [bəˈze:rən] verletzen
bezet [bəˈzɛt] besetzt *(Ort, Platz, Toilette)*
bezichtigen [bəˈzɪχtəχən] besichtigen
bezichtiging [bəˈzɪχtəχɪŋ] Besichtigung
bezienswaardigheden [bəzinsˈwa:rdəχhedən] *(Plural)* Sehenswürdigkeiten
bezoek [bəˈzuk] *(nt)* Besuch
bezoeken [bəˈzukən] ‹bezocht, bezocht› besuchen
bezorgen [bəˈzɔrχən] besorgen
bieden [ˈbidən] ‹bood, geboden› bieten
bier [bi:r] *(nt)* Bier
bieslook [ˈbislok] Schnittlauch
bij [bɛi] bei *(örtlich)*
bijkomen [ˈbɛikomən] ‹kwam bij, bijgekomen› sich erholen
bijna [ˈbɛina] fast
bijten [ˈbɛitən] ‹beet, gebeten› beißen
bijtijds [bɛiˈtɛits] *(nt)* rechtzeitig
bijvoorbeeld [bɛiˈvo:rbelt] zum Beispiel
bijzonder [biˈzɔndər] besondere(r, -s), speziell; **in het ~** [ɪn ət biˈzɔndər] besonders
bindvliesontsteking [ˈbɪntflisɔntstekɪŋ] Bindehautentzündung
bingoavond [ˈbɪŋχoavɔnt] Bingoabend
binnen [ˈbɪnən] drin, (dr)innen
binnen! [ˈbɪnən] herein!
binnenband [ˈbɪnəbɑnt] Schlauch *(Reifen)*
binnenkomen [ˈbɪnəkomən] ‹kwam/kwamen binnen, binnengekomen› hereinkommen
binnenplaats [bɪnəplats] Innenhof
bioscoop [bijɔˈskop] Kino
biowinkel [ˈbijowɪŋkəl] Bioladen
blaar [bla:r] Hautblase
blaas [blas] Harnblase
blad [blɑt] *(nt)* Blatt
bladen [ˈbladən] *(Plural)* Blätter *(Papier)*
bladeren [ˈbladərən] *(Plural)* Blätter *(vom Baum)*, *(als Verb)* blättern
bladzijde [ˈblɑtsɛidə] Seite
blauw [blɑu] blau
blazer [ˈblezər] Blazer
bleek [blek] bleich
blij [blɛi] froh; **~ zijn (met)** [blɛi zɛin (mɛt)] ‹was/waren, geweest› erfreut (über)

blijven [ˈblɛivən] ‹bleef, gebleven› bleiben
blik [blɪk] Blick
blik [blɪk] *(nt)* (Konserven-)Dose
blikopener [ˈblɪkopənər] Dosenöffner
bliksem [ˈblɪksəm] Blitz
blinde [ˈblɪndə] Blinde/r
blindedarmontsteking [blɪndəˈdarmɔntstekɪŋ] Blinddarmentzündung
bloed [blut] *(nt)* Blut
bloeddruk [ˈbludrœk] Blutdruck
bloeden [ˈbludən] bluten
bloedgroep [ˈblutχrup] Blutgruppe
bloeding [ˈbludɪŋ] Blutung
bloedneus [ˈblutnøs] Nasenbluten
bloedvergiftiging [ˈblutfərχɪftəχɪŋ] Blutvergiftung
bloeien [ˈblujən] blühen
bloeiperiode [ˈblujpeːrijodə] Blütezeit
bloem [blum] Blume
bloembollen [ˈblumbɔlən] *(Plural)* Blumenzwiebeln
bloemenzaak [ˈbluməzak] Blumengeschäft
bloemkool [ˈblumkol] Blumenkohl
bloes [blus] Bluse
bocht [bɔχt] Kurve
bodem [ˈbodəm] Boden
boek [buk] *(nt)* Buch
boekdrukkunst [ˈbugdrœkœnst] Buchdruck
boeken [ˈbukən] buchen, reservieren
boekhandel [ˈbukhandəl] Buchhandlung
boeking [bukɪŋ] Buchung; **~ via internet** [ˈbukɪŋ vija ˈɪntərnɛt] Internetbuchung
boerderij [buːrdəˈrɛi] Bauernhof
boete [ˈbutə] Geldstrafe
bokking [ˈbɔkɪŋ] Bückling
bonbons [bɔmˈbɔns, bɔ̃ˈbɔ̃] *(Plural)* Pralinen
bonen [ˈbonən] *(Plural)* Bohnen
bonnetje [ˈbɔnətjə] *(nt)* Kassenbeleg
boodschappen [ˈbotsχapən] *(Plural)* Einkäufe
boodschappen doen [ˈbotsχapən dun] ‹deed, gedaan› einkaufen
boodschappentas [ˈbotsχapətas] Einkaufstasche
boom [bom] Baum
boos [bos] böse
bootverhuur Bootsvermietung
bord [bɔrt] *(nt)* Teller; (Hinweis-)Schild
borgsom [ˈbɔrχsɔm] Kaution
borst [bɔrst] Brust
borstel [ˈbɔrstəl] Bürste
bos [bɔs] *(nt)* Wald
bos [bɔs] (Blumen-)Strauß
bot [bɔt] *(nt)* Knochen
botbreuk [ˈbɔdbrøk] Knochenbruch
boter [ˈbotər] Butter
botsing [ˈbɔtsɪŋ] Zusammenstoß
bougie [buˈʒi] Zündkerze
bouillon [bulˈjɔn] Brühe
bouillonblokjes [bulˈjɔnblɔkjəs] *(Plural)* Brühwürfel
bouwwerk [ˈbauwɛrk] *(nt)* Bauwerk
boven [ˈbovən] oben, über *(mit Dativ)*
bovendien [bovə(n)ˈdin] außerdem
braakneiging [ˈbraknɛiχɪŋ] Brechreiz
bramen [ˈbramən] *(Plural)* Brombeeren
brand [brant] Brand, Feuer
brandalarm [ˈbrantalarm] *(nt)* Feueralarm
brandbaar [ˈbrandbaːr] feuergefährlich
brandblusser [ˈbrantblasər] Feuerlöscher
branden [ˈbrandən] brennen
brandspiritus [ˈbrantspiritəs] Brennspiritus
brandweer [ˈbrantweːr] Feuerwehr
brandzalf [ˈbrantsal(ə)f] Brandsalbe
breed [bret] breit
breedte [ˈbreːtə] Breite
brengen [ˈbrɛŋən] ‹bracht, gebracht› bringen
breuk [brøk] Bruch
brief [brif] Brief
briefkaart [ˈbrifkaːrt] Postkarte
briefpapier [ˈbrifpapiːr] *(nt)* Briefbogen
brievenbus [ˈbrivəbəs] Briefkasten
broek [bruk] Hose
broer [bruːr] Bruder
brood [brot] *(nt)* Brot
broodje [ˈbrotjə] *(nt)* Brötchen
broodrooster [ˈbrotrostər] *(nt)* Toaster
brug [brœχ] Brücke
bruiloft [ˈbrœylɔft] Hochzeit(sfeier)
bruin [brœyn] braun
bruinbrood [ˈbrœynbrot] *(nt)* Graubrot
buik [bœyk] Bauch
buiten [ˈbœytən] (dr)außen, außerhalb
buitenband [ˈbœytəbant] Mantel *(Reifen)*
buitengewoon [bœytəχəˈwon] außergewöhnlich
buitenland [ˈbœytəlant] *(nt)* Ausland
buitenlands [ˈbœytəlants] ausländisch
buitenwijk [ˈbœytəwɛik] Vorort

bumper [ˈbœmpər] Stoßstange
burcht [bœr(ə)χt] Burg
bureau [byˈro] *(nt)* Schreibtisch; Büro, Amt
bureau gevonden voorwerpen [byˈro χəˈvɔndən ˈvoːrwɛrpən] *(nt)* Fundbüro
burgerlijk [ˈbœrχərlək] bürgerlich
burgerlijke staat [ˈbœrχərləkə ˈstat] Familienstand
bus [bœs] Bus
busstation [ˈbœsta(t)ʃɔn] *(nt)* Busbahnhof
buurman (buurvrouw) [ˈbyːrman, ˈbyːrvrau] Nachbar(in)

C

cabaret [kabaˈrɛt] *(nt)* Kabarett
cadeau [kaˈdo] *(nt)* Geschenk
café [kaˈfe] *(nt)* Café *(mit Alkoholausschank)*
cafeïnevrije koffie [kafeˈjinəvrɛijə ˈkɔfi] koffeinfreier Kaffee
caloriearm [kaloriˈar(ə)m] kalorienarm
camper [ˈkɛmpər] Wohnmobil
camping [ˈkɛmpɪŋ] Camping
campinggids [ˈkɛmpɪŋχɪts] Campingführer
caravan [ˈkɛrəvɛn] Wohnwagen
carnaval [ˈkarnaval] *(nt)* Karneval
cent [sɛnt] Cent
centimeter [ˈsɛntimetər] Zentimeter
centraal [sɛnˈtral] zentral
centraal station (CS) [sɛnˈtral sta(t)ˈʃɔn] *(nt)* Hauptbahnhof
centrale verwarming [sɛnˈtralə vərˈwarmɪŋ] Zentralheizung
centrum [ˈsɛntrəm] *(nt)* (Stadt-)Zentrum
champagne [ʃamˈpanjə] Champagner
chauffeur [ʃoˈføːr] Fahrer/in
chef [ʃɛf] Chef
chemisch reinigen [ˈχemis ˈrɛinəχən] chemisch reinigen
cheque [ʃɛk] Scheck
chili [ˈʃili] Chili
chocola [ʃokoˈla] Schokolade
chocoladereep [ʃokoˈladərep] Schokoriegel
christendom [ˈkrɪstəndɔm] *(nt)* Christentum
circus [ˈsɪrkəs] *(nt)* Zirkus
citroen [siˈtrun] Zitrone
claxon [ˈklaksɔn] Hupe
collect-call [kɔˈlɛktkɔl] R-Gespräch
collega [kɔˈleχa] Kollege/Kollegin
comfortabel [kɔmfɔrˈtabəl] bequem
commode [kɔˈmodə] Wickeltisch
componist (componiste) [kɔmpoˈnɪst, kɔmpoˈnɪstə] Komponist(in)
computerwinkel [kɔmˈpjutərwɪŋkəl] Computerfachgeschäft
concert [kɔnˈsɛrt] *(nt)* Konzert
conditietraining [kɔnˈdi(t)sitrenɪŋ] Konditionstraining
condoom [kɔnˈdom] *(nt)* Kondom
conducteur (conductrice) [kɔndəkˈtøːr, kɔndəkˈtrisə] Schaffner in Zugbegleiter (Zugbegleiterin)
consulaat [kɔnsyˈlat] *(nt)* Konsulat
contact [kɔnˈtakt] *(nt)* Kontakt
contactsleuteltje [kɔnˈtaktsløtəltjə] *(nt)* Zündschlüssel
contant [kɔnˈtant] bar
contant betalen [kɔnˈtant bəˈtalən] bar bezahlen
contant geld [kɔnˈtant ˈχɛlt] *(nt)* Bargeld
contract [kɔnˈtrakt] *(nt)* (Arbeits-, Miet-)Vertrag
controleren [kɔntroˈleːrən] kontrollieren
controleur (controleuse) [kɔntroˈløːr, kɔntroˈløzə] Kontrolleur(in)
conserven [kɔnˈzɛrvən] *(Plural)* Konserven
cornflakes [ˈkɔrnfleks] *(Plural)* Cornflakes
coupé [kuˈpe] Abteil *(Zug)*
courgettes [kurˈʒɛtəs] *(Plural)* Zucchini
couvert [kuˈvɛːr] *(nt)* Gedeck
creatief [krejaˈtif] kreativ
creditcard [ˈkrədɪtkart] Kreditkarte
crème [krɛːm] Creme
cruise [kruːs] Kreuzfahrt
cultuur [kœlˈtyːr] Kultur
cursus [ˈkœrzəs] Kurs
cyste [ˈkistə, ˈkɪstə] Zyste

D

daar [daːr] dort
daarna [daːrˈna] danach
daarom [ˈdarɔm] deshalb
dadelijk [ˈdadələk] gleich, sofort
dag [daχ] Tag
dag van aankomst [daχ van ˈaŋkɔmst] Anreisetag
dagelijks [ˈdaχələks] täglich
dagje er-op-uit [ˈdaχjə ɛrɔpˈœyt] *(nt)* Tagesausflug
dagkaart [daχkaːrt] Tageskarte
dagschotel [ˈdaχsχotəl] Tagesgericht
dak [dak] ‹daken› *(nt)* Dach
dames [ˈdaməs] *(Plural)* Damen
damesblad [ˈdaməsblat] *(nt)* Frauenzeitschrift

dan [dɑn] dann
dan [dɑn] als *(bei Vergleichen)*
danken [ˈdɑŋkən] danken
dans [dɑns] Tanz
dansen [ˈdɑnsən] tanzen
danstheater [ˈdɑnstejatər] Tanztheater
darm [dɑr(ə)m] Darm
das [dɑs] Krawatte
dat (daar) [dɑt (da:r)] jene(r, -s)
dat [dɑt] dass
datum [ˈdatəm] Datum
december [deˈzɛmbər] Dezember
deel [del] *(nt)* Teil
deelnemen (aan) [ˈdelnemən (an)] ‹nam/namen deel, deelgenomen› teilnehmen (an)
defect [dəˈfɛkt] *(nt)* Defekt
definitief [definiˈtif] *(als Adjektiv/ Adverb)* endgültig
deftig [ˈdɛftəχ] vornehm
dek [dɛk] *(nt)* Deck
delen [ˈdelən] teilen
delicatessenzaak [delikaˈtɛsəza:k] Feinkostgeschäft
denken aan [dɛŋkən an] ‹dacht, gedacht› denken an
deponeren [depoˈne:rən] hinterlegen
derde [ˈdɛrdə] dritte(r, -s)
desinfecteren [dɛsɪnfɛkˈte:rən] desinfizieren
desinfecterend middel [dɛsɪnfɛkˈte:rənt ˈmɪdəl] *(nt)* Desinfektionsmittel
deuk [døk] Delle
deur [dø:r] Tür
deurcode [ˈdø:rkodə] Türcode
deze [ˈdezə] diese(r, -s)
diabeticus [dijaˈbetikəs] Diabetiker
diagnose [dijɑχˈnozə] Diagnose
diarree [dijaˈre] Durchfall
dicht [dɪχt] geschlossen, zu
dichtbij [dɪχ(t)ˈbɛi] nah(e)
dichtstbijzijnde [dɪχ(t)sbɛiˈzɛində] nächste(r, -s) *(räumlich)*
die (daar) [di (da:r)] jene(r, -s)
dieet [diˈjet] *(nt)* Diät
dief [dif] Dieb
diefstal [ˈdifstɑl] Diebstahl
dienstregeling [ˈdinstreχəlɪŋ] Fahrplan
diep [dip] tief
dier [di:r] *(nt)* Tier
dierentuin [ˈdi:rətœyn] Zoo
digitale camera [diχitalə ˈkaməra] Digitalkamera
dijk [dɛik] Deich
dik [dɪk] dick
dille [ˈdɪlə] Dill
ding [dɪŋ] *(nt)* Ding
dinsdag [ˈdɪnzdɑχ] Dienstag
direct [diˈrɛkt] direkt; sofort
directie [diˈrɛksi] Direktion
dirigent (dirigente) [diriˈχɛnt, diriˈχɛntə] Dirigent(in)
discotheek Diskothek
dit [dɪt] *(bei het-Wörtern)* diese(r, -s)
dochter [ˈdɔχtər] Tochter
doehetzelven [duhɛtˈzɛlvən] heimwerken
doek [duk] Tuch
doen [dun] ‹deed, gedaan› tun, machen
dom [dɔm] *(als Substantiv)* Dom
dom [dɔm] *(als Adjektiv)* dumm, blöd(e)
donder [ˈdɔndər] Donner
donderdag [ˈdɔndərdɑχ] Donnerstag
donker [ˈdɔŋkər] dunkel
dood [dot] Tod; tot
door [do:r] durch, *(beim Passiv)* von
door de week [do:r də ˈwek] wochentags
doorbakken [do:rˈbɑkən] durchgebraten
doorbrengen [ˈdo:rbrɛŋən] ‹bracht door, doorgebracht› verbringen *(Zeit)*
doorgaande coupé [ˈdo:rχandə kuˈpe] Großraumwagen *(Zug)*
doorreis: op ~ [ɔb ˈdo:rɛis] auf der Durchreise
dorp [dɔrp] *(nt)* Dorf
dorstig [dɔrstəχ] durstig
douane [duˈwanə] Zoll
douche [duʃ] Dusche
douchegordijn [ˈduʃχɔrdɛin] *(nt)* Duschvorhang
douchekop [ˈduʃkɔp] Brausenkopf
draad [drat] Draht; Faden
dragen [ˈdraχən] ‹droeg, gedragen› tragen
dragon [draˈχɔn] Estragon
drama [ˈdrama] *(nt)* Drama
drankje [drɑŋkjə] *(nt)* Getränk
drempel [ˈdrɛmpəl] Türschwelle
dressing [ˈdrɛsɪŋ] Dressing
dringend [ˈdrɪŋənt] dringend
drinken [ˈdrɪŋkən] ‹dronk, gedronken› trinken
drinkfles [ˈdrɪŋkflɛs] Trinkflasche
drinkwater [ˈdrɪŋkwatər] *(nt)* Trinkwasser
drogen [ˈdroχən] trocknen
drogist [droˈχɪst] Drogerie
drogisterij-artikelen [droχɪstəˈrɛiɑrtikələn] *(Plural)* Drogerieartikel
dronken [ˈdrɔŋkən] betrunken
droog [droχ] trocken
droogdoek [ˈdroχduk] Geschirrtuch
droogtrommel [ˈdroχtrɔməl] Wäschetrockner

droom [drom] Traum
drop [drɔp] Lakritz
drugs [dɹœks] *(Plural)* Rauschgift
druivensuiker [ˈdrœyvəsœykər] Traubenzucker
druk [drœk] lebhaft; hektisch
druppels [ˈdrœpəls] *(Plural)* Tropfen
dubbel [ˈdœbəl] doppelt
duidelijk [ˈdœydələk] deutlich
duikbril [ˈdœykbrɪl] Taucherbrille
duiken [ˈdœykən] ‹dook, gedoken› tauchen
duinen [ˈdœynən] *(Plural)* Dünen
Duits [dœyts] deutsch
Duitser (Duitse) [ˈdœytsər, ˈdœytsə] Deutsche/r
Duitsland [ˈdœytslɑnt] Deutschland
duizelig [ˈdœyzələχ] schwindlig
dun [dœn] dünn
duren [ˈdyrən] dauern
durven [ˈdœrvən] wagen
dus [dœs] also
duur [dy:r] *(als Substantiv)* Dauer
duur [dy:r] *(als Adjektiv)* teuer
dwars door [dwɑrs do:r] quer durch
dwingen [ˈdwɪŋən] ‹dwong, gedwongen› zwingen
dynamo [diˈnamo] Lichtmaschine *(Fahrrad)*

E

eb [ɛp] Ebbe
echoscopie [ɛχoskoˈpi] Ultraschalluntersuchung
echt [ɛχt] echt
een [ən] *(Artikel)* ein(e)
een, één [en] *(Zahlwort)* eins ein(e)
een paar [əm ˈpa:r] ein, paar
eennalaatst [ˈenalatst] vorletzte(r, -s)
eens [ens] einmal
eens [ens] einig, einverstanden; **het ~ worden** [ət ens ˈwɔrdən] ‹werd, geworden› sich einigen
eenvoudig [enˈvɑudəχ] einfach
eenzaam [ˈenzam] einsam
eergisteren [e:rˈχɪstərən] vorgestern
eerst [e:rst] zuerst
eerst(e) [ˈe:rst(ə)] erste(r, -s)
eetbaar [ˈedba:r] essbar
eetlust [ˈetlœst] Appetit
eetzaal [ˈetsal] Speisesaal
eeuw [ew] Jahrhundert
EHBO [ehabeˈo] *(Abkürzung)* erste Hilfe
EHBO-trommel [ehabeˈotrɔməl] Verbandskasten
eierdopje [ˈɛiərdɔpjə] *(nt)* Eierbecher
eieren [ˈɛijərən] *(Plural)* Eier
eigen [ɛiχən] eigen
eigenaar (eigenares) [ˈɛiχəna:r, ɛiχənaˈrɛs] Besitzer(in)
eigengemaakt [ˈɛiχəχəˈmakt] hausgemacht
eigenlijk [ˈɛiχələk] *(als Adjektiv/Adverb)* eigentlich
eiland [ˈɛilɑnt] *(nt)* Insel
einde [ˈɛində] *(nt)* Ende
eindelijk [ˈɛindələk] endlich
eindhalte [ˈɛinthɑltə] Endstation
eindigen [ˈɛindəχən] enden
eindschoonmaak [ˈɛintsχonmak] Endreinigung
eisen [ˈɛisən] fordern, verlangen
elektrisch fornuis [eˈlɛktris fɔrˈnœys] *(nt)* Elektroherd
elektrische rolstoel [eˈlɛktrisə ˈrɔlstul] Elektrorollstuhl
elftal [ˈɛl(ə)ftɑl] *(nt)* Mannschaft *(Fußball)*
elk(e) [ɛl(ə)k/ˈɛl(ə)kə] jede(r, -s)
emmer [ˈɛmər] Eimer
en [ɛn] und
Engels [ˈɛŋəls] englisch
enig [ˈenəχ] einzig
enkel [ˈɛŋkəl] Knöchel
enkel(e) [ˈɛŋkəl(ə)] einzige(r, -s) **een enkele keer** [en ˈɛŋkələ ke:r] ein einziges Mal
enkele [ˈɛŋkələ] *(Plural)* einige
enthousiast (over) [ɛntuˈʒɑst (ˈovər)] begeistert (von)
entrée [ɑnˈtre] Eintritt
envelop [ɑmˈvlɔp] Briefumschlag
epilepsiepatiënt(e) [epilɛpˈsipaʃənt(ə)] Epileptiker(in)
er is [ɛr ˈɪs] *(Singular)* es gibt
er zijn [ɛr ˈzɛin] *(Plural)* es gibt
erg [ɛr(ə)χ] sehr; schlimm
ergens anders [ˈɛrχəns ˈɑndərs] anderswo
ergeren: zich ~ over [zɪχ ˈɛrχərən ˈovər] sich ärgern über
ernstig [ˈɛrnstəχ] ernst, *(Krankheit)* schwer
ervaren [ɛrˈva:rən] ‹ervoer, ervaren› erfahren
erwten [ˈɛrtən] *(Plural)* Erbsen
etalage [etaˈlaʒə] Schaufenster
eten [ˈetən] ‹at/aten, gegeten› essen
ets [ɛts] Radierung
etter [ˈɛtər] Eiter
EU-burger [eˈybœrχər] EU-Bürger
euro [ˈø:ro] Euro
Europa [øˈropa] Europa
Europees [øroˈpes] europäisch
evenement [evənəˈmɛnt] *(nt)* Veranstaltung
expres [ɛksˈprɛs] mit Absicht, extra
extra [ˈɛkstra] zusätzlich, extra
extra kosten [ˈɛkstra ˈkɔstən] *(Plural)* Nebenkosten *(Ferienwohnung)*

F

fabriek [fa'brik] Fabrik
familie [fa'mili] Verwandtschaft, Familie
familienaam [fa'milinam] Familienname
fantastisch [fan'tastis] wunderbar
faxtoestel ['fakstustɛl] *(nt)* Faxgerät
februari ['febrywa:ri] Februar
feest [fest] *(nt)* Fest
feit ['fɛit] *(nt)* Tatsache
felicitatie [felisi'ta(t)si] Glückwunsch
feliciteren [felisi'te:rən] gratulieren
festival ['fɛstival] *(nt)* Festival
fiets [fits] Fahrrad
fietsen ['fitsən] Rad fahren
fietshelm ['fitshɛlm] Fahrradhelm
fietspad ['fitspat] *(nt)* Fahrradweg
fietstocht [fitstɔχt] Fahrradtour
fietsverhuur ['fitsvərhy:r] Fahrradvermietung
fijn [fɛin] fein, angenehm
file ['filə] Stau
film ['fɪləm] Film
filmhuis ['fɪlmhœys] *(nt)* Programmkino
filmpje ['fɪl(ə)mpjə] *(nt)* Film *(Fotoapparat)*
flauw vallen ['flau 'valən] ‹viel, gevallen› ohnmächtig werden
fles [flɛs] Flasche
flesopener ['flɛsopənər] Flaschenöffner
flessenwarmer ['flɛsəwarmər] Fläschchenwärmer
flitser ['flɪtsər] Blitzgerät
folder [fɔldər] Prospekt
folkloremarkt [fɔl'klo:rəmar(ə)kt] Folkloremarkt
fontein [fɔn'tɛin] Springbrunnen
fonteintje [fɔn'tɛintjə] *(nt)* Handwaschbecken
fooi [foj] Trinkgeld
fopspeen ['fɔpspen] Schnuller
formulier [fɔrmy'li:r] *(nt)* Formular, Vordruck
fornuis [fɔr'nœys] *(nt)* Herd
fort [fɔrt] *(nt)* Fort
foto ['foto] Foto
fotoboek ['fotobuk] *(nt)* Bilderbuch
fotograferen [fotoχra'fe:rən] fotografieren
fototoestel ['fototustɛl] *(nt)* Fotoapparat
fotozaak ['fotozak] Fotogeschäft
fout [faut] Fehler; falsch
frankeren [fraŋ'ke:rən] frankieren
fris [frɪs] kühl, frisch
fruit [frœyt] *(nt)* Obst
functioneren [fœŋkʃo'ne:rən] funktionieren

G

gaan [χan] ‹ging, gegaan› gehen; ~ **liggen** [χan 'lɪχən] sich hinlegen; ~ **zitten** [χan 'zɪtən] sich setzen
gaar [χa:r] gar *(Essen)*
garage [χa'raʒə] Garage; Werkstatt
garantie [χa'ran(t)si] Garantie
garderobe [χardə'rɔ:bə] Garderobe
garnalen [χar'nalən] *(Plural)* Garnelen, Krabben
gasfles ['χasflɛs] Gasflasche
gasfornuis ['χasfɔrnœys] *(nt)* Gasherd
gaspedaal ['χaspeda'l] *(nt)* Gaspedal
gasstel ['χastɛl] *(nt)* Gaskocher
gast [χast] Gast
gastankje [χastɛŋkjə] *(nt)* Gaskartusche
gastheer (-vrouw) ['χasthe:r, -frau] Gastgeber(in)
gastvrijheid [χast'frɛihɛit] Gastfreundschaft
gat [χat] ‹gaten› *(nt)* Loch
gauw [χau] bald
gebak [χə'bak] *(nt)* Gebäck
gebeuren [χə'bø:rən] geschehen, sich ereignen
gebeurtenis [χə'bø:rtənɪs] Ereignis
geboortedatum [χə'bo:rtədatəm] Geburtsdatum
geboortenaam [χə'bo:rtənam] Geburtsname
geboorteplaats [χə'bo:rtəplats] Geburtsort
geboren [χə'bo:rən] geboren
gebouw [χə'bauw] *(nt)* Gebäude
gebrek [χə'brɛk] *(nt)* Mangel, Fehler
gebroken [χə'brokən] gebrochen
gebruikelijk [χə'brœykələk] gebräuchlich, üblich
gebruiken [χə'brœykən] benutzen, verwenden
geduld [χə'dœlt] *(nt)* Geduld
geel [χel] gelb
geen [χen] kein
gefriteerd [χəfri'te:rt] frittiert
gegratineerd [χəχrati'ne:rt] überbacken
gehakt [χə'hakt] *(nt)* Hackfleisch
geheugenkaart [χə'høχəka:rt] Speicherkarte
geheugenstick [χə'høχəstɪk] Speicherstick
geitenkaas ['χɛitəkas] Ziegenkäse
gek [χɛk] verrückt
gekleurd [χə'klø:rt] farbig, bunt
geld [χɛlt] *(nt)* Geld
geldautomaat ['χɛltautomat] Geldautomat

gelden [ˈχɛldən] ‹gold, gegolden› gelten
geldig [ˈχɛldəχ] gültig
geleden [χəˈledən] vor *(in der Vergangenheit)*; **tien minuten ~** [ˈti(n) miˈnytə(n) χəˈledə] vor zehn Minuten
gelegenheid [χəˈleχənhɛit] Gelegenheit
geleidehond [χəˈlɛidəhɔnt] Blindenhund
gelijk [χəˈlɛik] *(als Adjektiv)* gleich
gelijk hebben [χəˈlɛik ˈhɛbən] ‹had, gehad› Recht haben
gelijktijdig [χəlɛikˈtɛidəχ] gleichzeitig
gelijkvloers [χəlɛikˈvluːrs] ebenerdig
geloven [χəˈlovən] glauben
geluid [χəˈlœyt] *(nt)* Geräusch
geluk [χəˈlœk] *(nt)* Glück
gelukkig [χəˈlœkəχ] glücklich
gemakkelijk [χəˈmɑkələk] einfach, leicht
gember [ˈχɛmbər] Ingwer
gemeenschappelijk [χəˈmenˈsχɑpələk] *(als Adjektiv/Adverb)* gemeinsam
gemengd [χəˈmɛŋt] gemischt
gemiddeld [χəˈmɪdəlt] *(als Adjektiv/Adverb)* durchschnittlich
geneesmiddel [χəˈnesmɪdəl] *(nt)* Medikament
genieten [χəˈnitən] ‹genoot, genoten› genießen
genoeg [χəˈnuχ] genug
genoeg zijn [χəˈnuχ sɛin] ‹was/waren, geweest› (aus)reichen
genoegen [χəˈnuχən] *(nt)* Vergnügen
geopend [χəˈopənt] geöffnet
gerecht [χəˈrɛχt] *(nt)* Gericht *(Essen)*
gereduceerd tarief [χəredyˈseːrt tarif] *(nt)* Rabatttarif
gereed [χəˈret] bereit
gereedschap [χəˈretsχɑp] *(nt)* Werkzeug
gerookt [χəˈrokt] geräuchert
geschiedenis [χəˈsχidənɪs] Geschichte
gesloten [χəˈslotən] geschlossen
gesprek [χəˈsprɛk] *(nt)* Gespräch, Unterhaltung; **in ~** [ɪŋ χəˈsprɛk] besetzt *(Leitung)*
getal [χəˈtɑl] *(nt)* Zahl
getrouwd (met) [χəˈtrɑut (mɛt)] verheiratet (mit)
getuige [χəˈtœyχə] Zeuge/Zeugin
geur [χøːr] Geruch
gevaar [χəˈvaːr] *(nt)* Gefahr
gevaarlijk [χəˈvaːrlək] gefährlich
gevangenis [χəˈvɑŋənɪs] Gefängnis
gevarendriehoek [χəˈvaːrədrihuk] Warndreieck
gevel [ˈχevəl] Giebel
geven [ˈχevən] ‹gaf, gegeven› geben
gevoel [χəˈvul] *(nt)* Gefühl
gewend zijn [χəˈwɛnt sɛin] ‹was/waren, geweest› gewohnt sein
gewicht [χəˈwɪχt] *(nt)* Gewicht
gewonde [χəˈwɔndə] Verletzte/r
gewoonlijk [χəˈwonlək] gewöhnlich, normalerweise
gewricht [χəˈwrɪχt] *(nt)* Gelenk
gezamenlijk [χəˈzamələk] zusammen, gemeinsam
gezellig [χəˈzɛləχ] gemütlich
gezicht [χəˈzɪχt] *(nt)* Gesicht
gezin [χəˈzɪn] *(nt)* Familie
gezond [χəˈzɔnt] gesund
gezwollen [χəˈzwɔlən] geschwollen
gids [χɪts] Fremdenführer/in
gif [χɪf] *(nt)* Gift
giftig [ˈχɪftəχ] giftig
gisteren [ˈχɪstərən] gestern
glas [χlɑs] *(nt)* Glas
gloeilamp [ˈχlujlɑmp] Glühbirne
God [χɔt] Gott
godsdienst [ˈχɔtsdinst] Religion
goed [χut] *(als Adjektiv/Adverb)* gut
goedkoop [χutˈkop] billig
golf [χɔlf] *(nt)* Golf
golfclub [ˈχɔlfklœp] Golfclub
golfslagbad [ˈχɔl(ə)fslɑχbɑt] *(nt)* Wellenbad
golfstick [ˈχɔlfstɪk] Golfschläger
gooien [ˈχojən] werfen
gordel [ˈχɔrdəl] Gürtel
gordel omdoen [ˈχɔrdəl ˈɔmdun] anschnallen
goud [χɑut] *(nt)* Gold
goudkleurig [ˈχɑutkløːrəχ] goldfarben
graag [χraχ] gern
graat [χrat] Gräte
gracht [χrɑχt] Gracht
graf [χrɑf] *(nt)* Grab
gram [χrɑm] Gramm
grap [χrɑp] Witz
grappig [ˈχrɑpəχ] erheiternd, lustig
gratis [ˈχratəs] gratis
grens [χrɛns] Grenze
grensovergang [ˈχrɛnsovərχɑŋ] Grenzübergang
griep [χrip] Grippe
grijs [χrɛis] grau
grillaansteker [ˈχrɪlanstekər] Grillanzünder
groeien [ˈχrujən] wachsen
groen [χrun] grün
groene bonen [ˈχrunə ˈbonən] *(Plural)* grüne Bohnen
groente [χruntə] Gemüse
groep [χrup] Gruppe
groeten [ˈχrutən] grüßen
groot [χrot] groß

groot licht [χrot ˈlɪχt] *(nt)* Fernlicht
grootmoeder [ˈχrotmudər] Großmutter
grootvader [ˈχrotfadər] Großvater
grot [χrɔt] Grotte
gymschoenen [ˈχɪmsχunən] *(Plural)* Turnschuhe

H

haak [hak] Haken
haantje [ˈhantjə] *(nt)* Hähnchen
haar [haːr] *(nt)* Haar
haar [haːr] *(Personalpronomen, 2. Person Singular)* sie *(Akkusativ)* ihr *(Dativ) (Possessivpronomen, 2. Person Singular)* ihr(e)
haarbandje [ˈhaːrbantjə] *(nt)* Haargummi
haarclips [ˈhaːrklɪps] *(Plural)* Haarklammern
haargel [ˈhaːrgel] Haargel
haarstukje [ˈhaːrstœkjə] *(nt)* Haarteil
haarversteviger [ˈhaːrvərstevəχər] Haarfestiger
haast hebben [hast ˈhɛbən] ‹had, gehad› es eilig haben
haasten: zich ~ [zɪχ ˈhastən] sich beeilen
haastig [ˈhastəχ] eilig
hak [hak] Absatz
halen [ˈhalən] holen
half [hal(ə)f] *(als Adjektiv/Adverb)* halb
halfpension [ˈhal(ə)fpɛnʃɔn] *(nt)* Halbpension
hals [hals] Hals
halte [ˈhaltə] Haltestelle
ham [ham] Schinken
hamer [ˈhamər] Hammer
hand [hant] Hand
handbal [ˈhandbal] Handball
handcrème [ˈhantkrɛːm] Handcreme
handdoek [ˈhanduk] Handtuch
handgas [ˈhantχas] *(nt)* Handgas *(Auto)*
handgreep [ˈhantχrep] Haltegriff
handrem [ˈhantrɛm] Handbremse
handschoenen [ˈhantsχunən] *(Plural)* Handschuhe
handtas [ˈhantas] Handtasche
handtekening [ˈhantekənɪŋ] Unterschrift
hard [hart] hart
haring [ˈhaːrɪŋ] Hering
hart [hart] *(nt)* Herz
hartaanval [ˈhartanval] Herzanfall
hartelijk [ˈhartələk] herzlich
hartinfarct [ˈhartɪnfarkt] *(nt)* Herzinfarkt
hartklachten [ˈhartklaχtən] *(Plural)* Herzbeschwerden
hartkloppingen [ˈhartklɔpɪŋən] *(Plural)* Herzklopfen
haven [ˈhavən] Hafen
havenmeester [ˈhavəmestər] Hafenmeister
havervlokken [ˈhavərvlɔkən] *(Plural)* Haferflocken
hebbedingetjes [ˈhɛbədɪŋətjəs] *(Plural)* Nippes
hebben [ˈhɛbən] ‹had, gehad› haben
heel [hel] *(als Adjektiv/Adverb)* ganz; sehr
heer [heːr] Herr
heerlijk [ˈheːrlək] herrlich
hees [hes] heiser
heet [het] heiß; scharf
hei(de) [hɛi(də)] Heide
heilbad [hɛilbat] *(nt)* Heilbad
heilig [ˈhɛiləχ] heilig
helaas [heˈlas] leider
helder [ˈhɛldər] klar
helemaal [ˈheləmal] ganz und gar
helft [hɛl(ə)ft] Hälfte
hellingbaan [ˈhɛlɪŋban] Auffahrtrampe
help! [ˈhɛl(ə)p] Hilfe!
helpen [ˈhɛlpən] ‹hielp, geholpen› helfen
hem [hɛm] *(Personalpronomen 3. Person Singular)* ihm *(Dativ)* ihn *(Akkusativ)*
hemel [ˈheməl] Himmel
hemeltje lief! [ˈheməltjə lif] Himmel!
hengel [ˈhɛŋəl] Angel
hen [hɛn] *(Personalpronomen 3. Person Plural)* sie *(Akkusativ)*
herdenkingsplaats [hɛrˈdɛŋkɪŋsplats] Gedenkstätte
heren [heːrən] *(Plural)* Herren
herfst [hɛr(ə)fst] Herbst
herhalen [hɛrˈhalən] wiederholen
herinneren [hɛrˈɪnərən] erinnern
herpes [ˈhɛrpəs] Herpes
hersens [ˈhɛrsəns] *(Plural)* Gehirn
hersenschudding [ˈhɛrsəsχœdɪŋ] Gehirnerschütterung
hersenvliesontsteking [ˈhɛrsəflisɔntstekɪŋ] Hirnhautentzündung
heten [ˈhetən] ‹heette, geheten› heißen
hetzelfde [hɛtˈsɛl(ə)fdə] dasselbe
heup [høp] Hüfte
heuvel [ˈhøvəl] Hügel
hier [hiːr] hier
hij [hɛi] *(Pronomen)* er
hinderen [ˈhɪndərən] hindern
hittegolf [ˈhɪtəχɔlf] Hitzewelle
hoe [hu] wie *(Fragewort)*
hoed [hut] Hut

hoek [huk] (Straßen-)Ecke
hoestdrank [ˈhusdrɑŋk] Hustensaft
hoesten [ˈhustən] husten
hoeveelheid [huˈvelhɛit] Menge
hoewel [huˈwɛl] obwohl
hof [hɔf] *(nt)* Hof *(eines Königs/ Fürsten)*
hoge bloeddruk [ˈhoχə ˈbludrœk] Bluthochdruck
hogesnelheidstrein [hoχəˈsnɛlhɛitstrɛin] Hochgeschwindigkeitszug
hond [hɔnt] Hund
honing [ˈhonɪŋ] Honig
hoofd [hoft] *(nt)* Kopf
hoofdgerecht [ˈhoftχərɛχt] *(nt)* Hauptspeise
hoofdkussen [ˈhoftkœsən] *(nt)* Kopfkissen
hoofdpijnpillen [ˈhofpɛinpɪlən] *(Plural)* Kopfschmerztabletten
hoofdrol [ˈhoftrɔl] Hauptrolle
hoofdseizoen [ˈhoftsɛizun] *(nt)* Hauptsaison
hoofdstad [ˈhoftstɑt] Hauptstadt
hoofdzakelijk [hoftˈsakələk] *(als Adjektiv/Adverb)* hauptsächlich
hoog [hoχ] hoch
hoogspaning [ˈhoχspɑnɪŋ] Hochspannung
hoogstens [ˈhoχstəns] höchstens
hoogte [ˈhoχtə] Höhe; **zich op de ~ stellen** [zɪχ ɔb‿də ˈhɔχtə ˈstɛlən] sich informieren
hoogtepunt [ˈhoχtəpœnt] *(nt)* Höhepunkt
hooikoorts [ˈhojko:rts] Heuschnupfen
hoop: **een ~** [ən ˈhop] eine Menge
hoorn [ho:rn] Hörer *(Telefon)*
hopelijk [ˈhopələk] hoffentlich
hopen [ˈhopən] hoffen
horen [ˈho:rən] hören
horlogemaker [hɔrˈloʒəmakər] Uhrmacher
houdbaar [ˈhɑudba:r] haltbar
houdbaarheid [ˈhɑudba:rhɛit] Haltbarkeit
houden [hɑudən] ‹hield, gehouden› behalten; **~ van** [ˈhɑudən vɑn] lieben *(Personen)* mögen *(Sachen)*
hout [hɑut] *(nt)* Holz
houtskool [ˈhɑutskol] Grillkohle
houtsnede [ˈhɑutsnedə] Holzschnitt
huid [hœyt] Haut
huilen [ˈhœylən] weinen
huis [hœys] *(nt)* Haus
huisdieren [ˈhœyzdi:rən] *(Plural)* Haustiere
huiseigenaar (huiseigenares) [ˈhœysɛiχənar, hœysɛiχənaˈrɛs] Hausbesitzer(in)
huishoudelijke artikelen [hœysˈhɑudələkə ɑrˈtikələn] *(Plural)* Haushaltswaren
huiskamer [ˈhœyskamər] Wohnzimmer
huisnummer [ˈhœysnœmər] *(nt)* Hausnummer
hulp [hœl(ə)p] Hilfe
hun [hœn] *(Possessivpronomen 3. Person Plural)* ihr(e), *(Personalpronomen 3. Person Plural)* ihnen *(Dativ)*
hunebed [ˈhynəbɛt] *(nt)* Hünengrab
huren [ˈhy:rən] mieten
hut [hœt] Hütte; Kajüte
huur [hy:r] Miete

I

ieder(e) [ˈidər(ə)] jede(r, -s) **iedere dag** [ˈidərə ˈdɑχ] jeden Tag **ieder uur** [ˈidər y:r] stündlich
iedereen [ˈidəren] jeder, ein jeder
iemand [ˈimɑnt] jemand
iets [its] etwas
ijs [ɛis] *(nt)* Eis
ijsbaan [ˈɛisban] Eisbahn
ijzel [ˈɛizəl] Glatteis
ik [ɪk] ich
in [ɪn] in
in het weekend [ɪn‿ət ˈwikɛnt] am Wochenende
in plaats van [ɪm plats ˈfɑn] (an)statt
inbegrepen [ˈɪmbəχrepən] inbegriffen
inchecken [ˈɪntʃɛkən] einchecken
incident [ɪnsiˈdɛnt] *(nt)* Zwischenfall
indien [ɪnˈdin] falls
indruk [ˈɪndrœk] Eindruck
indrukwekkend [ɪndrœkˈwɛkənt] beeindruckend
inenting [ˈɪnɛntɪŋ] Impfung
inentingskaart [ˈɪnɛntɪŋska:rt] Impfpass
infectie [ɪnˈfɛksi] Infektion
informeren [ɪnfɔrˈmerən] benachrichtigen
informeren naar [ɪnfɔrˈme:rə na:r] sich erkundigen nach
ingang [ˈɪŋχɑŋ] Eingang
inhalen [ˈɪnhalən] überholen, einholen
inheems [ɪnˈhems] einheimisch
inhoud [ˈɪnhɑut] Inhalt
inktvis [ˈɪŋktvɪs] Tintenfisch
inlegkruisjes [ˈɪnlɛχkrœyʃes] *(Plural)* Slipeinlagen
inlichting [ˈɪnlɪχtɪŋ] Auskunft
inpakken [ˈɪmpɑkən] einpacken
inrit [ˈɪnrɪt] Einfahrt
inschakelen [ɪnsχakələn] einschalten

insect [ɪnˈsɛkt] *(nt)* Insekt
insectenwerend middel [ɪnˈsɛktənweːrənt ˈmɪdəl] *(nt)* Insektenmittel
instantie [ɪnˈstɑntsi] Behörde
instappen [ˈɪnstɑpən] einsteigen
interessant [ɪntərəˈsɑnt] interessant
interesseren: zich ~ (voor) [zɪχ ɪntərəˈseːrən (voːr)] sich interessieren (für)
internationaal [ɪntərnaʃoˈnal] international
internationaal toegangsnummer [ɪntərnaʃoˈnal ˈtuχɑŋsnœmər] *(nt)* Auslandsvorwahl
invalidenparkeerplaats [ɪnvaˈlidəpɑrˈkeːrplats] Behindertenparkplatz
invalidenpas [ɪnvaˈlidəpɑs] Behindertenausweis
invalidentoilet [ɪnvaˈlidətwɑlɛt] *(nt)* Behindertentoilette
invullen [ˈɪnvœlən] ausfüllen
inwoner (inwoonster) [ˈɪnwonər, ˈɪnwonstər] Einwohner(in)
iPod [ˈajpɔt] iPod®

J

jaar [jaːr] *(nt)* Jahr
jaargetijde [ˈjaːrχətɛidə] *(nt)* Jahreszeit
jaarlijks [ˈjaːrləks] *(als Adjektiv/Adverb)* jährlich
jaarmarkt [ˈjaːrmɑr(ə)kt] Jahrmarkt
jam [ʃɛm] Marmelade
jammer! [jɑmər] schade!
januari [jɑnyˈwaːri] Januar
jas [jɑs] Jacke
je [jə] du, dein, dich, dir *(unbetont)*
jerrycan [ˈdʒɛrikɛn] (Benzin-, Wasser-)Kanister
jeuken [jøkən] jucken
jij [jɛi] du *(betont)*
joggen [ˈdʒɔgən] joggen
jong [jɔŋ] jung
jongen [jɔŋən] Junge
jongeren [ˈjɔŋərən] *(Plural)* Jugendliche
jou [jɑu] dich, dir *(betont)*
jouw [jɑu] dein *(betont)*
juist [jœyst] richtig
juli [ˈjyli] Juli
jullie [jœli] *(Personalpronomen/Possessivpronomen Plural)* ihr, euch, euer
juni [ˈjyni] Juni
jurk [jœr(ə)k] Kleid
juwelier [jywəˈliːr] Juwelier

K

kaak [kak] Kiefer
kaarsen [ˈkaːrsən] *(Plural)* Kerzen
kaart [kaːrt] Speisekarte; Landkarte
kaartje [ˈkaːrtjə] *(nt)* Eintrittskarte, Fahrkarte
kaartjesautomaat [ˈkaːrtjəsɑutomat] Fahrkartenautomat
kaas [kas] Käse
kabeljauw [kabəlˈjɑu] Kabeljau
kade [ˈkadə] Kai
kalfsvlees [ˈkɑlfsfles] *(nt)* Kalbfleisch
kalmeren [kɑlˈmeːrən] sich beruhigen
kalmeringsmiddel [kɑlˈmeːrɪŋsmɪdəl] *(nt)* Beruhigungsmittel
kam [kɑm] Kamm
kamer [ˈkamər] Zimmer, Raum
kammen [ˈkɑmən] kämmen
kampeercarnet [kɑmˈpeːrkɑrnɛt] *(nt)* Campingausweis
kampeerterrein [kɑmˈpeːrtɛrɛin] *(nt)* Campingplatz
kamperen [kɑmˈpeːrən] zelten
kampioenschap [kɑmpiˈjunsχɑp] *(nt)* Meisterschaft
kanaal [kaˈnal] *(nt)* Kanal
kano [ˈkano] Kanu, Paddelboot
kanovaren [ˈkanovaːrən] paddeln
kansel [ˈkɑnsəl] Kanzel
kant [kɑnt] Spitze *(Gewebe)*
kantoorboekhandel [kɑnˈtoːrbukhɑndəl] Schreibwarengeschäft
kantoorgebouw [kɑnˈtoːrχəbɑuw] *(nt)* Bürogebäude
kapper [ˈkɑpər] Friseur
kapsel [ˈkɑpsəl] *(nt)* Frisur
karafje [kaˈrɑfjə] *(nt)* Karaffe
karnemelk [ˈkɑrnəmɛlk] Buttermilch
kassa [ˈkɑsa] Kasse
kast [kɑst] Schrank
kasteeltuin [kɑˈsteltœyn] Schlossgarten
kat [kɑt] Katze
katoen [kaˈtun] Baumwolle
kauwgom [ˈkɑuχɔm] Kaugummi
keelpijn [ˈkelpɛin] Halsschmerzen
keeltabletten [ˈkeltaˈblɛtən] *(Plural)* Halstabletten
kelner [ˈkɛlnər] Kellner
kennen [ˈkɛnən] kennen
kennis [ˈkɛnəs] Bekannte/r
kentekenbewijs [ˈkɛntekəbəwɛis] *(nt)* Kfz-Schein
keren [keːrən] wenden
kerk [kɛr(ə)k] Kirche
kerkconcert [ˈkɛr(ə)kɔnsɛrt] *(nt)* Kirchenkonzert
kerktoren [ˈkɛr(ə)ktoːrən] Kirchturm

kermis [ˈkɛrməs] Kirmes
kersen [ˈkɛrsən] *(Plural)* Kirschen
Kerstmis [ˈkɛrstmɪs, ˈkɛrsməs] Weihnachten
ketchup [kɛtʃœp] Ketchup
ketting [ˈkɛtɪŋ] Kette
keuken [ˈkøkən] Küche
keus [køs] Auswahl
kies [kis] Backenzahn
kiespijn [ˈkispɛin] Zahnschmerzen
kiezen [ˈkizən] ‹koos, gekozen› wählen
kijken (naar) [ˈkɛikən (naːr)] ‹keek, gekeken› (zu)schauen
kilo(gram) [ˈkilo(χram)] *(nt)* Kilogramm
kilometer [ˈkilometər] Kilometer
kind [ˈkɪnt] ‹kinderen› *(nt)* Kind
kinderarts [ˈkɪndərarts] Kinderarzt -ärztin
kinderbedje [ˈkɪndərbɛtjə] *(nt)* Kinderbett
kinderoppas [ˈkɪndərɔpas] Babysitter
kinderopvang [ˈkɪndərɔpfaŋ] Kinderbetreuung
kinderportie [ˈkɪndərpɔrsi] Kinderteller
kinderziekte [ˈkɪndərziktə] Kinderkrankheit
kinderzitje [ˈkɪndərzɪtjə] *(nt)* Kindersitz
kinderzitkussen [ˈkɪndərzɪtkœsən] *(nt)* Kindersitzkissen *(fürs Auto)*
kip [kɪp] Huhn
kist [kɪst] Kiste
kitchenette [kɪtʃəˈnɛt] Kochnische
kiwi [ˈkiwi] Kiwi
klaar [klaːr] fertig
klacht [klaχt] Beanstandung
klagen (over) [ˈklaχən (ˈovər)] sich beklagen (über), sich beschweren (über)
klant [klant] Kunde (Kundin); Fahrgast *(Taxi)*
klas [klas] Klasse
klederdracht [ˈkledərdraχt] Tracht
kleding [klɛdɪŋ] Kleidung
kleerhanger [ˈkleːrhaŋər] Kleiderbügel
klein [klɛin] klein
kleindochter [ˈklɛindɔχtər] Enkelin
kleinzoon [ˈklɛinzon] Enkel
kleurpotlood [ˈkløːrpɔtlot] *(nt)* Farbstift
klimaat [kliˈmat] *(nt)* Klima
klompen [klɔmpən] *(Plural)* Holzschuhe
kloppen [ˈklɔpən] stimmen *(richtig sein)* klopfen
kluis [klœys] Safe
knap [knap] bewundernswert; hübsch *(Personen)*
kneuzing [ˈknøzɪŋ] Prellung
knie [kni] Knie
kniekous [ˈknikaus] Kniestrumpf
knipperlicht [ˈknɪpərlɪχt] *(nt)* Blinker
knoflook [ˈknɔflok] Knoblauch
knoop [knop] Knopf
knutselen [ˈknœtsələn] basteln
koekjes [ˈkukjəs] *(Plural)* Kekse
koel [kul] kühl
koelbox [ˈkulbɔks] Kühltasche
koelboxelement [ˈkulbɔkseləmɛnt] *(nt)* Kühlelement
koelkast [ˈkulkast] Kühlschrank
koelwater [ˈkulwatər] *(nt)* Kühlwasser
koepel [ˈkupəl] Kuppel
koffer [ˈkɔfər] Koffer
kofferbak [ˈkɔfərbak] Kofferraum
koffie [ˈkɔfi] Kaffee
koffiefilter [ˈkɔfifɪltər] Kaffeefilter
koffiezetapparaat [ˈkɔfizɛtaparat] *(nt)* Kaffeemaschine
kok (kokkin) [kɔk, kɔˈkɪn] Koch (Köchin)
koken [ˈkokən] kochen *(Wasser; Essen)*
komen (uit) [ˈkomən (œyt)] ‹kwam/kwamen, gekomen› kommen, stammen (aus)
komijn [koˈmɛin] Kümmel
komkommer [kɔmˈkɔmər] (Salat-)Gurke
kompas [kɔmˈpas] *(nt)* Kompass
konijn [koˈnɛin] *(nt)* Kaninchen
koning (koningin) [ˈkonɪŋ, ˈkonɪˈŋɪn] König(in)
kookboek [ˈkogbuk] *(nt)* Kochbuch
kooktoestel [ˈkoktustɛl] *(nt)* Kocher
kool [kol] Kohl
koolzuur: met/zonder ~ [mɛt/ˈzɔndər ˈkolzyːr] mit/ohne Kohlensäure
koor [koːr] *(nt)* Chor
koorts [koːrts] Fieber
koortsthermometer [ˈkoːrtstɛrmoˈmetər] Fieberthermometer
kopen [ˈkopən] ‹kocht, gekocht› kaufen
kopie [koˈpi] Kopie
kopje [ˈkɔpjə] *(nt)* Tasse
koplamp [ˈkɔplamp] Scheinwerfer
koppeling [ˈkɔpəlɪŋ] Kupplung
koptelefoon [ˈkɔpteləfon] Kopfhörer
korfbal [ˈkɔr(ə)vbal] Korbball
koriander [koriˈjandər] Koriander
kort [kɔrt] kurz
kort geleden [kɔrt χəˈledən] kürzlich
kortere weg [ˈkɔrtərə wɛχ] Abkürzung *(Strecke)*
korting [ˈkɔrtɪŋ] Ermäßigung, Rabatt
kortsluiting [ˈkɔrtslœytɪŋ] Kurzschluss

kosteloos [ˈkɔstəlos] kostenlos
kosten [ˈkɔstən] *(als Verb)* kosten
kosten [ˈkɔstən] *(Plural)* Gebühren
kostuum [kɔˈstym] *(nt)* Kostüm
kotelet [kotəˈlɛt] Kotelett
koud [kɑut] kalt
koud water [kɑut ˈwatər] *(nt)* kaltes Wasser
kracht [krɑχt] Kraft
kramp [krɑmp] Krampf
krant [krɑnt] Zeitung
kras [krɑs] Kratzer
krat [krɑt] *(nt)* Kiste
kreeft [kreft] Hummer
krijgen [ˈkrɛiχən] ‹kreeg, gekregen› bekommen
krik [krɪk] Wagenheber
kritiek hebben op [kriˈtik hɛbən ɔp] ‹had, gehad› kritisieren
kroeg [kruχ] Kneipe
kroon [kron] Krone
krop sla [krɔp ˈsla] Kopfsalat
kruiden [ˈkrœydən] *(als Verb)* würzen
kruiden [ˈkrœydən] *(Plural)* Kräuter, Gewürze
kruidenier [krœydəˈni:r] Lebensmittelgeschäft
kruidenthee [ˈkrœydəte] Kräutertee
kruidnagels [ˈkrœytnaχəls] *(Plural)* Nelken
kruispunt [ˈkrœyspœnt] *(nt)* Kreuzung
kruk [krœk] Krücke; Hocker *(Bar)*
krullen [ˈkrœlən] *(Plural)* Locken
kunnen [ˈkœnən] ‹kon/konden, gekund› können
kunst [kœnst] Kunst
kunsthandelaar [ˈkœnsthɑndəla:r] Kunsthändler
kurkentrekker [ˈkœrkətrɛkər] Korkenzieher
kus [kœs] Kuss
kussen [ˈkœsən] *(als Verb)* küssen
kussen [ˈkœsən] *(nt)* Kissen
kust [kœst] Küste
kwal [kwɑl] Qualle
kwaliteit [kwaliˈtɛit] Qualität
kwark [kwɑr(ə)k] Quark
kwetsen [ˈkwɛtsən] verletzen *(mit Worten)*
kwitantie [kwiˈtɑn(t)si] Quittung

L

laarzen [ˈla:rzən] *(Plural)* Stiefel
laat [lat] spät; **te ~ komen** [tə ˈlat komən] ‹kwam, gekomen› sich verspäten
laatste [ˈlatstə] letzte(r, -s)
lachen [ˈlɑχən] ‹lachte, gelachen› lachen
lamp [lɑmp] Lampe
lamsvlees [ˈlɑmsfles] *(nt)* Lammfleisch
land [lɑnt] *(nt)* Land
landgenoot [ˈlɑntχənot] Landsmann (Landsfrau)
landgoed [ˈlɑntχut] *(nt)* Landgut
landkaart [ˈlɑntka:rt] Landkarte
landnummer [ˈlɑntnœmər] *(nt)* Landeskennzahl
landschap [ˈlɑntsχɑp] *(nt)* Landschaft
lang [lɑŋ] lang
langzaam [ˈlɑŋsam] *(als Adjektiv/ Adverb)* langsam
laptop [ˈlɛptɔp] Laptop
lastig [ˈlɑstəχ] lästig
lastig vallen [ˈlɑstəχ fɑlən] ‹viel, gevallen› belästigen
laten [ˈlatən] ‹liet, gelaten› lassen
later [ˈlatər] später
laurier [lɑuˈri:r] Lorbeer
lawaai [laˈwaj] *(nt)* Lärm
lederzaak [ˈledərzak] Lederwarengeschäft
leeftijd [leftɛit] Alter
leeg [leχ] leer
lege cd/dvd [ˈleχə seˈde/defeˈde] Rohling
leggings [ˈlɛgɪŋs] *(Plural)* Leggins
legitimatie [leχimiˈta(t)si] Personalausweis
leiden [ˈlɛidən] führen
lekke band [ˈlɛkə ˈbɑnt] Platten
lekker [ˈlɛkər] lecker; angenehm
lelijk [ˈlelək] hässlich
lenen [ˈlenən] leihen
lengte [lɛŋtə] Länge
lens [lɛns] Linse *(Optik)*
lente [ˈlɛntə] Frühling
lepel [ˈlepəl] Löffel
leren [ˈle:rən] lernen
leren kennen [le:rən ˈkɛnən] kennen lernen
les [lɛs] Unterrichtsstunde
let op! [lɛt ɔp] Achtung!
letten op [ˈlɛtən ɔp] beachten
leugen [ˈløχən] Lüge
leven [ˈlevən] leben
levende muziek [ˈlevəndə myˈzik] Livemusik
lever [ˈlevər] Leber
leverpastei [ˈlevərpɑstɛi] Leberpastete
lezen [ˈlezən] ‹las/lazen, gelezen› lesen
lichaam [ˈlɪχam] *(nt)* Körper
lichamelijke handicap [lɪˈχaməlәkə ˈhɛndikɛp, (B) ˈhɑndikɑp] Körperbehinderung
licht [lɪχt] *(als Adjektiv)* hell; leicht *(Gewicht)*

licht [lɪχt] *(nt)* Licht
lichte kost [ˈliχtə kɔst] Schonkost
lichting [ˈlɪχtɪŋ] Leerung *(Briefkasten)*
lichtknopje [ˈlɪχtknɔpjə] *(nt)* Lichtschalter
lied [lit] *(nt)* Lied
lief [lif] lieb
liefde [ˈlivdə] Liebe
liever [ˈlivər] lieber
lift [lɪft] Fahrstuhl
liften [ˈlɪftən] trampen
lifter [ˈlɪftər] Tramper
liggen [ˈlɪχən] ‹lag/lagen, gelegen› liegen
ligging [ˈlɪχɪŋ] Lage
ligplaats [lɪχplats] Liegewagenplatz
ligweide [ˈlɪχwɛidə] Liegewiese
lijn [lɛin] Linie
lijst [lɛist] Verzeichnis
limonade [limoˈnadə] Limonade
linker [lɪŋkər] linke(r, -s)
links [ˈlɪŋks] links *(auch politisch)*
linnen [ˈlɪnən] *(nt)* Leinen
linzen [lɪnzən] *(Plural)* Linsen *(Essen)*
lip [lɪp] Lippe
lippenstift [ˈlɪpəstɪft] Lippenstift
liter [ˈlitər] Liter
loempia [ˈlumpija] Frühlingsrolle
loge [ˈlɔːʒə] Loge
loket [loˈkɛt] *(nt)* Schalter
long [lɔŋ] Lunge
longontsteking [ˈlɔŋɔntstekɪŋ] Lungenentzündung
lopen [ˈlopən] ‹liep, gelopen› *(zu Fuß)* gehen, laufen
lounge [launtʃ] Aufenthaltsraum, Lounge *(Hotel)*
loven [ˈlovən] loben
lucht [lœχt] Luft
luchtballon [ˈlœχ(t)balɔn] Heißluftballon
luchtbed [ˈlœχ(t)bɛt] *(nt)* Luftmatratze
luchtfilter [ˈlœχ(t)fɪltər] Luftfilter
luchthaven [ˈlœχthavən] Flughafen
luchtvaartmaatschappij [ˈlœχ(t)faːrtmatsχapɛi] Fluggesellschaft
lucifers [ˈlysifɛrs] *(Plural)* Streichhölzer
lui [lœy] faul
luid [lœyt] laut
luidspreker [ˈlœytsprekər] Lautsprecher
luieren [ˈlœyjərən] faulenzen
luiers [ˈlœyjərs] *(Plural)* Windeln
luisteren naar [ˈlœystərən naːr] jemandem zuhören, *(Musik)* hören
luizen [lœyzən] *(Plural)* Läuse
lunch [lœnʃ] Mittagessen
lunchroom [ˈlœnʃrum] Café *(mit Kuchen)*
lusten [ˈlœstən] mögen *(Essen)*
luxueus [lyksyˈwøs] luxuriös
lymfedrainage [ˈlimfədrajnaːʒə] Lymphdrainage

M

maag [maχ] Magen
maagpijn [ˈmaχpɛin] Magenschmerzen
maaltijd [ˈmaltɛit] Mahlzeit
maan [man] Mond
maand [mant] Monat
maandag [ˈmandɑχ] Montag
maandelijks [ˈmandələks] *(als Adjektiv/Adverb)* monatlich
maandverband [ˈmantfərbɑnt] *(nt)* Damenbinden
maar [maːr] aber
maart [maːrt] März
maat [mat] Größe *(Kleidung, Schuhe)*
machine [mɑˈʃinə] Maschine
mager [ˈmaχər] mager
magere melk [ˈmaχərə mɛl(ə)k] fettarme Milch
magnetron [mɑχnəˈtrɔn] Mikrowelle
maïs [majs] Mais
majoraan [majoˈran] Majoran
maken [ˈmakən] herstellen, machen
makreel [maˈkrel] Makrele
mals [mɑls] zart
man [mɑn] Mann; Ehemann
mand [mɑnt] Korb
mandarijntjes [mɑndaˈrɛintjəs] *(Plural)* Mandarinen
manege [maˈneʒə, (B) maˈnɛːʒə] Reitschule
mango [ˈmɑŋgo] Mango
manier [maˈniːr] Art, Weise
margarine [mɑrχaˈrinə] Margarine
markt [mɑr(ə)kt] Markt
markthal [ˈmɑr(ə)kthɑl] Markthalle
massage [mɑˈsaʒə] Massage
materiaal [matəriˈjal] *(nt)* Material
matras [maˈtrɑs] Matratze
maxi cosy [ˈmaksi ˈkozɪ] Babyschale *(fürs Auto)*
maximum snelheid [ˈmɑksimœm ˈsnɛlhɛit] Maximalgeschwindigkeit
mayonaise [majoˈnɛːzə] Mayonnaise
me [mə] mich, mir *(unbetont)*
mededeling [ˈmedədelɪŋ] Mitteilung, Durchsage
meebrengen [ˈmebrɛŋən] ‹bracht mee, meegebracht› mitbringen
meel [mel] *(nt)* Mehl
meenemen [ˈmenemən] ‹nam/namen mee, meegenomen› mitnehmen
meer [meːr] mehr; **~ dan** [ˈmeːr dɑn] mehr als

meer [meːr] *(nt)* See *(Binnengewässer)*
meeuw [ˈmew] Möwe
mei [mɛi] Mai
meisje [mɛiʃə] *(nt)* Mädchen; junge Frau
meisjesnaam [ˈmɛiʃəsnam] Geburtsname *(bei verheirateten Frauen)*
melden [ˈmɛldən] melden
melk [mɛl(ə)k] Milch
meloen [məˈlun] Melone
men [mɛn] man
meneer [məˈneːr] *(Abkürzung: dhr.)* Herr *(Anrede, vor dem Namen oder ohne Nachnamen)*
menen [ˈmenən] meinen
mening [ˈmenɪŋ] Meinung
mens [mɛns] Mensch
mensen [ˈmɛnsən] *(Plural)* Leute
menstruatie [mɛnstryˈwa(t)si] Menstruation
menu [məˈny] *(nt)* Menü
merken [ˈmɛrkən] (be)merken
mes [mɛs] *(nt)* Messer
met [mɛt] mit
meter [ˈmetər] Meter
metro [ˈmetro] U-Bahn
meubel [møbəl] *(nt)* Möbel
mevrouw [məˈvrɑu] *(Abkürzung: mevr.)* Frau *(Anrede; vor dem Namen oder ohne Nachnamen)*
middag [ˈmɪdɑχ] Mittag, Nachmittag
middags: 's ~ [ˈsmɪdɑχs] nachmittags
middel [ˈmɪdəl] *(nt)* Mittel
Middeleeuwen [ˈmɪdəlewən] *(Plural)* Mittelalter
midden [ˈmɪdən] *(nt)* Mitte
middenoorontsteking [ˈmɪdə(n) oːrɔntstekɪŋ] Mittelohrentzündung
midgetgolf [ˈmɪdʒətχɔl(ə)f] *(nt)* Minigolf
migraine [miˈgrɛːnə] Migräne
mij [mɛi] mich, mir *(betont)*
mijn [mɛin] mein(e)
mild [mɪlt] mild
milieu [milˈjø] *(nt)* Umwelt
mineraalwater [minəˈralwatər] Mineralwasser
minstens [ˈmɪnstəns] mindestens, wenigstens
minuut [miˈnyt] Minute
mis [mɪs] daneben
mis [mɪs] *(als Substantiv)* Messe *(Kirche)*
misdaad [ˈmɪzdat] Verbrechen
misdaadroman [ˈmɪzdatromɑn] Kriminalroman
misschien [mɪˈsχin] vielleicht
misselijk: ik ben ~ [ɪg‿bɛm‿mɪsələk] mir ist schlecht
misselijkheid [ˈmɪsələkhɛit] Übelkeit
missen [mɪsən] verpassen; vermissen
mist [mɪst] Nebel
misverstand [ˈmɪsvərstɑnt] *(nt)* Missverständnis
moe [mu] müde
moeder [ˈmudər] Mutter
moeilijk [ˈmujlək] schwierig, schwer
moeite [ˈmujtə] Mühe
moeras [muˈrɑs] *(nt)* Sumpf
moeten [ˈmutən] ‹moest›, - sollen, müssen
mogelijk [ˈmoχələk] möglich
mogelijk maken [ˈmoχələk ˈmakən] ermöglichen
mogen [ˈmoχən] ‹mag, mocht› mögen; dürfen
molen [ˈmolɛn] Mühle
mond [mɔnt] Mund
monding [ˈmɔndɪŋ] Mündung
monument [monyˈmɛnt] *(nt)* Denkmal
monumentenzorg [monyˈmɛntəzɔr(ə)χ] Denkmalschutz
mooi [ˈmoj] schön
mop [mɔp] Witz *(Anekdote)*
morgen [ˈmɔrχən] *(als Adverb)* morgen
morgen [ˈmɔrχən] Vormittag
morgenavond [mɔrχəˈnavɔnt] morgen Abend
morgen vroeg [mɔrχəˈvruχ] morgen früh
morgens: 's ~ [ˈsmɔrχəns] vormittags
morning-afterpil [mɔːɹnɪŋˈɑftəɹpɪl] Pille danach
mossel [mɔsəl] Miesmuschel
mosselen [ˈmɔsələn] *(Plural)* Miesmuscheln
mosterd [ˈmɔstərt] Senf
motorkap [ˈmotɔrkɑp] Motorhaube
mouw [mɑu] Ärmel
MP3-speler [ɛmpeˈdrispelər] MP3-Player
mug [mœχ] Mücke
munt [mœnt] Münze; Minze
muur [myːr] Mauer
muziek [myˈzik] Musik

N

na [na] nach *(zeitlich)*
naakt [nakt] nackt
naaktstrand [ˈnaktstrɑnt] *(nt)* FKK-Strand
naald [nalt] Nadel
naam [nam] Name
naar [naːr] nach, zu, in; **~ beneden** [naːr bəˈnedən] abwärts; **~ binnen/buiten gaan** [naːr ˈbɪnə/

ˈbœytə χan] hinein/hinausgehen; ~ **boven** [naːr bovən] aufwärts
naast [nast] neben
nabij [nabɛi] nahe bei
nacht [nɑχt] Nacht
nachtkastje [ˈnɑχ(t)kɑʃə] *(nt)* Nachttisch
nachts: 's ~ [snɑχs] nachts
nagellak [ˈnaχəlɑk] Nagellack
nagelschaartje [ˈnaχəlsχaːrtjə] *(nt)* Nagelschere
nagerecht [ˈnaχərɛχt] *(nt)* Nachtisch
naseizoen [ˈnasɛizun] *(nt)* Nachsaison
nasturen [ˈnastyːrən] nachsenden
nat [nɑt] nass
nationaliteit [na(t)ʃonaliˈtɛit] Staatsangehörigkeit
natuur [naˈtyːr] Natur
natuurlijk [naˈtyːrlək] *(als Adjektiv/ Adverb)* natürlich
natuurreservaat [nɑˈtyːrezərvat] *(nt)* Naturschutzgebiet
nauw [nɑu] eng
nauwelijks [ˈnɑuwələks] kaum
nederlaag [ˈnedərlaχ] Niederlage
Nederland [ˈnedərlɑnt] die Niederlande
Nederlands: in het ~ [ɪn ət ˈnedərlɑnts] auf Niederländisch
neef [nef] Cousin, Neffe
neerzetten [ˈneːrzɛtən] hinstellen
negatief [neχaˈtif] negativ
nemen [ˈnemən] ‹nam/namen, genomen› nehmen
nergens [ˈnɛrχəns] nirgends
net [nɛt] gerade *(zeitlich)*
net [nɛt] *(nt)* Netz
net zo ... als [nɛt zo ɑls] genauso ... wie
netnummer [ˈnɛtnœmər] *(nt)* Vorwahlnummer *(NL)*
neus [nøs] Nase
neusverkoudheid [ˈnøsfərˈkauthɛit] Schnupfen
nicht [nɪχt] Cousine, Nichte
niemand [ˈnimɑnt] niemand, keiner
nier [niːr] Niere
niesen [ˈnisən] niesen
niet [nit] nicht
niets [nits] nichts
nieuw [niw] neu
nieuwjaarsdag [niwjaːrzˈdɑχ] Neujahr
nieuws [niws] *(nt)* Nachrichten
nieuwsgierig [niwˈsχiːrəχ] neugierig
nodig hebben [ˈnodəχ hɛbən] ‹had, gehad› brauchen
noedels [nudəls] *(Plural)* Nudeln
noemen [ˈnumən] nennen
nog [noχ] noch
noodlanding [ˈnotlɑndɪŋ] Notlandung
noodrem [ˈnotrɛm] Notbremse
nooduitgang [ˈnotœytχɑŋ] Notausgang
noodzakelijk [notˈsakələk] notwendig
nooit [nojt] nie
noorden [ˈnoːrdən] *(nt)* Norden
Noordzee [ˈnoːrtse] Nordsee
nootmuskaat [notmœsˈkɑt] Muskatnuss
normaal [nɔrˈmal] normal; ~ **gesproken** [nɔrˈmal χəˈsprokən] normalerweise
noten [ˈnotən] *(Plural)* Nüsse
november [noˈvɛmbər] November
nu [ny] jetzt
nuchter [ˈnœχtər] nüchtern
nummer [ˈnœmər] *(nt)* Nummer
nummerbord [ˈnœmərbɔrt] *(nt)* Nummernschild

O

ober [ˈobər] Ober, Kellner/in
objectief [ɔbjɛkˈtif] *(nt)* Objektiv
ochtend [ˈɔχtənt] Morgen, Vormittag
ochtends: 's ~ [ˈsɔχ(t)ən(t)s] morgens *(später)* vormittags
oefenen [ˈufənən] üben
oesters [ˈustərs] *(Plural)* Austern
oever [ˈuvər] Ufer
of [ɔf] ob; oder
of ... of [ɔf ... ɔf] entweder ... oder
officieel [ɔfiˈʃel] offiziell
ogen [ˈoχən] *(Plural)* Augen
ogenblik [ˈoχəmblɪk] *(nt)* Augenblick
oktober [ɔkˈtobər] Oktober
olie [ˈoli] Öl
olie verversen [ˈoli vərˈvɛrsən] Ölwechsel
olieverf [ˈolivɛr(ə)f] Ölfarbe
olijfolie [oˈlɛifoli] *(nt)* Olivenöl
olijven [oˈlɛivən] *(Plural)* Oliven
om [ɔm] *(Präposition)* um *(räumlich; zeitlich)* aus *(Grund)*
omarmen [ɔmˈɑr(ə)mən] umarmen
omboeken [ˈɔmbukən] umbuchen
omdat [ɔmˈdɑt] weil
omgekeerd [ˈɔmχəkeːrt] *(als Adjektiv/Adverb)* umgekehrt
omgeving [ɔmˈχevɪŋ] Umgebung
omkeren [ˈɔmkeːrən] umkehren
omkleden: zich ~ [zɪχ ˈɔmkledən] sich umziehen
omstreeks [ˈɔmstreks] gegen *(zeitlich)*

omweg [ˈɔmwɛχ] Umweg
onaangenaam [ɔnˈaŋχənam] unangenehm
onbelangrijk [ɔmbəˈlaŋrɛik] unwichtig
onbeschoft [ɔmbəˈsχɔft] unverschämt
onbestendig [ɔmbəˈstɛndəχ] wechselhaft
onder [ˈɔndər] unter
onderbreken [ɔndərˈbrekən] ‹onderbrak/onderbraken, onderbroken› unterbrechen
onderdak [ˈɔndərdak] *(nt)* Unterkunft
ondergoed [ˈɔndərχut] *(nt)* Unterwäsche
ondertekenen [ɔndərˈtekənən] unterschreiben
ondertiteling [ɔndərˈtitəlɪŋ] Untertitel
onderwatercamera [ɔndərˈwatərkaməra] Unterwasserkamera
onderweg [ɔndərˈwɛχ] unterwegs
onderzoek [ˈɔndərzuk] *(nt)* Untersuchung
onderzoeken [ɔndərˈzukən] ‹onderzocht, onderzocht› untersuchen
ondiep [ɔnˈdip] flach *(Wasser)*
ongaarne [ɔŋˈχa:rnə] nicht gern
ongehuwd [ɔŋχəˈhywt] ledig
ongelooflijk [ɔŋχəˈloflək] unglaublich
ongeluk [ˈɔŋχələk] *(nt)* Unglück, Unfall
ongerust: zich ~ maken [zɪχ ɔŋχəˈrœst ˈmakən] sich beunruhigen
ongeschikt [ɔŋχəˈsχɪkt] ungeeignet
ongeveer [ɔŋχəˈve:r] ungefähr, etwa
ongewoon [ɔŋχəˈwon] ungewöhnlich
onkosten [ˈɔŋkɔstən] *(Plural)* Unkosten
onmogelijk [ɔˈmoχələk] unmöglich
ons [ɔns] *(Personalpronomen)* uns, *(Possessivpronomen)* unser
ons [ɔns] *(nt)* 100 Gramm
onschuldig [ɔnˈsχœldəχ] unschuldig
ontbijt [ɔndˈbɛit] *(nt)* Frühstück
ontbijtbuffet [ɔndˈbɛidbyfɛt] *(nt)* Frühstücksbüfett
ontbijten [ɔndˈbɛitən] ‹ontbeet, ontbeten› frühstücken
ontbijtzaal [ɔndˈbɛitsal] Frühstücksraum
ontbreken [ɔndˈbrekən] ‹ontbrak/ontbraken, ontbroken› fehlen
ontdekken [ɔnˈdɛkən] entdecken
ontgiften [ɔntˈχɪftən] entgiften
onthouden [ɔntˈhaudən] ‹onthield, onthouden› sich etwas merken, *(im Gedächtnis)* behalten
ontmoeten [ɔntˈmutən] begegnen
ontspanner [ɔntˈspanər] Auslöser *(Fotoapparat)*
ontslakken [ɔntˈslakən] entschlacken
ontsteking [ɔntˈstekɪŋ] Infektion, Entzündung, *(Auto)* Zündung
ontvangen [ɔŋtˈfaŋən] ‹ontving, ontvangen› empfangen
ontvanger [ɔntˈfaŋər] Empfänger
ontwaarden [ɔntˈwa:rdən] *(Fahrkarte)* entwerten
ontwikkelen [ɔntˈwɪkələn] entwickeln
onverdragelijk [ɔnvərˈdraχələk] unerträglich, *(Medikament)* unverträglich
onwaarschijnlijk [ɔnwa:rˈsχɛinlək] unwahrscheinlich
onweer [ˈɔnwe:r] *(nt)* Gewitter
onze [ˈɔnzə] unser(e)
oogdruppels [ˈoχdrœpəls] *(Plural)* Augentropfen
ook [ok] auch
oor [o:r] *(nt)* Ohr
oorbellen [ˈɔ:rbɛlə] *(Plural)* Ohrringe
oosten [ˈostən] *(nt)* Osten
Oostenrijk [ˈostərɛik] Österreich
Oostenrijker (Oostenrijkse) [ˈostərɛikər, ˈostərɛiksə] Österreicher(in)
op [ɔp] an, auf, *(Essen: aufgegessen, aufgebraucht)* alle
open [ˈopən] offen
open dag [opəˈdaχ] Tag der offenen Türe
openbreken [ˈopəbrekən] ‹brak/braken open, opengebroken› aufbrechen
openen [ˈopənən] öffnen
openingstijden [ˈopənɪŋstɛiden] *(Plural)* Öffnungszeiten
openluchtbioscoop [opəˈlœχdbijɔskop] Freilichtkino
openluchtmuseum [opəˈlœχtmysejəm] *(nt)* Freilichtmuseum
openluchttheater [opəˈlœχtejatər] *(nt)* Freilufttheater
opera [ˈopəra] Oper
operatie [opəˈra(t)si] Operation
operette [opəˈrɛtə] Operette
opgave [ˈɔpχavə] Angabe
opgravingen [ˈɔpχravɪŋən] *(Plural)* Ausgrabungen
ophouden [ˈɔphaudən] ‹hield op, opgehouden› aufhören
oplaadkabel [ˈɔplatkabəl] Ladekabel
opleiding [ˈɔplɛidɪŋ] Ausbildung
opmerken [ˈɔpmɛrkən] bemerken
oponthoud [ˈɔpɔnthaut] *(nt)* Aufenthalt, Verspätung
oprapen [ˈɔprapən] (auf)sammeln

oprit [ˈɔprɪt] Auffahrt
opschepperij [ɔpsxɛpəˈrɛi] Angeberei
opschrijven [ˈɔpsχrɛivən] ‹schreef op, opgeschreven› aufschreiben
opstaan [ˈɔpstan] ‹stond op, opgestaan› aufstehen
opticien [ɔptiˈʃɛ̃ː] Augenoptiker
opzeggen [ˈɔpsɛχən] stornieren *(Zimmer)*
oranje [ɔˈrɑnjə] orange
origineel [ɔriʒiˈnel] *(nt)* Original
orkest [ɔrˈkɛst] *(nt)* Orchester
oropax [ˈoːropɑks] Ohropax®
ors [oɛrˈɛs] Elektrolytlösung
oud [ɑut] alt
oudejaarsavond [ɑudəjaːrsˈavɔnt] Silvesterabend
ouders [ˈɑudərs] *(Plural)* Eltern
oven [ˈovən] Backofen
over [ˈovər] über; **~ een week** [ˈovər en ˈwek] in einer Woche; **~ veertien dagen** [ˈovər ˈveːrtin ˈdaχən] in 14 Tagen
overal [ˈovərɑl] überall
overblijven [ˈovərblɛivən] ‹bleef over, overgebleven› übrig bleiben
overboeking [ˈovərbukɪŋ] Überweisung *(Bank)*
overdag [ovərˈdɑχ] tagsüber
overeenkomen [ovərˈenkomən] ‹kwam/kwamen overeen, overeengekomen› vereinbaren
overgang [ˈovɔrχɑŋ] Übergang
overgewicht [ˈovərχəwɪχt] *(nt)* Übergewicht
overhandigen [ovərˈhɑndəχən] überreichen
overhemd [ˈovərhɛmt] *(nt)* Hemd
overjas [ˈovərjɑs] Mantel
overmorgen [ˈovərmɔrχən] übermorgen
overnachten [ovərˈnɑχtən] übernachten
overnachting [ovərˈnɑχtɪŋ] Übernachtung
oversteken [ˈovərstekən] ‹stak/staken over, overgestoken› überqueren
overtuigen [ovərˈtœyχən] überzeugen
overval [ˈovərvɑl] Überfall
overwinning [ovərˈwɪnɪŋ] Sieg
overzetten [ˈovərzɛtən] hinübersetzen *(Fähre)*

P

paar [paːr] *(nt)* Paar
paard [paːrt] *(nt)* Pferd
paardenmarkt [ˈpaːrdəmɑr(ə)kt] Pferdemarkt
paardrijden [ˈpaːrtrɛidən] reiten
paars [ˈpaːrs] lila
pad [pɑt] *(nt)* Pfad
paddenstoel [ˈpɑdəstul] Pilz; ANWB-Wegweiser für Radfahrer und Fußgänger
pak [pɑk] *(nt)* Anzug
pakhuis [ˈpɑkhœys] *(nt)* Speicher
pakje [ˈpɑkjə] *(nt)* Päckchen
pakket [pɑˈkɛt] *(nt)* Paket
paleis [paˈlɛis] *(nt)* Palast
paling [ˈpalɪŋ] Aal
pan [pɑn] Topf
pannenkoek [ˈpɑnəkuk] Pfannkuchen
panorama [panɔˈrama] *(nt)* Panorama
pantoffels [pɑnˈtɔfəls] *(Plural)* Hausschuhe
panty [ˈpɛnti] Strumpfhose
papier [paˈpiːr] *(nt)* Papier
papieren [paˈpiːrən] *(Plural)* Papiere
papieren zakdoekjes [paˈpiːrə ˈzɑgdukjəs] *(Plural)* Papiertaschentücher
parachutespringen [parɑˈʃytsprɪŋən] Fallschirmspringen
paraplu [paraˈply] Regenschirm
parasol [paraˈsɔl] Sonnenschirm
parkeergarage [pɑrˈkeːrχraʒə] Parkhaus
parkeerlicht [pɑrˈkeːrlɪχt] *(nt)* Standlicht
parkeerplaats [pɑrˈkeːrplats] Parkplatz
parkeren [pɑrˈkeːrən] parken
pas [pɑs] *(nt)* erst *(nicht früher als)*
pas op! [pɑs ɔp] Vorsicht!
pascontrole [ˈpɑskɔntrɔːlə] Passkontrolle
paspoort [ˈpɑspoːrt] *(nt)* Reisepass
passagier [pɑsaˈʒiːr] Fahrgast, Passagier
passen [ˈpɑsən] passen
passen op [ˈpɑsən ɔp] aufpassen (auf)
pause [ˈpɑuzə] Pause
pech [pɛχ] Pech, *(Auto)* Panne
pension [pɛnˈʃɔn] *(nt)* Pension
peper [ˈpepər] Pfeffer
pepermolen [ˈpepərmolən] Pfeffermühle
pepermuntthee [pepərˈmœnte] Pfefferminztee
peren [ˈpeːrən] *(Plural)* Birnen
perron [pɛˈrɔn] *(nt)* Bahnsteig
personeel [pɛrsoˈnel] *(nt)* Personal
persoon [pɛrˈson] Person
persoonlijk [pɛrˈsonlək] persönlich
persoonsgegevens [pɛrˈsonsχəχevəns] *(Plural)* Personalien
perziken [ˈpɛrzɪkən] *(Plural)* Pfirsiche

pet [pɛt] Schirmmütze
peterselie [petər'seli] Petersilie
petroleumlamp [pe'trolejəmlamp] Petroleumlampe
pier [pi:r] Mole; Flugsteig
pierenbad ['pi:rəbat] *(nt)* Kinderbecken
pijn [pɛin] Schmerzen
pijn doen ['pɛin dun] ‹deed, gedaan› schmerzen
pijnstillers ['pɛinstɪlərs] *(Plural)* Schmerztabletten
pijp [pɛip] Pfeife
pil [pɪl] Pille; **de ~** Antibabypille
pilaar [pi'la:r] Säule
pincet [pɪn'sɛt] *(nt)* Pinzette
pin(code) ['pɪŋ('kodə)] Geheimzahl
pinda's ['pɪndas] *(Plural)* Erdnüsse
pindasaus ['pɪndasaus] Erdnusssoße
Pinksteren ['pɪŋkstərən] Pfingsten
plaats [plats] Platz; Ort, Stelle
plaatsvinden ['platsfɪndən] ‹vond plaats, plaatsgevonden› stattfinden
plafond [pla'fɔn] *(nt)* Decke
plak [plak] Scheibe *(Wurst, Käse)*
plan [plan] *(nt)* Plan; **van ~ zijn** [van 'plan zɛin] ‹was/waren, geweest› beabsichtigen
plant [plant] Pflanze
plas [plas] See, Teich
plassen ['plasən] urinieren
plastic zak [plɛstək 'sak] Plastikbeutel
plat [plat] flach, eben
plattegrond [platə'χrɔnt] Stadtplan
platteland [platə'lant] *(nt)* Land *(ländlicher Raum)*
plein [plɛin] *(nt)* Platz *(in der Stadt)*
pleister ['plɛistər] Pflaster
plezier [plə'zi:r] *(nt)* Vergnügen, Spaß
plotseling ['plɔtsəlɪŋ] *(als Adjektiv/ Adverb)* plötzlich
plukken ['plœkən] pflücken
pocket ['pɔkət] Taschenbuch
poeder ['pud/jər] *(nt)* Puder
poetsen ['putsən] putzen *(Schuhe)*
polaroidtoestel ['pɔla:rɔjtustɛl] *(nt)* Sofortbildkamera
politie [po'litsi] Polizei
politieauto [po'litsiauto] Polizeiwagen
pols [pɔls] Puls
polshorloge ['pɔlshɔr'loʒə] *(nt)* Armbanduhr
pomp [pɔmp] Luftpumpe
pompoen [pɔm'pun] Kürbis
pond [pɔnt] *(nt)* Pfund
pont ['pɔnt] Fähre
porselein [pɔrsə'lɛin] *(nt)* Porzellan
portefeuille [pɔrtə'fœyjə] Brieftasche
portemonnee [pɔrtəmɔ'ne] Geldbörse
portie ['pɔrsi] Portion
portier [pɔr'ti:r] Portier
portier [pɔr'ti:r] *(nt)* Autotür
porto ['pɔrto] *(nt)* Porto
portret [pɔr'trɛt] *(nt)* Porträt
postcode ['pɔs(t)kodə] Postleitzahl
postkantoor ['pɔs(t)kanto:r] *(nt)* Postamt
postzegel ['pɔ(st)seχəl] Briefmarke
potlood ['pɔtlot] *(nt)* Bleistift
praatpaal ['pratpal] Notrufsäule
praktisch ['praktis] praktisch
praten ['pratən] reden, sprechen, sich unterhalten
precies [prə'sis] genau
prei [prɛi] Lauch
première [prəm'jɛ:rə] Premiere
pretpark ['prɛtpark] *(nt)* Vergnügungspark
prijs [prɛis] Preis
prijslijst ['prɛislɛist] Preisliste
prik [prɪk] Spritze, Impfung
printer ['prɪntər] Drucker
privé [pri've] privat
proberen [pro'be:rən] versuchen
probleem [pro'blem] *(nt)* Problem
procent [pro'sɛnt] *(nt)* Prozent
proces-verbaal [pro'sɛsvər'bal] *(nt)* Protokoll *(Polizei)*
product [pro'dœkt] *(nt)* Produkt
programma [pro'χrama] *(nt)* Programm
programmaboekje [pro'χramabukjə] *(nt)* Programmheft
promillegrens [pro'mil(ə)χrɛns] Promillegrenze
propaangas [pro'paŋχas] *(nt)* Propangas
protesteren [protɛ'ste:rən] protestieren
provisorisch [provi'zo:ris] provisorisch
pruimen ['prœymən] *(Plural)* Pflaumen
publiek [py'blik] *(nt)* Publikum
punt ['pœnt] Spitze; Punkt
puzzeltocht ['pœzəltɔχt] Rallye
pyjama [pi'jama] Schlafanzug

R

raad [ra:t] Rat
raam [ram] *(nt)* Fenster
racefiets ['resfits] Rennrad
racket ['rɛkət] *(nt)* Schläger
radarcontrole ['radarkɔntrɔ:lə] Radarkontrolle
raden ['radən] ‹raadde/ried, geraden› (er)raten

radiator [radiˈjatɔr] Kühler
radio [ˈradijo] Radio
rauw [rɑu] roh
recept [rəˈsɛpt] *(nt)* Rezept
receptie [rəˈsɛpsi] Rezeption, Empfang
recht [rɛχt] *(nt)* Recht, *(als Adjektiv)* gerade
rechtbank [ˈrɛχdbɑŋk] *(nt)* Gericht
rechtdoor [rɛχˈdo:r] geradeaus
rechter [ˈrɛχtər] Richter/in, *(als Adjektiv)* rechte(r, -s)
rechts [rɛχ(t)s] rechts *(auch politisch)*
reclameren [rəklaˈme:rən] reklamieren
recreatiegebied [rekrəˈja(t)siχəbit] *(nt)* Erholungsgebiet
redden [ˈrɛdən] retten
reddingsboei [ˈrɛdɪŋsbuj] Rettungsring
reddingsboot [ˈrɛdɪŋzbot] Rettungsboot
reden [ˈredən] (Beweg-)Grund
reformhuis [reˈfɔrmhœys] *(nt)* Reformhaus
regelen [ˈreχələn] regeln
regelmatig [reχəlˈmatəχ] *(als Adjektiv/Adverb)* regelmäßig
regen [ˈreχən] Regen
regenachtig [ˈreχənɑχtəχ] regnerisch
regenbroek [ˈreχəbruk] Regenhose
regenbui [reχəbœy] Regenschauer
regenjack [ˈreχəjɛk] *(nt)* Regenjacke
regenjas [ˈreχəjɑs] Regenmantel
regering [rəˈχe:rɪŋ] Regierung
regie [rəˈʒi] Regie
regio [ˈreχijo] Region
regisseur [ˈreχiˈsø:r] Regisseur
reinigen [ˈrɛɪnəχən] reinigen
reis [rɛis] Reise; **op ~ gaan** [ɔp rɛis χan] ‹ging, gegaan› verreisen
reisbureau [ˈrɛizbyro] *(nt)* Reisebüro
reisgezelschap [ˈrɛisχəzɛlsχɑp] *(nt)* Reisegesellschaft
reisgids [ˈrɛisχɪts] Reiseführer
reistas [ˈrɛistɑs] Reisetasche
reiswekker [ˈrɛiswɛkər] Reisewecker
reizen [ˈrɛizən] reisen
reiziger (reizigster) [ˈrɛizəχər, ˈrɛizəχstər] Reisende/r
rekening [ˈrekənɪŋ] Rechnung
rem [rɛm] Bremse
remlichten [ˈrɛmlɪχtən] *(Plural)* Bremslichter
remolie [ˈrɛmoli] Bremsflüssigkeit
remover [riˈmu:vər] Nagellackentferner
reparatiespullen [repəˈra(t)siˈspœlən] *(Plural)* Flickzeug
repareren [repaˈre:rən] reparieren
reserveren [resərˈve:rən] reservieren
reservering [resɛrˈve:rɪŋ] Reservierung
reservewiel [rəˈzɛrvəwil] *(nt)* Ersatzrad
restaurant [rɛstoˈrɑnt] Restaurant
restauratiewagen [rɛstoˈra(t)siwɑχən] Speisewagen
restaureren [rɛstoˈre:rən] restaurieren
resultaat [rezəlˈtat] *(nt)* Ergebnis
retour [rəˈtu:r] *(nt)* Rückfahrkarte
reuma [ˈrøma] Rheuma
rib [rɪp] Rippe
richting [ˈrɪχtɪŋ] Richtung
riem [rim] Gürtel
rietje [ˈritjə] *(nt)* Strohhalm
rij [rɛi] Reihe; (Warte-)Schlange
rijbewijs [ˈrɛibəwɛis] *(nt)* Führerschein
rijden [ˈrɛidən] ‹reed, gereden› fahren
rijk [rɛik] reich
rijp [rɛip] reif
rijst [rɛist] Reis
rijsttafel [ˈrɛistafəl] Reistafel
ring [rɪŋ] Ring
rit [rɪt] Fahrt
rivier [riˈvi:r] Fluss
roeiboot [ˈrujbot] Ruderboot
roeien [ˈrujən] rudern
roepen [ˈrupən] ‹riep, geroepen› rufen
roer [ru:r] *(nt)* Ruder
roggebrood [ˈrɔχəbrot] *(nt)* Schwarzbrot
rok [rɔk] Rock
roken [ˈrokən] rauchen
roker (rookster) [ˈrokər, ˈrokstər] Raucher(in)
rolschaats [ˈrɔlsχats] Rollschuh
rolstoel [ˈrɔlstul] Rollstuhl
rolstoelgebruiker [ˈrɔlstulχəbrœykər] Rollstuhlfahrer
roman [roˈmɑn] Roman
Romeins [roˈmɛins] römisch
rommelmarkt [ˈrɔməlmɑr(ə)kt] Flohmarkt
rond [rɔnt] rund
rondleiding [ˈrɔntlɛidɪŋ] Führung
rondrit [ˈrɔntrɪt] Rundfahrt *(Bus)*
rondvaart [ˈrɔntfa:rt] Rundfahrt *(Boot)*
rondweg [ˈrɔntwɛχ] Umgehungsstraße
röntgenfoto [ˈrœntχəfoto] Röntgenaufnahme
rood [rot] rot
room [rom] Sahne
roos [ros] Schuppen
roosmarijn [rosmaˈrɛin] Rosmarin
rot [rɔt] faul *(Obst)*
roze [ˈrɔ:zə] rosa
rubberboot [ˈrœbərbot] Schlauchboot

rubberlaarzen [rœbər'la:rzən] *(Plural)* Gummistiefel
rug [rœχ] Rücken
rugpijn ['rœχpɛin] Rückenschmerzen
rugzak ['rœχsɑk] Rucksack
ruiken ['rœykən] ‹rook, geroken› riechen
ruilen ['rœylən] tauschen
ruimte ['rœymtə] Raum
ruïne [ry'winə] Ruine
ruitenwisser ['rœytəwɪsər] Scheibenwischer
ruiterkamp ['rœytərkɑmp] *(nt)* Reiterferien
rundvlees ['rœntfles] *(nt)* Rindfleisch
rust ['rœst] Ruhe
rustig ['rœstəχ] ruhig
rustplaats ['rœs(t)plats] Raststätte *(Autobahn)*

S

saai [saj] langweilig
saffraan [sɑ'fran] Safran
salade [sa'ladə] Salat *(zubereitet)*
saladebuffet [sa'ladəbœ'fɛt] *(nt)* Salatbüfett
salie ['sali] Salbei
salmonella [sɑlmo'nɛla] Salmonellen
salmonellavergiftiging [sɑlmo'nɛlavərχɪftəχɪŋ] Salmonellenvergiftung
samen ['samən] zusammen
sappig ['sɑpəχ] saftig
saus [sɑus] Soße
schaar [sχa:r] Schere
schaats ['sχats] Schlittschuh
schaatstocht ['sχatstɔχt] Schlittschuhtour
schaatswedstrijd ['sχatswɛtstrɛit] Eislauf
schade ['sχadə] Schaden
schadelijk ['sχadələk] schädlich
schaduw ['sχadyw] Schatten
schapenkaas ['sχapəkas] Schafskäse
scharretong ['sχɑrətɔŋ] Flügelbutt
schat [sχɑt] Liebling; Schatz
schatten ['sχɑtən] schätzen, taxieren
schattig ['sχɑtəχ] entzückend
scheenbeen ['sχenben] *(nt)* Schienbein
scheerapparaat ['sχe:rɑpərat] *(nt)* Rasierapparat
scheerkwast ['sχe:rkwɑst] Rasierpinsel
scheerlijn [sχe:rlɛin] Zeltschnur
scheermesjes ['sχe:rmɛʃəs] *(Plural)* Rasierklingen
scheerzeep ['sχe:rzep] Rasierschaum
scheiden ['sχɛidən] ‹scheidde, gescheiden› trennen
scheiding ['sχɛidɪŋ] Scheitel *(Frisur)* Scheidung *(Ehe)*
scheidsrechter ['sχɛitsrɛχtər] Schiedsrichter
schelden [sχɛldən] ‹schold, gescholden› schimpfen
schelp [sχɛl(ə)p] Muschel(schale)
schenken ['sχɛŋkən] ‹schonk, geschonken› schenken
scheuren ['sχø:rən] reißen
schilder (schilderes) ['sχɪldər, sχɪldə'rɛs] Maler(in)
schilderen ['sχɪldərən] malen
schilderij [sχɪldə'rɛi] *(nt)* Gemälde
schilderkunst ['sχɪldərkœnst] Malerei
schimmelinfectie ['sχɪməlɪnfɛksi] Pilzinfektion
schoen ['sχun] Schuh
schoenborstel ['sχunbɔrstəl] Schuhbürste
schoenmaker ['sχumakər] Schuhmacher
schoenpoetsgerei ['sχunputsχərɛi] *(nt)* Schuhputzzeug
schoensmeer ['sχunsme:r] Schuhcreme
schok [sχɔk] Schlag, Stoß
schokbreker ['sχɔgbrekər] Stoßdämpfer
schol [sχɔl] Scholle
schoolkinderen ['sχolkɪndərən] *(Plural)* Schulkinder
school [sχol] Schule
schoon [sχon] sauber
schoonmaken ['sχomakən] reinigen
schoonmaakmiddelen ['sχomakmɪdələn] *(Plural)* Putzmittel
schoonzus ['sχonzœs] Schwägerin
schoteltje ['sχotəltjə] *(nt)* Untertasse
schouder ['sχɑudər] Schulter
schoudertas ['sχɑudərtɑs] Umhängetasche
schouwburg ['sχɑubœr(ə)χ] Theater
schreeuwen ['sχrewən] schreien
schriftelijk ['sχrɪftələk] schriftlich
schrijfwaren ['sχrɛifwa:rən] *(Plural)* Schreibwaren
schrijven ['sχrɛivən] ‹schreef, geschreven› schreiben
schrikken: laten ~ [latən 'sχrɪkən] ‹liet, laten› erschrecken
schroef [sχruf] Schraube
schuifdak [sχœyvdɑk] *(nt)* Schiebedach

schuld [sχœlt] Schuld
schuldig zijn [ˈsχœldəχ sɛin] ‹was/ waren, geweest› schulden
seconde [səˈkɔndə] Sekunde
sedert [ˈsedərt] seit
seizoen [sɛiˈzun] *(nt)* Saison
selderie [ˈsɛldəri] Sellerie
september [sɛpˈtɛmbər] September
seropositief [seːroposiˈtif] HIV-positiv
serveren [sɛrˈveːrən] servieren
servet [sɛrˈvɛt] *(nt)* Serviette
shampoo [ˈʃampo] Shampoo, Haarwaschmittel
shuttle [ˈʃœtəl] Federball
sieraden [ˈsiradən] *(Plural)* Schmuck
sinaasappel [ˈsinazapəl] Orange
sinaasappelsap [ˈsinazapəlsap] Orangensaft
sinds [sɪnts] *(als Präposition/ Konjunktion)* seit
sjaal [ʃal] Schal
sla [sla] Salat
slaan [slan] ‹sloeg, geslagen› schlagen; **in elkaar ~** [ɪn ɛlˈkaːr slan] zusammenschlagen
slaapbank [ˈslabaŋk] Schlafcouch
slaapkamer [ˈslapkamər] Schlafzimmer
slaapstoel [ˈslapstul] Liegesitz
slaaptabletten [ˈslaptablɛtən] *(Plural)* Schlaftabletten
slagerij [slaχəˈrɛi] Metzgerei
slagroom [ˈslaχrom] Schlagsahne
slank [slaŋk] schlank
slapeloosheid [slapəˈloshɛit] Schlaflosigkeit
slapen [ˈslapən] sliep, geslapen schlafen
slecht [slɛχt] *(als Adjektiv/Adverb)* schlecht
slechthorend [slɛχtˈhoːrənt] schwerhörig
slechts [slɛχ(t)s] nur
sleepdienst [ˈslebdinst] Abschleppdienst
sleepkabel [ˈslepkabəl] Abschleppseil
sleutel [ˈsløtəl] Schlüssel
sleutelbeen [ˈsløtəlben] *(nt)* Schlüsselbein
sleutelkaart [ˈsløtəlkaːrt] Schlüsselkarte
slijterij [slɛitəˈrɛi] Wein- und Spirituosengeschäft
slim [slɪm] schlau
sloot [slot] Graben
slot [slɔt] *(nt)* Schloss; **op ~ doen** [ɔp slɔt dun] ‹deed, gedaan› verschließen
sluis [slœys] Schleuse
sluiten [ˈslœytən] ‹sloot, gesloten› schließen

smaak [smak] Geschmack
smaken [ˈsmakən] schmecken
smal [smal] schmal
smartphone [ˈsmartfon] Smartphone
smokkelen [smɔkələn] schmuggeln
sneetje [ˈsnetjə] *(nt)* Scheibe *(Brot)*
sneeuw [snew] Schnee
snel [snɛl] *(als Adjektiv/Adverb)* schnell
snelheid [ˈsnɛlhɛit] Geschwindigkeit
sneltram [ˈsnɛltrɛm] schnelle S-Bahn
snijden [ˈsnɛidən] ‹sneed, gesneden› schneiden
snijtand [ˈsnɛitant] Schneidezahn
snijwond [ˈsnɛiwɔnt] Schnittwunde
snoep [ˈsnup] *(auch nt)* Süßigkeiten
snoepje [ˈsnupjə] *(nt)* Bonbon
snoepwinkel [ˈsnupwɪŋkəl] Süßwarengeschäft
snuiten [ˈsnœytən] ‹snoot, gesnoten› putzen *(Nase)*
snurken [ˈsnœrkən] schnarchen
soep [sup] Suppe
soepbord [ˈsubɔrt] Suppenteller
sokken [ˈsɔkən] *(Plural)* Socken
som [sɔm] Summe
sommeren [sɔˈmeːrən] auffordern
soms [sɔms] manchmal
soort [soːrt] Sorte, Art
soortgelijk [soːrtχəˈlɛik] ähnlich
souvenirshop [suvəˈnirʃɔp] Souvenirladen
spaak [spak] Speiche
spatbord [ˈspadbɔrt] *(nt)* Kotflügel
speciaal [speˈʃal] speziell
specialist (specialiste) [speʃaˈlɪst, speʃaˈlɪstə] Facharzt (-ärztin)
specialiteit [speʃaliˈtɛit] Spezialität
speelgoed [ˈspelχut] *(nt)* Spielsachen
speelgoedwinkel [ˈspelχutwɪŋkəl] Spielwarengeschäft
speelplaats [ˈspelplats] Spielplatz
speen [spen] Sauger
spellen [ˈspɛlən] buchstabieren
spiegel [ˈspiχəl] Spiegel
spier [spiːr] Muskel
spijkerbroek [ˈspɛikərbruk] Jeanshose
spijsvertering [ˈspɛisfərteːrɪŋ] Verdauung
spijsverteringsstoornis [ˈspɛisfərteːrɪŋsˈstoːrnɪs] Verdauungsstörung
spinazie [spiˈnazi] Spinat
splitsing [ˈsplɪtsɪŋ] Abzweigung
spoedservice [ˈsputsœːrvəs] Eilbehandlung; **brief met ~** [brif mɛt] Eilschreiben
spoelbak [ˈspulbak] Geschirrspülbecken
spoor [spoːr] *(nt)* Gleis

spoorweg [ˈspoːrwɛχ] Eisenbahn
sport [spɔrt] Sport
sportartikelen [ˈspɔrtɑrtikələn] *(Plural)* Sportartikel
sportveld [ˈspɔrtfɛlt] *(nt)* Sportplatz
spreekuur [ˈsprekyːr] *(nt)* Sprechstunde
spreken [ˈsprekən] ‹sprak/spraken, gesproken› sprechen
springen [ˈsprɪŋən] ‹sprong, gesprongen› springen
sproeikop [ˈsprujkɔp] Handbrause
staan [stan] ‹stond, gestaan› stehen; **~ op** [ˈstan ɔp] insistieren bestehen auf
stad [stɑt] ‹steden› Stadt
stadhuis [stɑtˈhœys] *(nt)* Rathaus
stadion [ˈstadijɔn] *(nt)* Stadion
stadslicht [ˈstɑtslɪχt] *(nt)* Abblendlicht
stadsmuren [ˈstɑtsmyːrən] *(Plural)* Stadtmauern
stadsplattegrond [ˈstɑtsplɑtəχrɔnt] Stadtplan
stadspoort [ˈstɑtspoːrt] Stadttor
standbeeld [ˈstɑndbelt] *(nt)* Statue
stapelbed [ˈstapəlbɛt] *(nt)* Etagenbett
start [stɑrt] Start
startkabel [ˈstɑrtkabəl] Starthilfekabel
statiegeld [ˈstatsiχɛlt] *(nt)* Pfand
station [stɑ(t)ˈʃɔn] *(nt)* Bahnhof
steeg [steχ] Gasse
steen [sten] Stein
steiger [ˈstɛiχər] Steg
steil [stɛil] steil
steken [ˈstekən] ‹stak/staken, gestoken› stechen
stekker [ˈstɛkər] Stecker
stelen [ˈstelən] ‹stal/stalen, gestolen› stehlen
stempel [ˈstɛmpəl] Stempel
stempelautomaat [ˈstɛmpəlautomat] Fahrscheinentwerter
stempelen [ˈstɛmpələn] entwerten
ster [stɛr] Stern
sterk [stɛr(ə)k] stark
sterrenwacht [ˈstɛrəwɑχt] Sternwarte
sterven [ˈstɛrvən] ‹stierf, gestorven› sterben
stijl [stɛil] Stil
stikker [ˈstɪkər] Aufkleber
stil [stɪl] still
stilleven [ˈstɪlevən] *(nt)* Stillleben
stilte! [ˈstɪltə] Ruhe!
stinken [stɪŋkən] ‹stonk, gestonken› stinken
stipt [stɪpt] pünktlich
stoel [stul] Stuhl, Sessel
stoelgang [ˈstulχɑŋ] Stuhlgang
stof [stɔf] Stoff
stof [stɔf] *(nt)* Staub
stoffer en blik [ˈstɔfər ɛn ˈblɪk] Kehrschaufel
stofzuiger [ˈstɔfsœyχər] Staubsauger
stok [stɔk] Stock
stoken [ˈstokən] heizen
stomerij [stoməˈrɛi] Reinigung
stoomboot [ˈstombot] Dampfer
stoomtreinrit [ˈstomtrɛinrɪt] Dampfzugfahrt
stoot [stot] Stoß
stop [stɔp] Sicherung *(Strom)*
stop! [stɔp] halt!
stopcontact [ˈstɔpkɔntɑkt] *(nt)* Steckdose
stoplicht [ˈstɔplɪχt] *(nt)* Ampel
stoppen [ˈstɔpən] (an)halten, stehen bleiben
storen [ˈstoːrən] stören
storm [stɔr(ə)m] Sturm
stortbak [ˈstɔrdbɑk] Spülkasten *(Toilette)*
straat [strat] Straße
straf [strɑf] Strafe
strafschop [ˈstrɑfsχɔp] Elfmeter
strand [strɑnt] *(nt)* Strand
strandschoenen [ˈstrɑntsχunən] *(Plural)* Strandschuhe
strandwandeling [ˈstrɑntwɑndəlɪŋ] Strandspaziergang
streek [strek] Gegend
strijken [ˈstrɛikən] ‹streek, gestreken› bügeln
strijkijzer [strɛikɛizər] *(nt)* Bügeleisen
stripboek [ˈstrɪbuk] *(nt)* Comicheft
stromen [ˈstromən] fließen
stroming [ˈstromɪŋ] Strömung
stroom [strom] Strom
stroomaansluiting [ˈstromanslœytɪŋ] Stromanschluss
stroopwafels [ˈstropwafəls] *(Plural)* Sirupwaffeln
studeren [styˈdeːrən] studieren
stuk [stœk] *(als Adjektiv)* kaputt
stuk [stœk] *(nt)* Stück
sturen [styːrən] schicken
stuur [styːr] *(nt)* Lenkrad
suiker [ˈsœykər] Zucker
suiker(ziekte) [ˈsœykər(ziktə)] Diabetes
supermarkt [ˈsypərmɑr(ə)kt] Supermarkt
surfen [ˈsœrfən] surfen *(auch im Internet)*
surfplank [ˈsœr(ə)fplɑŋk] Surfbrett
sympathiek [sɪmpaˈtik] sympathisch
synagoge [sinaˈχoχə] Synagoge

T

taai [taj] zäh
taal [tal] Sprache
taart [ta:rt] Kuchen
tabak [taˈbɑk] Tabak
tabakswinkel [taˈbɑkswɪŋkəl] Tabakladen
tablet [taˈblɛt] Tablette
tafel [ˈtafəl] Tisch
tafellaken [tafəlakən] *(nt)* Tischtuch
tafeltennis [ˈtafəltɛnəs] *(nt)* Tischtennis
takelwagen [ˈtakəlwaχən] Abschleppwagen
tamelijk [ˈtamələk] ziemlich
tand [tɑnt] Zahn
tandenborstel [ˈtɑndəbɔrstəl] Zahnbürste
tandenstoker [ˈtɑndəstokər] Zahnstocher
tandpasta [ˈtɑmpɑsta] Zahnpasta
tandvlees [ˈtɑntfles] *(nt)* Zahnfleisch
tandzijde [ˈtɑntsɛidə] Zahnseide
tank [tɛŋk] Tank
tanken [ˈtɛŋkən, (B auch) ˈtɑŋkən] tanken
tarbot [ˈtɑrbɔt] Steinbutt
tarief [ˈtaˈrif] *(nt)* Gebühr
tas [tɑs] Handtasche
taststok [ˈtɑstsLɔk] Taststock
taxichauffeur [ˈtɑksiʃoˈfø:r] Taxifahrer/in
taxistandplaats [tɑksiˈstɑntplats] Taxistand
te [tə] zu
teder [ˈtedər] zärtlich
teek [tek] Zecke
teen [ten] Zehe
tegen [ˈteχən] wider, gegen
tegen twaalven [teχə ˈtwal(ə)və] gegen Mittag
tegendeel [ˈteχədel] *(nt)* Gegenteil
tegenover [teχəˈnovər] *(als Adverb/ Präposition)* gegenüber
tegenovergesteld [teχəˈnovɔrχɔstɛlt] entgegengesetzt
teken [ˈtekən] *(nt)* Zeichen
tekenen [ˈtekənən] zeichnen
tekening [ˈtekənɪŋ] Zeichnung
telefoon [teləˈfon] Telefon
telefoonboek [teləˈfombuk] *(nt)* Telefonbuch
telefooncel [teləˈfonsɛl] *(veraltet)* Telefonzelle
telefoonnummer [teləˈfonəmər] *(nt)* Telefonnummer
telefoontje [teləˈfontjə] *(nt)* Anruf
teleurgesteld [təˈlø:rχəstɛlt] enttäuscht
televisie [teləˈvisi] Fernseher
tellen [ˈtɛlən] zählen
temperatuur [tɛmpəraˈty:r] Temperatur
ten eerste/tweede [tɛn ˈe:rstə/ ˈtwedə] erstens/zweitens
tennis [ˈtɛnəs] *(nt)* Tennis
tennisracket [ˈtɛnəsrɛkət] *(nt)* Tennisschläger
tenslotte [tɛnˈslɔtə] zuletzt
tent [tɛnt] Zelt
tentoonstelling [tɛnˈtonstɛlɪŋ] Ausstellung
tentstok [ˈtɛntstɔk] Zeltstange
termijn: op korte ~ [ɔp kɔrtə tɛrˈmɛin] kurzfristig
terras [tɛˈrɑs] *(nt)* Terrasse; Straßencafé
terrein [tɛˈ rɛin] *(nt)* Gelände
terugbrengen [ˈtr(ə)œχbrɛŋən] ‹bracht terug, teruggebracht› zurückbringen
teruggeven [ˈtrœχevən] ‹gaf/gaven terug, teruggegeven› zurückgeben
terughaalservice [ˈtrœχhalsœrvəs] Rückholservice
terugkeer [ˈtrœχke:r] Rückkehr
terugkeren [ˈtrœχke:rən] zurückkehren
terugkomen [ˈtrœχkomən] ‹kwam/ kwamen terug, teruggekomen› wiederkommen
terugreis [ˈtrœχrɛis] Rückfahrt
terwijl [tɛrˈwɛil] *(als Konjunktion)* während
tevreden [təˈvredən] zufrieden
thee [te] Tee
theelepel [ˈtelepəl] Kaffeelöffel
theezakje [ˈtezɑkjə] *(nt)* Teebeutel
therapie [teraˈpi] Therapie
thermiek [tɛrˈmik] Aufstieg *(Luftsegeln)*
thermofles [tɛrmoflɛs] Isolierflasche
thuis [tœys] daheim
thuisreis [ˈtœysrɛis] Heimreise
tijd [tɛit] Zeit
tijdens [ˈtɛidəns] *(als Präposition)* während
tijdperk [ˈtɛitpɛrk] *(nt)* Epoche
tijdschrift [ˈtɛitsχrɪft] *(nt)* Zeitschrift
tijm [tɛim] Thymian
tip [tɪp] Tipp
toch [tɔχ] trotzdem, doch
toebereiden [ˈtubərɛidən] zubereiten
toegangsprijs [ˈtuχɑŋsprɛis] Eintrittspreis
toegestaan [ˈtuχəstan] zulässig
toekomst [ˈtukɔmst] Zukunft
toekomstig [tuˈkɔmstəχ] zukünftig
toen [tun] damals, dann, *(als Konjunktion)* als *(zeitlich)*
toerenteller [ˈturətɛlər] Tachometer

toerist (toeriste) [tuˈrɪst, tuˈrɪstə] Tourist(in)
toeschouwer (toeschouwster) [ˈtusχɑuwər, ˈtusχɑuwstər] Zuschauer(in)
toeslag [ˈtuslɑχ] Zuschlag
toestaan [ˈtustan] ‹stond toe, toegestaan› erlauben, genehmigen
toestand [ˈtustɑnt] Zustand, Lage *(Situation)*
toestel [ˈtustɛl] *(nt)* Apparat
toestemmen [ˈtustɛmən] zustimmen
toestemming [ˈtustɛmɪŋ] Erlaubnis
toevallig [tuˈvɑləχ] zufällig
toevoegen [ˈtuvuχən] hinzufügen
toilet [twɑˈlɛt] *(nt)* Toilette
toiletpapier [twɑˈlɛtpɑpiːr] *(nt)* Toilettenpapier
tol [tɔl] Maut
tomaten [toˈmatən] *(Plural)* Tomaten
tomtom [tɔmˈtɔm] Navigationsgerät
toneelstuk [toˈnelstœk] *(nt)* Theaterstück, Schauspiel
tonen [ˈtonən] zeigen
tong [tɔŋ] Zunge; Seezunge
toren [ˈtoːrən] Turm
tot [tɔt] bis
touw [tɑu] *(nt)* Bindfaden
trainingspak [ˈtrenɪŋspɑk] *(nt)* Jogginganzug
traject [traˈjɛkt] *(nt)* Strecke
tram [trɛm, (B auch) trɑm] Straßenbahn
trap [trɑp] Treppe
trapper [ˈtrɑpər] Pedal
tree [tre] Stufe
treffen [ˈtrɛfən] ‹trof, getroffen› treffen
trein [trɛin] Zug
trek [trɛk] Lust *(auf Essen, Trinken)*; **~ in** [trɛk ɪn] Lust auf
trekken [ˈtrɛkən] ‹trok, getrokken› ziehen
trekkingschoen [ˈtrɛkɪŋsχun] Trekkingschuh
troebel [ˈtrubəl] trüb *(Wasser)*
trouw [trɑu] treu
trouwen [ˈtrɑuwən] heiraten
trui [trœy] Pullover
tuin [tœyn] Garten
tunnel [ˈtœnəl] Tunnel
turkoois [tyrˈkojs] türkis
tussen [ˈtœsən] zwischen; **~ de middag** [ˈtœsə də ˈmɪdɑχ] mittags
tweede [ˈtwedə] zweite(r, -s)
typisch (voor) [ˈtipis voːr] typisch (für)

U

u [y] Sie; Ihnen
uien [ˈœyjən] *(Plural)* Zwiebeln
uit [œyt] aus *(Herkunft)*
uitbetalen [ˈœydbətalən] auszahlen
uitdoen [ˈœydun] ‹deed uit, uitgedaan› ausschalten, ausmachen
uitdrukkelijk [œyˈdrœkələk] ausdrücklich
uitdrukking [ˈœydrœkɪŋ] Ausdruck
uitgaan [ˈœytχan] ‹ging uit, uitgegaan› ausgehen
uitgang [ˈœytχɑŋ] Ausgang
uitgeput [ˈœytχepœt] erschöpft
uitgeven [ˈœytχevən] ‹gaf/gaven uit, uitgegeven› ausgeben
uitkijk [ˈœytkɛik] Aussichtspunkt
uitlaat [ˈœytlat] Auspuff
uitleggen [ˈœytlɛχən] erklären, deutlich machen
uitnodigen [ˈœytnodəχən] einladen
uitrit [ˈœytrɪt] Ausfahrt
uitrusten [ˈœytrœstən] sich ausruhen
uitslag [ˈœytslɑχ] Ausschlag; Ergebnis *(Sport)*
uitspreken [ˈœytsprekən] ‹sprak/spraken uit, uitgesproken› aussprechen
uitstapje [ˈœytstɑpjə] *(nt)* Ausflug
uitstappen [ˈœytstɑpən] aussteigen
uitstekend [œytˈstekənt] ausgezeichnet
uitverkoop [ˈœytfərkop] Ausverkauf
uitwisselen [ˈœytwɪsələn] austauschen
uitzending [ˈœytsɛndɪŋ] Sendung *(Radio, Fernsehen)*
uitzicht [ˈœytsɪχt] *(nt)* Aussicht; **met ~ op zee** [mɛt ˈœytsɪχt ɔp se] mit Blick aufs Meer
uitzoeken [ˈœytsukən] ‹zocht uit, uitgezocht› aussuchen
universiteit [ynivɛrsiˈtɛit] Universität
uur [yːr] *(nt)* Stunde

V

vaak [vak] oft
vaarbewijs [ˈvaːrbəwɛis] *(nt)* Bootsführerschein
vaart [vaːrt] Fahrt *(Schiff)*
vaas [vas] Vase
vaatdoek [ˈvaduk] Spültuch
vaatwerk [ˈvatwɛrk] *(nt)* Geschirr
vader [ˈvadər] Vater
vakantie [vaˈkɑnsi] Urlaub, Ferien
vakantiehuisje [vaˈkɑnsihœyʃə] *(nt)* Ferienhaus
vakantiepark [vaˈkɑnsipɑr(ə)k] *(nt)* Ferienanlage
valhelm [ˈvɑlhɛl(ə)m] Sturzhelm
vallen [vɑlən] ‹viel, gevallen› fallen, stürzen

vals [vɑls] falsch, betrügerisch
van [vɑn] von *(Herkunft, Besitz)* aus *(Material)*
van tevoren [vɑn tə'vo:rən] vorher
vanaf [vɑ'nɑf] ab
vanavond [vɑ'navɔnt] heute Abend
vandaag [vɑn'daχ] heute
vangen ['vɑŋən] ‹ving, gevangen› fangen
vanmorgen [vɑ'mɔrχən] heute Morgen
vanzelf [vɑn'zɛlf] von selbst
varen ['va:rən] ‹voer, gevaren› fahren *(Schiff)*
varkensvlees ['vɑrkə(n)sfles] *(nt)* Schweinefleisch
vasthouden ['vɑsthɑudən] ‹hield vast, vastgehouden› (fest)halten
veel [vel] viel
veerboot ['ve:rbot] Fähre
veilig ['vɛiləχ] sicher *(ohne Gefahr)*
veiligheid ['vɛiləχhɛit] Sicherheit *(Schutz)*
veiligheidsriem ['vɛiləχhɛitsrim] Sicherheitsgurt
veiligheidsspeld ['vɛiləxɛitspɛlt] Sicherheitsnadel
veld [vɛlt] *(nt)* Feld
venkel ['vɛŋkəl] Fenchel
ver [vɛr] weit *(entfernt)*
verantwoordelijk [vərɑnt'wo:rdələk] verantwortlich, zuständig
verband [vər'bɑnd] *(nt)* Verband; Zusammenhang
verbazen: zich ~ (over) [zɪχ fər'bazən (ovər)] sich wundern (über)
verbeteren [vər'betərən] verbessern
verbieden [vər'bidən] ‹verbood, verboden› verbieten
verbinden [vər'bɪndən] ‹verbond, verbonden› verbinden
verbinding [vər'bɪndɪŋ] Verbindung *(Telefon)*
verblijf [vər'blɛif] *(nt)* Aufenthalt
verblijven [vər'blɛivən] ‹verbleef, verbleven› sich aufhalten
verbod [vər'bɔt] *(nt)* Verbot
verboden [vər'bodən] verboten
verbranden [vər'brɑndən] verbrennen
verbruik [vər'brœyk] *(nt)* Verbrauch
verdieping [vər'dipɪŋ] Stockwerk, Etage
verdovende middelen [vər'dovəndə 'mɪdələn] *(Plural)* Rauschgift
verdragen [vərdraχən] ‹verdroeg, verdragen› (v)ertragen
verdriet [vər'drit] *(nt)* Kummer
verdrietig [vər'dritəχ] traurig
verdwalen [vər'dwalən] sich verirren
verdwijnen [vər'dwɛinən] ‹verdween, verdwenen› verschwinden
vereniging [vər'enəχɪŋ] Verein
verfrissing [vər'frɪsɪŋ] Erfrischung
vergeefs [vər'χefs] vergeblich
vergelijken [vərχə'lɛikən] ‹vergeleek, vergeleken› vergleichen
vergeten [vər'χetən] ‹vergat/vergaten, vergeten› vergessen
vergif [vərχɪf] *(nt)* Gift
vergiftiging [vər'χɪftəχɪŋ] Vergiftung
vergissen: zich ~ [zɪχ vər'χɪsən] sich täuschen
vergissing [vər'χɪsɪŋ] Irrtum
vergoeden [vər'χudən] *(Schaden)* ersetzen
vergoeding van de kosten [vər'χudɪŋ vɑn də 'kɔstən] Erstattung der Kosten
vergunning [vər'χœnɪŋ] Genehmigung
verheugen: zich ~ op/over [zɪχ vər'høχən ɔp/'ovər] sich freuen auf/über
verhinderen [vər'hɪndərən] verhindern
verhuren [vər'hy:rən] vermieten
verjaardag [vər'ja:rdɑχ] Geburtstag
verkeer [vər'ke:r] *(nt)* Verkehr
verkiezen [vər'kizən] ‹verkoos, verkozen› vorziehen *(lieber haben)*
verklaren [vər'kla:rən] erklären
verklaring [vər'kla:rɪŋ] Bescheinigung; Erklärung
verkopen [vər'kopən] ‹verkocht, verkocht› verkaufen
verkoudheid [vər'kɑuthɛit] Erkältung
verkrachting [vər'krɑχtɪŋ] Vergewaltigung
verlangen [vər'lɑŋən] verlangen
verlaten [vər'latən] ‹verliet, verlaten› verlassen
verleden [vər'ledən] *(nt)* Vergangenheit
verlegen [vər'leχən] schüchtern
verlengen [vər'lɛŋən] verlängern
verlies [vər'lis] *(nt)* Verlust
verliezen [vər'lizən] ‹verloor, verloren› verlieren
verloofde [vər'lovdə] Verlobte/r
vermijden [vər'mɛidən] ‹vermeed, vermeden› vermeiden
vermoeiend [vər'mujənt] anstrengend
vernielen [vər'nilən] zerstören
verongelukken [vər'ɔŋχəlœkən] verunglücken
verontschuldigen: zich ~ [zɪχ vərɔnt'sχœldəχən] sich entschuldigen
veroorzaken [vər'o:rzakən] verursachen

verpakking [vərˈpɑkɪŋ] Verpackung
verpleegster [vərˈpleχstər] Krankenschwester
verrast [vəˈrɑst] überrascht
verrekenen: zich ~ [zɪχ fəˈrekənən] sich verrechnen
verrekking [vəˈrɛkɪŋ] Zerrung
vers [vɛrs] frisch *(Lebensmittel)*
verschil [vərˈsχɪl] *(nt)* Unterschied
verschrikkelijk [vərˈsχrɪkələk] schrecklich
versnelling [vərˈsnɛlɪŋ] Gang(schaltung)
versnellingsbak [vərˈsnɛlɪŋzbɑk] Getriebe *(Autos)*
verstaan [vərˈstan] ‹verstond, verstaan› verstehen
verstandig [vərˈstɑndəχ] klug
verstandskies [vərˈstɑntskis] Weisheitszahn
verstopping [vərˈstɔpɪŋ] Verstopfung
verstreken [vərˈstrekən] abgelaufen
verstrijken [vərˈstrɛikən] ‹verstreek, verstreken› vergehen *(Zeit)*
verstuikt [vərˈstœykt] verstaucht
vertalen [vərˈtalən] übersetzen
vertellen [vərˈtɛlən] erzählen
vertragen [vərˈtraχən] verzögern
vertraging [vərˈtraχɪŋ] Verspätung
vertrek [vərˈtrɛk] *(nt)* Abfahrt; Abflug
vertrekken [vərˈtrɛkən] ‹vertrok, vertrokken› abfahren
vertrektijd [vərˈtrɛktɛit] Abfahrtszeit
vertrouwen [vərˈtrɑuwən] *(nt)* Vertrauen
vervangen [vərˈvɑŋən] ‹verving, vervangen› ersetzen
vervoerbewijs [vərˈvu:rbəwɛis] *(nt)* Fahrschein
verwachten [vərˈwɑχtən] erwarten
verwant [vərˈwɑnt] verwandt
verwarming [vərˈwɑrmɪŋ] Heizung
verwisselen [vərˈwɪsələn] verwechseln
verwonding [vərˈwɔndɪŋ] Verletzung
verzadigd [vərzadəχt] satt
verzamelen [vərˈzamələn] sammeln
verzekering [vərˈzekərɪŋ] Versicherung
verzekeringskaart [vərˈzekərɪŋska:rt] Versicherungskarte *(Krankenversicherung)*
verzetten [vərˈzɛtən] verschieben *(zeitlich)*
verzoek [vərˈzuk] *(nt)* Bitte
verzoeken [vərˈzukən] ‹verzocht, verzocht›; **iemand om iets ~** jemanden um etwas bitten
verzorgingsplaats [vərˈzɔrχɪŋsplats] *(nt)* Raststätte
vest [vɛst] *(nt)* Strickjacke
vet [vɛt] fett
vetarm [vɛtˈɑrəm] fettarm
veters [ˈvetərs] *(Plural)* Schnürsenkel
vierkante meter [ˈvi:rkɑntə ˈmetər] Quadratmeter
vies [vis] schmutzig
vinden [ˈvɪndən] ‹vond, gevonden› finden
vinger [ˈvɪŋər] Finger
vis [vɪs] Fisch
visboer [ˈvɪzbu:r] Fischhändler
vissen [ˈvɪsən] angeln
visvergunning [ˈvɪsfərχœnɪŋ] Angelschein
viswinkel [ˈvɪswɪŋkəl] Fischgeschäft
vitaminepillen [vitaˈminəpɪlən] *(Plural)* Vitamintabletten
vla [vla] Vanillepudding
vlakbij [vlɑgˈbɛi] nahe
vlees [vles] Fleisch
vlek [vlɛk] Fleck
vliegen [ˈvliχən] ‹vloog, gevlogen› fliegen
vlieger [ˈvliχər] Drachen
vliegtuig [ˈvliχtœyχ] Flugzeug
vloed [vlut] Flut
vloeibaar [ˈvlujba:r] flüssig
vloer [vlu:r] Fußboden
vlug [vlœχ] *(als Adjektiv/Adverb)* schnell
vochtig [ˈvɔχtəχ] feucht
vochtinbrengende crème [ˈvɔχtɪmbrɛŋəndə krɛ:m] Feuchtigkeitscreme
voedselvergiftiging [ˈvutsəlvərχɪftəχɪŋ] Lebensmittelvergiftung
voelen [ˈvulən] fühlen
voet [vut] Fuß
voetbal [ˈvudbɑl] Fußball
voetbalveld [ˈvudbɑlvɛlt] *(nt)* Fußballplatz
voetbalwedstrijd [ˈvudbɑlwɛtstrɛit] Fußballspiel
voetganger (voetgangster) [ˈvutχɑŋər, ˈvutχɑŋstər] Fußgänger(in)
voetgangersgebied [ˈvutχɑŋərsχəbit] *(nt)* Fußgängerzone
vogel [ˈvoχəl] Vogel
vogelreservaat [ˈvoχəlrəsərvat] *(nt)* Vogelschutzgebiet
vol [vɔl] voll
volgeboekt [ˈvɔlχəbukt] ausgebucht
volgen [ˈvɔlχən] folgen
volgend(e) [ˈvɔlχənd(ə)] nächste(r, -s)
  volgend jaar [ˈvɔlχənt ja:r] nächstes Jahr
volk [vɔl(ə)k] *(nt)* Volk
volkorenbrood [vɔlˈko:rəbrot] *(nt)* Vollkornbrot

volledig pension [vɔˈledəχ pɛnˈʃɔn] *(nt)* Vollpension
volwassene [vɔlˈwɑsənə] Erwachsene/r
voor [vo:r] für; vor *(räumlich, zeitlich)*
voor mijn part [vo:r mɛin pɑrt] meinetwegen
voor(dat) [ˈvo:r(dɑt)] bevor
vooraan [vo:ˈran] vorn
voorarrest [ˈvo:rɑrɛst] *(nt)* Untersuchungshaft
voorbaat: bij ~ [bɛi ˈvo:rbat] im Voraus
voorbeeld [ˈvo:rbelt] *(nt)* Beispiel
voorbehoed(s)middel [ˈvo:rbəhut(s) mɪdəl] *(nt)* Verhütungsmittel
voorbereiden [ˈvo:rbərɛidən] vorbereiten
voorbij [vo:rˈbɛi] vorüber
voordeel [ˈvo:rdel] *(nt)* Vorteil
voorgerecht [ˈvo:rχərɛχt] *(nt)* Vorspeise
voorgevel [ˈvo:rχevəl] Fassade
voorletters [ˈvo:rlɛtərs] Initialen
voornaam [ˈvo:rnam] Vorname
voorraad [ˈvo:rat] Vorrat
voorruit [ˈvo:rœyt] Windschutzscheibe
voorschrift [ˈvo:rsχrɪft] *(nt)* Vorschrift
voorschrijven [ˈvo:rsχrɛivən] ‹schreef voor, voorgeschreven› verschreiben
voorseizoen [ˈvo:rsɛizun] *(nt)* Vorsaison
voorstel [ˈvo:rstɛl] *(nt)* Vorschlag
voorstellen [ˈvo:rstɛlən] vorstellen, bekannt machen
voorstelling [ˈvo:rstɛlɪŋ] Vorstellung, Aufführung
vooruit [voˈrœyt] vorwärts, *(Geld)* im Voraus
voorverkoop [ˈvo:rvərkop] Vorverkauf
voorwaarde [ˈvo:rwa:rdə] Bedingung
voorwerp [ˈvo:rwɛr(ə)p] *(nt)* Gegenstand *(Ding)*
voorzichtig [vo:rˈzɪχtəχ] vorsichtig
vork [vɔr(ə)k] Gabel
vorm [vɔr(ə)m] Form
vormen [ˈvɔrmən] bilden
vorst [vɔrst] Frost; Fürst
vraag [vraχ] Frage
vrachtwagen [ˈvrɑχtwaχən] Lastwagen
vragen [ˈvraχən] ‹vroeg, gevraagd› fragen
vreemd [vremt] fremd
vreemdeling (vreemdelinge) [ˈvremdəlɪŋ, ˈvremdəlɪŋə] Fremde/r
vreselijk [ˈvresələk] fürchterlich
vreugde [ˈvrøχdə] Freude
vrezen [ˈvrezən] (be)fürchten
vriend (vriendin) [vrint, vrɪnˈdɪn] Freund(in)
vriendelijk [ˈvrindələk] freundlich, liebenswürdig
vrij [vrɛi] frei
vrijblijvend [vrɛiˈblɛivənt] unverbindlich
vrijdag [ˈvrɛidɑχ] Freitag
vrijgezel [vrɛiχəˈzɛl] Junggeselle
vroeg [vruχ] früh
vroeger [ˈvruχər] früher
vrolijk [ˈvrolək] lustig
vrouw [vrɑu] Frau, Ehefrau
vruchtenthee [ˈvrœχtəte] Früchtetee
vuil [vœyl] *(nt)* Schmutz
vuilnis [vœylnəs] Müll
vuilnisbak [ˈvœylnəzbɑk] Mülltonne
vuilniszak [ˈvœylnəsɑk] Abfallbeutel
vullen [ˈvœlən] füllen
vulling [ˈvœlɪŋ] Plombe
vuur [vy:r] *(nt)* Feuer
vuurtoren [ˈvy:rtɔrən] Leuchtturm
VVV-kantoor [veveˈvekɑnto:r] *(nt)* Verkehrsamt

W

waar [wa:r] wahr
waard [wa:rt] Wirt
waard [wa:rt] wert
waarde [ˈwa:rdə] Wert
waardebon [ˈwa:rdəbɔn] Gutschein
waarderen [wa:rˈde:rən] gut finden, schätzen
waardevolle spullen [ˈwa:rdəvɔlə ˈspœlən] *(Plural)* Wertsachen
waarschijnlijk [wa:rˈsχɛinlək] *(als Adjektiv/Adverb)* wahrscheinlich
waarschuwen (voor) [ˈwa:rsχywən (vo:r)] warnen (vor)
wachten [ˈwɑχtən] warten
wachtkamer [ˈwɑχtkamər] Wartezimmer
wachtruimte [ˈwɑχtrœymtə] *(nt)* Wartesaal
Waddenzee [ˈwɑdəze] Wattenmeer
wadlopen [ˈwɑtlopən] Wattwandern
wagonnummer [waˈχɔnœmər] *(nt)* Wagennummer
wakker [ˈwɑkər] wach
wakker worden [ˈwɑkər ˈwɔrdən] ‹werd, geworden› aufwachen
wand [wɑnt] Wand
wandelen [wɑndələn] wandern; spazieren
wandeling [ˈwɑndəlɪŋ] Spaziergang, Bummel; **een ~ maken** [ən ˈwɑndəlɪŋ ˈmakən] spazieren gehen

wandelkaart [ˈwandəlka:rt] Wanderkarte
wandelpad [wandələn] *(nt)* Wanderweg; Spazierweg
wandeltocht [ˈwandəltɔχt] Wandertour
wandelschoen [ˈwandəlsχun] Wanderschuh
wanhopig [wanˈhopəχ] verzweifelt
want [want] denn
wantrouwen [ˈwantrauwən] misstrauen
warenhuis [ˈwa:rəhœys] *(nt)* Kaufhaus
warm [war(ə)m] warm
warm water [ˈwar(ə)m ˈwatər] *(nt)* warmes Wasser
wasgoed [wasχut] *(nt)* Wäsche
washandje [ˈwashantjə] *(nt)* Waschlappen
wasknijpers [ˈwasknɛipərs] *(Plural)* Wäscheklammern
waslijn [ˈwaslɛin] Wäscheleine
wasmachine [ˈwasmaʃinə] Waschmaschine
wasmiddel [ˈwasmɪdəl] *(nt)* Waschmittel
wasruimte [ˈwasrœymtə] Waschraum
wassen [ˈwasən] ‹waste, gewassen› waschen
wasserette [wasəˈrɛtə] Waschsalon
wasserij [wasəˈrɛi] Wäscherei
wastafel [ˈwastafəl] Waschbecken
wat [wat] was
wat voor (een) ... ? [ˈwat vo:r (ən)] was für (ein/eine) ... ?
water [ˈwatər] *(nt)* Wasser
waterfiets [ˈwatərfits] Tretboot
waterglas [ˈwatərχlas] *(nt)* Wasserglas
waterkoker [ˈwatərkokər] Wasserkocher
waterkraan [ˈwatərkran] Wasserhahn
waterverbruik [ˈwatərvərbrœyk] *(nt)* Wasserverbrauch
wattenstaafjes [ˈwatəstafjəs] *(Plural)* Wattestäbchen
wc [weˈse] Toilette
we [wə] wir *(unbetont)*
wedstrijd [ˈwɛtstrɛit] Spiel
week [wek] Woche
weekendretour [ˈwikɛntrətu:r] *(nt)* Wochenendrückfahrt *(B)*
weer [we:r] wieder
weerbericht [ˈwe:rbərɪχt] *(nt)* Wetterbericht
weersverwachting [ˈwe:rsvərwaχtɪŋ] Wettervorhersage
weeshuis [ˈweshœys] Waisenhaus
weg [wɛχ] Weg
weg [wɛχ] weg, fort
wegen [ˈweχən] ‹woog, gewogen› wiegen
wegenkaart [ˈweχəka:rt] Straßenkarte
wegens [ˈweχəns] wegen
wegenwacht [ˈweχəwaχt] Pannendienst
weggaan [ˈwɛχan] ‹ging weg, weggegaan› weggehen
wegomlegging [ˈwɛχɔmlɛχɪŋ] Umleitung
wegslepen [ˈwɛχslepən] abschleppen
wegwijzer [ˈwɛχwɛizər] Wegweiser
wei [wɛi] Wiese
weigeren [ˈwɛiχərən] sich weigern
weinig [ˈwɛinəχ] wenig
wekelijks [ˈwekələks] wöchentlich
wekken [ˈwɛkən] wecken
welkom! [ˈwɛlkɔm] willkommen!
welkomstcocktail [ˈwɛlkɔmstkɔktel] Begrüßungscocktail
wensen [ˈwɛnsən] wünschen
wereld [ˈwe:rəlt] Welt
werk in uitvoering [wɛr(ə)k ɪn ˈœytfurɪŋ] Baustelle!
werk [wɛrk] *(nt)* Arbeit
werkdagen: **op ~** [ɔp ˈwɛr(ə)gdaχən] werktags
werkelijk [ˈwɛrkələk] *(als Adjektiv/ Adverb)* wirklich
werken [ˈwɛrkən] arbeiten
werkloos [ˈwɛr(ə)klos] arbeitslos
wervelkolom [ˈwɛrvəlkolɔm] Wirbelsäule
wesp [wɛsp] Wespe
westen [ˈwɛstən] *(nt)* Westen
weten [ˈwetən] ‹wist, geweten› wissen
wiel [wil] *(nt)* Rad
wielersport [ˈwilərspɔrt] Radsport
wifi [ˈwifi] WLAN
wij [wɛi] wir *(betont)*
wijd [wɛit] weit *(nicht eng)*
wijk [wɛik] Stadtteil
wijn [wɛin] Wein
wijnglas [ˈwɛiŋχlas] *(nt)* Weinglas
wijnhandel [ˈwɛinhandəl] Weinhandlung
wild [wɪlt] wild
willen [ˈwɪlən] wollen
wind [wɪnt] Wind; Blähungen
windkracht [ˈwɪntkraχt] Windstärke
windrichting [ˈwɪntrɪχtɪŋ] Windrichtung
windscherm [ˈwɪntsχɛrm] *(nt)* Windschirm
windstilte [ˈwɪntstɪltə] Flaute
windstoot [ˈwɪntstot] Bö
windsurfen [ˈwɪntsœrfən] windsurfen

winnen [ˈwɪnən] ‹won, gewonnen› gewinnen
winst [wɪnst] Gewinn
winter [ˈwɪntər] Winter
wisselen [ˈwɪsələn] umtauschen, wechseln *(Geld)*
wisselgeld [ˈwɪsəlχɛlt] *(nt)* Wechselgeld
wit [wɪt] weiß
witlof [ˈwɪtlɔf] Chicorée
witte wijn [ˈwɪtə wɛin] Weißwein
wittebrood [ˈwɪtəbrot] *(nt)* Weißbrot
woedend [ˈwudənt] wütend
woensdag [ˈwunzdɑχ] Mittwoch
wol [wɔl] Wolle
wolk [wɔl(ə)k] Wolke
wollen deken [ˈwɔlə ˈdekən] Wolldecke
wond [wɔnt] Wunde
wonen [ˈwonən] wohnen
woning [ˈwonɪŋ] Wohnung
woonboot [ˈwombot] Hausboot
woonplaats [ˈwomplats] Wohnort
woord [wo:rt] *(nt)* Wort
worden [ˈwɔrdən] ‹werd, geworden› werden
worst [wɔrst] Wurst
worstje [wɔrʃə] Würstchen
wortels [ˈwɔrtəls] *(Plural)* Karotten
wuiven [ˈwœyvən] winken
wurm [ˈwœr(ə)m] Wurm

Z

zaal [zal] Saal
zacht [zɑχt] leise; weich
zadel [ˈzadəl] *(nt)* Sattel
zak [zɑk] (Hosen-)Tasche; Sack
zakje [ˈzɑkjə] *(nt)* Tüte
zakkenroller [ˈzɑkərɔlər] Taschendieb
zakmes [ˈzɑkmɛs] *(nt)* Taschenmesser
zalf [zɑl(ə)f] Salbe
zalm [ˈzɑl(ə)m] Lachs
zalmforel [ˈzɑl(ə)mfɔrɛl] Lachsforelle
zandbak [ˈzɑndbɑk] Sandkasten
zandkasteel [ˈzɑntkɑstel] *(nt)* Sandburg
zanger (zangeres) [ˈzɑŋər, zɑŋəˈrɛs] Sänger(in)
zaterdag [ˈzatərdɑχ] Samstag
zee [ze] Meer
zeep [zep] Seife
zeer [ze:r] sehr
zeeziek [ˈzezik] seekrank
zeggen [ˈzɛχən] ‹zei/zeiden, gezegd› sagen
zeilboot [ˈzɛilbot] Segelboot
zeilen [ˈzɛilən] segeln
zeiltocht [ˈzɛiltoχt] Segeltörn
zeker [ˈzekər] gewiss, sicher, *(als Adverb)* unbedingt, bestimmt
zekerheid [ˈzekərhɛit] Gewissheit
zelden [ˈzɛldən] *(als Adverb)* selten
zeldzaam [ˈzɛltsam] *(als Adjektiv)* selten
zelf [zɛl(ə)f] selbst
zelfbediening [zɛl(ə)fbədinɪŋ] Selbstbedienung
zelfontspanner [ˈzɛl(ə)fɔntspɑnər] Selbstauslöser
zelfs [zɛl(ə)fs] selbst, sogar
zenuw [ˈzenyw] Nerv
zenuwachtig [ˈzenywɑχtəχ] nervös
zetpil [ˈzɛtpɪl] Zäpfchen
zetten [ˈzɛtən] setzen, *(Kaffee, Tee)* kochen
ziek [zik] krank
ziekenhuis [ˈzikəhœys] *(nt)* Krankenhaus
ziekenwagen [ˈzikəwaχən] Krankenwagen
ziekte [ˈziktə] Krankheit
ziekte van Lyme [ˈziktə vɑn ˈlajm] Borreliose
zien [zin] ‹zag/zagen, gezien› sehen
zijde [ˈzɛidə] Seide; Seite
zijn [zɛin] ‹was/waren, geweest› *(Verb)* sein
zijn [zɛin] *(als Possessivpronomen)* sein(e)
zilver [ˈzɪlvər] *(nt)* Silber
zilveren [ˈzɪlvərən] silbern
zin [zɪn] Sinn; Lust; Satz *(Wörter)*
zingen [ˈzɪŋən] ‹zong, gezongen› singen
zitplaats [ˈzɪtplats] Sitz
zitten [ˈzɪtən] ‹zat/zaten, gezeten› sitzen
zo [zo] so
zoals [zoˈɑls] sowie
zoeken [ˈzukən] ‹zocht, gezocht› suchen
zoeker [ˈzukər] Sucher
zoen [zun] Kuss
zoenen [zunən] küssen
zoet [zut] süß
zoetjes [ˈzutjəs] *(Plural)* Süßstoff
zo-even [zoˈevən] eben *(zeitlich)*
zomer [ˈzomər] Sommer
zon [zɔn] Sonne
zon- en feestdagen [ˈzɔn ɛn ˈfesdaχən] *(Plural)* Sonn- und Feiertage
zondag [ˈzɔndɑχ] Sonntag
zonder [ˈzɔndər] ohne
zonenummer [ˈzɔ:nənœmər] *(nt)* Vorwahlnummer *(B)*
zonnebrand(olie) [ˈzɔnəbrant(oli)] Sonnenöl
zonnehoed [ˈzɔnəhut] Sonnenhut

zonnesteek [ˈzɔnəstek] Sonnenstich
zonnig [ˈzɔnəχ] sonnig
zool [zol] Sohle
zoon [zon] Sohn
zorgen voor [ˈzɔr(ə)χən voːr] sich kümmern um
zorgen: zich ~ maken over [zɪχ ˈsɔr(ə)χən makən ˈovər] sich sorgen um
zorgverzekering [ˈzɔr(ə)χvərzekərɪŋ] *(nt)* Krankenversicherung
zout [zɑut] *(nt)* Salz
zoutvaatje [ˈzɑutfatjə] *(nt)* Salzstreuer
zuiden [ˈzœydən] *(nt)* Süden
zuigeling [ˈʒœyχəlɪŋ] Säugling
zullen [ˈzœlən] ‹zou/zouden› werden *(Futur; Versprechen)*
zure room [ˈzyːrə ˈrom] saure Sahne
zus [zœs] Schwester
zuur [zyːr] sauer
zwaar [zwaːr] schwer *(Gewicht)*
zwager [ˈzwaχər] Schwager
zwak [zwɑk] schwach
zwangerschap [ˈzwɑŋərsχɑp] Schwangerschaft
zwart [zwɑrt] schwarz
zwarte thee [ˈzwɑrtə te] Schwarztee
zweefvliegen [ˈzwevliχən] Segelfliegen
zwelling [ˈzwɛlɪŋ] Schwellung
zwembad [ˈzwɛmbɑt] *(nt)* Schwimmbad, Swimmingpool
zwemband [ˈzwɛmbɑnt] Schwimmring
zwembroek [ˈzwɛmbruk] Badehose
zwemmen [ˈzwɛmən] ‹zwom, gezwommen› schwimmen
zwemmer (zwemster) [ˈzwɛmər, ˈzwɛmstər] Schwimmer(in)
zwemvest [ˈzwɛmvɛst] *(nt)* Schwimmweste
zwemvleugels [ˈzwɛmvløχəls] *(Plural)* Schwimmflügel
zwemvliezen [ˈzwɛmvlizən] *(Plural)* Schwimmflossen
zweten [ˈzwetən] schwitzen
Zwitser (Zwitserse) [ˈzwɪtsər, ˈzwɪtsərsə] Schweizer(in)
Zwitserland [ˈzwɪtsərlɑnt] Schweiz

Wörterbuch Deutsch – Niederländisch

A

Aal paling [ˈpalıŋ]
ab vanaf [vaˈnaf]
ab und zu af en toe [av‿ɛn ˈtu]
abbiegen afslaan [ˈafslan] ‹sloeg af, afgeslagen›
Abblendlicht stadslicht [ˈstatslıχt]
Abend avond [ˈavɔnt]
Abendessen avondeten [ˈavɔntetən]
Abendgarderobe avondkleding [ˈavɔntkledıŋ]
abends ’s avonds [ˈsavɔns]
aber maar [maːr]
abfahren (von) vertrekken (van) [vərˈtrɛkən (ˈvan)]
Abfahrt *(Abreise)* vertrek [vərˈtrɛk]; *(Autobahn~)* afrit [ˈafrıt]
Abfahrtszeit vertrektijd [vərˈtrɛktɛit]
Abfall vuilnis [ˈvœylnəs]
Abfallbeutel vuilnəszak [ˈvœylnısak]
Abfalleimer afvalemmer [ˈafalɛmər]
Abflug vertrek [vərˈtrɛk]
abgeben afgeven [ˈafχevən] ‹gaf/gaven af, afgegeven›
abgelaufen verstreken [vərˈstrekən]
abholen afhalen [ˈafhalən]
Abkürzung afkorting [ˈafkɔrtıŋ]; *(einer Strecke)* kortere weg [ˈkɔrtərə wɛχ]
ablehnen afwijzen [ˈafwɛizən]
abreisen (nach) vertrekken (naar) [vərˈtrɛkən (naːr)] ‹vertrok, vertrokken›
Absatz hak [hak]
abschlagen afslaan [ˈafslan] ‹sloeg af, afgeslagen›
Abschleppdienst sleepdienst [ˈslebdinst]
abschleppen wegslepen [ˈwɛχslepən]
Abschleppseil sleepkabel [ˈslepkabəl]
Abschleppwagen takelwagen [ˈtakəlwaχən]
abschließen afsluiten [ˈafslœytən] ‹sloot af, afgesloten›
Absender afzender [ˈafsɛndər]
Abteil *(im Zug)* coupé [kuˈpe]
abwärts naar beneden [naːr bəˈnedən]
Abzweigung splitsing [ˈsplıtsıŋ]
Achse as [as]
Achtung! let op! [lɛt ɔp]
Adapter adapter [aˈdaptər]
Adresse adres [aˈdrɛs]
Aerobics aerobics [ɛˈrɔbıks]
Agentur agentschap [aˈχɛntsχap]
ähnlich soortgelijk [soːrtχəˈlɛik]
akklimatisieren: sich ~ zich aanpassen [zıχ ˈampasən]
Akku batterij [batəˈrɛi]
Akupunktur acupunctuur [akypœŋkˈtyːr]
Alarmanlage alarminstallatie [aˈlar(ə)mınstaˈlatsi]
alkoholfrei alcoholvrij [ˈalkohɔlˈvrɛi]
alkoholfreies Bier alcoholvrij bier *(nt)* [ˈalkɔhɔlˈvrɛi biːr]
alle *(sämtliche)* alle(n) [ˈalə]
alle *(als Adjektiv)* op [ɔp]
allein alleen [aˈlen]
Allergie allergie [alɛrˈχi]
allergisch sein gegen … allergies zijn voor … [aˈlɛrxis zɛin voːr]
Allergiker(in): ich bin ~ ik ben allergisch [ıg bɛn aˈlɛrχis]
alles alles [ˈaləs]
als *(zeitlich)* toen [tun]; *(Vergleich)* dan [dan]
also dus [dœs]
alt oud [aut]
Alter leeftijd [leftɛit]
Altstadt oude binnenstad [ˈaudə ˈbınənstat]
Alufolie aluminiumfolie [alyˈminijəmfoli]
Ampel stoplicht [ˈstɔplıχt]
amüsieren: sich ~ zich amuseren [ˈzıχ amyˈzeːrən]
an *(als Präposition)* aan [an]; op [ɔp]
Ananas ananas [ˈananas]
andere andere [ˈandərə]
anders (als) anders (dan) [ˈandərs (dan)]
anderswo ergens anders [ˈɛrχəns ˈandərs]
Anfang begin [bəˈχın]
anfangen beginnen [bəˈχınən]
Angabe opgave [ˈɔpχavə]; *(Angeberei)* opschepperij [ɔpsxɛpəˈrɛi]
Angel hengel [ˈhɛŋəl]
angeln vissen [ˈvısən]
Angelschein visvergunning [ˈvısfərχœnıŋ]
angenehm fijn [fɛin]
Angst angst [aŋst]
anhalten stoppen [ˈstɔpən]
ankommen aankomen [ˈaŋkomən] ‹kwam/kwamen aan, aangekomen›
Ankunft aankomst [ˈaŋkɔmst]
Ankunftszeit aankomsttijd [ˈaŋkɔmstɛit]
anlegen in aanleggen in [ˈanlɛχən ın]
anmelden aanmelden [ˈamɛldən]

anmelden aanmelden [ˈamɛldən]
Anmeldung aanmelding [ˈamɛldɪŋ]
Anreisetag dag van aankomst [dɑχ vɑn ˈaŋkɔmst]
Anruf telefoontje [teləˈfontjə]
Anrufbeantworter antwoordapparaat [ˈɑntwo:rtɑparat]
Anrufguthaben beltegoed [ˈbɛltəχut]
anrufen bellen [ˈbɛlən]
Anschluss *(Verkehr)* aansluiting [ˈanslœytɪŋ]; *(Telefon)* verbinding [vərˈbɪndɪŋ]
anschnallen *(Auto, Flugzeug)* gordel omdoen [ˈχɔrdəl ˈɔmdun]
ansehen: sich ~ *(Gebäude usw.)* bezichtigen [bəˈzɪχtəχən]
Ansichtskarte ansicht [ˈɑnzɪχt]
anstatt in plaats van [ɪm ˈplats vɑn]
ansteckend *(Krankheit)* besmettelijk [bəˈsmɛtələk]; *(Lachen)* aanstekelijk [anˈstekələk]
anstrengend vermoeiend [vərˈmujənt]
Antibabypille de pil [də pɪl]
Antibiotikum antibioticum *(nt)* [ɑntibiˈjotikœm]
Antibiotika antibiotica [ɑntibiˈjotika]
antik antiek [ɑnˈtik]
Antiquitätengeschäft antiekwinkel [ɑnˈtikwɪŋkəl]
antworten antwoorden [ˈɑntwo:rdən]
Anzahlung aanbetaling [ˈambətalɪŋ]
anzeigen aangifte doen van [ˈaŋχɪftə dun vɑn] ‹deed, gedaan›
anziehen aantrekken [ˈantrɛkən]
Anzug pak *(nt)* [pɑk]
anzünden aansteken [ˈanstekən]
Apartment appartement *(nt)* [ɑpɑrtəˈmɛnt]
Äpfel appels *(Plural)* [ˈɑpəls]
Apfelsaft appelsap [ˈɑpəlsɑp]
Apfelsinen sinaasappels *(Plural)* [ˈsinazɑpəls]
Apotheke apotheek [apoˈtek]
Apparat toestel *(nt)* [ˈtustɛl]
Appetit eetlust [ˈetlœst]
Aprikosen abrikozen *(Plural)* [abriˈkozən]
April april [aˈprɪl]
Aqua-Jogging aquajogging [ˈakwadʒɔgɪŋ]
Aquarell aquarel *(nt)* [ɑkwaˈrɛl]
Aquarellmalen schilderen met waterverf [ˈsχɪldərən mɛt ˈwatərvɛr(ə)f]
Arbeit werk [wɛrk]
arbeiten werken [ˈwɛrkən]
arbeitslos werkeloos [wɛrkˈlos]
Archäologie archeologie [ɑrχejoloˈχi]
Architekt(in) architect(e) [ɑrχiˈtɛkt(ə)]
Architektur architectuur [ɑrχitɛkˈty:r]
ärgern: sich ~ über zich ergeren over [zɪχ ˈɛrχərən ˈovər]
Arm arm [ɑr(ə)m]
arm arm [ɑr(ə)m]
Armband armband [ˈɑr(ə)mbɑnt]
Armbanduhr polshorloge *(nt)* [ˈpɔlshɔrˈloʒə]
Ärmel mouw [mɑu]
Aromabad aromabad [aˈromabɑt]
Art *(Weise)* manier [maˈni:r]; *(Sorte)* soort [so:rt]
Artischocken artisjokken *(Plural)* [ɑrtiˈʃɔkən]
Aschenbecher asbak [ˈɑzbɑk]
Aspirin aspirine [ɑspiˈrinə]
Atembeschwerden ademhalingsmoeilijkheden *(Plural)* [ˈadəmhalɪŋzmujləkhedən]
atmen ademen [ˈadəmən]
Attest attest [ɑˈtɛst]
Auberginen aubergines *(Plural)* [obɛrˈʒinəs]
auch ook [ok]
auf *(als Präposition)* op [ɔp]; naar [na:r]; **~ Niederländisch** in het Nederlands [ɪn‿ət ˈnedərlɑnts]
auf *(offen)* open [ˈopən]
aufbewahren bewaren [bəˈwa:rən]
aufbrechen openbreken [ˈopəbrekən] ‹brak/braken open, opengebroken›
Aufenthalt verblijf *(nt)* [vərˈblɛif]; *(Verspätung)* oponthoud *(nt)* [ˈɔpɔnthɑut]
Aufenthaltsraum *(Hotel)* lounge [lɑuntʃ]
Auffahrt afrit [ˈɑfrɪt]
Auffahrtrampe hellingbaan [ˈhɛlɪŋban]; *(fahrbar)* verrijdbare brug [vəˈrɛidba:rə brœχ]
auffordern sommeren [sɔˈme:rən]; *(zum Tanz)* vragen [vraχən] ‹vroeg, gevraagd›
Aufführung voorstelling [ˈvo:rstɛlɪŋ]
aufhalten: sich ~ verblijven [vərˈblɛivən] ‹verbleef, verbleven›
aufhören ophouden [ˈɔphɑudən] ‹hield op, opgehouden›
Aufkleber stikker [ˈstɪkər]
aufpassen (auf) passen op [ˈpɑsən ɔp]
Aufschnitt gesneden vlees *(nt)* [χəˈsnedən vles]
aufschreiben opschrijven [ˈɔpsχrɛivən] ‹schreef op, opgeschreven›
aufstehen opstaan [ˈɔpstan] ‹stond op, opgestaan›

Aufstieg thermiek [tɛrˈmik]
aufwachen wakker worden [ˈwɑkər ˈwɔrdən] ‹werd, geworden›
aufwärts naar boven [na:r bovən]
Aufzug lift [lɪft]
Augen ogen *(Plural)* [ˈoχən]
Augenblick ogenblik *(nt)* [ˈoχə(m)blɪk]
Augentropfen oogdruppels *(Plural)* [ˈoχdrœpəls]
August augustus [ɑuˈχœstəs]
aus *(Herkunft)* uit [œyt]; *(Material)* van [vɑn]; *(Grund)* om [ɔm]
Ausbildung opleiding [ˈɔplɛidɪŋ]
Ausdruck uitdrukking [ˈœydrœkɪŋ]
ausdrücklich uitdrukkelijk [œyˈdrœkələk]
Ausfahrt uitrit [ˈœytrɪt]; *(Autobahn)* afslag [ˈɑfslɑχ]
Ausflug uitstapje *(nt)* [ˈœytstɑpjə]
ausfüllen invullen [ˈɪnvœlən]
Ausgang uitgang [ˈœytχɑŋ]
ausgeben uitgeven [ˈœytχevən] ‹gaf/gaven uit, uitgegeven›
ausgebucht volgeboekt [ˈvɔlχəbukt]
ausgehen uitgaan [ˈœytχan] ‹ging uit, uitgegaan›
ausgezeichnet uitstekend [œytˈstekənt]
Ausgrabungen opgravingen *(Plural)* [ˈɔpχravɪŋən]
Auskunft inlichting [ˈɪnlɪχtɪŋ]
Ausland buitenland *(nt)* [ˈbœytəlɑnt]
Ausländer(in) allochtoon [ɑlɔχˈton]
ausländisch buitenlands [ˈbœytəlɑnts]
Auslandsgespräch internationaal gesprek *(nt)* [ɪntərnaʃoˈnal χəˈsprɛk]
Auslandsvorwahl internationaal toegangsnummer *(nt)* [ɪntərnaʃoˈnal ˈtuχɑŋsnœmər]
Auslöser *(Fotoapparat)* ontspanner [ɔntˈspɑnər]
ausmachen *(vereinbaren)* afspreken [ˈɑfsprekən] ‹sprak/spraken af, afgesproken›; *(ausschalten)* uitdoen [ˈœydun] ‹deed uit, uitgedaan›
Auspuff uitlaat [ˈœytlat]
ausruhen: sich ~ uitrusten [ˈœytrœstən]
Ausschlag uitslag [ˈœytslɑχ]
außen buiten [ˈbœytən]
außer behalve [bəˈhɑlvə]
außerdem bovendien [bovənˈdin]
außergewöhnlich buitengewoon [bœytəχəˈwon]
außerhalb buiten [ˈbœytən]
Aussicht uitzicht *(nt)* [ˈœytsɪχt]
Aussichtspunkt uitkijk [ˈœytkɛik]
aussprechen uitspreken [ˈœytsprekən] ‹sprak/spraken uit, uitgesproken›
aussteigen uitstappen [ˈœytstɑpən]
Ausstellung tentoonstelling [tɛnˈtonstɛlɪŋ]
aussuchen uitzoeken [ˈœytsukən] ‹zocht uit, uitgezocht›
austauschen uitwisselen [ˈœytwɪsələn]
Austern oesters *(Plural)* [ˈustərs]
Ausverkauf uitverkoop [ˈœytfərkop]
Auswahl keus [køs]
auszahlen uitbetalen [ˈœydbətalən]
Auto auto [ˈɑuto/ˈoto]; **~ fahren** autorijden [ˈɑutorɛidən] ‹reed, gereden›
Autobahn autosnelweg [ɑutoˈsnɛlwɛχ]
Autobahnausfahrt afslag [ˈɑfslɑχ]
Autodeck autodek *(nt)* [ˈɑutodɛk]
Autofahrer(in) automobilist(e) [ɑutomobiˈlɪst(ə)]
Automat automaat [ɑutoˈmat]
Automatik(getriebe) automatische versnelling [ɑutoˈmatisə vərˈsnɛlɪŋ]
automatisch automatisch [ɑutoˈmatis]
automatische Tür automatische deur [ɑutoˈmatisə dœ:r]
automatische Türöffnung automatische deuropening [ɑutoˈmatisə ˈdø:ropənɪŋ]
Autoradio autoradio [ˈɑutoradijo]
Autoreifen autoband [ˈɑutobɑnt]
Avocado avocado [avoˈkado]
Ayurveda ayurveda [ajœrˈveda]

B

Baby baby [ˈbebi]
Babyfon babyfoon [bebiˈfon]
Babynahrung babyvoeding [ˈbebivudɪŋ]
Babyschale *(fürs Auto)* maxi cosy® [ˈmaksi ˈkozi]
Babysitter kinderoppas [ˈkɪndərɔpɑs]
Backenzahn kies [kis]
Bäckerei bakkerij [bɑkəˈrɛi]
Backofen oven [ˈovən]
Backstein baksteen [ˈbɑksten]
Badeanzug badpak *(nt)* [ˈbɑtpɑk]
Badehose zwembroek [ˈzwɛmbruk]
Bademantel badjas [ˈbɑtjɑs]
Bademeister badmeester [ˈbɑtmestər]
Badeort badplaats [ˈbɑtplats]
Badeschuhe badslippers *(Plural)* [ˈbɑtslɪpərs]

Badetuch badhanddoek [ˈbathanduk]
Badewanne bad *(nt)* [ˈbat]
Badezimmer badkamer [ˈbatkamər]
Badminton badminton *(nt)* [ˈbɛtmɪntɔn, *(B)* ˈbatmɪntɔn]
Bahnhof station *(nt)* [sta(t)ˈʃɔn]
Bahnsteig perron *(nt)* [pɛˈrɔn]
bald gauw [χau]; **so ~ wie möglich** zo snel mogelijk [zo snɛl ˈmoχələk]
Balkon balkon *(nt)* [balˈkɔn]
Ball *(Tanzfest)* bal *(nt)* [bal]
Ballett ballet *(nt)* [baˈlɛt]
Bananen bananen *(Plural)* [baˈnanən]
Band band [bant]; *(Musikgruppe)* band [bɛnt]
Bänderriss scheuring van de banden [ˈsχøːrɪŋ van də ˈbandən]
Bank bank [baŋk]
Bar bar [bar]
bar contant [kɔnˈtant]; **~ zahlen** contant betalen [kɔnˈtant bəˈtalən]
Bargeld contant geld *(nt)* [kɔnˈtant ˈχɛlt]
Barock barok [baˈrɔk]
barrierefrei zonder obstakels [ˈzɔndər ɔbˈstakəls]
Barsch baars [baːrs]
Bart baard [baːrt]
Basilikum basilicum [baˈzilikœm]
Basketball basketbal [ˈbaskətbal]
basteln knutselen [ˈknœtsələn]
Batterie batterij [batəˈrɛi]
Bauch buik [bœyk]
Bauernhof boerderij [buːrdəˈrɛi]
Baum boom [bom]
Baumwolle katoen [kaˈtun]
Baustelle werk in uitvoering [wɛr(ək) ɪn ˈœytfurɪŋ]
Bauwerk bouwwerk *(nt)* [ˈbauwɛrk]
beabsichtigen van plan zijn [van ˈplan zɛin] ‹was/waren, geweest›
beachten letten op [ˈlɛtən ɔp]
Beach-Volleyball strandvolleybal *(nt)* [ˈstrantvɔlibal]
Beanstandung klacht [klaχt]
beantworten beantwoorden [bəˈantwoːrdən]
Bearbeitungsgebühr administratiekosten *(Plural)* [atminiˈstra(t)sikɔstən]
Becher beker [ˈbekər]
bedauern *(etwas)* betreuren [bəˈtrøːrən]
Bedeutung betekenis [bəˈtekənɪs]
Bedienung bediening [bəˈdinɪŋ]
Bedingung voorwaarde [ˈvoːrwaːrdə]
beeilen: sich ~ zich haasten [zɪχ ˈhastən]
beeindruckend indrukwekkend [ɪndrœkˈwɛkənt]
beenden afmaken [ˈafmakən]
befinden: sich ~ zich bevinden [zɪχ bəˈvɪndən] ‹bevond, bevonden›
befreundet bevriend [bəˈvrint]
befürchten vrezen [ˈvrezən]
begegnen ontmoeten [ɔntˈmutən]
begeistert (von) enthousiast (over) [ɛntuˈʒast (ˈovər)]
begleiten begeleiden [bəχəˈlɛidən]
Begleitperson begeleider [bəχəˈlɛidər]
begrüßen begroeten [bəˈχrutən]
Begrüßungscocktail welkomstcocktail [ˈwɛlkɔmstkɔktel]
behalten houden [haudən] ‹hield, gehouden›; *(im Kopf)* onthouden [ɔntˈhaudən] ‹onthield, onthouden›
behandeln behandelen [bəˈhandələn]
Behandlung behandeling [bəˈhandəlɪŋ]
behaupten beweren [bəˈweːrən]
Behindertenausweis invalidenpas [ɪnvaˈlidə(n)pas]
behindertengerecht aangepast voor mensen met een handicap [ˈaŋχəpast voːr ˈmɛnsə mɛt‿ən ˈhɛndikɛp]
Behindertenparkplatz invalidenparkeerplaats [ɪnvaˈlidə(n)parˈkeːrplats]
Behindertentoilette invalidentoilet *(nt)* [ɪnvaˈlidə(n)twalɛt]
Behörde instantie [ɪnˈstan(t)si]
bei *(örtlich)* bij [bɛi]
beide beide [ˈbɛidə]
Bein been *(nt)* [ben]
Beispiel voorbeeld *(nt)* [ˈvoːrbelt]; **zum ~** bijvoorbeeld [bɛiˈvoːrbelt]
beißen bijten [ˈbɛitən] ‹beet, gebeten›
bekannt bekend [bəˈkɛnt]; **~ machen** voorstellen [ˈvoːrstɛlən]
Bekannte/r kennis [ˈkɛnəs]
beklagen: sich ~ (über) klagen (over) [ˈklaχən (ˈovər)]
bekommen krijgen [ˈkrɛiχən] ‹kreeg, gekregen›
belästigen lastig vallen [ˈlastəχ valən] ‹viel, gevallen›
belegtes Brötchen belegd broodje *(nt)* [bəˈlɛχt ˈbrotjə]
Beleidigung belediging [bəˈledəχɪŋ]
Belgien België [ˈbɛlχijə]
Belgier(in) Belg (Belgische) [bɛl(ə)χ, ˈbɛlχisə]
Belohnung beloning [bəˈlonɪŋ]
bemerken merken [ˈmɛrkən]; *(sagen)* opmerken [ˈɔpmɛrkən]
bemühen: sich ~ zijn/haar best doen [zɛin/haər bɛst dun] ‹deed, gedaan›

benachrichtigen informeren [ɪnfɔrˈmerən]
benutzen gebruiken [χəˈbrœykən]
Benzinkanister jerrycan [ˈdʒerikɛn]
Benzinuhr benzinemeter [bɛnˈzinəmetər]
bequem comfortabel [kɔmfɔrˈtabəl]
berechnen berekenen [bəˈrekənən]
bereit gereed [χəˈret]
bereits al [ɑl]
Beruf beroep *(nt)* [bəˈrup]
beruhigen: sich ~ kalmeren [kɑlˈmeːrən]
Beruhigungsmittel kalmeringsmiddel *(nt)* [kɑlˈmeːrɪŋsmɪdəl]
berühmt beroemd [bəˈrumt]
beschädigen beschadigen [bəˈsχadəχən]
Bescheinigung verklaring [vərˈklaːrɪŋ]
beschlagnahmen in beslag nemen [ɪn bəˈslɑχ nemən] ‹nam/namen, genomen›
beschließen besluiten [bəˈslœytən] ‹besloot, besloten›
beschreiben beschrijven [bəˈsχrɛivən] ‹beschreef, beschreven›
beschweren: sich ~ (über) klagen (over) [ˈklaχən (ˈovər)]
Besen bezem [ˈbezəm]
besetzt *(Ort)* bezet [bəˈzɛt], *(Telefon)* in gesprek [ɪŋ χəˈsprɛk]
besichtigen bezichtigen [bəˈzɪχtɔχən]
Besichtigung bezichtiging [bəˈzɪχtəχɪŋ]
Besitzer(in) eigenaar (eigenares) [ˈɛiχənaːr, ɛiχənaˈrɛs]
besonders in het bijzonder [ɪn‿ət biˈzɔndər]
besorgen bezorgen [bəˈzɔrχən]
besser beter [ˈbetər]
bestätigen bevestigen [bəˈvɛstəχən]
beste(r, -s) beste [bɛstə]
Besteck bestek *(nt)* [bəˈstɛk]
bestehen auf *(insistieren)* staan op [ˈstan ɔp] ‹stond, gestaan›
bestehen aus bestaan uit [bəˈstan œyt] ‹bestond, bestaan›
Bestellung bestelling [bəˈstɛlɪŋ]
bestimmt *(als Adjektiv)* bepaald [bəˈpalt]; *(als Adverb)* zeker [ˈzekər]
Besuch bezoek *(nt)* [bəˈzuk]
besuchen bezoeken [bəˈzukən] ‹bezocht, bezocht›
Betrag bedrag *(nt)* [bəˈdrɑχ]
Betriebsferien vakantie [vaˈkɑnsi]
Betrug bedrog *(nt)* [bəˈdrɔχ]
betrunken dronken [drɔŋkən]
Bett bed *(nt)* [bɛt]; **ins ~ gehen** naar bed gaan [naːr bɛt χan] ‹ging, gegaan›
Bettwäsche beddengoed *(nt)* [ˈbɛdə(n)χut]
beunruhigen: sich ~ zich ongerust maken [zɪχ ɔŋχəˈrœst ˈmakən]
bevor voor(dat) [ˈvoːr(dɑt)]
bewachen bewaken [bəˈwakən]
Beweis bewijs *(nt)* [bəˈwɛis]
bewölkt bewolkt [bəˈwɔl(ə)kt]
bewusstlos bewusteloos [bəˈwœstəlos]
bezahlen betalen [bəˈtalən]
bezaubernd betoverend [bəˈtovərənt]
Bezeichnung benaming [bəˈnamɪŋ]
BH bh [beˈha]
Bibliothek bibliotheek [biblijoˈtek]
Bidet bidet *(nt)* [biˈdɛ(t)]
Bier bier *(nt)* [biːr]
bieten bieden [ˈbidən] ‹bood, geboden›
Bikini bikini [biˈkini]
Bild *(Foto)* foto [ˈfoto]; *(Gemälde)* schilderij *(nt)* [sχɪldəˈrɛi]
bilden vormen [ˈvɔrmən]
Bilderbuch fotoboek *(nt)* [ˈfotobuk]
Bildhauer beeldhouwer [ˈbelthauər]
billig goedkoop [χutˈkop]
Bindehautentzündung bindvliesontsteking [ˈbɪntflisɔntstekɪŋ]
Bindfaden touw *(nt)* [tau]
Bingoabend bingoavond [ˈbɪŋχoavɔnt]
Bioladen biowinkel [ˈbijowɪŋkəl]
Birnen peren *(Plural)* [ˈpeːrən]
bis tot [tɔt]
bisschen: ein ~ een beetje [ən ˈbetjə]
Bitte verzoek *(nt)* [vərˈzuk]
bitten: (jemanden um etwas) ~ (iemand om iets) verzoeken [vərˈzukən] ‹verzocht, verzocht›
bitter bitter [ˈbɪtər]
Blähungen wind [wɪnt]
Blase *(Harnblase)* blaas [blaːs]; *(Hautblase)* blaar [blar]
Blatt blad *(nt)* [blɑt]
blau blauw [blau]; *(betrunken)* dronken [ˈdrɔŋkən]
Blazer blazer [ˈblezər]
bleiben blijven [ˈblɛivən] ‹bleef, gebleven›
bleich bleek [blek]
Bleistift potlood *(nt)* [ˈpɔtlot]
Blick blik [blɪk]; **mit ~ aufs Meer** met uitzicht op zee [mɛt ˈœytsɪχt ɔp se]
Blinddarm blindedarm [blɪndəˈdɑr(ə)m]
Blinde/r blinde [ˈblɪndə]
Blindenhund geleidehond [χəˈlɛidəhɔnt]
Blinker knipperlicht *(nt)* [ˈknɪpərlɪχt]

Blitz bliksem [ˈblɪksəm]
Blitzgerät flitser [ˈflɪtsər]
blöd(e) dom [dɔm]
blühen bloeien [ˈblujən]
Blume bloem [blum]
Blumengeschäft bloemenzaak [ˈbluməzak]
Blumenkohl bloemkool [ˈblumkol]
Blumenzwiebeln bloembollen *(Plural)* [ˈblumbɔlən]
Bluse bloes [blus]
Blut bloed *(nt)* [blut]
Blutdruck bloeddruk [ˈbludrœk]
bluten bloeden [ˈbludən]
Blütezeit bloeiperiode [ˈblujperijodə]
Blutgruppe bloedgroep [ˈblutχrup]
Bluthochdruck hoge bloeddruk [ˈhoχə ˈbludrœk]
Blutung bloeding [ˈbludɪŋ]
Blutvergiftung bloedvergiftiging [ˈblutfərχɪftəχɪŋ]
Bö windstoot [ˈwɪntstot]
Boden bodem [ˈbodəm]; *(Fuß~)* vloer [vluːr]
Bohnen bonen *(Plural)* [ˈbonən]
Bonbon snoepje *(nt)* [ˈsnupjə]
Bootsführerschein vaarbewijs *(nt)* [ˈvaːrbəwɛis]
Borreliose ziekte van Lyme [ˈziktə vɑn ˈlajm]
böse boos [bos]
Botschaft *(dipl. Vertretung)* ambassade [ɑmbɑˈsadə]
Brand brand [brɑnt]
Brandsalbe brandzalf [ˈbrɑntsɑl(ə)f]
Bräter braadpan [ˈbratpɑn]
brauchen nodig hebben [ˈnodəχ hɛbən] ‹had, gehad›
braun bruin [brœyn]
Brausenkopf douchekop [ˈduʃkɔp]
Brechreiz braakneiging [ˈbraknɛiχɪŋ]
breit breed [bret]
Breite breedte [ˈbretə]
Bremse rem [rɛm]
Bremsflüssigkeit remolie [ˈrɛmoli]
Bremslichter remlichten *(Plural)* [ˈrɛmlɪχtən]
brennen branden [ˈbrɑndən]
Brennspiritus brandspiritus [ˈbrɑntspiritəs]
Brief brief [brif]
Briefkasten brievenbus [ˈbrivə(n)bəs]
Briefmarke postzegel [ˈpɔ(st)seχəl]
Briefpapier briefpapier *(nt)* [ˈbrifpɑpiːr]
Brieftasche portefeuille [pɔrtəˈfœyjə]
Briefumschlag envelop [ɑmˈvlɔp]
bringen brengen [ˈbrɛŋən] ‹bracht, gebracht›
Brombeeren bramen *(Plural)* [ˈbramən]
Bronchitis bronchitis [brɔŋˈχitəs]
Brot brood *(nt)* [brot]
Brötchen broodje *(nt)* [ˈbrotjə]
Bruch breuk [brøk]
Brücke brug [brœχ]
Bruder broer [bruːr]
Brühe bouillon [bulˈjɔn]
Brühwürfel bouillonblokjes *(Plural)* [bulˈjɔnblɔkjəs]
Brunnen fontein [fɔnˈtɛin]
Brust borst [bɔrst]
Buch boek *(nt)* [buk]
Buchdruck boekdrukkunst [ˈbugdrœkœnst]
buchen *(Platz)* boeken [ˈbukən]; reserveren [rəsərˈveːrən]
Buchhandlung boekhandel [ˈbukhɑndəl]
buchstabieren spellen [ˈspɛlən]
Buchung boeking [bukɪŋ]
Bückling bokking [ˈbɔkɪŋ]
bügeln strijken [ˈstrɛikən] ‹streek, gestreken›
Bügeleisen strijkijzer *(nt)* [strɛikɛizər]
Bummel *(Spaziergang)* wandeling [ˈwɑndəlɪŋ]
Bungalow bungalow [ˈbœŋχalo]
bunt gekleurd [χəˈkløːrt]
Burg burcht [bœr(ə)χt]
bürgerlich burgerlijk [ˈbœrχərlək]
Büro *(Amt)* bureau *(nt)* [byˈro]
Bürogebäude kantoorgebouw *(nt)* [kɑnˈtoːrχəbɑu]
Bürste borstel [ˈbɔrstəl]
Bus bus [bœs]
Busbahnhof busstation *(nt)* [ˈbœsta(t)ʃɔn]
Bußgeld bekeuring [bəˈkøːrɪŋ]
Butter boter [ˈbotər]
Buttermilch karnemelk [ˈkɑrnəmɛlk]

C

Café *(mit Alkoholausschank)* café *(nt)* [kaˈfe]; *(mit Kuchen)* tearoom [ˈtirum]; lunchroom [ˈlœnʃrum]
Camping camping [ˈkɛmpɪŋ]
Campingausweis kampeercarnet *(nt)* [kɑmˈpeːrkɑrnɛt]
Campingführer campinggids [ˈkɛmpɪŋχɪts]
Campingplatz kampeerterrein *(nt)* [kɑmˈpeːrtɛrɛin]
Cent cent [sɛnt]
Champagner champagne [ʃɑmˈpɑnjə]

Chef chef [ʃɛf]
chemisch reinigen chemisch reinigen ['χemis 'rɛinəχən]
Chicoree witlof ['wɪtlɔf]
Chili chili ['ʃili]
Chilipaste sambal ['sambal]
Chor koor *(nt)* [ko:r]
Christentum christendom *(nt)* ['krɪstə(n)dɔm]
Comicheft stripboek *(nt)* ['strɪbuk]
Computerfachgeschäft computerwinkel [kɔm'pjutərwɪŋkəl]
Cornflakes cornflakes *(Plural)* ['kɔrnfleks]
Cousin (Cousine) neef (nicht) [nef, nɪχt]
Creme crème [krɛ:m]

D

da *(dort)* daar [da:r]; *(weil)* omdat [ɔm'dat]
Dach dak *(nt)* [dak] ‹daken›
dafür/dagegen sein ervoor/ertegen zijn [ɛr'vo:r/'teχən zɛin] ‹was/waren, geweest›
daheim thuis [tœys]
damals toen [tun]
Damen dames *(Plural)* ['daməs]
Damenbinden maandverband *(nt)* ['mantfərbant]
Dampfer stoomboot ['stombot]
Dampfzugfahrt stoomtreinrit ['stomtrɛinrɪt]
danach daarna [da:r'na]
danken (be)danken [(bə)'daŋkən]
dann dan [dan], *(Vergangenheit)* toen [tun]
Darm darm [dar(ə)m]
dass dat [dat]
dasselbe hetzelfde [hɛt'sɛl(ə)fdə]
Datum datum ['datəm]
Dauer duur [dy:r]
dauern duren ['dyrən]
Deck dek *(nt)* [dɛk]
Decke plafond *(nt)* [pla'fɔn]
Defekt defect *(nt)* [de'fɛkt]
Deich dijk [dɛik]
dein *(betont)* jouw [jau]; *(unbetont)* je [jə]
Delle deuk [døk]
denken an denken aan [dɛŋkən an] ‹dacht, gedacht›
Denkmal monument *(nt)* [mony'mɛnt]
Denkmalschutz monumentenzorg [mony'mɛntə(n)zɔr(ə)χ]
denn want [want]
Deo(dorant) deodorant [dejodo'rant]
deshalb daarom ['da:rɔm]
Desinfektionsmittel desinfecterend middel *(nt)* [dɛsɪnfɛk'te:rənt 'mɪdəl]
desinfizieren desinfecteren [dɛsɪnfɛk'te:rən]
deutlich duidelijk ['dœydələk]
deutsch Duits [dœyts]
Deutsche/r Duitser (Duitse) ['dœytsər, 'dœytsə]
Deutschland Duitsland ['dœytslant]
Dezember december [de'zɛmbər]
Diabetes suiker(ziekte) ['sœykər(ziktə)]
Diabetiker diabeticus [dija'betikəs]
Diagnose diagnose [dijaχ'nozə]
Diät dieet *(nt)* [di'jet]
dich *(betont)* jou [jau]; *(unbetont)* je [jə]
dick dik [dɪk]
Dieb dief [dif]
Diebstahl diefstal ['difstal]
Dienstag dinsdag ['dɪnzdaχ]
diese(r, -s) deze ['dezə]; *(bei het-Wörtern)* dit [dɪt]; **diese Woche** deze week [dezə 'wek]
Digitalkamera digitale camera ['diχitalə 'kaməra]
Dill dille ['dɪlə]
Ding ding *(nt)* [dɪŋ]
dir *(betont)* jou [jau]; *(unbetont)* je [jə]
direkt direct [di'rɛkt]
Direktion directie [di'rɛksi]
Dirigent(in) dirigent(e) [diri'χɛnt(ə)]
doch toch [tɔχ]
Dom dom [dɔm]
Donner donder ['dɔndər]
Donnerstag donderdag ['dɔndərdaχ]
doppelt dubbel ['dœbəl]
Dorf dorp *(nt)* [dɔr(ə)p]
dort daar [da:r]
Dose *(Konserven~)* blik *(nt)* [blɪk]
Dosenöffner blikopener ['blɪkopənər]
Drachen vlieger ['vliχər]
Draht draad [drat]
Drama drama *(nt)* ['drama]
draußen buiten ['bœytən]
Dressing dressing ['drɛsɪŋ]
drin binnen ['bɪnən]
dringend dringend ['drɪŋənt]
drinnen binnen ['bɪnən]
dritte(r, -s) derde ['dɛrdə]
Drogerie drogist [dro'χɪst]
Drogerieartikel drogisterij-artikelen *(Plural)* [droχɪstə'rɛiartikələn]
Drucker printer ['prɪntər]
du *(betont)* jij [jɛi]; *(unbetont)* je [jə]
dumm dom [dɔm]

Dünen duinen *(Plural)* [ˈdœynən]
dunkelblau donkerblauw [dɔŋkərˈblau]
dunkelgrün donkergroen [dɔŋkərˈχrun]
dünn dun [dœn]
durch door [doːr]
Durchfall diarree [dijaˈre]
durchgebraten doorbakken [doːrˈbakən]
Durchreise: auf der ~ op doorreis [ɔb ˈdoːrɛis]
Durchsage mededeling [ˈmedədelıŋ]
durchschnittlich gemiddeld [χəˈmıdəlt]
dürfen mogen [ˈmoχən] ‹mocht›
durstig dorstig [dɔrstəχ]
Dusche douche [duʃ]
Duschvorhang douchegordijn *(nt)* [ˈduʃχɔrdɛin]

E

Ebbe eb [ɛp]
eben *(flach)* plat [plat]; *(zeitlich)* zo-even [zoˈevən]; *(genau!)* precies! [prəˈsis]
ebenerdig gelijkvloers [χəlɛikˈvluːrs]
echt echt [ɛχt]
Ecke hoek [huk]
Ehefrau vrouw [vrau]
Ehemann man [man]
Eier eieren *(Plural)* [ˈɛijərən]
Eierbecher eierdopje *(nt)* [ˈɛiərdɔpjə]
Eierlikör advocaat *(Plural)* [atfoˈkat]
eigen eigen [ɛiχən]
eigentlich eigenlijk [ˈɛiχə(n)lək]
Eigentümer(in) eigenaar (eigenares) [ˈɛiχənaːr, ɛiχənaˈrɛs]
Eilbrief brief met spoedservice [brif mɛt ˈsputsœːrvəs]
eilig haastig [ˈhastəχ]; **es ~ haben** haast hebben [hast ˈhɛbən] ‹had, gehad›
Eimer emmer [ˈɛmər]
ein(e) *(als Artikel)* een [ən]; *(Zahlwort)* een [en]; één [en]
einchecken inchecken [ˈıntʃɛkən]
Eindruck indruk [ˈındrœk]
einfach eenvoudig [enˈvaudəχ]
Einfahrt inrit [ˈınrıt]
Eingang ingang [ˈıŋχaŋ]
einheimisch inheems [ınˈhems]
einige enkele [ˈɛŋkələ]
einigen: sich ~ het eens worden [ət ens ˈwɔrdən] ‹werd, geworden›
einkaufen boodschappen doen [ˈbotsχapən dun] ‹deed, gedaan›
Einkäufe boodschappen *(Plural)* [ˈbotsχapən]
Einkaufstasche boodschappentas [ˈbotsχapətas]
einladen uitnodigen [ˈœytnodəχən]
einmal eens [ens]
einpacken inpakken [ˈımpakən]
einsam eenzaam [ˈenzam]
einschalten inschakelen [ˈınsχakələn]
Einschreibebrief aangetekende brief [ˈaŋχətekəndə brif]
einsteigen instappen [ˈınstapən]
eintreffen aankomen [ˈaŋkomən] ‹kwam/kwamen aan, aangekomen›
Eintritt entrée [anˈtre]
Eintrittskarte kaartje *(nt)* [ˈkaːrtjə]
Eintrittspreis toegangsprijs [ˈtuχaŋsprɛis]
Einwohner(in) inwoner (inwoonster) [ˈınwonər, ˈınwonstər]
einzig enig [ˈɛnəχ]; **ein ~es Mal** een enkele keer [en ˈɛŋkələ keːr]
Eis ijs *(nt)* [ɛis]
Eisbahn ijsbaan [ˈɛisban]
Eisenbahn spoorweg [ˈspoːrwɛχ]
Eislauf schaatswedstrijd [ˈsχatswɛtstrɛit]
Eiter etter [ˈɛtər]
Elastikbinde elastisch verband *(nt)* [eˈlastis vərˈbant]
elektrisch elektrisch [eˈlɛktris]
Elektroherd elektrisch fornuis *(nt)* [eˈlɛktris fɔrˈnœys]
Elektrolytlösung ors [oɛrˈɛs]
Elektrorollstuhl elektrische rolstoel [eˈlɛktrisə ˈrɔlstul]
Elektrotankstelle oplaadstation *(nt)* [ˈɔplatstaʃɔn]
Elfmeter strafschop [ˈstrafsχɔp]
Eltern ouders *(Plural)* [ˈaudərs]
Empfang *(Hotel; Feier)* receptie [rəˈsɛpsi]
empfangen ontvangen [ɔŋtˈfaŋən] ‹ontving, ontvangen›
Empfänger ontvanger [ɔntˈfaŋər]
empfehlen aanbevelen [ˈambəvelən] ‹beval/bevalen aan, aanbevolen›
Ende einde *(nt)* [ˈɛində]
enden eindigen [ˈɛindəχən]
endgültig definitief [definiˈtif]
endlich eindelijk [ˈɛindələk]
Endreinigung eindschoonmaak [ˈɛintsχonmak]
Endstation eindhalte [ˈɛinthaltə]
eng nauw [nau]
englisch Engels [ˈɛŋəls]
Enkel(in) kleinzoon (kleindochter) [ˈklɛinzon, ˈklɛindɔχtər]
entdecken ontdekken [ɔnˈdɛkən]
Entfernung afstand [ˈafstant]

entgegengesetzt tegenovergesteld [teχəˈnovərχəstɛlt]
entgiften ontgiften [ɔntˈχɪftən]
enthalten bevatten [bəˈvɑtən]
entscheiden beslissen [bəˈslɪsən]
entschlacken ontslakken [ɔntˈslɑkən]
entschließen: sich ~ besluiten [bəˈslœytən] ‹besloot, besloten›
entschuldigen: (sich) ~ (zich) verontschuldigen [(zɪχ) vərɔntˈsχœldəχən]
Entschuldigung! Neem me niet kwalijk [nem mə nit ˈkwalək]
enttäuscht teleurgesteld [təˈløːrχəstɛlt]
entweder ... oder of ... of [ɔf ... ɔf]
entwerten (af)stempelen [ˈ(ɑf) stɛmpələn]; *(Fahrkarte auch)* ontwaarden [ɔntˈwaːrdən]
entwickeln ontwikkelen [ɔntˈwɪkələn]
entzückend schattig [ˈsχɑtəχ]
Entzündung ontsteking [ɔntˈstekɪŋ]
Epileptiker(in) epilepsiepatiënt (e) [epilɛpˈsipaʃənt(ə)]
Epoche tijdperk *(nt)* [ˈtɛitpɛrk]
er hij [hɛi]
Erbsen erwten *(Plural)* [ˈɛrtən]
Erdbeeren aardbeien *(Plural)* [ˈaːrdbɛiən]
Erde aarde [ˈaːrdə]
Erdgastankstelle aardgaspomp [ˈaːrtχɑspɔmp]
Erdgeschoss begane grond [bəˈχanə χrɔnt]
Erdnüsse pinda's *(Plural)* [ˈpɪndas]
Erdnusssoße pindasaus [ˈpɪndasɑus]
ereignen: sich ~ gebeuren [χəˈbøːrən]
Ereignis gebeurtenis [χəˈbøːrtənɪs]
erfahren ervaren [ɛrˈvaːrən] ‹ervoer, ervaren›
erfreut (über) blij (met) [blɛi (mɛt)]
Erfrischung verfrissing [vərˈfrɪsɪŋ]
Ergebnis resultaat *(nt)* [rezəlˈtat]; *(Sport)* uitslag [ˈœytslɑχ]
erhalten ontvangen [ɔntfɑŋən] ‹ontving, ontvangen›
erholen: sich ~ bijkomen [ˈbɛikomən] ‹kwam bij, bijgekomen›
Erholungsgebiet recreatiegebied *(nt)* [rekrəˈja(t)siχəbit]
erinnern herinneren [hɛrˈɪnərən]
Erkältung verkoudheid [vərˈkɑuthɛit]
erklären *(angeben, begründen)* verklaren [vərˈklaːrən]; *(deutlich machen)* uitleggen [ˈœytlɛχən]
erkundigen: sich ~ nach informeren naar [ɪnfɔrˈmeːrə naːr]
erlauben toestaan [ˈtustan] ‹stond toe, toegestaan›
Erlaubnis toestemming [ˈtustɛmɪŋ]
Ermäßigung korting [ˈkɔrtɪŋ]
ermöglichen mogelijk maken [ˈmoχələk ˈmakən]
ernst ernstig [ˈɛrnstəχ]
erreichen bereiken [bəˈrɛikən]
Ersatz: ~ der Kosten vergoeding van de kosten [vərˈχudɪŋ van də ˈkɔstən]
Ersatzrad reservewiel *(nt)* [rəˈzɛrvəwil]
erschöpft uitgeput [ˈœytχepœt]
erschrecken laten schrikken [latən ˈsχrɪkən] ‹liet, laten›
ersetzen vervangen [vərˈvɑŋən] ‹verving, vervangen›; *(Schaden)* vergoeden [vərˈχudən]
erst *(nicht früher als)* pas [pɑs]; *(zuerst)* eerst [eːrst]
erste(r, -s) eerst(e) [ˈeːrst(ə)]; **erster Gang** eerste versnelling [ˈeːrstə vərˈsnɛlɪŋ]
Erwachsene/r volwassene [vɔlˈwɑsənə]
erwarten verwachten [vərˈwɑχtən]
erzählen vertellen [vərˈtɛlən]
essbar eetbaar [ˈedbaːr]
essen eten [ˈetən] ‹at/aten, gegeten›
Essig azijn [aˈzɛin]
Estragon dragon [draˈχɔn]
Etage verdieping [vərˈdipɪŋ]
Etagenbett stapelbed *(nt)* [ˈstapəlbɛt]
etwa ongeveer [ɔŋχəˈveːr]
etwas iets [its]
EU-Bürger EU-burger [eˈybœrχər]
euch jullie [ˈjœli]
euer jullie [ˈjœli]
Euro euro [ˈøːro]
Europa Europa [øˈropa]
europäisch Europees [øroˈpes]
extra *(zusätzlich)* extra [ˈɛkstra]; *(mit Absicht)* expres [ɛksˈprɛs]

F

Fabrik fabriek [faˈbrik]
Facharzt (-ärztin) specialist (specialiste) [speʃaˈlɪst, specialistə]
Faden draad [drat]
Fähre veerboot [ˈveːrbot]; pont [ˈpɔnt]
fahren rijden [ˈrɛidən] ‹reed, gereden›; *(Schiff)* varen [ˈvaːrən] ‹voer, gevaren›; *(Fahrrad)* fietsen [ˈfitsən]; *(steuern)* besturen [bəstyːrən]
Fahrer(in) chauffeur [ʃoˈføːr]
Fahrgast *(Flugzeug, Schiff)* passagier [pasaˈʒiːr]; *(Bahn)* reiziger [ˈrɛizəχər]; *(Taxi)* klant [klɑnt]

Fahrkarte kaartje *(nt)* [ˈkaːrtjə]
Fahrkartenautomat kaartjesautomaat [ˈkaːrtjəsautomat]
Fahrkartenschalter loket *(nt)* [loˈkɛt]
Fahrplan dienstregeling [ˈdinstreχəlɪŋ]
Fahrpreis prijs [prɛis]
Fahrrad fiets [fits]; **~ fahren** fietsen [ˈfitsən]
Fahrradhelm fietshelm [ˈfitshɛlm]
Fahrradtour fietstocht [ˈfitstɔχt]
Fahrradvermietung fietsverhuur [ˈfitsvərhyːr]
Fahrradweg fietspad *(nt)* [ˈfitspat]
Fahrschein vervoerbewijs *(nt)* [vərˈvuːrbəwɛis]
Fahrscheinentwerter stempelautomaat [ˈstɛmpəlautomat]
Fahrstuhl lift [lɪft]
Fahrt rit [rɪt]; *(Schiff)* vaart [vaːrt]
fallen vallen [ˈvalən] ‹viel, gevallen›
falls indien [ɪnˈdin]
Fallschirmspringen parachutespringen [paraˈʃytsprɪŋən]
falsch fout [faut]; *(betrügerisch)* vals [vals]
Familie *(Verwandtschaft)* familie [faˈmili]; *(Eltern u. Kinder)* gezin *(nt)* [χəˈzɪn]
Familienname familienaam [faˈmilinam]
Familienstand burgerlijke staat [ˈbœrχərləkə ˈstat]
fangen vangen [ˈvaŋən] ‹ving, gevangen›
Fango fango [ˈfaŋgo]
farbig gekleurd [χəˈkløːrt]
Farbstift kleurpotlood *(nt)* [ˈkløːrpɔtlot]
Fassade voorgevel [ˈvoːrχevəl]
fast bijna [ˈbɛina]
faul lui [lœy]; *(Obst)* rot [rɔt]
faulenzen luieren [ˈlœyjərən]
Faxgerät faxtoestel *(nt)* [ˈfakstustɛl]
Februar februari [febryˈwaːri]
Federball shuttle [ˈʃœtəl]; *(Sport)* badminton *(nt)* [ˈbɛtmɪntɔn]
fehlen ontbreken [ɔndˈbrekən] ‹ontbrak/ontbraken, ontbroken›
Fehler fout [faut]; *(Mangel)* gebrek *(nt)* [χəˈbrɛk]
fein fijn [fɛin]
Feinkostgeschäft delicatessenzaak [delikaˈtɛsəzaːk]
Feld veld *(nt)* [vɛlt]
Fenchel venkel [ˈvɛŋkəl]
Fensterplatz plaats aan het raam [plats an‿ət ˈram]
Ferien vakantie [vaˈkan(t)si]
Ferienanlage vakantiepark *(nt)* [vaˈkan(t)sipark]
Ferienhaus vakantiehuisje *(nt)* [vaˈkan(t)sihœyʃə]
Fernlicht groot licht *(nt)* [χrot ˈlɪχt]
fernsehen tv kijken [teˈve ˈkɛikən]
Fernseher televisie [teləˈvisi]
fertig klaar [klaːr]
Fest feest *(nt)* [fest]
Festival festival *(nt)* [ˈfɛstival]
fett vet [vɛt]
fettarm mager [ˈmaχər]
feucht vochtig [ˈvɔχtəχ]
Feuchtigkeitscreme vochtinbrengende crème [ˈvɔχtɪmbrɛŋəndə krɛːm]
Feuer vuur *(nt)* [vyːr]; *(Ausruf)* brand! [brant]
feuergefährlich brandbaar [ˈbrandbaːr]
Feuerlöscher brandblusser [ˈbrandblœsər]
Feuermelder brandalarm *(nt)* [ˈbrantalar(ə)m]
Feuerwehr brandweer [ˈbrantweːr]
Feuerwerk vuurwerk *(nt)* [ˈvyːrwɛrk]
Feuerzeug aansteker [ˈanstekər]
Fieber koorts [koːrts]
Fieberthermometer koortsthermometer [ˈkoːrtstɛrmoˈmetər]
Film film [fɪl(ə)m]; *(Fotoapparat)* filmpje *(nt)* [ˈfɪl(ə)mpjə]
finden vinden [ˈvɪndən] ‹vond, gevonden›
Finger vinger [ˈvɪŋər]
Firma firma [fɪrma]
Fisch vis [vɪs]
Fischgeschäft viswinkel [ˈvɪswɪŋkəl]
Fischhändler visboer [ˈvɪzbuːr]
FKK-Strand naaktstrand *(nt)* [ˈnaktstrant]
flach plat [plat]; *(Wasser)* ondiep [ɔnˈdip]
Fläschchenwärmer flessenwarmer [ˈflɛsəwarmər]
Flasche fles [flɛs]
Flaschenöffner flesopener [ˈflɛsopənər]
Flaute windstilte [ˈwɪntstɪltə]
Fleck vlek [vlɛk]
Fleisch vlees [vles]
Flickzeug reparatiespullen *(Plural)* [repəˈra(t)siˈspœlən]
fliegen vliegen [ˈvliχən] ‹vloog, gevlogen›
fließen stromen [ˈstromən]
Flipflops teenslippers *(Plural)* [ˈtenslɪpərs]
Flohmarkt rommelmarkt [ˈrɔməlmarkt]
Flügelbutt scharretong [ˈsχarətɔŋ]
Flugbegleiter(in) steward (stewardess) [ˈstjuwərt, stjuwarˈdɛs]

Fluggesellschaft luchtvaartmaatschappij [ˈlœχ(t) vaːrtmatsχɑpɛi]
Flughafen luchthaven [ˈlœχthavən]
Flugsteig pier [piːr]
Flugzeug vliegtuig [ˈvliχtœyχ]
Fluss rivier [riˈviːr]
flüssig vloeibaar [ˈvlujbaːr]
Flut vloed [vlut]
Föhn föhn [føn]
föhnen föhnen [ˈfønən]
folgen volgen [ˈvɔlχən]
Folkloremarkt folkloremarkt [fɔlˈkloːrəmɑr(ə)kt]
Form vorm [vɔr(ə)m]
Formular formulier *(nt)* [fɔrmyˈliːr]
Fort fort *(nt)* [fɔrt]
fort weg [wɛχ]
Fotoapparat fototoestel *(nt)* [ˈfototustɛl]
Fotogeschäft fotozaak [ˈfotozak]
fotografieren fotograferen [fotoχraˈfeːrən]
Frage vraag [vraχ]
fragen vragen [ˈvraχən] ‹vroeg, gevraagd›
frankieren frankeren [frɑŋˈkeːrən]
Frau vrouw [vrɑu]; *(Anrede, vor Namen)* mevrouw [məˈvrɑu]; *(Abkürzung)* mevr.
Frauenzeitschrift damesblad *(nt)* [ˈdaməsblɑt]
frei vrij [vrɛi]
Freilichtkino openluchtbioscoop [opəˈlœχ(t)bijɔskop]
Freilichtmuseum openluchtmuseum *(nt)* [opəˈlœχ(t)mysejəm]
Freilufttheater openluchttheater *(nt)* [opəˈlœχtejatər]
Freitag vrijdag [ˈvrɛidɑχ]
Freizeitpark attractiepark *(nt)* [ɑˈtrɑksipɑrk]
fremd vreemd [vremt]
Fremde/r vreemdeling (vreemdelinge) [ˈvremdəlɪŋ, ˈvremdəlɪŋə]
Fremdenführer(in) gids [χɪts]
Fremdenverkehrsamt VVV-kantoor *(nt)* [veveˈvekɑntoːr]
Freude vreugde [ˈvrøχdə]
freuen: sich ~ auf/über zich verheugen op/over [zɪχ vərˈhøχən ɔp/ˈovər]
Freund(in) vriend (vriendin) [vrint, vrɪnˈdɪn]
freundlich vriendelijk [ˈvrindələk]
frisch *(kühl)* fris [frɪs]; *(Lebensmittel)* vers [vɛrs]; *(Bettwäsche)* schoon [sχon]
Frischhaltefolie bewaarfolie [bɛˈwaːrfoli]
Friseur kapper [ˈkɑpər]
Frisur kapsel *(nt)* [ˈkɑpsəl]
frittiert gefriteerd [χəfriˈteːrt]
froh blij [blɛi]
Frost vorst [vɔrst]
Frostschutzmittel antivries [ɑntiˈvris]
Früchtetee vruchtenthee [ˈvrœχtəte]
früh vroeg [vruχ]
früher vroeger [ˈvruχər]
Frühling lente [ˈlɛntə]
Frühlingsrolle loempia [ˈlumpija]
Frühstück ontbijt *(nt)* [ɔndˈbɛit]
frühstücken ontbijten [ɔndˈbɛitən] ‹ontbeet, ontbeten›
Frühstücksbüfett ontbijtbuffet *(nt)* [ɔndˈbɛidbyfɛt]
Frühstücksraum ontbijtzaal [ɔndˈbɛitsal]
fühlen voelen [ˈvulən]
führen leiden [ˈlɛidən]
Führer *(für Fremde)* gids [χɪts]
Führerschein rijbewijs *(nt)* [ˈrɛibəwɛis]
Führung rondleiding [ˈrɔntlɛidɪŋ]
füllen vullen [ˈvœlən]
Fundbüro bureau gevonden voorwerpen *(nt)* [byˈro χəˈvɔndən ˈvoːrwɛrpən]
Fundsachen verloren/gevonden voorwerpen *(Plural)* [vərˈloːrən/χəˈvɔndən ˈvoːrwɛrpən]
funktionieren functioneren [fœŋkʃoˈneːrən]
für voor [voːr]
fürchten vrezen [ˈvrezən]; **sich ~ vor** bang zijn voor [ˈbɑŋ zɛin voːr] ‹was/waren, geweest›
fürchterlich vreselijk [ˈvresələk]
Fuß voet [vut]
Fußball voetbal [ˈvudbɑl]
Fußballplatz voetbalveld *(nt)* [ˈvudbɑlvɛlt]
Fußballspiel voetbalwedstrijd [ˈvudbɑlwɛtstrɛit]
Fußgänger(in) voetganger (voetgangster) [ˈvutχɑŋər, ˈvutχɑŋstər]
Fußgängerzone voetgangersgebied *(nt)* [ˈvutχɑŋərsχəbit]
Fuß(reflexzonen)massage voet(reflexzone)massage [vut(rəflɛkszɔːnə) mɑsaʒə]

G

Gabel vork [vɔr(ə)k]
Gang(schaltung) versnelling [vərˈsnɛlɪŋ]
ganz heel [hel]; *(ganz und gar)* helemaal [ˈheləmal]

Ganzkörpermassage algehele lichaamsmassage ['alχəhelə 'lɪχamsmɑ'saʒə]
gar *(Essen)* gaar [χa:r]
Garage garage [χa'raʒə]
Garantie garantie [χa'rɑn(t)si]
Garderobe garderobe [χɑrdə'rɔ:bə]
Garnelen garnalen *(Plural)* [χɑr'nalən]
Garten tuin [tœyn]
Gasflasche gasfles ['χɑsflɛs]
Gasherd gasfornuis *(nt)* ['χɑsfɔrnœys]
Gaskartusche gastankje *(nt)* [χɑstɛŋkjə]
Gaskocher gasstel *(nt)* ['χɑstɛl]
Gaspedal gaspedaal *(nt)* ['χɑspeda'l]
Gasse steeg [steχ]
Gast gast [χɑst]
Gastfreundschaft gastvrijheid [χɑst'frɛihɛit]
Gastgeber(in) gastheer (-vrouw) ['χɑsthe:r, -frɑu]
Gebäck gebak *(nt)* [χə'bɑk]
Gebäude gebouw *(nt)* [χə'bɑu]
geben geven ['χevən] ‹gaf/gaven, gegeven› **es gibt ...** er is ... *(Singular)* [ɛr 'ɪs] er zijn ... *(Plural)* [ɛr 'zɛin]
geboren geboren [χə'bo:rən]
gebräuchlich gebruikelijk [χə'brœykələk]
gebrochen gebroken [χə'brokən]
Gebühr tarief *(nt)* ['ta'rif]
Gebühren kosten *(Plural)* ['kɔstən]
Geburtsdatum geboortedatum [χə'bo:rtədatəm]
Geburtsname geboortenaam [χə'bo:rtənam]; *(bei verheirateten Frauen auch:)* meisjesnaam ['mɛiʃəsnam]
Geburtsort geboorteplaats [χə'bo:rtəplats]
Geburtstag verjaardag [vər'ja:rdɑχ]
Gedeck couvert *(nt)* [ku'vɛ:r]
Gedenkstätte herdenkingsplaats [hɛr'dɛŋkɪŋsplats]
Geduld geduld *(nt)* [χə'dœlt]
Gefahr gevaar *(nt)* [χə'va:r]
gefährlich gevaarlijk [χə'va:rlək]
gefallen bevallen [bə'vɑlən] ‹beviel, bevallen›
Gefängnis gevangenis [χə'vɑŋənɪs]
Gefühl gevoel *(nt)* [χə'vul]
gegen *(wider)* tegen ['teχən]; *(zeitlich)* omstreeks ['ɔmstreks]; **~ Mittag** tegen twaalven [teχən 'twal(ə)vən]
Gegend streek [strek]
Gegenstand *(Ding)* voorwerp *(nt)* ['vo:rwɛr(ə)p]
Gegenteil tegendeel *(nt)* ['teχədel]
gegenüber *(als Adverb und Präposition)* tegenover [teχə'novər]
Geheimzahl pin(code) ['pɪŋ('kodə)]
gehen gaan [χan] ‹ging, gegaan›; *(zu Fuß)* lopen ['lopən] ‹liep, gelopen›
Gehirn hersens *(Plural)* ['hɛrsəns]
Gehirnerschütterung hersenschudding ['hɛrsəsχœdɪŋ]
gehören zijn van [zɛin vɑn] ‹was/ waren, geweest› **wie es sich gehört** zoals het hoort [zo'ɑls ət ho:rt]
geistig behindert geestelijk gehandicapt ['χestələk χə'hɛndikɛpt]
gekochter Schinken gekookte ham [χə'koktə hɑm]
Gelände terrein *(nt)* [tɛ'rɛin]
gelb geel [χel]
Geld geld *(nt)* [χɛlt]
Geldautomat geldautomaat ['χɛltɑutomat]
Geldbörse portemonnee [pɔrtəmɔ'ne]
Geldschein bankbiljet *(nt)* ['bɑŋgbɪljɛt]
Geldwechsel *(auf Schildern)* change [tʃens]
Gelegenheit gelegenheid [χə'leχənhɛit]
Gelenk gewricht *(nt)* [χə'wrɪχt]
gelten gelden ['χɛldən] ‹gold, gegolden›
Gemälde schilderij *(nt)* [sχɪldə'rɛi]
gemeinsam gemeenschappelijk [χə'men'sχɑpələk]; *(zusammen)* gezamenlijk [χə'zamələk]
gemischt gemengd [χə'mɛŋt]
Gemüse groente [χruntə]
gemütlich gezellig [χə'zɛləχ]
genau precies [prə'sis]
genauso ... wie net zo ... als [nɛt zo ɑls]
genehmigen toestaan ['tustan] ‹stond toe, toegestaan›
Genehmigung vergunning [vər'χœnɪŋ]
genießen genieten [χə'nitən] ‹genoot, genoten›
genug genoeg [χə'nuχ]
geöffnet geopend [χə'opənt]
Gepäck bagage [ba'χaʒə]
Gepäckaufbewahrung bagagedepot *(nt)* [ba'χaʒədepo]
Gepäckschalter bagageloket *(nt)* [ba'χaʒəlo'kɛt]
Gepäckwagen bagagekarretje *(nt)* [ba'χaʒəkɑrətjə]
gerade *(als Adjektiv)* recht ['rɛχt]; *(zeitlich)* net [nɛt]
geradeaus rechtdoor [rɛχ'do:r]

geräuchert gerookt [χəˈrokt]
Geräusch geluid *(nt)* [χəˈlœyt]
Gericht *(Essen)* gerecht *(nt)* [χəˈrεχt]; *(Justiz)* rechtbank [ˈrεχdbɑŋk]
gern graag [χraχ]; **nicht ~** ongaarne [ɔŋˈχaːrnə]
Geruch geur [χøːr]
geschehen gebeuren [χəˈbøːrən]
Geschenk cadeau *(nt)* [kaˈdo]
Geschichte geschiedenis [χəˈsχidənɪs]
Geschirr vaatwerk *(nt)* [ˈvatwεrk]
Geschirrspülbecken spoelbak [ˈspulbɑk]
Geschirrspülmaschine afwasmachine [ˈɑfwɑsmaʃinə]
Geschirrtuch droogdoek [ˈdroχduk]
geschlossen gesloten [χəˈslotən]
Geschmack smaak [smak]
Geschwindigkeit snelheid [ˈsnεlhεit]
geschwollen gezwollen [χəˈzwɔlən]
Gesicht gezicht *(nt)* [χəˈzɪχt]
Gesichtsbehandlung gezichtsbehandeling [χəˈzɪχsbəhɑndəlɪŋ]
Gespräch gesprek *(nt)* [χəˈsprεk]
gespritzt bespoten [bəˈspotən]
gestern gisteren [ˈχɪstərən]
gesund gezond [χəˈzɔnt]
Getränk drankje *(nt)* [ˈdrɑŋkjə]
Getriebe *(Auto)* versnellingsbak [vərˈsnεlɪŋzbɑk]
Gewicht gewicht *(nt)* [χəˈwɪχt]
Gewinn winst [wɪnst]
gewinnen winnen [ˈwɪnən] ‹won, gewonnen›
Gewitter onweer *(nt)* [ˈɔnweːr]
gewöhnlich *(als Adverb)* gewoonlijk [χəˈwonlək]
gewohnt sein gewend zijn [χəˈwεnt sεin] ‹was/waren, geweest›
Gewürze kruiden *(Plural)* [ˈkrœydən]
Giebel gevel [ˈχevəl]
Gift (ver)gif *(nt)* [(vər)χɪf]
giftig giftig [ˈχɪftəχ]
Glas glas *(nt)* [χlɑs]
Glatteis ijzel [ˈεizəl]
glauben geloven [χəˈlovən]
gleich *(als Adjektiv)* gelijk [χəˈlεik]; *(als Adverb: sofort)* dadelijk [ˈdadələk]
gleichzeitig gelijktijdig [χəlεikˈtεidəχ]
Gleis spoor *(nt)* [spoːr]
Glück geluk *(nt)* [χəˈlœk]
glücklich gelukkig [χəˈlœkəχ]
Glückwunsch felicitatie [felisiˈta(t)si]
Glühbirne gloeilamp [ˈχlujlɑmp]
Gold goud *(nt)* [χɑut]
goldfarben goudkleurig [χɑutˈkløːrəχ]
Golf golf *(nt)* [χɔl(ə)f/gɔlf]
Golfclub golfclub [ˈχɔl(ə)fklœp]
Golfschläger golfstick [ˈχɔlfstɪk]
Gott God [χɔt]
Grab graf *(nt)* [χrɑf]
Graben sloot [slot]
Gracht gracht [χrɑχt]
Gramm gram [χrɑm]
Grapefruit grapefruit [grepfrut]
Gräte graat [χrat]
gratis gratis [ˈχratəs]
gratulieren feliciteren [felisiˈteːrən]
grau grijs [χrεis]
Graubrot bruinbrood *(nt)* [ˈbrœynbrot]
Grenze grens [χrεns]
Grenzübergang grensovergang [ˈχrεnsovərχɑŋ]
Grillanzünder grillaansteker [ˈχrɪlanstekər]
Grillkohle houtskool [ˈhɑutskol]
Grippe griep [χrip]
groß groot [χrot]
Größe *(Kleidung, Schuhe)* maat [mat]; *(Länge)* lengte [lεŋtə]
Großmutter grootmoeder [ˈχrotmudər]
Großraumwagen *(Zug)* doorgaande coupé [ˈdoːrχandə kuˈpe]
Großvater grootvader [ˈχrotfadər]
Grotte grot [χrɔt]
grün groen [χrun]; **~e Bohnen** groene bonen *(Plural)* [ˈχrunə ˈbonən] **~e Versicherungskarte** verzekeringskaart [vərˈzekərɪŋskaːrt]
Grund *(Beweg~)* reden [ˈredən]
Gruppe groep [χrup]
grüßen groeten [ˈχrutən]
gültig geldig [ˈχεldəχ]
Gummistiefel rubberlaarzen *(Plural)* [rœbərˈlaːrzən]
Gurke *(Salat~)* komkommer [kɔmˈkɔmər]; *(Gewürz~)* augurk [ɑuˈχœr(ə)k]
Gürtel riem [rim]; gordel [ˈχɔrdəl]
gut *(als Adjektiv und Adverb)* goed [χut]
Gutschein waardebon [ˈwaːrdəbɔn]

H

Haar haar *(nt)* [haːr]
Haarfestiger haarversteviger [ˈhaːrvərstevəχər]
Haargel haargel [ˈhaːr(d)ʒεl]
Haargummi haarbandje *(nt)* [ˈhaːrbɑntjə]
Haarklammern haarclips *(Plural)* [ˈhaːrklɪps]
Haarteil haarstukje *(nt)* [ˈhaːrstœkjə]

Haarwaschmittel shampoo [ˈʃampo]
haben hebben [ˈhɛbən] ‹had, gehad›
Hackfleisch gehakt *(nt)* [χəˈhakt]
Hafen haven [ˈhavən]
Hafenmeister havenmeester [ˈhavəmestər]
Haferflocken havervlokken *(Plural)* [ˈhavərvlɔkən]
Hähnchen haantje *(nt)* [ˈhantjə]
Haken haak [hak]
halb half [hal(ə)f]
Halbpension halfpension *(nt)* [ˈhal(ə)fpɛnʃɔn]
Hälfte helft [hɛl(ə)ft]
Hals hals [hals]
Halsschmerzen keelpijn [ˈkelpɛin]
Halstabletten keeltabletten *(Plural)* [ˈkeltaˈblɛtən]
halt! stop! [stɔp]
haltbar houdbaar [ˈhaudba:r]
Haltbarkeit houdbaarheid [ˈhaudba:rhɛit]
Haltegriff handgreep [ˈhantχrep]
halten *(fest~)* vasthouden [ˈvasthaudən] ‹hield vast, vastgehouden›; *(stehen bleiben)* stoppen [ˈstɔpən]
Haltestelle halte [ˈhaltə]
Hammer hamer [ˈhamər]
Hand hand [hant]
Handball handbal *(als Spiel: nt)* [ˈhandbal]
Handbrause sproeikop [ˈsprujkɔp]
Handbremse handrem [ˈhantrɛm]
Handcreme handcrème [ˈhantkrɛ:m]
Handgas *(Auto)* handgas *(nt)* [ˈhantχas]
handgemacht met de hand gemaakt [mɛt də ˈhant χəˈmakt]
Handschuhe handschoenen *(Plural)* [ˈhantsχunən]
Handtasche handtas [ˈhantas]
Handtuch handdoek [ˈhanduk]
Handwaschbecken fonteintje *(nt)* [fɔnˈtɛintjə]
Handy mobieltje *(nt)* [moˈbiltjə]
Handygeschäft belwinkel [ˈbɛlwɪŋkəl]
hart hard [hart]
hässlich lelijk [ˈlelək]
häufig *(als Adverb)* vaak [vak]
Hauptbahnhof centraal (station), CS *(nt)* [sɛnˈtral (sta(t)ˈʃɔn)]
Hauptrolle hoofdrol [ˈhoftrɔl]
hauptsächlich hoofdzakelijk [hoftˈsakələk]
Hauptsaison hoofdseizoen *(nt)* [ˈhoftsɛizun]
Hauptspeise hoofdgerecht *(nt)* [ˈhoftχərɛχt]
Hauptstadt hoofdstad [ˈhoftstat]
Haus huis *(nt)* [hœys]
Hausbesitzer(in) huiseigenaar (huiseigenares) [ˈhœysɛiχənar, hœysɛiχənaˈrɛs]
Hausboot woonboot [ˈwombot]
hausgemacht eigengemaakt [ˈɛiχəχəˈmakt]
Haushaltswaren huishoudelijke artikelen *(Plural)* [hœysˈhaudələkə arˈtikələn]
Hausnummer huisnummer *(nt)* [ˈhœysnœmər]
Hausschuhe pantoffels *(Plural)* [panˈtɔfəls]
Haustiere huisdieren *(Plural)* [ˈhœyzdi:rən]
Haut huid [hœyt]
Heide hei [hɛi]
Heilbad heilbad *(nt)* [hɛilbat]
heilig heilig [ˈhɛiləχ]
Heilfasten heilvasten [ˈhɛilvastən]
Heimat het lieve vaderland *(nt)* [ət ˈlivə ˈvadərlant]
Heimreise thuisreis [ˈtœysrɛis]
heimwerken doehetzelven [duhɛtˈzɛlvən]
heiraten trouwen [ˈtrauwən]
heiser hees [hes]
heiß heet [het]
heißen heten [ˈhetən] ‹heette, geheten›
Heißluftballon luchtballon [ˈlœχ(t) balɔn]
heizen stoken [ˈstokən]
Heizung verwarming [vərˈwarmɪŋ]
helfen helpen [ˈhɛlpən] ‹hielp, geholpen›
hell licht [lɪχt]
hellblau lichtblauw [lɪχˈblau]
hellgrün lichtgroen [lɪχtˈχrun]
Hemd overhemd *(nt)* [ˈovərhɛmt]
herausgeben *(Geld)* overhandigen [ovərˈhandəχən]
Herbst herfst [hɛr(ə)fst]
Herd fornuis *(nt)* [fɔrˈnœys]
herein! binnen! [ˈbɪnən]
hereinkommen binnenkomen [ˈbɪnəkomən] ‹kwam/kwamen binnen, binnengekomen›
Hering haring [ˈha:rɪŋ]
Herpes herpes [ˈhɛrpəs]
Herr heer [he:r]; *(Anrede, vor dem Namen)* meneer/mijnheer [məˈne:r]; *(Abkürzung)* dhr.
Herren heren *(Plural)* [he:rən]
herrlich heerlijk [ˈhe:rlək]
Herz hart *(nt)* [hart]
Herzanfall hartaanval [ˈhartanval]
Herzbeschwerden hartklachten *(Plural)* [ˈhartklaχtən]
Herzinfarkt hartinfarct *(nt)* [ˈhartɪmfar(ə)kt]

Herzklopfen hartkloppingen *(Plural)* [ˈhartklɔpɪŋən]
herzlich hartelijk [ˈhartələk]
Heubad hooibad *(nt)* [hojbat]
Heuschnupfen hooikoorts [ˈhojko:rts]
heute vandaag [vanˈdaχ]; **~ Morgen/~ Abend** vanmorgen/vanavond [vaˈmɔrχən/vaˈnavɔnt]
hier hier [hi:r]
Hilfe hulp [hœl(ə)p]; *(Ausruf)* help! [ˈhɛl(ə)p]; **erste ~** eerste hulp [e:rstə ˈhœl(ə)p] *(Abkürzung)* EHBO [ehabeˈo]
Himmel hemel [ˈheməl]; *(Ausruf)* hemeltje lief! [ˈheməltjə lif]
hinausgehen naar buiten gaan [na:r ˈbœytən χan] ‹ging, gegaan›
hindern hinderen [ˈhɪndərən]
hineingehen naar binnen gaan [na:r ˈbɪnən χan] ‹ging, gegaan›
hinlegen: sich ~ gaan liggen [χan ˈlɪχən]
hinten achteraan [aχtəran]
hinter achter [ˈaχtər]
Hinterland achterland *(nt)* [ˈaχtərlant]
hinterlegen deponeren [depoˈne:rən]
hinzufügen toevoegen [ˈtuvuχən]
Hirnhautentzündung hersenvliesontsteking [ˈhɛrsəflisɔntstekɪŋ]
Hitzewelle hittegolf [ˈhɪtəχɔlf]
HIV-positiv seropositief [ˈse:ropositif]
hoch hoog [hoχ]
Hochgeschwindigkeitszug hogesnelheidstrein [hoχəˈsnɛlhɛitstrɛin]
Hochspannung hoogspaning [ˈhoχspanɪŋ]
höchstens hoogstens [ˈhoχstəns]
Hochzeit *(Feier)* bruiloft [ˈbrœylɔft]
Hof *(Platz)* binnenplaats [ˈbɪnəplats]; *(Residenz)* hof *(nt)* [hɔf]
hoffen hopen [ˈhopən]
hoffentlich hopelijk [ˈhopələk]
höflich beleefd [bəˈleft]
Höhe hoogte [ˈhoχtə]
Höhepunkt hoogtepunt *(nt)* [ˈhoχtəpœnt]
Höhle grot [χrɔt]
holen halen [ˈhalən]
Holz hout *(nt)* [haut]
Holzschnitt houtsnede [ˈhautsnedə]
Holzschuhe klompen *(Plural)* [klɔmpən]
Honig honing [ˈhonɪŋ]
hören horen [ˈho:rən]
Hörer hoorn [ho:r(ə)n]
Hose broek [bruk]
hübsch *(Gegenstände)* mooi [moj]; *(Menschen auch:)* knap [knap]
Hüfte heup [høp]
Hügel heuvel [ˈhøvəl]
Huhn kip [kɪp]
Hummer kreeft [kreft]
Hund hond [hɔnt]
Hünengrab hunebed *(nt)* [ˈhynəbɛt]
hungrig sein trek hebben [trɛk ˈhɛbən] ‹had, gehad›
Hupe claxon [ˈklaksɔn]
husten hoesten [ˈhustən]
Hustensaft hoestdrank [ˈhusdraŋk]
Hut hoed [hut]
Hütte hut [hœt]

I

ich ik [ɪk]
ihr *(Personalpronomen: 2. Person Plural)* jullie [jœli]; *(Dativ: 3. Person Singular)* haar
ihr(e) *(Possessivpronomen: 2. Person Singular)* haar [ha:r]; *(3. Person Plural)* hun [hœn]
Illustrierte geïllustreerd blad *(nt)* [χəilysˈtre:rd ˈblat]
Imbiss snack [snɛk]
immer altijd [ˈaltɛit]
Impfpass inentingskaart [ˈɪnɛntɪŋska:rt]
Impfung inenting [ˈɪnɛntɪŋ]
in *(mit Dativ)* in [ɪn]; *(mit Akkusativ)* naar [na:r]; **~ 14 Tagen** over veertien dagen [ˈovər ˈve:rtin ˈdaχən] **~ einer Woche** over een week [ˈovər en ˈwek]
inbegriffen inbegrepen [ˈɪmbəχrepən]
Infektion infectie [ɪnˈfɛksi]; ontsteking [ɔntˈstekɪŋ]
informieren: sich ~ zich op de hoogte stellen [zɪχ ɔb də ˈhɔχtə ˈstɛlən]
Ingwer gember [ˈχɛmbər]
Inhalt inhoud [ˈɪnhaut]
Initialen voorletters *(Plural)* [ˈvo:rlɛtərs]
innen binnen [ˈbɪnən]
Innenhof binnenplaats [bɪnəplats]
Insekt insect *(nt)* [ɪnˈsɛkt]
Insektenmittel insectenwerend middel *(nt)* [ɪnˈsɛktənwe:rənt ˈmɪdəl]
Insel eiland *(nt)* [ˈɛilant]
interessant interessant [ɪntərəˈsant]
interessieren: sich ~ (für) zich interesseren (voor) [zɪχ ɪntərəˈse:rən (vo:r)]
international internationaal [ɪntərnaʃoˈnal]
Internetbuchung boeking via internet [ˈbukɪŋ vija ˈɪntərnɛt]

iPod iPod® *(nt)* [ˈajpɔt]
Irrtum vergissing [vərˈχɪsɪŋ]

J

Jacke jas [jɑs]
Jahr jaar *(nt)* [jaːr]
Jahreszeit jaargetijde *(nt)* [ˈjaːrχətɛidə]
Jahrhundert eeuw [ew]
jährlich jaarlijks [ˈjaːrləks]
Jahrmarkt jaarmarkt [ˈjaːrmɑr(ə)kt]
Januar januari [janyˈwaːri]
Jeanshose spijkerbroek [ˈspɛikərbruk]
jede(r, -s) *(als Adjektiv)* ieder(e) [ˈidər(ə)]; elk(e) [ɛl(ə)k/ˈɛl(ə)kə]; **jeden Tag** iedere dag [ˈidərə ˈdɑχ]
jeder *(als Pronomen)* iedereen [ˈidəren]
jemand iemand [ˈimɑnt]
jene(r, -s) die (daar) [di (daːr)]; dat (daar) [dɑt (daːr)]
jetzt nu [ny]
joggen joggen [ˈdʒɔgən]
Jogginganzug trainingspak *(nt)* [ˈtrenɪŋspɑk]
Joghurt yoghurt [ˈjɔχərt]
jucken jeuken [jøkən]
Jugendliche *(Plural)* jongeren *(Plural)* [ˈjɔŋərən]
Juli juli [ˈjyli]
jung jong [jɔŋ]
Junge jongen [jɔŋən]
Junggeselle vrijgezel [vrɛiχəˈzɛl]
Juni juni [ˈjyni]
Juwelier juwelier [jywəˈliːr]

K

Kabarett cabaret *(nt)* [kabaˈrɛt]
Kabeljau kabeljauw [kabəlˈjɑu]
Kaffee koffie [ˈkɔfi]
Kaffeefilter koffiefilter [ˈkɔfifɪltər]
Kaffeelöffel theelepel [ˈtelepəl]
Kaffeemaschine koffiezetapparaat *(nt)* [ˈkɔfizɛtɑparat]
Kai kade [ˈkadə]
Kajüte hut [hœt]
Kalbfleisch kalfsvlees *(nt)* [ˈkɑlfsfles]
kalorienarm caloriearm [kaloriˈɑrəm]
kalt koud [kɑut]
kaltes Wasser koud water *(nt)* [kɑut ˈwatər]
Kamm kam [kɑm]
kämmen kammen [ˈkɑmən]
Kanal kanaal *(nt)* [kaˈnal]
Kaninchen konijn *(nt)* [koˈnɛin]
Kanu kano [ˈkano]
Kanzel kansel [ˈkɑnsəl]
kaputt stuk [stœk]
Karaffe karafje *(nt)* [kaˈrɑfjə]
Karneval carnaval *(nt)* [ˈkɑrnavɑl]
Karotten wortels *(Plural)* [ˈwɔrtəls]
Kartoffeln aardappelen *(Plural)* [ˈaːrdɑpələn]
Käse kaas [kas]
Kasse kassa [ˈkɑsa]
Kassenbeleg bonnetje *(nt)* [ˈbɔnətjə]
Kathedrale kathedraal [kateˈdral]
Katze kat [kɑt]
kaufen kopen [ˈkopən] ‹kocht, gekocht›
Kaufhaus warenhuis *(nt)* [ˈwaːrəhœys]
Kaugummi kauwgom [ˈkɑuχɔm]
kaum nauwelijks [ˈnɑuwələks]
Kaution borgsom [ˈbɔrχsɔm]
Kehrschaufel stoffer en blik [ˈstɔfər ɛn ˈblɪk]
kein geen [χen]
keiner niemand [ˈnimɑnt]
Kekse koekjes *(Plural)* [ˈkukjəs]
Kellner(in) kelner (kelnerin) [ˈkɛlnər, kɛlnəˈrin]
kennen kennen [ˈkɛnən]; **~ lernen** leren kennen [leːrən ˈkɛnən]
Kerzen kaarsen *(Plural)* [ˈkaːrsən]
Ketchup ketchup [kɛtʃœp]
Kette ketting [ˈkɛtɪŋ]
Kfz-Schein kentekenbewijs *(nt)* [ˈkɛntekəbəwɛis]
Kiefer kaak [kak]
Kilogramm kilo(gram) *(nt)* [ˈkilo(χrɑm)]
Kilometer kilometer [ˈkilometər]
Kilometerpreis prijs per kilometer [prɛis pɛr ˈkilometər]
Kind kind *(nt)* [ˈkɪnt] ‹kinderen›
Kinderarzt (-ärztin) kinderarts [ˈkɪndərɑrts]
Kinderbecken pierenbad *(nt)* [ˈpiːrəbɑt]
Kinderbetreuung kinderopvang [ˈkɪndərɔpfɑŋ]
Kinderbett kinderbedje *(nt)* [ˈkɪndərbɛtjə]
Kinderermäßigung korting voor kinderen [ˈkɔrtɪŋ voːr ˈkɪndərən]
Kinderkrankheit kinderziekte [ˈkɪndərziktə]
Kindersitz kinderzitje *(nt)* [ˈkɪndərzɪtjə]
Kindersitzkissen *(fürs Auto)* kinderzitkussen *(nt)* [ˈkɪndərzɪtkœsən]
Kinderteller kinderportie [ˈkɪndərpɔrsi]
Kino bioscoop [bijɔˈskop]
Kirche kerk [kɛr(ə)k]

Kirchenkonzert kerkconcert *(nt)* [ˈkɛr(ə)kɔnsɛrt]
Kirchturm kerktoren [ˈkɛr(ə)ktoːrən]
Kirmes kermis [ˈkɛrməs]
Kirschen kersen *(Plural)* [ˈkɛrsən]
Kiste kist [kɪst]; *(Bier~)* krat *(nt)* [krɑt]
klar helder [ˈhɛldər]
Klasse klas [klɑs]
Kleid jurk [jœr(ə)k]
Kleiderbügel kleerhanger [ˈkleːrhɑŋər]
Kleidung kleding [klɛdɪŋ]
klein klein [klɛin]
Kleingeld kleingeld *(nt)* [ˈklɛiŋχɛlt]
Klima klimaat *(nt)* [kliˈmat]
Klimaanlage airconditioning [ˈɛːrkɔndɪʃənɪŋ]
Klingel bel [bɛl]
klug verstandig [vərˈstɑndəχ]
Kneipe kroeg [kruχ]
Kneippanwendung Kneipp-behandeling [ˈknɑɪpbəhɑndəlɪŋ]
Knie knie [kni]
Kniestrumpf kniekous [ˈknikɑus]
Knoblauch knoflook [ˈknɔflok]
Knopf knoop [knop]
Knöchel enkel [ˈɛŋkəl]
Knochen bot *(nt)* [bɔt]
Knochenbruch botbreuk [ˈbɔdbrøk]
Koch (Köchin) kok (kokkin) [kɔk, kɔˈkɪn]
Kochbuch kookboek *(nt)* [ˈkogbuk]
kochen *(Wasser; Essen)* koken [ˈkokən]; *(Kaffee, Tee zubereiten)* zetten [ˈzɛtən]
Kocher kooktoestel *(nt)* [ˈkoktustɛl]
Kochnische kitchenette [kɪtʃəˈnɛt]
koffeinfreier Kaffee cafeïnevrije koffie [kafeˈjinəvrɛijə ˈkɔfi]
Koffer koffer [ˈkɔfər]
Kofferraum kofferbak [ˈkɔfərbɑk]
Kohl kool [kol]
Kollege (Kollegin) collega [kɔˈleχa]
kommen komen [ˈkomən] ‹kwam, gekomen›
Kompass kompas *(nt)* [kɔmˈpɑs]
Komponist(in) componist (componiste) [kɔmpoˈnɪst, kɔmpoˈnɪstə]
Konditionstraining conditietraining [kɔnˈdi(t)sitrenɪŋ]
Konditorei banketbakker [bɑŋˈkɛdbɑkər]
Kondom condoom *(nt)* [kɔnˈdom]
König(in) koning (koningin) [ˈkonɪŋ, ˈkonɪˈŋɪn]
können kunnen [ˈkœnən] ‹kon/konden, gekund›
Konserven conserven *(Plural)* [kɔnˈzɛrvən]
Konsulat consulaat *(nt)* [kɔnsyˈlat]
Kontakt contact *(nt)* [kɔnˈtɑkt]
Konto bankrekening [ˈbɑŋkrekənɪŋ]
Kontrolleur(in) controleur (controleuse) [kɔntroˈløːr, kɔntroˈløzə]
kontrollieren controleren [kɔntroˈleːrən]
Konzert concert *(nt)* [kɔnˈsɛrt]
Kopf hoofd *(nt)* [hoft]
Kopfhörer koptelefoon [ˈkɔpteləfon]
Kopfkissen hoofdkussen *(nt)* [ˈhoftkœsən]
Kopfsalat kropsla [ˈkrɔpsla]
Kopfschmerz hoofdpijn [ˈhoftpɛin]
Kopie kopie [koˈpi]
Korb mand [mɑnt]
Korbball korfbal [ˈkɔr(ə)vbɑl]
Koriander koriander [koriˈjɑndər]
Korkenzieher kurkentrekker [ˈkœrkətrɛkər]
Körper lichaam *(nt)* [ˈlɪχam]
Körperbehinderung lichamelijke handicap [lɪˈχamələkə ˈhɛndikɛp/ (B) ˈhɑndikɑp]
kosten kosten [ˈkɔstən]
kostenlos kosteloos [ˈkɔstəlos]
Kostüm kostuum *(nt)* [kɔˈstym]
Kotelett kotelet [kotəˈlɛt]
Koteletten bakkebaarden *(Plural)* [ˈbɑkəbaːrdən]
Kotflügel spatbord *(nt)* [ˈspɑdbɔrt]
Krabben garnalen *(Plural)* [χɑrˈnalən]
Kraft kracht [krɑχt]
Krampf kramp [krɑmp]
krank ziek [zik]
Krankenhaus ziekenhuis *(nt)* [ˈzikəhœys]
Krankenschein verzekeringskaart [vərˈzekərɪŋskaːrt]
Krankenschwester verpleegster [vərˈpleχstər]; *(als Anrede)* zuster [ˈzœstər]
Krankenversicherung zorgverzekering [ˈzɔr(ə)χvərzekərɪŋ]
Krankenwagen ziekenwagen [ˈzikəwaχən]; ambulance [ɑmbyˈlɑnsə]
Krankheit ziekte [ˈziktə]
Kratzer kras [krɑs]
Kräuter kruiden *(Plural)* [ˈkrœydən]
Kräutertee kruidenthee [ˈkrœydəte]
Krawatte das [dɑs]
kreativ creatief [krejaˈtif]
Kreditkarte creditcard [krəˈdɪtkɑrt]
Kreuzfahrt cruise [kɹuːs]
Kreuzung kruispunt *(nt)* [ˈkrœyspœnt]

Kriminalroman misdaadroman [ˈmɪzdatroman]
Kristall kristal *(nt)* [krɪˈstal]
kritisieren kritiek hebben op [kriˈtik hɛbən ɔp] ‹had, gehad›
Krone kroon [kron]
Krücke kruk [krœk]
Küche keuken [ˈkøkən]
Küchensieb keukenzeef [ˈkøkəzef]; vergiet *(nt)* [fərˈχit]
Kuchen taart [ta:rt]
Kugelschreiber balpen [ˈbalpɛn]
kühl koel [kul]
Kühlelement koelboxelement *(nt)* [ˈkulbɔkseləmɛnt]
Kühler radiator [radiˈjatɔr]
Kühlschrank koelkast [ˈkulkast]
Kühltasche koelbox [ˈkulbɔks]
Kühlwasser koelwater *(nt)* [ˈkulwatər]
Kultur cultuur [kœlˈty:r]
Kümmel komijn [koˈmɛin]
Kummer verdriet *(nt)* [vərˈdrit]
kümmern: sich ~ um zorgen voor [ˈzɔrχən vo:r]
Kunde (Kundin) klant [klant]
Kunst kunst [kœnst]
Kunsthändler kunsthandelaar [ˈkœnsthandəla:r]
Kuppel koepel [ˈkupəl]
Kupplung koppeling [ˈkɔpəlɪŋ]
Kürbis pompoen [pɔmˈpun]
Kurs cursus [ˈkœrzəs]
Kurve bocht [bɔχt]
kurz kort [kɔrt]
kurzfristig op korte termijn [ɔp ˈkɔrtə tɛrˈmɛin]
kürzlich kort geleden [kɔrt χəˈledən]
Kurzschluss kortsluiting [ˈkɔrtslœytɪŋ]
Kuss *(zärtlich)* kus [kœs]; *(gesellig)* zoen [zun]
küssen *(zärtlich)* kussen [ˈkœsən]; *(gesellig)* zoenen [zunən]
Küste kust [kœst]

L

lachen lachen [ˈlaχən] ‹lachte, gelachen›
lächerlich belachelijk [bəˈlaχələk]
Lachs zalm [ˈzal(ə)m]
Lachsforelle zalmforel [ˈzal(ə)mfɔrɛl]
Ladegerät batterijlader [batəˈrɛiladər]
Ladekabel oplaadkabel [ˈɔplatkabəl]
Lage *(Situation)* toestand [ˈtustant]; *(eines Ortes)* ligging [ˈlɪχɪŋ]
Lakritz drop [drɔp]
Lammfleisch lamsvlees *(nt)* [ˈlamsfles]
Lampe lamp [lamp]
Land land *(nt)* [lant]; *(ländlicher Raum)* platteland *(nt)* [platəˈlant]
Landeskennzahl landnummer *(nt)* [ˈlantnœmər]
Landgut landgoed *(nt)* [ˈlantχut]
Landkarte landkaart [ˈlantka:rt]
Landschaft landschap *(nt)* [ˈlantsχap]
Landsmann landgenoot [ˈlantχənot]
lang lang [laŋ]
Länge lengte [ˈlɛŋtə]
langsam *(als Adjektiv und Adverb)* langzaam [ˈlaŋsam]
langweilig saai [saj]
Laptop laptop [ˈlɛptɔp]
Lärm lawaai *(nt)* [laˈwaj]
lassen laten [ˈlatən] ‹liet, gelaten›
lästig lastig [ˈlastəχ]
Lastwagen vrachtwagen [ˈvraχtwaχən]
Lauch prei [prɛi]
laufen lopen [ˈlopən] ‹liep, gelopen›
Läuse luizen *(Plural)* [lœyzən]
laut luid [lœyt]
Lautsprecher luidspreker [ˈlœytsprekər]
leben leven [ˈlevən]
Lebensmittelgeschäft kruidenier [krœydəˈni:r]
Lebensmittelvergiftung voedselvergiftiging [ˈvutsəlvərχɪftəχɪŋ]
Leber lever [ˈlevər]
Leberpastete leverpastei [ˈlevərpastɛi]
lebhaft druk [drœk]
lecker lekker [ˈlɛkər]
Lederjacke leren jasje *(nt)* [le:rə ˈjaʃə]
Lederwarengeschäft lederzaak [ˈledərzak]
ledig ongehuwd [ɔŋχəˈhywt]
leer leeg [leχ]
Leerung *(Briefkasten)* lichting [ˈlɪχtɪŋ]
Leggins leggings *(Plural)* [ˈlɛgɪŋs]
leicht *(einfach)* gemakkelijk [χəˈmakələk]; *(Gewicht)* licht [lɪχt]
Leichtathletik atletiek [atləˈtik]
leider helaas [heˈlas]
leihen lenen [ˈlenən]; *(entgeltlich)* huren [hy:rən]
Leinen linnen *(nt)* [ˈlɪnən]
leise zacht [zaχt]
Lenkrad stuur *(nt)* [sty:r]
lernen leren [ˈle:rən]
lesen lezen [ˈlezən] ‹las/lazen, gelezen›

letzte(r, -s) laatste ['latstə]
letzten Montag afgelopen maandag ['afχəlopə 'mandaχ]
Leuchtturm vuurtoren ['vy:rtɔrən]
Leute mensen *(Plural)* ['mɛnsən]
Licht licht *(nt)* [lɪχt]
Lichtmaschine dynamo [di'namo]
Lichtschalter lichtknopje *(nt)* ['lɪχtknɔpjə]
Lichtschutzfaktor beschermingsfactor [bə'sχɛrmɪŋs'faktɔr]
lieb lief [lif]
Liebe liefde ['livdə]
lieben houden van ['haudən van] ‹hield, gehouden›
liebenswürdig vriendelijk ['vrindələk]
lieber liever ['livər]
Liebling schat [sχat]
Lied lied *(nt)* [lit]
liegen liggen ['lɪχən] ‹lag/lagen, gelegen›
Liegesitz slaapstoel ['slapstul]
Liegewagenplatz ligplaats [lɪχplats]
Liegewiese ligweide ['lɪχwɛidə]
lila paars ['pa:rs]
Limonade limonade [limo'nadə]
Linie lijn [lɛin]
linke(r, -s) linker [lɪŋkər]; *(politisch)* links ['lɪŋks]
links links [lɪŋks]
Linse *(optisch)* lens [lɛns]
Linsen *(Essen)* linzen *(Plural)* [lɪnzən]
Lippe lip [lɪp]
Lippenstift lippenstift ['lɪpəstɪft]
Liter liter ['litər]
Livemusik levende muziek ['levəndə my'zik]
loben loven ['lovən]
Loch gat *(nt)* [χat] ‹gaten›
Locken krullen *(Plural)* ['krœlən]
Löffel lepel ['lepəl]
Loge loge ['lɔ:ʒə]
Lorbeer laurier [lau'ri:r]
Luft lucht [lœχt]
Luftfilter luchtfilter ['lœχ(t)fɪltər]
Luftmatratze luchtbed *(nt)* ['lœχ(t)bɛt]
Luftpumpe pomp [pɔmp]
Lüge leugen ['løχən]
Lunge long [lɔŋ]
Lungenentzündung longontsteking ['lɔŋɔntstekɪŋ]
Lust zin [zɪn]; *(auf Essen, Trinken)* trek [trɛk]; **~ haben auf** zin/trek hebben in [zɪn/trɛk 'hɛbən ɪn] ‹had, gehad›
lustig vrolijk ['vrolək]; *(erheiternd)* grappig ['χrapəχ]
luxuriös luxueus [lyksy'wøs]
Lymphdrainage lymfedrainage ['limfədrajna:ʒə]

M

machen doen [dun] ‹deed, gedaan›; *(herstellen)* maken ['makən]
Mädchen meisje *(nt)* [mɛiʃə]
Magen maag [maχ]
Magenschmerzen maagpijn ['maχpɛin]
mager mager ['maχər]
Mahlzeit maaltijd ['maltɛit]
Mai mei [mɛi]
Mais maïs [majs]
Majoran majoraan [majo'ran]
Makrele makreel [ma'krel]
Maler(in) schilder (schilderes) ['sχɪldər, sχɪldə'rɛs]
Malerei schilderkunst ['sχɪldərkœnst]
man men [mɛn]
manchmal soms [sɔms]
Mandarinen mandarijntjes *(Plural)* [manda'rɛintjəs]
Mandeln amandelen *(Plural)* [a'mandələn]
Mango mango ['maŋgo]
Mann man [man]
Mannschaft team *(nt)* [tim]; *(Fußball)* elftal *(nt)* ['ɛl(ə)ftal]; *(Schiff)* bemanning [bə'manɪŋ]
Mantel overjas ['ovərjas]; *(Reifen)* buitenband ['bœytəbant]
Margarine margarine [marχa'rinə]
Markt markt [mar(ə)kt]
Markthalle markthal ['mar(ə)kthal]
Marmelade jam [ʃɛm]
März maart [ma:rt]
Maschine machine [ma'ʃinə]; *(Flugzeug)* toestel *(nt)* ['tustɛl]
Massage massage [ma'saʒə]
Material materiaal *(nt)* [matəri'jal]
Matratze matras [ma'tras]
Mauer muur [my:r]
Maut tol [tɔl]
Maximalgeschwindigkeit maximum snelheid ['maksimœm 'snɛlhɛit]
Mayonnaise mayonaise [majo'nɛ:zə]
Medikament geneesmiddel *(nt)* [χə'nesmɪdəl]
Meditation meditatie [medi'tatsi]
Meer zee [ze]
Mehl meel *(nt)* [mel]
mehr meer [me:r]; **~ als** meer dan ['me:r dan]
mein mijn [mɛin]
meinen menen ['menən]; *(jemanden/etwas)* bedoelen [bə'dulən]
meinetwegen voor mijn part [vo:r mɛin part]
Meinung mening ['menɪŋ]
Meisterschaft kampioenschap *(nt)* [kampi'junsχap]

melden melden [ˈmɛldən]
Melone meloen [məˈlun]
Menge hoeveelheid [huˈvelhɛit]; **eine ~** een hoop [ən ˈhop]
Mensch mens [mɛns]
Menstruation menstruatie [mɛnstryˈwa(t)si]
Menü menu *(nt)* [məˈny]
merken merken [ˈmɛrkən]; **sich etwas ~** onthouden [ɔntˈhaudən] ‹onthield, onthouden›
Messe beurs [bø:rs]; *(Kirche)* mis [mɪs]
Messer mes *(nt)* [mɛs]
Meter meter [ˈmetər]
Metzgerei slagerij [slaχəˈrɛi]
mich *(betont)* mij [mɛi]; *(unbetont)* me [mə]
Miesmuscheln mosselen *(Plural)* [ˈmɔsələn]
Miete huur [hy:r]
mieten huren [ˈhy:rən]
Migräne migraine [miˈgrɛ:nə]
Mikrowelle magnetron [maχnəˈtrɔn]
Milch melk [mɛl(ə)k]
mild mild [mɪlt]
mindestens minstens [ˈmɪnstəns]
Mineralwasser mineraalwater [minəˈralwatər]; **mit/ohne Kohlensäure** met/zonder koolzuur
Minibar minibar [ˈminibar]
Minigolf midgetgolf *(nt)* [ˈmɪdʒətχɔl(ə)f]
Minute minuut [miˈnyt]
Minze munt [mœnt]
mir *(betont)* mij [mɛi]; *(unbetont)* me [mə]
misstrauen wantrouwen [ˈwantrauwən]
Missverständnis misverstand *(nt)* [ˈmɪsvərstant]
mit met [mɛt]
mitbringen meebrengen [ˈmebrɛŋən] ‹bracht mee, meegebracht›
Mitbringsel aardigheidje *(nt)* [ˈa:rdəχɛitjə]
mitnehmen meenemen [ˈmenemən] ‹nam/namen mee, meegenomen›
Mittag middag [ˈmɪdaχ]
Mittagessen lunch [lœnʃ]
mittags tussen de middag [ˈtœsən də ˈmɪdaχ]
Mitte midden *(nt)* [ˈmɪdən]
Mitteilung mededeling [ˈmedədelɪŋ]
Mittel middel *(nt)* [ˈmɪdəl]
Mittelalter Middeleeuwen *(Plural)* [ˈmɪdəlewən]
Mittelohrentzündung middenoorontsteking [ˈmɪdə(n)o:rɔntstekɪŋ]
Mittwoch woensdag [ˈwunzdaχ]
Mixer mixer [ˈmɪksər]
Möbel meubel *(nt)* [møbəl]
Mode mode [ˈmodə]
modern modern [moˈdɛr(ə)n]
mögen *(Essen)* lusten [ˈlœstən]; *(Personen)* mogen [ˈmoχən] ‹mag, mocht›
möglich mogelijk [ˈmoχələk]
Mole pier [pi:r]
Monat maand [mant]
monatlich maandelijks [ˈmandələks]
Mond maan [man]
Montag maandag [ˈmandaχ]
morgen morgen [ˈmɔr(ə)χə]
morgen früh/morgen Abend morgen vroeg/morgenavond [mɔrχəˈvruχ/mɔrχəˈnavɔnt]
Morgen ochtend [ˈɔχtənt]
morgens ’s ochtends [ˈsɔχ(t)ən(t)s]
Mosaik mozaïek *(nt)* [mozaˈik]
Motel motel *(nt)* [moˈtɛl]
Motor motor [ˈmotɔr]
Motorboot motorboot [ˈmotɔrbot]
Motorhaube motorkap [ˈmotɔrkap]
Möwe meeuw [ˈmew]
MP3-Player MP3-speler [ɛmpeˈdrispelər]
Mücke mug [mœχ]
Mückenschutz antimuggenmiddel *(nt)* [antiˈmœχəmɪdəl]
müde moe [mu]
Mühe moeite [ˈmujtə]; **sich ~ geben** zijn/haar best doen [zɛin/ha:r bɛst dun] ‹deed, gedaan›
Mühle molen [ˈmolɛn]
Müll vuilnis [vœylnəs]
Mülltonne vuilnəsbak [ˈvœylnɪzbak]
Mülltrennung afval sorteren [ˈafal sɔrˈte:rən]
Mund mond [mɔnt]
Mündung monding [ˈmɔndɪŋ]
Münze munt [mœnt]
Muschel *(Essen)* mossel [mɔsəl]; *(am Strand)* schelp [sχɛlp]
Museum museum *(nt)* [myˈzejəm]
Musik hören naar muziek luisteren [na:r myˈzik ˈlœystərən]
Musikfestival muziekfestival *(nt)* [myˈzikfɛstival]
musizieren muziek maken [myˈzik ˈmakən]
Muskatnuss nootmuskaat [notmœsˈkat]
Muskel spier [spi:r]
Müsli muesli [ˈmysli]
müssen moeten [ˈmutən] ‹moest, gemoeten›
Mutter moeder [ˈmudər]

N

nach *(zeitlich)* na [na]; *(räumlich)* naar [na:r]
Nachbar(in) buurman (buurvrouw) [ˈby:rmɑn, ˈby:rvrɑu]
Nachmittag middag [ˈmɪdɑχ]
nachmittags ’s middags [ˈsmɪdɑχs]
Nachricht bericht *(nt)* [bəˈrɪχt]
Nachrichten nieuws *(Plural)* [niws]
Nachsaison naseizoen *(nt)* [ˈnasɛizun]
nachsenden nasturen [ˈnasty:rən]
nächste(r, -s) volgend(e) [ˈvɔlχənd(ə)]; *(räumlich)* dichtstbijzijnd(e) [dɪχtsbɛiˈzɛind(ə)]; **nächstes Jahr** volgend jaar [ˈvɔlχənt ja:r]
Nacht nacht [nɑχt]
Nachtisch nagerecht *(nt)* [ˈnaχərɛχt]
nachts ’s nachts [snɑχ(t)s]
Nachttisch nachtkastje *(nt)* [ˈnɑχ(t)kɑʃə]
nackt naakt [nakt]
Nadel naald [nalt]
Nagellack nagellak [ˈnaχəlɑk]
Nagellackentferner remover [riˈmu:vər]
Nagelschere nagelschaartje *(nt)* [ˈnaχəlsχa:rtjə]
nah dichtbij [dɪχ(t)ˈbɛi]
nahe dichtbij [dɪχ(t)ˈbɛi]; vlakbij [vlɑgˈbɛi]; **~ bei** nabij [nabɛi]
Name naam [nam]
Nase neus [nøs]
Nasenbluten bloedneus [ˈblutnøs]
nass nat [nɑt]
Nationalpark nationaal park *(nt)* [na(t)ʃoˈnal pɑr(ə)k]
Natter adder [ˈɑdər]
Natur natuur [naˈty:r]
natürlich *(als Adjektiv und Adverb)* natuurlijk [naˈty:rlək]
Naturschutzgebiet natuurreservaat *(nt)* [nɑˈty:rezərvat]
Navigationsgerät tomtom [tɔmˈtɔm]
Nebel mist [mɪst]
neben naast [nast]
Nebenkosten extra kosten *(Plural)* [ˈɛkstra ˈkɔstən]
negativ negatief [neχaˈtif]
nehmen nemen [ˈnemən] ‹nam/namen, genomen›
Nelken kruidnagels *(Plural)* [ˈkrœytnaχəls]
nennen noemen [ˈnumən]
Nerv zenuw [ˈzenyw]
nervös zenuwachtig [ˈzenywɑχtəχ]
nett aardig [ˈa:rdəχ]
Netz net *(nt)* [nɛt]
neu nieuw [niw]
neugierig nieuwsgierig [niwˈsχi:rəχ]
Neujahr nieuwjaarsdag [niwja:rzˈdɑχ]
nicht niet [nit]
Nichte nicht [nɪχt]
nichts niets [nits]
nie nooit [nojt]
Niederlage nederlaag [ˈnedərlaχ]
niemand niemand [ˈnimɑnt]
Niere nier [ni:r]
Nierengurt bekkengordel [ˈbɛkə(n)χɔrdəl]
niesen niesen [ˈnisən]
Nippes hebbedingetjes *(Plural)* [ˈhɛbədɪŋətjəs]
nirgends nergens [ˈnɛrχəns]
noch nog [noχ]
Norden noorden *(nt)* [ˈno:rdən]
nördlich von ten noorden van [tɛn ˈno:rdən vɑn]
Nordsee Noordzee [ˈno:rtse]
normal normaal [nɔrˈmal]
normalerweise normaal gesproken [nɔrˈmal χəˈsprokən]
Notausgang nooduitgang [ˈnotœytχɑŋ]
Notbremse noodrem [ˈnotrɛm]
Notlandung noodlanding [ˈnotlɑndɪŋ]
Notrufsäule praatpaal [ˈpratpal]
notwendig noodzakelijk [notˈsakələk]
November november [noˈvɛmbər]
nüchtern nuchter [ˈnœχtər]
Nudeln noedels *(Plural)* [nudəls]
Nummer nummer *(nt)* [ˈnœmər]
Nummernschild nummerbord *(nt)* [ˈnœmərbɔrt]
nur slechts [slɛχ(t)s]
Nüsse noten *(Plural)* [ˈnotən]

O

ob of [ɔf]
oben boven [ˈbovən]
Ober ober [ˈobər]
Objektiv objectief *(nt)* [ɔbjɛkˈtif]
Obst fruit *(nt)* [frœyt]
Obst- und Gemüsehändler groenteboer [ˈχruntəbu:r]
obwohl hoewel [huˈwɛl]
oder of [ɔf]
offen open [ˈopən]
offiziell officieel [ɔfiˈʃel]
öffnen openen [ˈopənən]
Öffnungszeiten openingstijden *(Plural)* [ˈopənɪŋstɛiden]
oft vaak [vak]
ohne zonder [ˈzɔndər]

ohnmächtig werden flauw vallen ['flau 'valən] ‹viel, gevallen›
Ohr oor *(nt)* [o:r]
Ohropax oropax ['o:ropaks]
Ohrringe oorbellen *(Plural)* ['ɔ:rbɛlə]
Oktober oktober [ɔk'tobər]
Öl olie ['oli]
Ölfarbe olieverf ['olivɛr(ə)f]
Oliven olijven *(Plural)* [o'lɛivən]
Olivenöl olijfolie *(nt)* [o'lɛifoli]
Ölwechsel olie verversen ['oli vər'vɛrsən]
Oper opera ['opəra]
Operation operatie [opə'ratsi]
Operette operette [opə'rɛtə]
Optiker opticien [ɔpti'ʃɛ̃:]
orange oranje [ɔ'ranjə]
Orange sinaasappel ['sinazapəl]
Orchester orkest *(nt)* [ɔr'kɛst]
Original origineel *(nt)* [ɔriʒi'nel]
Originalfassung oorspronkelijke versie [o:r'sprɔŋkələkə 'vɛrzi]
Ort plaats [plats]
Osten oosten *(nt)* ['ostən]
Österreich Oostenrijk ['ostərɛik]
Österreicher(in) Oostenrijker (Oostenrijkse) ['ostərɛikər, 'ostərɛiksə]
östlich von ten oosten van [tɛn ostən van]

P

Paar paar *(nt)* [pa:r]
paar: ein ~ een paar [ən 'pa:r]
Päckchen pakje *(nt)* ['pakjə]
Paddelboot kano ['kano]
paddeln kanovaren ['kanova:rən]
Paket pakket *(nt)* [pa'kɛt]
Palast paleis *(nt)* [pa'lɛis]
Panne pech [pɛχ]
Pannendienst wegenwacht ['weχəwaχt]
Panorama panorama *(nt)* [panɔ'rama]
Papier papier *(nt)* [pa'pi:r]
Papiere papieren *(Plural)* [pa'pi:rən]
Papiertaschentücher papieren zakdoekjes *(Plural)* [pa'pi:rə 'zagdukjəs]
Paprika paprika ['paprika]
Parfüm parfum *(nt)* [par'fœm]
Parfümerie parfumerie [parfœmə'ri]
Park park *(nt)* [par(ə)k]
parken parkeren [par'ke:rən]
Parkhaus parkeergarage [par'ke:rχraʒə]
Parkplatz parkeerplaats [par'ke:rplats]
Passagier passagier [pasa'ʒi:r]
passen passen ['pasən]
Passkontrolle pascontrole ['paskɔntrɔ:lə]
Pauschale vast bedrag *(nt)* [vast bə'draχ]
Pause pause ['pauzə]
Pedal trapper ['trapər]
Pension pension *(nt)* [pɛn'ʃɔn]
Peperoni peperoni [pɛpə'roni]
Person persoon [pɛr'son]
Personal personeel *(nt)* [pɛrso'nel]
Personalausweis legitimatie [leχimi'ta(t)si]
Personalien persoonsgegevens *(Plural)* [pɛr'sonsχəχevəns]
persönlich persoonlijk [pɛr'sonlək]
Petersilie peterselie [petər'seli]
Petroleumlampe petroleumlamp [pe'trolejəmlamp]
Pfad pad *(nt)* [pat]
Pfand statiegeld *(nt)* ['statsiχɛlt]
Pfanne koekenpan ['kukəpan]
Pfannkuchen pannenkoek ['panəkuk]
Pfeffer peper ['pepər]
Pfefferminztee pepermuntthee [pepər'mœnte]
Pfeffermühle pepermolen ['pepərmolən]
Pfeife pijp [pɛip]
Pferd paard *(nt)* [pa:rt]
Pferdemarkt paardenmarkt ['pa:rdəmar(ə)kt]
Pfingsten Pinksteren ['pɪŋkstərən]
Pfirsiche perziken *(Plural)* ['pɛrzɪkən]
Pflanze plant [plant]
Pflaster pleister ['plɛistər]
Pflaumen pruimen *(Plural)* ['prœymən]
pflücken plukken ['plœkən]
Pfund pond *(nt)* [pɔnt]
Pille: ~ danach morning-afterpil [mɔɹnɪŋ'aftəɹpɪl]
Pilz *(im Wald)* paddenstoel ['padəstul]; *(am Fuß)* schimmel ['sχɪməl]
Pilzinfektion schimmelinfectie ['sχɪməlɪnfɛksi]
Pinzette pincet *(nt)* [pɪn'sɛt]
Plakat affiche *(nt)* [a'fiʃə]
Plan plan *(nt)* [plan]; *(Stadt~)* plattegrond [platə'χrɔnt]
Plastikbeutel plastic zak [plɛstək 'sak]
Platten lekke band ['lɛkə 'bant]
Platz *(in der Stadt)* plein *(nt)* [plɛin]; *(Raum; Sitz)* plaats [plats]
Plombe vulling ['vœlɪŋ]
plötzlich *(als Adverb)* plotseling ['plɔtsəlɪŋ]
Polizei politie [po'litsi]
Polizeiwagen politieauto [po'litsiauto]

Polizist(in) agent(e) [aˈχɛnt(ə)]
Pony pony [ˈpɔni]
Portier portier [pɔrˈtiːr]
Portion portie [ˈpɔrsi]
Porto porto *(nt)* [ˈpɔrto]
Porträt portret *(nt)* [pɔrˈtrɛt]
Porzellan porselein *(nt)* [pɔrsəˈlɛin]
Postamt postkantoor *(nt)* [ˈpɔs(t)kɑntoːr]
Postkarte briefkaart [ˈbrifkaːrt]
Postleitzahl postcode [ˈpɔs(t)kodə]
praktisch praktisch [ˈprɑktis]
Pralinen bonbons *(Plural)* [bɔmˈbɔns,bɔ̃ˈbɔ̃]
Preis prijs [prɛis]
Preisliste prijslijst [ˈprɛislɛist]
Prellung kneuzing [ˈknøzɪŋ]
Premiere première [prəmˈjɛːrə]
privat privé [priˈve]
Problem probleem *(nt)* [proˈblem]
Produkt product *(nt)* [proˈdœkt]
Programm programma *(nt)* [proˈχrɑma]
Programmheft programmaboekje *(nt)* [proˈχrɑmabukjə]
Programmkino filmhuis *(nt)* [ˈfɪlmhœys]
Promillegrenze promillegrens [proˈmil(ə)χrɛns]
Propangas propaangas *(nt)* [proˈpaŋχɑs]
Prospekt folder [fɔldər]
protestieren protesteren [protɛˈsteːrən]
Protokoll *(Polizei)* proces-verbaal *(nt)* [proˈsɛsvərˈbal]
provisorisch provisorisch [proviˈzoːris]
Prozent procent *(nt)* [proˈsɛnt]
Publikum publiek *(nt)* [pyˈblik]
Puder poeder *(nt)* [ˈpud/jər]
Pullover trui [trœy]
Puls pols [pɔls]
pünktlich stipt [stɪpt]
putzen *(Schuhe)* poetsen [ˈputsən]; *(Wohnung)* schoonmaken [ˈsχomakən]; *(Nase)* snuiten [ˈsnœytən] ‹snoot, gesnoten›
Putzmittel schoonmaakmiddelen *(Plural)* [ˈsχomakmɪdələn]

Q

Quadratmeter vierkante meter [ˈviːrkɑntə ˈmetər]
Qualität kwaliteit [kwaliˈtɛit]
Qualle kwal [kwɑl]
Quark kwark [kwɑr(ə)k]
quer durch dwars door [dwɑrs doːr]
Quittung kwitantie [kwiˈtɑn(t)si]

R

Rabatt korting [ˈkɔrtɪŋ]
Rabatttarif gereduceerd tarief *(nt)* [χəredyˈseːrt tarif]
Rad wiel *(nt)* [wil]; *(Fahrrad)* fiets [fits]; rijwiel *(nt)* [ˈrɛiwil]; **~ fahren** fietsen [ˈfitsən]
Radarkontrolle radarcontrole [ˈradɑrkɔnˈtrɔːlə]
Radierung ets [ɛts]
Radio radio [ˈradijo]
Radsport wielersport [ˈwilərspɔrt]
Radtour fietstocht [ˈfitstɔχt]
Rallye puzzeltocht [ˈpœzəltɔχt]
Rasierapparat scheerapparaat *(nt)* [ˈsχeːrɑparat]
Rasierklingen scheermesjes *(Plural)* [ˈsχeːrmɛʃəs]
Rasierpinsel scheerkwast [ˈsχeːrkwɑst]
Rasierschaum scheerzeep [ˈsχeːrzep]
Rasierwasser aftershave [ɑftərˈʃef]
Raststätte verzorgingsplaats [vərˈzɔrχɪŋsplats]
Rat raad [raːt]
raten *(Rat erteilen)* adviseren [ɑtfiˈzeːrən]; *(er~)* raden [ˈradən] ‹raadde/ried, geraden›
Rathaus stadhuis *(nt)* [stɑtˈhœys]
rauchen roken [ˈrokən]
Raucher(in) roker (rookster) [ˈrokər, ˈrokstər]
Raum *(Platz)* ruimte [ˈrœymtə]; *(Zimmer)* kamer [ˈkamər]
Rauschgift verdovende middelen *(Plural)* [vərˈdovəndə ˈmɪdələn]; drugs *(Plural)* [dɹœks]
Rechnung rekening [ˈrekənɪŋ]
Recht recht *(nt)* [rɛχt]; **~ haben** gelijk hebben [χəˈlɛik ˈhɛbən] ‹had, gehad›
rechte(r, -s) rechter [ˈrɛχtər]; *(politisch)* rechts [rɛχ(t)s]
rechts rechts [rɛχ(t)s]
Rechtsanwalt (-anwältin) advocaat (advocate) [ɑtfoˈkat, ɑtfoˈkatə]
rechtzeitig *(als Adverb)* bijtijds [bɛiˈtɛits]
reden praten [pratən]
Reformhaus reformhuis *(nt)* [reˈfɔrmhœys]
regelmäßig regelmatig [reχəlˈmatəχ]
regeln regelen [ˈreχələn]
Regen regen [ˈreχən]
Regenhose regenbroek [ˈreχəbruk]
Regenjacke regenjack *(nt)* [ˈreχəjɛk]
Regenmantel regenjas [ˈreχəjɑs]
Regenschauer regenbui [ˈreχəbœy]
Regie regie [rəˈʒi]

Regenschirm paraplu [para'ply]
Regierung regering [rə'χe:rɪŋ]
Region regio ['reχijo]
Regisseur regisseur (regisseuse) ['reχi'sø:r, reχi'søze]
regnerisch regenachtig ['reχənɑχtəχ]
Reibe rasp [rɑsp]
reich rijk [rɛik]
reichen *(aus~)* genoeg zijn [χə'nuχ sɛin] ‹was/waren, geweest›
reif rijp [rɛip]
Reifen band [bɑnt]
reinigen schoonmaken ['sχomakən]; *(chemisch)* reinigen ['rɛinəχən]
Reinigung stomerij [stomə'rɛi]
Reis rijst [rɛist]
Reise reis [rɛis]
Reisebüro reisbureau *(nt)* ['rɛizbyro]
Reiseführer reisgids ['rɛisχɪts]
Reisegesellschaft reisgezelschap *(nt)* ['rɛisχəzɛlsχɑp]
reisen reizen ['rɛizən]
Reisende/r reiziger (reizigster) ['rɛizəχər, 'rɛizəχstər]
Reisepass paspoort *(nt)* ['pɑspo:rt]
Reisetasche reistas ['rɛistɑs]
Reisewecker reiswekker ['rɛiswɛkər]
reißen scheuren ['sχø:rən]
Reistafel rijsttafel ['rɛistafəl]
reiten paardrijden ['pa:rtrɛidən]
Reiterferien ruiterkamp *(nt)* ['rœytərkɑmp]
Reitschule manege *(m)* [ma'neʒə, (B) ma'nɛ:ʒə]
reklamieren reclameren [rekla'me:rən]
Religion godsdienst ['χɔtsdinst]
Rennrad racefiets ['resfits]
reparieren repareren [repa're:rən]
reservieren reserveren [rəsər've:rən]
Reservierung reservering [resɛr've:rɪŋ]
Restaurant restaurant [rɛsto'rɑnt]
restaurieren restaureren [rɛsto're:rən]
retten redden ['rɛdən]
Rettungsboot reddingsboot ['rɛdɪŋzbot]
Rettungsring reddingsboei ['rɛdɪŋsbuj]
Rezept recept *(nt)* [rə'sɛpt]
Rezeption receptie [rə'sɛpsi]
R-Gespräch collect-call [kɔ'lɛktkɔl]
Rheuma reuma ['røma]
Richter(in) rechter ['rɛχtər]
richtig juist [jœyst]
Richtung richting ['rɪχtɪŋ]
riechen ruiken ['rœykən] ‹rook, geroken›
Rindfleisch rundvlees *(nt)* ['rœntvles]
Ring ring [rɪŋ]
Rippe rib [rɪp]
Rock rok [rɔk]
roh rauw [rɑu]
roher Schinken rauwe ham ['rɑuwə hɑm]
Rohling lege cd/dvd ['leχə se'de/ defe'de]
Rollschuh rolschaats ['rɔlsχats]
Rollstuhl rolstoel ['rɔlstul]
Rollstuhlfahrer rolstoelgebruiker ['rɔlstulχəbrœykər]
rollstuhlgerecht aangepast voor rolstoelen ['aŋχəpɑst vo:r 'rɔlstulən]
Roman roman [ro'mɑn]
römisch Romeins [ro'mɛins]
röntgen een röntgenfoto maken [ən 'rœntχəfoto 'makən]
Röntgenaufnahme röntgenfoto ['rœntχəfoto]
Rooibostee rooibosthee ['rojbɔste]
rosa roze ['rɔ:zə]
Rosé rosé [ro'ze]
Rosmarin roosmarijn [rosma'rɛin]
rot rood [rot]
Rotlichtviertel rosse buurt ['rɔ:zə by:rt]
Rotwein rode wijn ['rodə wɛin]
Route route ['rutə]
Rücken rug [rœχ]
Rückenschmerzen rugpijn ['rœχpɛin]
Rückfahrkarte retour *(nt)* [rə'tu:r]
Rückfahrt terugreis ['trœχrɛis]
Rückholservice terughaalservice ['trœχhalsœrvəs]
Rückkehr terugkeer ['trœχke:r]
Rücklicht achterlicht *(nt)* ['ɑχtərlɪχt]
Rucksack rugzak ['rœχsɑk]
Rückspiegel achteruitkijkspiegel [ɑχtər'œytkɛikspiχəl]
rückwärts achteruit [ɑχtə'rœyt]
Rückwärtsgang de achteruit [də ɑχtər'œyt]
Ruder roer *(nt)* [ru:r]
Ruderboot roeiboot ['rujbot]
rudern roeien ['rujən]
rufen roepen ['rupən] ‹riep, geroepen›
Ruhe rust ['rœst]; *(Ausruf)* stilte! ['stɪltə]
Rührlöffel pollepel ['pɔlepəl]
ruhig rustig ['rœstəχ]
Ruine ruïne [ry'winə]
rund rond [rɔnt]
Rundfahrt *(Boot)* rondvaart ['rɔntfa:rt]; *(Bus)* rondrit ['rɔntrɪt]

S

Saal zaal [zal]
Safe kluis [klœys]
Safran saffraan [sɑˈfran]
saftig sappig [ˈsɑpəχ]
sagen zeggen [ˈzɛχən] ‹zei/zeiden, gezegd›
Sahne room [rom]
Saison seizoen *(nt)* [sɛiˈzun]
Salat sla [sla]; *(zubereitet)* salade [saˈladə]
Salatbüfett saladebuffet *(nt)* [saˈladəbœˈfɛt]
Salbe zalf [zɑl(ə)f]
Salbei salie [ˈsali]
Salmonellen salmonella [sɑlmoˈnɛla]
Salmonellenvergiftung salmonellavergiftiging [sɑlmoˈnɛlavərχɪftəχɪŋ]
Salz zout *(nt)* [zɑut]
Salzstreuer zoutvaatje *(nt)* [ˈzɑutfatjə]
sammeln *(Briefmarken etc.)* verzamelen [vərˈzamələn]; *(Treuepunkte)* sparen [ˈsparən]; *(auf~)* oprapen [ˈɔprapən]
Samstag zaterdag [ˈzatərdɑχ]
Sandalen sandalen *(Plural)* [sɑnˈdalən]
Sandburg zandkasteel *(nt)* [ˈzɑntkɑstel]
Sandkasten zandbak [ˈzɑndbɑk]
Sänger(in) zanger (zangeres) [ˈzɑŋər, zɑŋəˈrɛs]
Sanitäreinrichtungen sanitaire voorzieningen *(Plural)* [saniˈtɛːrə voːrˈzinɪŋən]
Sardellen ansjovis [ɑnˈʃovɪs]
satt verzadigd [vərzadəχt]
Sattel zadel *(nt)* [ˈzadəl]
Satz *(Wörter)* zin [zɪn]
sauber schoon [sχon]
sauer zuur [zyːr]; **saure Sahne** zure room [ˈzyːrə rom]
Sauger speen [spen]
Säugling zuigeling [ˈʒœyχəlɪŋ]
Säule pilaar [pɪˈlaːr]
Sauna sauna [ˈsɑuna]
S-Bahn (snel)tram [(ˈsnɛl)trɛm]
schade! jammer! [jɑmər]
Schaden schade [ˈsχadə]
schädlich schadelijk [ˈsχadələk]
Schaffner(in) conducteur (conductrice) [kɔndəkˈtøːr, kɔndəkˈtrisə]
Schafskäse schapenkaas [ˈsχapəkas]
Schal sjaal [ʃal]
Schalter loket *(nt)* [loˈkɛt]
scharf *(Messer)* scherp [sχɛr(ə)p]; *(Essen)* heet [het]; pikant [piˈkɑnt]
Schatten schaduw [ˈsχadyw]
schätzen *(gut finden)* waarderen [waːrˈdeːrən]; *(taxieren)* schatten [ˈsχɑtən]
schauen kijken [ˈkɛikən] ‹keek, gekeken›
Schaufenster etalage [etaˈlaʒə]
Schauspiel toneelstuk *(nt)* [toˈnelstœk]
Schauspieler(in) acteur (actrice) [ɑkˈtøːr, ɑkˈtrisə]
Scheck cheque [ʃɛk]
Scheckkarte betaalpasje *(nt)* [bəˈtalpɑʃə]
Scheibe *(Brot)* sneetje *(nt)* [ˈsnetjə]; *(Wurst, Käse)* plak [plɑk]
Scheibenwischer ruitenwisser [ˈrœytəwɪsər]
Scheinwerfer koplamp [ˈkɔplɑmp]
Scheitel scheiding [ˈsχɛidɪŋ]
schenken schenken [ˈsχɛŋkən] ‹schonk, geschonken›
Schere schaar [sχaːr]
schicken sturen [styːrən]
Schiebedach schuifdak *(nt)* [sχœyvdɑk]
Schiedsrichter scheidsrechter [ˈsχɛitsrɛχtər]
Schienbein scheenbeen *(nt)* [ˈsχenben]
Schild *(Hinweis~)* bord *(nt)* [bɔrt]
schimpfen schelden [sχɛldən] ‹schold, gescholden›
Schinken ham [hɑm]
Schlafanzug pyjama [piˈjama]
Schlafcouch slaapbank [ˈslabɑŋk]
schlafen slapen [ˈslapən] ‹sliep, geslapen›
Schlaflosigkeit slapeloosheid [slapəˈloshɛit]
Schlaftabletten slaaptabletten *(Plural)* [ˈslaptablɛtən]
Schlafzimmer slaapkamer [ˈslapkamər]
schlagen slaan [slan] ‹sloeg, geslagen›
Schläger *(Tennis~, Federball~)* racket *(nt)* [ˈrɛkət]
Schlagsahne slagroom [ˈslɑχrom]
Schlange *(Warte~)* rij [rɛi]
schlank slank [slɑŋk]
schlau slim [slɪm]
Schlauch *(Reifen)* binnenband [ˈbɪnəbɑnt]
Schlauchboot rubberboot [ˈrœbərbot]
schlecht *(als Adjektiv und Adverb)* slecht [slɛχt]; **mir ist ~** ik ben misselijk [ɪɡ bɛm mɪsələk]
Schleuse sluis [slœys]
schließen sluiten [ˈslœytən] ‹sloot, gesloten›

Schließfach bagagekluis [ba'χaʒəklœys]
schlimm erg [ɛr(ə)χ]
Schlittschuh schaats ['sχats]
Schlittschuhtour schaatstocht ['sχatstɔχt]
Schloss slot *(nt)* [slɔt]
Schlossgarten kasteeltuin [ka'steltœyn]
Schlüssel sleutel ['sløtəl]
Schlüsselbein sleutelbeen *(nt)* ['sløtəlben]
Schlüsselkarte sleutelkaart ['sløtəlka:rt]
schmal smal [smɑl]
schmecken smaken ['smakən]
schmerzen pijn doen ['pɛin dun] ‹deed, gedaan›
Schmerzen pijn [pɛin]
Schmerztabletten pijnstillers *(Plural)* ['pɛinstɪlərs]
Schmuck sieraden *(Plural)* ['siradən]
schmuggeln smokkelen [smɔkələn]
Schmutz vuil *(nt)* [vœyl]
schmutzig vies [vis]
schnarchen snurken ['snœrkən]
Schnee sneeuw [snew]
Schneebesen garde [χardə]
schneiden snijden ['snɛidən] ‹sneed, gesneden›
Schneidebrett snijplank ['snɛiplɑŋk]
Schneidezahn snijtand ['snɛitɑnt]
schnell snel [snɛl]; vlug [vlœχ]
Schnittkäse gesneden kaas [χə'snedə(n) kas]
Schnittlauch bieslook ['bislok]
Schnittwunde snijwond ['snɛiwɔnt]
Schnuller fopspeen ['fɔpspen]
Schnupfen neusverkoudheid ['nøsfər'kɑuthɛit]
Schnürsenkel veters *(Plural)* ['vetərs]
Schokolade chocola [ʃoko'la]
Schokoriegel chocoladereep [ʃoko'ladərep]
Scholle schol [sχɔl]
schon *(als Adverb: bereits)* al [ɑl]
schön mooi ['moj]
Schonkost lichte kost ['liχtə kɔst]
Schonzeiten *(Angeln)* verboden vistijd [vər'bodən 'vɪstɛit]
Schöpfkelle soeplepel ['suplepəl]
Schrank kast [kɑst]
Schraube schroef [sχruf]
schrecklich verschrikkelijk [vər'sχrɪkələk]
schreiben schrijven ['sχrɛivən] ‹schreef, geschreven›
Schreibwaren schrijfwaren *(Plural)* ['sχrɛifwa:rən]
Schreibwarengeschäft kantoorboekhandel [kɑn'to:rbukhɑndəl]
schreien schreeuwen ['sχrewən]
schriftlich schriftelijk ['sχrɪftələk]
schüchtern verlegen [vər'leχən]
Schuh schoen ['sχun]
Schuhbürste schoenborstel ['sχunbɔrstəl]
Schuhcreme schoensmeer ['sχunsme:r]
Schuhe schoenen *(Plural)* ['sχunən]
Schuhgeschäft schoenwinkel ['sχunwɪŋkəl]
Schuhmacher schoenmaker ['sχunmakər]
Schuhputzzeug schoenpoetsgerei *(nt)* ['sχunputsχərɛi]
Schuld schuld [sχœlt]
schulden schuldig zijn ['sχœldəχ sɛin] ‹was/waren, geweest›
Schule school [sχol]
Schulkinder schoolkinderen *(Plural)* ['sχolkɪndərən]
Schulter schouder ['sχɑudər]
Schuppen roos [ros]
Schüssel schaal [sχal]
schwach zwak [zwɑk]
Schwager zwager ['zwaχər]
Schwägerin schoonzus ['sχonzœs]
Schwangerschaft zwangerschap ['zwɑŋərsχɑp]
schwarz zwart [zwɑrt]
Schwarzbrot roggebrood *(nt)* ['rɔχəbrot]
Schwarztee zwarte thee ['zwɑrtə te]
Schweinefleisch varkensvlees *(nt)* ['vɑrkə(n)sfles]
Schweiz Zwitserland ['zwɪtsərlɑnt]
Schweizer in Zwitser (Zwitserse) ['zwɪtsər, 'zwɪtsərsə]
Schwellung zwelling ['zwɛlɪŋ]
schwer *(Gewicht)* zwaar [zwa:r]; *(Krankheit)* ernstig ['ɛrnstəχ]; *(schwierig)* moeilijk ['mujlək]
schwerhörig slechthorend [slɛχt'horənt]
Schwester zus [zœs]
schwierig moeilijk ['mujlək]
Schwimmbad zwembad *(nt)* ['zwɛmbɑt]
schwimmen zwemmen ['zwɛmən] ‹zwom, gezwommen›
Schwimmer(in) zwemmer (zwemster) ['zwɛmər, 'zwɛmstər]
Schwimmflossen zwemvliezen *(Plural)* ['zwɛmvlizən]
Schwimmflügel zwemvleugels *(Plural)* ['zwɛmvløχəls]
Schwimmring zwemband ['zwɛmbɑnt]
Schwimmweste zwemvest *(nt)* ['zwɛmvɛst]
Schwindler bedrieger [bə'driχər]
schwindlig duizelig ['dœyzələχ]

schwitzen zweten [ˈzwetən]
schwül benauwd [bəˈnaut]
See: der ~ meer [meːr]; *(nt)* plas [plas]
See: die ~ zee [ze]
seekrank zeeziek [ˈzezik]
Seezunge tong [tɔŋ]
Segelboot zeilboot [ˈzɛilbot]
Segelfliegen zweefvliegen [ˈzwevliχən]
segeln zeilen [ˈzɛilən]
Segeltörn zeiltocht [ˈzɛiltoχt]
sehen zien [zin] ‹zag, gezien›
Sehenswürdigkeiten bezienswaardigheden *(Plural)* [bəzinsˈwaːrdəχhedən]
sehr zeer [zeːr]; erg [ɛr(ə)χ]
Seide zijde [zɛidə]
Seife zeep [zep]
sein *(als Verb)* zijn [zɛin] ‹was/ waren, geweest›
sein(e) *(als Possessivpronomen)* zijn [zɛin]
seit *(als Präposition/Konjunktion)* sinds [sɪnts]; sedert [ˈsedərt]
Seite zijde [ˈzɛidə]; kant [kant]; *(zum Lesen)* bladzijde [ˈblatsɛidə]
Seitenstiche pijn in de zij [pɛin ɪn də zɛi]
Sekunde seconde [səˈkɔndə]
selbst zelf [zɛl(ə)f]; *(sogar)* zelfs [zɛl(ə)fs]; **von ~** vanzelf [vanˈzɛl(ə)f]
Selbstauslöser zelfontspanner [ˈzɛl(ə)fɔntspanər]
Selbstbedienung zelfbediening [zɛl(ə)fbədinɪŋ]
Sellerie selderie [ˈsɛldəri]
selten *(als Adjektiv)* zeldzaam [ˈzɛltsam]; *(als Adverb)* zelden [ˈzɛldən]
Sendung *(Radio, Fernsehen)* uitzending [ˈœytsɛndɪŋ]
Senf mosterd [ˈmɔstərt]
September september [sɛpˈtɛmbər]
servieren serveren [sɛrˈveːrən]
Serviette servet *(nt)* [sɛrˈvɛt]
Sessel stoel [stul]
setzen zetten [ˈzɛtən]; **sich ~** gaan zitten [χan ˈzɪtən]
Sex seks [sɛks]
sexuelle Belästigung lastig vallen [ˈlastəχ ˈvalən] ‹viel, gevallen›
Shampoo shampoo [ˈʃampo]
sicher *(gewiss)* zeker [ˈzekər]; *(ohne Gefahr)* veilig [ˈvɛiləχ]
Sicherheit *(Gewissheit)* zekerheid [ˈzekərhɛit]; *(Schutz)* veiligheid [ˈvɛiləχhɛit]
Sicherheitsgurt veiligheidsriem [ˈvɛiləχhɛitsrim]
Sicherheitsnadel veiligheidsspeld [ˈvɛiləxɛitspɛlt]
Sicherung *(Strom)* stop [stɔp]
Sicht *(Blick)* uitzicht *(nt)* [ˈœytsɪχt]
Sie u [y]
Sieg overwinning [ovərˈwɪnɪŋ]
Silber zilver [ˈzɪlvər]
silbern zilveren [ˈzɪlvərən]
Silvesterabend oudejaarsavond [audəjaːrsˈavɔnt]
singen zingen [ˈzɪŋən] ‹zong, gezongen›
Sinn zin [zɪn]
Sirupwaffeln stroopwafels *(Plural)* [ˈstropwafəls]
Sitz zitplaats [ˈzɪtplats]
sitzen zitten [ˈzɪtən] ‹zat, gezeten›
Slipeinlagen inlegkruisjes *(Plural)* [ˈɪnlɛχkrœyʃes]
Smartphone smartphone [ˈsmartfon]
SMS sms [ɛzəmˈɛs]
so zo [zo]
Socken sokken *(Plural)* [ˈsɔkən]
sofort direct [diˈrɛkt]
Sofortbildkamera polaroidtoestel *(nt)* [ˈpɔlaːrɔjtustɛl]
Sohle zool [zol]
Sohn zoon [zon]
sollen moeten [ˈmutən] ‹moest, -›
Sommer zomer [ˈzomər]
Sonder... bijzonder ... [biˈzɔndər]
Sonne zon [zɔn]
Sonnenbrand zonnebrand [ˈzɔnəbrant]
Sonnencreme zonnebrandcrème [ˈzɔnəbrantkrɛːm]
Sonnenhut zonnehoed [ˈzɔnəhut]
Sonnenöl zonnebrandolie [ˈzɔnəbrantoli]
Sonnenschirm parasol [paraˈsɔl]
Sonnenstich zonnesteek [ˈzɔnəstek]
sonnig zonnig [ˈzɔnəχ]
Sonntag zondag [ˈzɔndaχ]; **am ~** zondags [ˈzɔndaχs] **Sonn- und Feiertage** zon- en feestdagen *(Plural)* [ˈzɔn ɛn ˈfesdaχən]
sorgen: sich ~ um zich zorgen maken over [zɪχ ˈsɔrχən makən ˈovər]
Sorte soort [soːrt]
Soße saus [saus]
Souvenirladen souvenirshop [suvəˈnirʃɔp]
Spargel asperge [asˈpɛrʒə]
Spaß *(Scherz)* grapje *(nt)* [χrapjə]; *(Vergnügen)* plezier *(nt)* [pləˈziːr] pret [prɛt]
spät laat [lat]
später later [ˈlatər]
spazieren gehen een wandeling maken [ən ˈwandəlɪŋ ˈmakən]
Spaziergang wandeling [ˈwandəlɪŋ]
Speiche spaak [spak]
Speicher pakhuis *(nt)* [ˈpakhœys]

Speicherkarte geheugenkaart [χəˈhøχəka:rt]
Speisekarte kaart [ka:rt]
Speicherstick geheugenstick [χəˈhøχəstɪk]
Speisesaal eetzaal [ˈetsal]
Speisewagen restauratiewagen [rɛstoˈra(t)siwɑχən]
Spezialität specialiteit [speʃaliˈtɛit]
speziell speciaal [speˈʃal]
Spiegel spiegel [ˈspiχəl]
Spiel spel *(nt)* [spɛl]; *(Sport)* wedstrijd [ˈwɛtstrɛit]
Spielplatz speelplaats [ˈspelplats]
Spielsachen speelgoed *(nt)* [ˈspelχut]
Spielwarengeschäft speelgoedwinkel [ˈspelχutwɪŋkəl]
Spinat spinazie [spiˈnazi]
Spirituosengeschäft slijterij [slɛitəˈrɛi]
Spitze punt [ˈpœnt]; *(Gewebe)* kant [kɑnt]; *(sehr gut)* top [tɔp]
Sport sport [spɔrt]
Sportartikel sportartikelen *(Plural)* [ˈspɔrtɑrtikələn]
Sportplatz sportveld *(nt)* [ˈspɔrtfɛlt]
Sprache taal [tal]
sprechen spreken [ˈsprekən] ‹sprak/spraken, gesproken›
Sprechstunde spreekuur *(nt)* [ˈspreky:r]
Springbrunnen fontein [fɔnˈtɛin]
springen springen [ˈsprɪŋən] ‹sprong, gesprongen›
Spritze prik [prɪk]
Spülbürste afwasborstel [ˈɑfwɑzbɔrstəl]
Spülmittel afwasmiddel [ˈɑfwɑsmɪdəl]
Spültuch vaatdoek [ˈvaduk]
Staatsangehörigkeit nationaliteit [nɑ(t)ʃonaliˈtɛit]
Stadion stadion *(nt)* [ˈstadijɔn]
Stadt stad [stɑt] ‹steden›
Stadtmauern stadsmuren *(Plural)* [ˈstɑtsmy:rən]
Stadtplan (stads)plattegrond [(ˈstɑts)plɑtəˈχrɔnt]
Stadtteil wijk [wɛik]
Stadttor stadspoort [ˈstɑtspo:rt]
Stadtzentrum centrum *(nt)* [ˈsɛntrəm] ‹centra›
stammen (aus) komen (uit) [ˈkomən (œyt)] ‹kwam/kwamen, gekomen›
Standlicht parkeerlicht *(nt)* [pɑrˈke:rlɪχt]
stark sterk [stɛr(ə)k]
Start start [stɑrt]
Starthilfekabel startkabel [ˈstɑrtkabəl]
statt in plaats van [ɪm plɑts ˈfɑn]
stattfinden plaatsvinden [ˈplatsfɪndən] ‹vond plaats, plaatsgevonden›
Statue standbeeld *(nt)* [ˈstɑndbelt]
Stau file [ˈfilə]
Staub stof *(nt)* [stɔf]
Staubsauger stofzuiger [ˈstɔfsœyχər]
stechen steken [ˈstekən] ‹stak/staken, gestoken›
Steckdose stopcontact *(nt)* [ˈstɔpkɔntɑkt]
Stecker stekker [ˈstɛkər]
Steg steiger [ˈstɛiχər]
stehen staan [stan] ‹stond, gestaan›
stehlen stelen [ˈstelən] ‹stal/stalen, gestolen›
steil steil [stɛil]
Stein steen [sten]
Steinbutt tarbot [ˈtɑrbɔt]
steinig steenachtig [ˈstenɑχtəχ]
Stelle *(Ort)* plaats [plats]
stellen neerzetten [ˈne:rzɛtən]
Stempel stempel [ˈstɛmpəl]
sterben sterven [ˈstɛrvən] ‹stierf, gestorven›
Stern ster [stɛr]
Sternwarte sterrenwacht [ˈstɛrə(n)wɑχt]
Stiefel laarzen *(Plural)* [ˈla:rzən]
Stil stijl [stɛil]
still stil [stɪl]
Stillleben stilleven *(nt)* [ˈstɪlevən]
stimmen *(richtig sein)* kloppen [ˈklɔpən]
stinken stinken [stɪŋkən] ‹stonk, gestonken›
Stock stok [stɔk]
Stockwerk verdieping [vərˈdipɪŋ]
Stoff stof [stɔf]
stören storen [ˈsto:rən]
stornieren *(Zimmer)* opzeggen [ˈɔpsɛχən]; *(Fahr-, Flugkarten)* annuleren [ɑnyˈle:rən]
Stoß stoot [stot]; *(Schlag)* schok [sχɔk]
Stoßdämpfer schokbreker [ˈsχɔgbrekər]
Stoßstange bumper [ˈbœmpər]
Strafe straf [strɑf]; *(Geld~)* boete [ˈbutə]
Strand strand *(nt)* [strɑnt]
Strandschuhe strandschoenen *(Plural)* [ˈstrɑntsχunən]
Strandspaziergang strandwandeling [ˈstɑtswɑndəlɪŋ]
Straße straat [strat]
Straßenbahn tram [trɛm, B auch trɑm]
Straßenecke hoek [huk]
Straßenkarte wegenkaart [ˈweχəka:rt]
Strauß *(Blumen)* bos [bɔs]
Strecke traject *(nt)* [traˈjɛkt]
Streichhölzer lucifers *(Plural)* [ˈlysifɛrs]

Strickjacke vest *(nt)* [vɛst]
Strohhalm rietje *(nt)* [ˈritjə]
Strom stroom [strom]
Stromanschluss stroom aansluiting [ˈstromanslœytɪŋ]
Strompauschale vaste bedrage voor stroom *(nt)* [ˈvɑstə bədrɑχ voːr strom]
Strömung stroming [ˈstromɪŋ]
Strumpfhose panty [ˈpɛnti]
Stück stuk *(nt)* [stœk]
studieren studeren [styˈdeːrən]
Studio appartement *(nt)* [ɑpɑrtəˈmɛnt]
Stufe tree [tre]
stufenloser Zugang toegang zonder drempels [ˈtuχɑŋ ˈzɔndər drɛmpəls]
Stuhl stoel [stul]
Stuhlgang stoelgang [ˈstulχɑŋ]
Stunde uur *(nt)* [yːr]; *(Unterrichts~)* les [lɛs]
stündlich ieder uur [ˈidər yːr]
Sturm storm [stɔr(ə)m]
stürzen vallen [vɑlən] ‹viel, gevallen›
Sturzhelm valhelm [ˈvɑlhɛl(ə)m]
suchen zoeken [ˈzukən] ‹zocht, gezocht›
Sucher zoeker [ˈzukər]
Süden zuiden *(nt)* [ˈzœydən]
südlich von ten zuiden van [tɛn ˈzœydən vɑn]
Summe som [sɔm]
Sumpf moeras *(nt)* [muˈrɑs]
Supermarkt supermarkt [ˈsypərmɑr(ə)kt]
Suppe soep [sup]
Suppenteller soepbord [ˈsubɔrt]
Surfbrett surfplank [ˈsœr(ə)fplɑŋk]
surfen *(auch im Internet)* surfen [ˈsœrfən]
süß zoet [zut]
Süßigkeiten snoepgoed *(nt)* [ˈsnupχut]
Süßstoff zoetjes *(Plural)* [ˈzutjəs]
Süßwarengeschäft snoepwinkel [ˈsnupwɪŋkəl]
Swimmingpool zwembad *(nt)* [ˈzwɛmbɑt]
sympathisch sympathiek [sɪmpaˈtik]
Synagoge synagoge [sinaˈχoχə]

T

Tabak tabak [taˈbɑk]
Tabakladen tabakswinkel [taˈbɑkswɪŋkəl]
Tablette tablet [taˈblɛt]
Tachometer toerenteller [ˈturətɛlər]
Tag dag [dɑχ]
Tag der offenen Türe open dag [opəˈdɑχ]
Tagesausflug dagje er-op-uit *(nt)* [ˈdɑχjə ɛrɔpˈœyt]
Tagesgericht dagschotel [ˈdɑχsχotəl]
Tageskarte dagkaart [dɑχkaːrt]
Tageszeitung krant [krɑnt]
täglich dagelijks [ˈdɑχələks]
tagsüber overdag [ovərˈdɑχ]
Tampons tampons *(Plural)* [tɑmˈpɔns]
Tank tank [tɛŋk, (B auch) tɑŋk]
tanken tanken [ˈtɛŋkən, (B auch) ˈtɑŋkən]
Tanz dans [dɑns]
tanzen dansen [ˈdɑnsən]
Tanztheater danstheater [ˈdɑnstejatər]
Tasche *(Hosen~)* zak [zɑk]; *(Hand~)* tas [tɑs]
Taschenbuch pocket [ˈpɔkət]
Taschendieb zakkenroller [ˈzɑkərɔlər]
Taschenmesser zakmes *(nt)* [ˈzɑkmɛs]
Tasse kopje *(nt)* [ˈkɔpjə]
Taststock taststok [ˈtɑststɔk]
Tatsache feit *(nt)* [ˈfɛit]
tauchen duiken [ˈdœykən] ‹dook, gedoken›
Taucherbrille duikbril [ˈdœygbrɪl]
tauschen ruilen [ˈrœylən]
täuschen: sich ~ zich vergissen [zɪχ vərˈχɪsən]
Taxifahrer(in) taxichauffeur [ˈtɑksiʃoˈføːr]
Taxistand taxistandplaats [tɑksiˈstɑntplats]
Tee thee [te]
Teebeutel theezakje *(nt)* [ˈtezɑkjə]
Teil deel *(nt)* [del]
teilen delen [ˈdelən]
teilnehmen (an) deelnemen (aan) [ˈdelnemən (an)] ‹nam/ namen deel, deelgenomen›
Telefon telefoon [teləˈfon]
Telefonbuch telefoonboek *(nt)* [teləˈfombuk]
telefonieren bellen [ˈbɛlən]
Telefonnummer telefoonnummer *(nt)* [teləˈfonœmər]
Teller bord *(nt)* [bɔrt]
Temperatur temperatuur [tɛmpəraˈtyːr]
Tennis tennis *(nt)* [ˈtɛnəs]
Tennisschläger tennisracket *(nt)* [ˈtɛnəsrɛkət]
Termin *(Verabredung)* afspraak [ˈɑfsprak]
Terrasse terras *(nt)* [tɛˈrɑs]
teuer duur [dyːr]
Theater schouwburg [ˈsχɑubœr(ə)χ]
Theatergruppe theatergezelschap *(nt)* [teˈjatərχəzɛlsχɑp]

Theaterstück toneelstuk *(nt)* [to'nelstœk]
Therapie therapie [tera'pi]
Thermalbad thermaal bad *(nt)* [tər'mal bɑt]
Thermosflasche thermo(s)fles [tɛrmo(s)flɛs]
Thymian tijm [tɛim]
tief diep [dip]
Tier dier *(nt)* [di:r]
Tintenfisch inktvis ['ɪŋktvɪs]
Tipp tip [tɪp]
Tisch tafel ['tafəl]
Tischtennis tafeltennis *(nt)* ['tafəltɛnəs]; pingpong ['pɪŋpɔŋ]
Tischtuch tafellaken *(nt)* [tafəlakən]
Tjalk tjalk ['tjɑl(ə)k]
Toast toast [tost]
Toaster broodrooster *(nt)* ['brotrostər]
Tochter dochter ['dɔχtər]
Tod dood [dot]
Toilette toilet *(nt)* [twɑ'lɛt]; wc [we'se]
Toilettenpapier toiletpapier *(nt)* [twɑ'lɛtpɑpi:r]
Tomaten tomaten *(Plural)* [to'matən]
Topf pan [pɑn]
tot dood [dot]
Tourist(in) toerist (toeriste) [tu'rɪst, tu'rɪstə]
Tracht klederdracht ['kledərdrɑχt]
tragen dragen ['draχən] ‹droeg, gedragen›
trampen liften ['lɪftən]
Tramper lifter ['lɪftər]
Traubenzucker druivensuiker ['drœyvəsœykər]
Traum droom [drom]
traurig verdrietig [vər'dritəχ]
treffen treffen ['trɛfən] ‹trof, getroffen›
Trekkingschuh trekkingschoen ['trɛkɪŋsχun]
trennen scheiden ['sχɛidən] ‹scheidde, gescheiden›
Treppe trap [trɑp]
Tretboot waterfiets ['watərfits]
treu trouw [trɑu]
trinken drinken ['drɪŋkən] ‹dronk, gedronken›
Trinkflasche drinkfles ['drɪŋkflɛs]
Trinkgeld fooi [foj]
Trinkwasser drinkwater *(nt)* ['drɪŋkwatər]
trocken droog [droχ]
trocknen drogen ['droχən]
Tropfen druppels *(Plural)* ['drœpəls]
trotzdem toch [tɔχ]
trüb *(Wasser)* troebel ['trubəl]
Tuch doek [duk]
tun doen [dun] ‹deed, gedaan›
Tunnel tunnel ['tœnəl]
Tür deur [dø:r]
Türcode deurcode ['dø:rkodə]
türkis turkoois [tyr'kojs]
Turm toren ['to:rən]
Turnschuhe gymschoenen *(Plural)* ['χɪmsχunən]
Türschwelle drempel ['drɛmpəl]
Tüte zak ['zɑk]; *(für Einkäufe)* tasje *(nt)* ['tɑʃə]
typisch (für) typisch (voor) ['tipis vo:r]

U

U-Bahn metro ['metro]
Übelkeit misselijkheid ['mɪsələkhɛit]
üben oefenen ['ufənən]
über *(mit Dativ)* boven ['bovən]; *(mit Akkusativ)* over ['ovər]
überall overal ['ovərɑl]
überbacken gegratineerd [χəχrati'ne:rt]
Überfall overval ['ovərvɑl]
Übergang overgang ['ovərχɑŋ]
Übergewicht overgewicht *(nt)* ['ovərχəwɪχt]
überholen *(schneller gehen, fahren)* inhalen ['ɪnhalən]
übermorgen overmorgen ['ovərmɔrχən]
übernachten overnachten [ovər'nɑχtən]
Übernachtung overnachting [ovər'nɑχtɪŋ]
überqueren oversteken ['ovərstekən] ‹stak/staken over, overgestoken›
überrascht verrast [və'rɑst]
übersetzen *(von der einen in die andere Sprache)* vertalen [vər'talən]; *(Fähre)* overzetten ['ovərzɛtən]
Überweisung overboeking ['ovərbukɪŋ]
überzeugen overtuigen [ovər'tœyχən]
üblich gebruikelijk [χə'brœykələk]
übrig bleiben overblijven ['ovərblɛivən] ‹bleef over, overgebleven›
Ufer oever ['uvər]
Uhrmacher horlogemaker [hɔr'loʒəmakər]
Ultraschalluntersuchung echoscopie [ɛχosko'pi]
um *(Präposition: räumlich; zeitlich)* om [ɔm]
umarmen omarmen [ɔm'ɑrmən]
umbuchen omboeken ['ɔmbukən]
Umgebung omgeving [ɔm'χevɪŋ]
Umgehungsstraße rondweg ['rɔntwɛχ]

umgekehrt omgekeerd [ˈɔmχəke:rt]
Umhängetasche schoudertas [ˈsχɑudərtɑs]
umkehren omkeren [ˈɔmke:rən]
Umleitung wegomlegging [ˈwɛχɔmlɛχɪŋ]
umsonst *(gratis)* gratis [χratɪs]; *(vergeblich)* vergeefs [vərˈχefs]
umtauschen ruilen [ˈrœylən]; *(Geld)* wisselen [ˈwɪsələn]
Umweg omweg [ˈɔmwɛχ]
Umwelt milieu *(nt)* [milˈjø]
umziehen: sich ~ zich verkleden [zɪχ vərˈkledən]
unangenehm onaangenaam [ɔnˈaŋχənam]
unbedingt *(als Adverb)* zeker [ˈzekər]
und en [ɛn]
unerträglich onverdragelijk [ɔnvərˈdraχələk]
Unfall ongeluk *(nt)* [ˈɔŋχələk]
ungeeignet ongeschikt [ɔŋχəˈsχɪkt]
ungefähr ongeveer [ɔŋχəˈve:r]
ungewöhnlich ongewoon [ɔŋχəˈwon]
unglaublich ongelooflijk [ɔŋχəˈloflək]
Unglück ongeluk *(nt)* [ˈɔŋχələk]
Universität universiteit [yniversiˈtɛit]
Unkosten onkosten *(Plural)* [ˈɔŋkɔstən]
unmöglich onmogelijk [ɔˈmoχələk]
uns ons [ɔns]
unschuldig onschuldig [ɔnˈsχœldəχ]
unser(e) onze [ˈɔnzə]; ons *(nt)* [ɔns]
unten beneden [bəˈnedən]
unter onder [ˈɔndər]
unterbrechen onderbreken [ɔndərˈbrekən] ‹onderbrak/onderbraken, onderbroken›
Unterführung onderdoorgang [ɔndərˈdo:rχɑŋ]
unterhalten: sich ~ *(sprechen)* praten [ˈpratən]
Unterhaltung *(Gespräch)* gesprek [χəˈsprɛk]; *(Vergnügen)* amusement *(nt)* [amyzəˈmɛnt]
Unterkunft onderdak *(nt)* [ˈɔndərdɑk]
Unterschied verschil *(nt)* [vərˈsχɪl]
unterschreiben ondertekenen [ɔndərˈtekənən]
Unterschrift handtekening [ˈhɑntekənɪŋ]
untersuchen onderzoeken [ɔndərˈzukən] ‹onderzocht, onderzocht›
Untersuchung onderzoek *(nt)* [ˈɔndərzuk]
Untersuchungshaft voorarrest *(nt)* [ˈvo:rarɛst]
Untertasse schoteltje *(nt)* [ˈsχotəltjə]
Untertitel ondertiteling [ɔndərˈtitəlɪŋ]
Unterwäsche ondergoed *(nt)* [ˈɔndərχut]
Unterwasserkamera onderwatercamera [ɔndərˈwatərkamәra]
unterwegs onderweg [ɔndərˈwɛχ]
unverbindlich vrijblijvend [vrɛiˈblɛivənt]
unverschämt onbeschoft [ɔmbəˈsχɔft]
unwahrscheinlich onwaarschijnlijk [ɔnwa:rˈsχɛinlək]
unwichtig onbelangrijk [ɔmbəˈlɑŋrɛik]
Urin urine [yˈrinə]
Urlaub vakantie [vaˈkɑn(t)si]

V

Vanillepudding vla [vla]
Vase vaas [vas]
Vater vader [ˈvadər]
vegetarisch vegetarisch [veχəˈta:ris]
Ventilator ventilator [vɛntiˈlatɔr]
Verabredung afspraak [ˈɑfsprak]
verabschieden: sich ~ afscheid nemen [ˈɑfsχɛit nemən] ‹nam/namen, genomen›
Veranstaltung evenement *(nt)* [evənəˈmɛnt]
verantwortlich verantwoordelijk [vərɑntˈwo:rdələk]
Verband verband *(nt)* [vərˈbɑnd]
Verbandskasten EHBO-trommel [ehabeˈotrɔməl]
verbessern verbeteren [vərˈbetərən]
verbieten verbieden [vərˈbidən] ‹verbood, verboden›
verbinden verbinden [vərˈbɪndən] ‹verbond, verbonden›
Verbindung verbinding [vərˈbɪndɪŋ]
Verbot verbod *(nt)* [vərˈbɔt]
verboten verboden [vərˈbodən]
Verbrauch verbruik *(nt)* [vərˈbrœyk]
Verbrechen misdaad [ˈmɪzdat]
verbrennen verbranden [vərˈbrɑndən]
Verbrennung verbranding [vərˈbrɑndɪŋ]
verbringen *(Zeit)* doorbrengen [ˈdo:rbrɛŋən] ‹bracht door, doorgebracht›
Verdauung spijsvertering [ˈspɛisfərte:rɪŋ]
Verdauungsstörung spijsverteringsstoornis [ˈspɛisfərte:rɪŋsˈsto:rnɪs]

verdorben *(Ware, Urlaub)* bedorven [be'dɔrvən]
Verein vereniging [vər'enəχɪŋ]
vereinbaren overeenkomen [ovər'enkomən] ‹kwam/kwamen overeen, overeengekomen›
Vergangenheit verleden *(nt)* [vər'ledən]
vergehen *(Zeit)* verstrijken [vər'strɛikən] ‹verstreek, verstreken›
vergessen vergeten [vər'χetən] ‹vergat/vergaten, vergeten›
Vergewaltigung verkrachting [vər'krɑχtɪŋ]
Vergiftung vergiftiging [vər'χɪftəχɪŋ]
vergleichen vergelijken [vərχə'lɛikən] ‹vergeleek, vergeleken›
Vergnügen genoegen *(nt)* [χə'nuχən]
Vergnügungspark pretpark *(nt)* ['prɛtpɑrk]
verhaften arresteren [ɑrɛ'ste:rən]
verheiratet (mit) getrouwd (met) [χə'trɑut (mɛt)]
verhindern verhinderen [vər'hɪndərən]
Verhütungsmittel voorbehoed(s) middel *(nt)* ['vo:rbəhut(s)mɪdəl]
verirren: sich ~ verdwalen [vər'dwalən]
verkaufen verkopen [vər'kopən] ‹verkocht, verkocht›
Verkehr verkeer *(nt)* [vər'ke:r]
Verkehrsamt VVV-kantoor *(nt)* [veve'vekɑnto:r]
verlangen verlangen [vər'lɑŋən]; *(fordern)* eisen ['ɛisən]
verlängern verlengen [vər'lɛŋən]
Verlängerungswoche een week verlenging [ən 'wek vər'lɛŋɪŋ]
verlassen verlaten [vər'latən] ‹verliet, verlaten›
verletzen bezeren [bə'ze:rən]; *(mit Worten)* kwetsen ['kwɛtsən]
Verletzte/r gewonde [χə'wɔndə]
Verletzung verwonding [vər'wɔndɪŋ]
verlieren verliezen [vər'lizən] ‹verloor, verloren›
Verlobte/r verloofde [vər'lovdə]
Verlust verlies *(nt)* [vər'lis]
vermeiden vermijden [vər'mɛidən] ‹vermeed, vermeden›
vermieten verhuren [vər'hy:rən]
Verpackung verpakking [vər'pɑkɪŋ]
verpassen missen [mɪsən]
verrechnen: sich ~ zich verrekenen [zɪχ fə'rekənən]
verreisen op reis gaan [ɔp rɛis χan] ‹ging, gegaan›
verrückt gek [χɛk]
verschieben *(zeitlich)* verzetten [vər'zɛtən]
verschließen op slot doen [ɔp slɔt dun] ‹deed, gedaan›
verschreiben voorschrijven ['vo:rsχrɛivən] ‹schreef voor, voorgeschreven›
verschwinden verdwijnen [vər'dwɛinən] ‹verdween, verdwenen›
Versicherung verzekering [vər'zekərɪŋ]
verspäten: sich ~ te laat komen [tə 'lat komən] ‹kwam, gekomen›
Verspätung vertraging [vər'traχɪŋ]
versprechen beloven [bə'lovən]
verstaucht verstuikt [vər'stœykt]
verstehen *(akustisch)* verstaan [vər'stan] ‹verstond, verstaan›; *(inhaltlich)* begrijpen [bə'χrɛipən] ‹begreep, begrepen›
Verstopfung verstopping [vər'stɔpɪŋ]
versuchen proberen [pro'be:rən]
Vertrag *(Arbeits-, Miet-)* contract *(nt)* [kɔn'trɑkt]; *(zwischen Ländern, Städten usw.)* verdrag *(nt)* [vər'drɑχ]
vertragen verdragen [vərdraχən] ‹verdroeg, verdragen›
Vertrauen vertrouwen *(nt)* [vər'trɑuwən]
verunglücken verongelukken [vər'ɔŋχəlœkən]
verursachen veroorzaken [vər'o:rzakən]
Verwaltung *(Leitung)* bestuur *(nt)* [bə'sty:r]
verwandt verwant [vər'wɑnt]
verwechseln verwisselen [vər'wɪsələn]
verwenden gebruiken [χə'brœykən]
Verzeichnis lijst [lɛist]
verzögern vertragen [vər'traχən]
verzweifelt wanhopig [wɑn'hopəχ]
viel veel [vel]
vielleicht misschien [mɪ'sχin]
Villa villa ['vila]
violett violet [vijo'lɛt]
Virus virus *(nt)* [vi:rəs]
Vitamintabletten vitaminepillen *(Plural)* [vita'minəpɪlən]
Vogel vogel ['voχəl]
Vogelschutzgebiet vogelreservaat *(nt)* ['voχəlrəsərvat]
Volk volk *(nt)* [vɔl(ə)k]
voll vol [vɔl]
Vollkasko all-risk [ɑl'rɪsk]
Vollkornbrot volkorenbrood *(nt)* [vɔl'ko:rəbrot]
Vollpension volledig pension *(nt)* [vɔ'ledəχ pɛn'ʃɔn]

von *(Herkunft)* van [van]; *(beim Passiv)* door [do:r]
vor *(räumlich, zeitlich)* voor [vo:r]; *(in der Vergangenheit)* geleden [χə'ledən]; **~ zehn Minuten** tien minuten geleden ['ti(n) mi'nytə(n) χə'ledə]
Voraus: im ~ *(Dank)* bij voorbaat [bɛi 'vo:rbat] *(Geld)* vooruit [vor'œyt]
vorbereiten voorbereiden ['vo:rbərɛidən]
Vorderlicht koplamp ['kɔplamp]
Vordruck formulier *(nt)* [fɔrmy'li:r]
vorgestern eergisteren [e:r'χɪstərən]
vorher van tevoren [van tə'vo:rən]
vorletzte(r, -s) eennalaatst ['enalatst]
Vormittag ochtend ['ɔχtənt]; morgen ['mɔrχən]; **am ~** 's ochtends ['sɔχəns]
vormittags 's morgens ['smɔrχəns]
vorn vooraan [vo:'ran]
Vorname voornaam ['vo:rnam]
vornehm deftig ['dɛftəχ]
Vorort buitenwijk ['bœytəwɛik]
Vorrat voorraad ['vo:rat]
Vorsaison voorseizoen *(nt)* ['vo:rsɛizun]
Vorschlag voorstel *(nt)* ['vo:rstɛl]
Vorschrift voorschrift *(nt)* ['vo:rsχrɪft]
Vorsicht! pas op! [pas‿ɔp]
vorsichtig voorzichtig [vo:r'zɪχtəχ]
Vorspeise voorgerecht *(nt)* ['vo:rχərɛχt]
vorstellen voorstellen ['vo:rstɛlən]
Vorstellung voorstelling ['vo:rstɛlɪŋ]
Vorteil voordeel *(nt)* ['vo:rdel]
vorüber voorbij [vo:r'bɛi]
Vorverkauf voorverkoop ['vo:rvərkop]
Vorwahlnummer *(NL)* netnummer *(nt)* ['nɛtnœmər]; *(B)* zonenummer *(nt)* ['zɔ:nənœmər]
vorwärts vooruit [vo'rœyt]
vorziehen *(lieber haben)* verkiezen [vər'kizən] ‹verkoos, verkozen›

W

wach wakker ['wakər]
wachsen groeien ['χrujən]
wagen durven ['dœrvən]
Wagenheber krik [krɪk]
Wagennummer wagonnummer *(nt)* [wa'χɔnœmər]
wählen kiezen ['kizən] ‹koos, gekozen›
wahr waar [wa:r]
während *(als Präposition)* tijdens ['tɛidəns]; *(als Konjunktion)* terwijl [tɛr'wɛil]
wahrscheinlich *(als Adjektiv und Adverb)* waarschijnlijk [wa:r'sχɛinlək]
Waisenhaus weeshuis ['weshœys]
Wald bos *(nt)* [bɔs]
Wand wand [want]
Wanderkarte wandelkaart ['wandəlka:rt]
wandern wandelen [wandələn]
Wandertour wandeltocht ['wandəltɔχt]
Wanderschuh wandelschoen ['wandəlsχun]
Wanderweg wandelpad *(nt)* [wandələn]
warm warm [war(ə)m]
warmes Wasser warm water *(nt)* ['war(ə)m 'watər]
Warndreieck gevarendriehoek [χə'va:rədrihuk]
warnen (vor) waarschuwen (voor) ['wa:rsχywən (vo:r)]
warten wachten ['waχtən]
Wartesaal wachtruimte *(nt)* ['waχtrœymtə]
Wartezimmer wachtkamer ['waχtkamər]
was wat [wat]; **~ für ein/eine ...?** wat voor (een) ... ? ['wat vo:r (ən)]
Waschbecken wastafel ['wastafəl]
Wäsche wasgoed *(nt)* [wasχut]
Wäscheklammern wasknijpers *(Plural)* ['wasknɛipərs]
Wäscheleine waslijn ['waslɛin]
waschen wassen ['wasən] ‹waste, gewassen›
Wäscherei wasserij [wasə'rɛi]
Wäschetrockner droogtrommel ['droχtrɔməl]
Waschlappen washandje *(nt)* ['washantjə]
Waschmaschine wasmachine ['wasmaʃinə]
Waschmittel wasmiddel *(nt)* ['wasmɪdəl]
Waschraum wasruimte ['wasrœymtə]
Waschsalon wasserette [wasə'rɛtə]
Wasser water *(nt)* ['watər]
Wasserglas waterglas *(nt)* ['watərχlas]
Wasserhahn waterkraan ['watərkran]
Wasserkanister jerrycan ['dʒɛrikɛn]
Wasserkocher waterkoker ['watərkokər]
Wasserspülung waterspoeling ['watərspulɪŋ]
Wasserverbrauch waterverbruik *(nt)* ['watərvərbrœyk]
Wattenmeer Waddenzee ['wadəze]

Wattestäbchen wattenstaafjes *(Plural)* [ˈwatəstafjəs]
Wattwandern wadlopen [ˈwatlopən]
Wechselgeld wisselgeld *(nt)* [ˈwɪsəlχɛlt]
wechselhaft onbestendig [ɔmbəˈstɛndəχ]
wecken wekken [ˈwɛkən]
Weg weg [wɛχ]
weg weg [wɛχ]
wegen wegens [ˈweχəns]
weggehen weggaan [ˈwɛχan] ‹ging weg, weggegaan›
Wegweiser wegwijzer [ˈwɛχwɛizər]
Weichkäse zachte kaas [ˈzaχtə kas]
weigern: sich ~ weigeren [ˈwɛiχərən]
Weihnachten Kerstmis [ˈkɛrstmɪs, ˈkɛrsməs]
weil omdat [ɔmˈdat]
Wein wijn [wɛin]
weinen huilen [ˈhœylən]
Weinglas wijnglas *(nt)* [ˈwɛiŋχlas]
Weinhandlung wijnhandel [ˈwɛinhandəl]
Weisheitszahn verstandskies [vərˈstantskis]
weiß wit [wɪt]
Weißbrot wittebrood *(nt)* [ˈwɪtəbrot]
Weißwein witte wijn [ˈwɪtə wɛin]
weit *(nicht eng)* wijd [wɛit]; *(entfernt)* ver [vɛr]
Wellenbad golfslagbad *(nt)* [ˈχɔl(ə)fslaχbat]
Welt wereld [ˈweːrəlt]
wenden keren [keːrən]
wenig weinig [ˈwɛinəχ]; **ein ~ (von)** ən ˈbetjə (van)
wenigstens minstens [ˈmɪnstəns]
wenn als [als]
werden worden [ˈwɔrdən] ‹werd, geworden›; *(Futur auch)* zullen [ˈzœlən] ‹zou/zouden›
werfen gooien [ˈχojən]
Werkstatt garage [χaˈraʒə]
werktags op werkdagen [ɔp ˈwɛrgdaχən]
Werkzeug gereedschap *(nt)* [χəˈretsχap]
Wert waarde [ˈwaːrdə]
Wertsachen waardevolle spullen *(Plural)* [ˈwaːrdəvɔlə ˈspœlən]
Wespe wesp [wɛsp]
Westen westen *(nt)* [ˈwɛstən]
westlich von ten westen van [tɛn ˈwɛstən van]
Wetterbericht weerbericht *(nt)* [ˈweːrbərɪχt]
Wettervorhersage weersverwachting [ˈweːrsvərwaχtɪŋ]
wichtig belangrijk [bəˈlaŋrɛik]
Wickeltisch commode [kɔˈmodə]
wie *(Frage)* hoe [hu]; *(Vergleich)* als [als]
wieder weer [weːr]
wiederholen herhalen [hɛrˈhalən]
wiederkommen terugkomen [ˈtrœχkomən] ‹kwam/kwamen terug, teruggekomen›
wiegen wegen [ˈweχən] ‹woog, gewogen›
Wiese wei [wɛi]
wild wild [wɪlt]
willkommen! welkom! [ˈwɛlkɔm]
Wind wind [wɪnt]
Windeln luiers *(Plural)* [ˈlœyjərs]
Windrichtung windrichting [ˈwɪntrɪχtɪŋ]
Windschirm windscherm *(nt)* [ˈwɪntsχɛrm]
Windschutzscheibe voorruit [ˈvoːrœyt]
Windstärke windkracht [ˈwɪntkraχt]
windsurfen windsurfen [ˈwɪntsœrfən]
winken zwaaien [zwajən]
Winter winter [ˈwɪntər]
Winterreifen winterbanden *(Plural)*
wir *(betont)* wij [wɛi]; *(unbetont)* we [wə]
Wirbelsäule wervelkolom [ˈwɛrvəlkolɔm]
wirklich *(als Adjektiv und Adverb)* werkelijk [ˈwɛrkələk]
Wirt waard [waːrt]
Wischmopp dweil [dwɛil]
wissen weten [ˈwetən] ‹wist, geweten›
Witz grap [χrap]; *(Anekdote)* mop [mɔp]
WLAN wifi [ˈwifi]
Woche week [wek]
Wochenende weekend [ˈwikɛnt]; **am ~** in het weekend [ɪn‿ət ˈwikɛnt]
Wochenendrückfahrt *(B)* weekendretour *(nt)* [ˈwikɛntrətuːr]
wochentags door de week [doːr də ˈwek]
wöchentlich wekelijks [ˈwekələks]
wohnen wonen [ˈwonən]
Wohnmobil camper [ˈkɛmpər]
Wohnort woonplaats [ˈwomplats]
Wohnung woning [ˈwonɪŋ]
Wohnwagen caravan [ˈkɛrəvɛn]
Wohnzimmer huiskamer [ˈhœyskamər]
Wolke wolk [wɔlk]
Wolldecke wollen deken [ˈwɔlə ˈdekən]
Wolle wol [wɔl]
wollen willen [ˈwɪlən]
Wort woord *(nt)* [woːrt]
Wunde wond [wɔnt]
wunderbar fantastisch [fanˈtastis]

wundern: sich ~ (über) zich verbazen (over) [zɪχ fər'bazən (ovər)]
wünschen wensen ['wɛnsən]
Wurm wurm ['wœr(ə)m]
Wurst worst [wɔrst]
Würstchen worstje [wɔrʃə]
würzen kruiden ['krœydən]
wütend woedend ['wudənt]

Z

zäh taai [taj]
Zahl *(Ziffer)* getal *(nt)* [χə'tɑl]; *(Menge)* aantal *(nt)* ['antɑl]
zählen tellen ['tɛlən]
zahlen betalen [bə'talən]
Zahlung betaling [bə'talɪŋ]
Zahn tand [tɑnt]
Zahnbürste tandenborstel ['tɑndəbɔrstəl]
Zahnfleisch tandvlees *(nt)* ['tɑntfles]
Zahnpasta tandpasta ['tɑmpɑsta]
Zahnschmerzen kiespijn ['kispɛin]
Zahnseide tandzijde ['tɑntsɛidə]
Zahnstocher tandenstoker ['tɑndəstokər]
Zäpfchen zetpil ['zɛtpɪl]
zart mals [mɑls]
zärtlich teder ['tedər]
Zecke teek [tek]
Zehe teen [ten]
Zeichen teken *(nt)* ['tekən]
zeichnen tekenen ['tekənən]
Zeichnung tekening ['tekənɪŋ]
zeigen tonen ['tonən]
Zeit tijd [tɛit]
Zeitschrift tijdschrift *(nt)* ['tɛitsχrɪft]
Zeitung krant [krɑnt]
Zelt tent [tɛnt]
zelten kamperen [kɑm'pe:rən]
Zeltschnur scheerlijn [sχe:rlɛin]
Zeltstange tentstok ['tɛntstɔk]
Zentimeter centimeter ['sɛntimetər]
zentral centraal [sɛn'tral]
Zentralheizung centrale verwarming [sɛn'tralə vər'wɑrmɪŋ]
Zentrum centrum *(nt)* ['sɛntrəm] ‹centra›
Zerrung verrekking [və'rɛkɪŋ]
zerstören vernielen [vər'nilən]
Zeuge (Zeugin) getuige [χə'tœyχə]
Ziegenkäse geitenkaas ['χɛitəkas]
ziehen trekken ['trɛkən] ‹trok, getrokken›
ziemlich tamelijk ['tamələk]
Zimmer kamer ['kamər]
Zirkus circus *(nt)* ['sɪrkəs]
Zitrone citroen [si'trun]
zögern aarzelen ['a:rzələn]
Zoll douane [du'wanə]
Zoo dierentuin ['di:rətœyn]
zu *(Richtung)* naar [na:r]; *(mit Adjektiv)* te [tə]; **~ sehr** al te [ɑl tə]
zu *(geschlossen)* dicht [dɪχt]
zubereiten (toe)bereiden [bə'rɛidən/'tubərɛidən]
Zucchini courgettes *(Plural)* [kur'ʒɛtəs]
Zucker suiker ['sœykər]
zuerst eerst [e:rst]
zufällig toevallig [tu'vɑləχ]
zufrieden tevreden [tə'vredən]
Zug trein [trɛin]
Zugbegleiter (Zugbegleiterin) conducteur (conductrice) [kɔndək'tø:r, kɔndək'trisə]
zuhören: jemandem ~ luisteren naar ['lœystərən na:r]
Zukunft toekomst ['tukɔmst]
zukünftig toekomstig [tu'kɔmstəχ]
zulässig toegestaan ['tuχəstan]
zuletzt tenslotte [tɛn'slɔtə]
Zündkerze bougie [bu'ʒi]
Zündschlüssel contactsleuteltje *(nt)* [kɔn'tɑktsløtəltjə]
Zündung ontsteking [ɔnt'stekɪŋ]
Zunge tong [tɔŋ]
zurückbringen terugbrengen ['trœχbrɛŋən] ‹bracht terug, teruggebracht›
zurückgeben teruggeven ['trœχevən] ‹gaf/gaven terug, teruggegeven›
zurückkehren terugkeren ['trœχke:rən]
zusagen *(Einladung)* aannemen ['anemən] ‹nam/namen aan, aangenomen›
zusammen samen ['samən]
zusammenschlagen in elkaar slaan [ɪn ɛl'ka:r slan] ‹sloeg, geslagen›
Zusammenstoß botsing ['bɔtsɪŋ]
zusätzlich extra ['ɛkstra]
zuschauen kijken (naar) ['kɛikən (na:r)] ‹keek, gekeken›
Zuschauer(in) toeschouwer (toeschouwster) ['tusχɑuwər, 'tusχɑuwstər]
Zuschlag toeslag ['tuslɑχ]
Zustand toestand ['tustɑnt]
zuständig verantwoordelijk [vərɑnt'wo:rdələk]
zustimmen toestemmen ['tustɛmən]
zuverlässig betrouwbaar [bə'trɑuba:r]
zweite(r, -s) tweede ['twedə]
zweitens ten tweede [tɛn 'twedə]
Zwiebeln uien *(Plural)* ['œyjən]
zwingen dwingen ['dwɪŋən] ‹dwong, gedwongen›
zwischen tussen ['tœsən]
Zwischenfall incident *(nt)* [ɪnsi'dɛnt]
Zwischenstecker adapter [a'dɑptər]
Zyste cyste ['kistə, 'kɪstə]

Bildquellen

Umschlagfotos: Thinkstock/vidalidali; Thinkstock/warrengoldswain
12/13: shutterstock/ Samot; **22:** shutterstock/ Boudewijn Sluijk;
24/25: shutterstock/ Loredana Cirstea; **30/31:** fotolia/Alexey Protasov;
32: thinkstock/monkeybusinessimages; **34:** © eyetronic - Fotolia.com;
37: thinkstock/monkeybusinessimages; **52/53:** thinkstock (leomadvr);
57: thinkstock/Aleramo; **59:** shutterstock/ gkuna; **63:** fotolia.com/ makoto-garage.com; **68:** shutterstock/ Patricia Hofmeester; **70:** fotolia.com/ Bombaert Partick; **86/87:** fotolia.de/Fırat; **88:** thinkstock/vidalidali;
99: thinkstock/Fuse; **102/103:** shutterstock/ Charlotte Lake; **104:** © John Hofboer - Fotolia.com; **105:** © Fanfo - Fotolia.com; **111:** © Kzenon - Fotolia.com;
122: fotolia/Viktor; **128/129:** © Thorsten Schier - Fotolia.com;
132: shutterstock/ Jaroslav Moravcik; **146/147:** © Kalle Kolodziej - Fotolia.com;
148: © Naj - Fotolia.com; **154:** shutterstock/ Eric Gevaert;
162/163: shutterstock/ M R; **170:** © B. Wylezich - Fotolia.com;
172: thinkstock (Fuse); **190/191:** fotolia/Gina Sanders

Zeigebilder (v. l. n. r.):
124: fotolia/Giuseppe Lancia; Fotolia/Jiri Hera ; Fotolia/roobcio; fotolia/Andrey Starostin; fotolia/Rémy MASSEGLIA; Dreamstime/Wksp; Fotolia/Andrei Nekrassov ; fotolia/dulsita; fotolia/Dani Vincek; fotolia/HelleM; Thinkstock/Hemera ; fotolia/BSANI; fotolia/felinda; fotolia/Dionisvera; iStockphoto LP/malerapaso; fotolia/pedrolieb; fotolia/o.meerson; fotolia/ ExQuisine; fotolia/Dalmatin.o; fotolia/Picture Partners; fotolia/SGV; Dreamstime/Wksp; Fotolia/lunamarina; Dreamstime.com/Witoldkr1
125: Dreamstime/Givaga; fotolia/yamix; fotolia/sspice; fotolia/Sergejs Rahunoks; fotolia/Andreas F.; fotolia/Sergii Moscaliuk; fotolia/Corinna Gissemann; fotolia/Viktor; fotolia/Picture Partners; fotolia/IrisArt; fotolia/BeTa-Artworks; fotolia/Marius Graf; fotolia/Peredniankina; © Boris Ryzhkov/fotolia.com; fotolia/Viktor; fotolia/ExQuisine; fotolia/Piovanello; Shutterstock Inc./ Aleksandr Sulga; fotolia/gtranquillity; Dreamstime/Travelling-light
126: Fotolia/by-studio; Fotolia/valeriy555; Fotolia/Anna Kucherova; Fotolia/ Tomboy2290; Fotolia/Irochka; iStockphoto LP./Libby Chapman; 7-11: Fotolia/ valeriy555; Fotolia/Marc Dietrich; Fotolia/salade; Fotolia/Malyshchyts Viktar; iStockphoto LP./coloroftime; 16-19: Fotolia/valeriy555; Creativ Collection; 21; 22: Fotolia/margo555; iStockphoto LP./Sandra Caldwell; Fotolia/valeriy555
127: Fotolia/Oleksiy Ilyashenko; 2-5: Fotolia/valeriy555; Fotolia/Popova Olga; Fotolia/valeriy555; Fotolia/Malyshchyts Viktar; Fotolia/valeriy555; Fotolia/ Popova Olga; 10-12: Fotolia/valeriy555; Fotolia/Popova Olga; Fotolia/ valeriy555; MDB; Fotolia/marilyn barbone; 17; 18: Fotolia/valeriy555; Fotolia/ Malyshchyts Viktar; 19; 20: Fotolia/valeriy555; 23; 24: Fotolia/valeriy555
189: fotolia/cristi180884; fotolia/by-studio; fotolia/Tharakorn; fotolia/NilsZ; fotolia/byggarn.se; fotolia/picsfive; fotolia/Nazzu; fotolia/picsfive; fotolia/ DOC RABE Media; fotolia/picsfive; fotolia/ksena32; fotolia/picsfive; fotolia/ bpstocks; fotolia/Jiri Hera; fotolia/Foto-Ruhrgebiet; fotolia/NilsZ; fotolia/jlcst; fotolia/Gresei; Ingram Publ.; fotolia/wiedzma